Moderner Buddhismus

*Von Geshe Kelsang Gyatso sind folgende
Bücher im Tharpa-Verlag erschienen:*

Allumfassendes Mitgefühl

Einführung in den Buddhismus

Das neue Meditationshandbuch

Herzjuwel

Herz der Weisheit

Den Geist verstehen

Freudvoller Weg des Glücks

Sinnvoll zu betrachten

Acht Schritte zum Glück

Verwandle dein Leben

Das klare Licht der Glückseligkeit

Wie wir unsere Probleme lösen

Führer ins Dakiniland

Mahamudra-Tantra

Der Erlös aus dem Verkauf
dieses Buches fließt in das
NKT-IKBU International Temples Project
Teil der Neuen Kadampa-Tradition
*Ein buddhistischer Verein,
der für den Weltfrieden baut.*
www.kadampatemples.org/de

GESHE KELSANG GYATSO

Moderner Buddhismus

DER WEG DES MITGEFÜHLS
UND DER WEISHEIT

THARPA-VERLAG
Deutschland • Schweiz

Originaltitel: Modern Buddhism

1. Auflage 2011

Herausgeber: Tharpa-Verlag Deutschland
Sommerswalde 8
D-16727 Oberkrämer

ISBN 978-3-908543-34-3

Satz: Tharpa-Verlag Deutschland

Druck: Elbe Druckerei Wittenberg

Inhaltsverzeichnis

Abbildungen

Vorwort

Die Anleitungen, die in diesem Buch gegeben werden, sind Methoden, mit denen wir unsere menschliche Natur und unsere menschlichen Qualitäten verbessern können, indem wir unsere geistige Kapazität entwickeln. In den vergangenen Jahren hat unser Wissen der modernen Technologie beträchtlich zugenommen und daher sind wir Zeugen eines immensen materiellen Fortschritts geworden. Eine entsprechende Zunahme an menschlichem Glück hat es jedoch nicht gegeben. In der heutigen Welt gibt es nicht weniger Leiden und nicht weniger Probleme. Tatsächlich könnte man sagen, dass es heutzutage mehr Probleme und größere Gefahren gibt denn je zuvor. Das weist darauf hin, dass die Ursache von Glück und die Lösung unserer Probleme nicht in der Kenntnis von materiellen Dingen liegt. Glück und Leiden sind Geisteszustände, und deshalb kann ihre Hauptursache nicht außerhalb des Geistes gefunden werden. Wenn wir wirklich glücklich und frei von Leiden sein wollen, dann müssen wir lernen, unseren Geist zu kontrollieren.

Wenn Dinge in unserem Leben schiefgehen und wir mit schwierigen Umständen konfrontiert sind, haben wir die Tendenz, die Situation an sich als unser Problem zu sehen. Doch in Wirklichkeit kommen die Probleme, was auch immer sie sein mögen, vonseiten unseres Geistes. Begegneten wir schwierigen Umständen mit einem positiven oder friedvollen Geist, wären sie für uns kein Problem; ja, wir könnten sie sogar als Herausforderung oder eine Möglichkeit für Wachstum und Entwicklung betrachten. Probleme entstehen nur, wenn wir auf Schwierigkeiten mit einem negativen Geisteszustand reagieren. Wenn wir also frei von Problemen sein möchten, dann müssen wir unseren Geist umwandeln.

Buddha lehrte, dass der Geist die Macht hat, alle angenehmen und unangenehmen Objekte zu erschaffen. Die Welt ist das Ergebnis des Karmas oder der Handlungen der Wesen, die sie bewohnen. Eine reine Welt ist das Ergebnis reiner Handlungen, und eine unreine Welt ist das Ergebnis unreiner Handlungen. Da alle Handlungen durch den Geist erschaffen werden, ist endgültig betrachtet alles, auch die Welt an sich, vom Geist erschaffen. Es gibt keinen anderen Schöpfer als den Geist.

Normalerweise sagen wir: „Ich habe das und das erschaffen" oder „Er oder sie hat das und das erschaffen", doch der eigentliche Schöpfer von allem ist der Geist. Wir sind wie Diener unseres Geistes; wenn er etwas tun will, dann müssen wir es tun, wir haben keine Wahl. Seit anfangsloser Zeit bis heute waren wir unter der Kontrolle unseres Geistes, wir hatten keine Freiheit. Doch wenn wir die Anleitungen, die in diesem Buch enthalten sind, aufrichtig praktizieren, können wir diese Situation umkehren und Kontrolle über unseren Geist gewinnen. Nur dann werden wir echte Freiheit haben.

Durch das Studium vieler buddhistischer Texte können wir angesehene Gelehrte werden, doch wenn wir Buddhas Lehre nicht in die Praxis umsetzen, wird unser Verständnis des Buddhismus hohl bleiben – ohne Kraft, unsere eigenen und die Probleme anderer zu lösen. Zu erwarten, dass ein intellektuelles Verständnis buddhistischer Texte allein unsere Probleme lösen kann, ist wie ein kranker Mensch zu sein, der hofft, seine Krankheit allein dadurch zu kurieren, dass er medizinische Anleitungen liest, ohne jedoch die Medizin tatsächlich zu schlucken. Wie der buddhistische Meister Shantideva sagt:

Wir müssen die Unterweisungen Buddhas, den
    Dharma, in die Praxis umsetzen,
Denn nichts kann durch das Lesen von Worten allein
    erreicht werden.
Ein kranker Mann wird niemals von seiner Krankheit
    geheilt werden,
Durch das bloße Lesen medizinischer Anleitungen!

Jedes einzelne Lebewesen hat den aufrichtigen Wunsch, Leiden und Probleme dauerhaft zu vermeiden. In der Regel versuchen wir dies zu erreichen, indem wir äußere Methoden anwenden. Doch ganz gleich wie erfolgreich wir von einem weltlichen Standpunkt aus betrachtet sind – wie reich in materieller Hinsicht, wie mächtig oder hoch angesehen wir auch sein mögen: wir werden niemals beständige Befreiung von Leiden und Problemen finden. In Wirklichkeit stammen alle Probleme, die wir Tag für Tag erfahren, aus unserer Selbstwertschätzung und dem Festhalten am Selbst – Fehlvorstellungen, die unsere eigene Wichtigkeit übertreiben. Da wir dies jedoch nicht verstehen, machen wir gewöhnlich andere für unsere Probleme verantwortlich, wodurch diese noch schlimmer werden. Aus diesen zwei grundlegenden Fehlvorstellungen entstehen alle unsere anderen Verblendungen wie Wut und Anhaftung, durch die wir endlose Probleme erfahren.

Ich bete, dass alle, die dieses Buch lesen, tiefen inneren oder geistigen Frieden erfahren und den wahren Sinn menschlichen Lebens verwirklichen mögen. Insbesondere möchte ich jeden ermutigen, vor allem das Kapitel *Schulung in endgültigem Bodhichitta* zu lesen. Durch das wiederholte Lesen und Überdenken dieses Kapitels, mit einem positiven Geist, werden Sie ein sehr tiefgründiges Wissen oder eine Weisheit gewinnen, die große Bedeutung in Ihr Leben bringt.

Geshe Kelsang Gyatso

TEIL EINS

Sutra

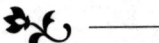

Buddha Shakyamuni

Vorbereitende Erklärung

WAS IST BUDDHISMUS?

Buddhismus ist die Praxis von Buddhas Unterweisungen, die auch „Dharma" genannt wird, was „Schutz" bedeutet. Indem sie Buddhas Unterweisungen praktizieren, werden Lebewesen dauerhaft vor Leiden geschützt. Der Gründer des Buddhismus ist Buddha Shakyamuni. Er zeigte 589 v. Chr. in Bodh Gaya (Indien), wie das endgültige Ziel der Lebewesen, die Erlangung der Erleuchtung, vollendet wird. Auf Bitten der Götter Indra und Brahma begann Buddha anschließend seine tiefgründigen Lehren zu erläutern oder das „Rad des Dharmas zu drehen". Buddha gab 84.000 Unterweisungen und aus diesen kostbaren Unterweisungen entwickelte sich der Buddhismus in dieser Welt.

Heute können wir viele unterschiedliche Formen des Buddhismus wie Zen- und Theravada-Buddhismus sehen. All diese unterschiedlichen Aspekte sind Übungen der Lehren Buddhas und sie alle sind gleichermaßen kostbar; es sind einfach unterschiedliche Präsentationen. In diesem Buch werde ich Buddhismus gemäß der Kadampa-Tradition erklären, die ich studiert und praktiziert habe. Diese Erklärung wird nicht zum Zwecke eines intellektuellen Verständnisses gegeben, sondern um tiefgründige Realisationen zu gewinnen, durch die wir unsere täglichen Probleme der Verblendungen lösen und den wahren Sinn unseres menschlichen Lebens erfüllen können.

Es gibt zwei Stufen in der Praxis von Buddhas Unterweisungen – die Übungen von Sutra und Tantra –, die beide in diesem Buch erklärt werden. Obwohl die hier dargelegten Unterweisungen von Buddha Shakyamuni und buddhistischen Meistern wie Atisha, Je Tsongkhapa und unseren gegenwärtigen Lehrern stammen, heißt dieses Buch *Moderner Buddhismus*, weil seine Präsentation des Dharmas besonders auf die Menschen der modernen Welt zugeschnitten ist. Meine Absicht für das Verfassen dieses Buches ist es, den Leser kraftvoll zu ermutigen, Mitgefühl und Weisheit zu entwickeln und zu bewahren. Wenn jeder aufrichtig den Weg des Mitgefühls und der Weisheit praktiziert, werden alle seine Probleme gelöst und nie wieder entstehen; das garantiere ich.

Wir müssen Buddhas Unterweisungen praktizieren, da es keine andere echte Methode gibt, um menschliche Probleme zu lösen. Da moderne Technologie beispielsweise oft mehr Leiden und Gefahren verursacht, kann sie keine echte Methode sein, um menschliche Probleme zu lösen. Obwohl wir jederzeit glücklich sein wollen, wissen wir nicht, wie wir dies anstellen sollen; und immer wieder zerstören wir unser eigenes Glück, indem wir Wut, negative Sichtweisen und negative Absichten entwickeln. Wir versuchen fortwährend vor Problemen zu flüchten, selbst in unseren Träumen, und wissen nicht, wie wir uns selbst von Leiden und Problemen befreien können. Weil wir die wahre Natur der Dinge nicht verstehen, erschaffen wir laufend unsere eigenen Leiden und Probleme, indem wir unangemessene oder nichttugendhafte Handlungen ausführen.

Die Quelle aller unserer täglichen Probleme sind unsere Verblendungen wie etwa Anhaftung. Da wir seit anfangsloser Zeit so sehr an der Erfüllung unserer eigenen Wünsche hingen, führten wir verschiedene Arten von nichttugendhaften

Handlungen aus – Handlungen, die anderen schaden. In der Folge erleben wir ständig verschiedene Arten von Leiden und elende Umstände Leben für Leben, endlos. Wenn sich unsere Wünsche nicht erfüllen, erfahren wir gewöhnlich unangenehme Gefühle wie Unglücklichsein oder Depression; dies ist unser eigenes Problem, da wir so an der Erfüllung unserer Wünsche haften. Verlieren wir einen engen Freund, erfahren wir Schmerz und sind unglücklich, dies jedoch nur aufgrund unserer Anhaftung an unseren Freund. Verlieren wir unseren Besitz, unsere Position oder unseren Ruf, sind wir unglücklich oder niedergeschlagen, weil wir an diesen Dingen so hängen. Hätten wir keine Anhaftung, gäbe es keine Grundlage dafür, diese Probleme zu erfahren. Viele Menschen sind in Kämpfe, kriminelle Handlungen und sogar Krieg verwickelt; alle diese Handlungen entstehen aus ihrer starken Anhaftung an die Erfüllung ihrer eigenen Wünsche. Auf diese Weise können wir sehen, dass es kein einziges Problem gibt, welches Lebewesen erfahren, das nicht aus ihrer Anhaftung entsteht. Dies beweist, dass unsere Probleme nie enden werden, es sei denn wir kontrollieren unsere Anhaftung.

Die Methode, unsere Anhaftung und andere Verblendungen zu kontrollieren, ist die Praxis von Buddhas Unterweisungen. Indem wir Buddhas Unterweisungen über Entsagung praktizieren, können wir unsere täglichen Probleme, die aus Anhaftung entstehen, lösen; indem wir Buddhas Unterweisungen über allumfassendes Mitgefühl praktizieren, können wir unsere täglichen Probleme, die aus Wut entstehen, lösen; und indem wir Buddhas Unterweisungen über die tiefgründige Sicht der Leerheit, endgültige Wahrheit, praktizieren, können wir unsere täglichen Probleme, die aus Unwissenheit entstehen, lösen. Wie wir Entsagung, allumfassendes Mitgefühl und Leerheit realisierende Weisheit entwickeln, wird in diesem Buch erklärt.

Der Ursprung unserer Anhaftung und all unseres Leidens ist am Selbst festhaltende Unwissenheit: Unwissenheit darüber, wie Dinge wirklich existieren. Ohne uns auf Buddhas Unterweisungen zu verlassen, können wir diese Unwissenheit nicht erkennen; und ohne Buddhas Unterweisungen über Leerheit zu praktizieren, können wir sie nicht aufgeben. Somit werden wir keine Gelegenheit haben, Befreiung von Leiden zu erlangen. Durch diese Erklärung können wir verstehen, dass alle Dharma praktizieren müssen, da alle Lebewesen, ob menschlich oder nichtmenschlich, ob Buddhisten oder Nicht-Buddhisten, frei von Leiden und Problemen sein wollen. Es gibt keine andere Methode dieses Ziel zu erreichen.

Wir sollten verstehen, dass unsere Probleme nicht außerhalb von uns existieren, sondern ein Teil unseres Geistes sind, der unangenehme Gefühle erfährt. Wenn zum Beispiel unser Auto ein Problem hat, sagen wir für gewöhnlich: „Ich habe ein Problem", aber tatsächlich ist es das Problem des Autos und nicht unser Problem. Das Problem des Autos ist ein äußeres Problem und unser Problem, welches unser eigenes unangenehmes Gefühl ist, ist ein inneres Problem. Diese zwei Probleme sind völlig unterschiedlich. Wir müssen das Problem des Autos lösen, indem wir es reparieren, und wir müssen unser eigenes Problem lösen, indem wir unsere Anhaftung an das Auto kontrollieren. Selbst wenn wir weiterhin die Probleme des Autos lösen, werden wir ständig neue Probleme in Bezug auf das Auto erfahren, wenn wir nicht in der Lage sind, unsere Anhaftung an das Auto zu kontrollieren. Das gleiche gilt für unser Haus, unser Geld, unsere Beziehungen und so weiter. Weil die meisten Menschen fälschlicherweise glauben, dass äußere Probleme ihre eigenen Probleme sind, suchen sie endgültige Zuflucht in den falschen Objekten. Infolgedessen hören ihre Leiden und Probleme nie auf.

Solange wir nicht in der Lage sind unsere Verblendungen wie Anhaftung zu kontrollieren, werden wir ständig Leiden und Probleme erfahren, während dieses Lebens und Leben für Leben, ohne Ende. Weil wir fest mit dem Seil der Anhaftung an Samsara, den Kreislauf des unreinen Lebens, gefesselt sind, ist es für uns unmöglich, frei von Leiden und Problemen zu sein, es sei denn wir praktizieren Dharma. Mit diesem Verständnis sollten wir einen starken Wunsch entwickeln und bewahren, die Wurzel von Leiden – Anhaftung und am Selbst festhaltende Unwissenheit – aufzugeben. Dieser Wunsch wird „Entsagung" genannt und entsteht aus unserer Weisheit.

Buddhas Lehren sind wissenschaftliche Methoden, um die Probleme aller Lebewesen dauerhaft zu lösen. Indem wir seine Unterweisungen in die Praxis umsetzen, werden wir fähig unsere Anhaftung zu kontrollieren und daher für immer frei von allen unseren Leiden und Problemen zu sein. Allein aus diesem Grund können wir verstehen, wie kostbar und wichtig seine Unterweisungen, der Dharma, für jeden sind. Weil wie oben erwähnt alle unsere Probleme aus der Anhaftung entstehen und weil es keine andere Methode als Dharma gibt, um Anhaftung zu kontrollieren, ist es klar, dass nur Dharma die eigentliche Methode ist, um unsere täglichen Probleme zu lösen.

DER BUDDHISTISCHER GLAUBE

Für Buddhisten ist der Glaube an Buddha Shakyamuni ihr spirituelles Leben; er ist die Wurzel aller Dharma-Realisationen. Haben wir tiefes Vertrauen zu Buddha, werden wir ganz natürlich einen starken Wunsch entwickeln seine Unterweisungen zu praktizieren. Mit diesem Wunsch werden wir uns definitiv in unserer Dharma-Praxis bemühen, und mit starkem Bemühen werden wir dauerhafte Befreiung von den Leiden dieses und zahlloser zukünftiger Leben erreichen.

Die Erlangung dauerhafter Befreiung von Leiden hängt vom Bemühen in unserer Dharma-Praxis ab, die vom starken Wunsch abhängt, Dharma zu praktizieren, der wiederum von tiefem Vertrauen zu Buddha abhängt. Somit können wir verstehen, dass wir, wenn wir wirklich großen Nutzen aus unserer Praxis des Buddhismus ziehen wollen, tiefes Vertrauen in Buddha entwickeln und bewahren müssen.

Wie entwickeln und bewahren wir dieses Vertrauen? Zuerst sollten wir wissen, weshalb wir beständige Befreiung von Leiden erlangen müssen. Es genügt nicht, nur vorübergehende Befreiung von einem besonderen Leiden zu erfahren: Alle Lebewesen, auch Tiere, erfahren vorübergehende Befreiung von besonderen Leiden. Tiere erfahren vorübergehende Befreiung von menschlichen Leiden und Menschen erfahren vorübergehende Befreiung von tierischen Leiden. Im Moment mögen wir frei von körperlichen Leiden und geistigem Schmerz sein, aber das ist nur vorübergehend. Später in diesem Leben und in unseren zahllosen zukünftigen Leben werden wir immer wieder unerträgliche körperliche Leiden und geistigen Schmerz ohne Ende erfahren müssen. In diesem Kreislauf unreinen Lebens, Samsara, besitzt niemand dauerhafte Befreiung; jeder muss endlos, Leben für Leben, beständig die Leiden von Krankheit, Altern, Tod und unkontrollierter Wiedergeburt erfahren.

Innerhalb dieses Kreislaufs unreinen Lebens gibt es verschiedene Bereiche oder unreine Welten, in die wir wiedergeboren werden können: die drei niederen Bereiche der Tiere, hungrigen Geister und Höllenwesen, und die drei höheren Bereiche der Götter, Halbgötter und Menschen. Von allen unreinen Welten ist die Hölle die schlimmste; es ist die Welt, die der schlimmsten Art von Geist erscheint. Die Welt eines Tieres ist weniger unrein und die Welt, die den Menschen erscheint, ist weniger unrein als die Welt, die Tieren erscheint. Leiden gibt es jedoch in allen Bereichen. Wenn wir als Mensch Wiedergeburt nehmen, müssen wir menschliches Leiden erfahren, wenn wir Wiedergeburt als Tier nehmen, müssen wir tierisches Leiden erfahren und wenn wir Wiedergeburt als Höllenwesen nehmen, müssen wir die Leiden eines Höllenwesens erfahren. Wenn wir darüber nachdenken, werden wir realisieren, dass nur eine vorübergehende Befreiung von bestimmten Leiden nicht gut genug ist; wir müssen definitiv dauerhafte Befreiung von den Leiden dieses Lebens und all unserer zukünftigen Leben erlangen.

Wie können wir dies erreichen? Nur indem wir Buddhas Unterweisungen in die Praxis umsetzen. Das liegt daran, dass nur Buddhas Unterweisungen die eigentlichen Methoden sind, um unsere Unwissenheit des Festhaltens am Selbst, die Quelle all unserer Leiden, aufzugeben. In seiner Unterweisung *Sutra des Königs der Konzentration* sagt Buddha:

> Ein Magier erschafft verschiedene Dinge
> Wie Pferde, Elefanten und so weiter.
> Seine Schöpfungen existieren nicht wirklich;
> Ihr solltet alle Dinge auf die gleiche Weise sehen.

Nur schon diese eine Unterweisung hat die Kraft, alle Lebewesen dauerhaft von ihren Leiden zu befreien. Indem wir diese Unterweisung, die im Kapitel *Schulung in endgültigem Bodhichitta* ausführlicher erklärt wird, praktizieren und realisieren, können wir die Wurzel all unseres Leidens, unsere Unwissenheit des Festhaltens am Selbst, dauerhaft auslöschen. Wenn dies geschieht, werden wir den höchsten, dauerhaften geistigen Frieden erfahren, der als „Nirvana" bekannt ist, dauerhafte Befreiung von Leiden, welches unser tiefster Wunsch und der wirkliche Sinn menschlichen Lebens ist. Dies ist der Hauptzweck von Buddhas Unterweisungen.

Durch dieses Verständnis werden wir tiefe Wertschätzung für die große Güte Buddhas gegenüber allen Lebewesen entwickeln – die Güte uns tiefgründige Methoden zu geben, um die dauerhafte Freiheit vom Kreislauf der Leiden von Krankheit, Altern, Tod und Wiedergeburt zu erreichen. Selbst unsere Mutter besitzt nicht das Mitgefühl, das wünscht, uns von diesem Leiden zu befreien; nur Buddha besitzt dieses Mitgefühl für alle Lebewesen ohne Ausnahme. Buddha befreit uns tatsächlich, indem er den Weisheitspfad enthüllt, der uns zum endgültigen Ziel des menschlichen Lebens führt. Wir sollten diesen Punkt immer wieder überdenken, bis wir tiefes Vertrauen in Buddha entwickeln. Dieses Vertrauen ist unser Objekt der Meditation; wir sollten unseren Geist in Vertrauen in Buddha umwandeln und einsgerichtet so lange wie möglich darauf verweilen. Indem wir diese Kontemplation und Meditation beständig praktizieren, werden wir Tag und Nacht, unser ganzes Leben lang, tiefes Vertrauen in Buddha bewahren.

Eine der Hauptfunktionen Buddhas ist es, jedem einzelnen Lebewesen geistigen Frieden zu gewähren, indem er es segnet. Lebewesen sind von sich aus nicht in der Lage einen friedlichen Geist zu kultivieren; nur indem sie Buddhas Segnungen in ihr Geisteskontinuum empfangen, können Lebewesen, selbst Tiere, einen friedlichen Geist erfahren. Wenn ihr Geist friedvoll und ruhig ist, sind sie wirklich glücklich; doch wenn ihr Geist nicht friedvoll ist, sind sie nicht glücklich, selbst wenn ihre äußeren Bedingungen perfekt sind. Das beweist, dass Glück von geistigem Frieden abhängt, und da dieser vom Empfangen der Segnungen Buddhas abhängt, ist Buddha demzufolge die Quelle allen Glücks. Indem wir dies verstehen und überdenken, sollten wir tiefes Vertrauen in Buddha entwickeln und bewahren sowie einen starken Wunsch erzeugen, seine Unterweisungen im Allgemeinen und Kadam-Lamrim im Besonderen zu praktizieren.

WER SIND DIE KADAMPAS?

„Ka" bezieht sich auf Buddhas Unterweisungen und „dam" bezieht sich auf Atishas Anleitungen des Lamrim (die *Stufen des Pfades zur Erleuchtung*, die auch als *Kadam-Lamrim* bekannt sind). „Kadam" bezieht sich daher auf die Vereinigung von Buddhas Unterweisungen und Atishas Anleitungen. Aufrichtige Praktizierende des Lamrim heißen „Kadampas". Es gibt zwei Kadampa-Traditionen, die alte und die neue. Praktizierende der alten Kadampa-Tradition schienen die Praxis des Kadam-Lamrim von Sutra mehr zu betonen als die Praxis von Tantra. Später gewichteten Je Tsongkhapa und seine Schüler die Praxis von Kadam-Lamrim sowohl von Sutra als auch von Tantra gleich. Diese neue Tradition, die von Je Tsongkhapa gegründet wurde, wird die neue Kadampa-Tradition genannt.

Kadampas verlassen sich aufrichtig auf Buddha Shakyamuni, weil Buddha die Quelle des Kadam-Lamrim ist; sie verlassen sich aufrichtig auf Avalokiteshvara, den Buddha des Mitgefühls, und auf den Weisheits-Dharma-Beschützer, was darauf hinweist, dass ihre Hauptpraxis Mitgefühl und Weisheit ist; und sie verlassen sich aufrichtig auf Arya Tara, weil sie Atisha versprochen hat, Kadampa-Praktizierenden in der Zukunft besondere Fürsorge zukommen zu lassen. Aus diesem Grund werden diese vier erleuchteten heiligen Wesen die „vier Kadampa Guru-Gottheiten" genannt.

Der Gründer der Kadampa-Tradition ist der große buddhistische Meister und Gelehrte Atisha. Atisha wurde 982 n. Chr. als Prinz in Ostbengalen, Indien, geboren. Der Name seines Vaters war Kalyanashri (Glorreiche Tugend) und der seiner Mutter war Prabhavarti Shrimati (Glorreiches Strahlen). Er war der zweite von drei Söhnen und bei seiner Geburt erhielt er den Namen Chandragarbha (Mondessenz). Der Name Atisha, der

„Frieden" bedeutet, wurde ihm später vom tibetischen König Jangchub Ö verliehen, weil er stets ruhig und friedvoll war.

Als Chandragarbha noch ein Kind war, nahmen ihn seine Eltern zu einem Tempelbesuch mit. Entlang des ganzen Weges hatten sich Tausende von Menschen versammelt, um einen kurzen Blick auf den Prinzen zu erhaschen. Als er die Menge sah, fragte Chandragarbha: „Wer sind diese Menschen?" Und seine Eltern antworteten: „Sie sind alle unsere Untertanen." Im Herzen des Prinzen entstand spontan Mitgefühl und er betete: „Mögen alle diese Menschen genauso großes Glück genießen wie ich selbst." Sobald er jemandem begegnete, entstand in seinem Geist ganz natürlich der Wunsch: „Möge diese Person Glück finden und frei von Leiden sein."

Schon als kleiner Junge hatte Chandragarbha Visionen von Tara. Manchmal, wenn er auf dem Schoß seiner Mutter saß, fielen blaue Upala-Blumen vom Himmel und er begann zu reden, und es sah so aus, als ob er sich mit den Blumen unterhalten würde. Yogis erklärten später seiner Mutter, dass die blauen Blumen, die sie gesehen hatte, ein Zeichen dafür waren, dass Tara ihrem Sohn erschien und mit ihm sprach.

Als der Prinz älter wurde, wollten seine Eltern eine Heirat für ihn arrangieren, doch Tara gab ihm den Rat: „Wenn du Anhaftung an dein Königreich entwickelst, gleichst du einem Elefanten, der im Schlamm versinkt und sich nicht wieder selbst daraus befreien kann, weil er so riesig und schwer ist. Entwickle keine Anhaftung an dieses Leben. Studiere und praktiziere den Dharma. Du warst in vielen früheren Leben ein spiritueller Meister, und auch in diesem Leben wirst du ein spiritueller Meister werden." Inspiriert durch diese Worte, entwickelte Chandragarbha sehr großes Interesse daran den Dharma zu studieren und zu praktizieren, und er war entschlossen, alle Realisationen der Unterweisungen Buddhas zu erlangen. Er wusste, dass er einen voll qualifizierten spirituellen Meister finden musste, um sein Ziel zu erreichen. Als Erstes ging er zu einem berühmten buddhistischen Lehrer namens Jetari, der in der Nähe lebte, und bat um Dharma-Unterweisungen darüber, wie man sich aus Samsara befreit. Jetari gab ihm Unterweisungen über Zuflucht und Bodhichitta und sagte ihm, dass er nach Nalanda gehen und vom spirituellen Meister Bodhibhadra lernen solle, wenn er rein praktizieren wolle.

Als der Prinz Bodhibhadra traf, sagte er: „Ich erkenne, dass Samsara sinnlos ist und dass nur Befreiung und volle Erleuchtung wirklich lohnend sind. Bitte gib mir Dharma-Unterweisungen, die mich schnell zum Zustand jenseits allen Leidens, Nirvana, führen." Bodhibhadra gab ihm kurze Unterweisungen über das Entwickeln von Bodhichitta und erteilte ihm dann den Rat: „Wenn du Dharma rein praktizieren möchtest, solltest du den spirituellen Meister Vidyakokila aufsuchen." Bodhibhadra wusste, dass Vidyakokila ein großer Meditierender war, der eine vollkommene Realisation der Leerheit erlangt hatte und sehr geschickt im Unterrichten der Stufen des tiefgründigen Pfades war.

Vidyakokila gab Chandragarbha vollständige Anleitungen sowohl über den tiefgründigen als auch über den weiten Pfad und schickte ihn dann für sein weiteres Studium zum spirituellen Meister Avadhutipa. Avadhutipa gab ihm nicht sofort Anleitungen, sondern schickte den Prinzen zu Rahulagupta, damit er Unterweisungen über die Hevajra- und Heruka-Tantras erhalten konnte. Dann sollte er zu ihm zurückkehren, um detailliertere Anleitungen über das Geheime Mantra zu bekommen. Rahulagupta gab Chandragarbha den geheimen Namen Janavajra (Unzerstörbare Weisheit) und die erste Ermächtigung, welche die Ermächtigung zur Praxis des Hevajra war. Dann schickte er ihn nach Hause, um die Zustimmung seiner Eltern einzuholen.

Obwohl der Prinz nicht am weltlichen Leben haftete, war es doch wichtig für ihn, die Einwilligung seiner Eltern zu haben, um so praktizieren zu können, wie er es wünschte. Er kehrte also zu seinen Eltern zurück und sagte: „Wenn ich Dharma rein praktiziere, werde ich, so wie es Arya Tara vorhergesagt hat, eure Güte und die Güte aller fühlender Wesen erwidern können. Kann ich dies tun, wird mein menschliches Leben nicht verschwendet sein. Andernfalls wird mein Leben sinnlos sein, selbst wenn ich mein ganzes Leben in einem prächtigen Palast verbringen kann. Bitte gebt mir eure Zustimmung, damit ich das Königreich verlassen und mein ganzes Leben der Dharma-Praxis widmen kann." Chandragarbhas Vater war unglücklich über diese Worte und wollte seinen Sohn daran hindern, seine Anwartschaft auf den Thron aufzugeben; doch seine Mutter war erfreut zu hören, dass ihr Sohn sein Leben dem Dharma widmen wollte. Sie erinnerte sich, dass bei seiner Geburt wunderbare Zeichen wie Regenbögen erschienen waren, und sie erinnerte sich an Wunder wie die blauen Upala-Blumen, die vom Himmel fielen. Sie wusste, dass ihr Sohn kein gewöhnlicher Prinz war, und sie gab ihre Einwilligung ohne Zögern. Nach einiger Zeit gewährte auch der König dem Wunsch seines Sohnes Zustimmung.

Chandragarbha kehrte zu Avadhutipa zurück und erhielt sieben Jahre lang Anleitungen über Geheimes Mantra. Seine Fähigkeiten wurden so groß, dass er eines Tages Stolz entwickelte und dachte: „Wahrscheinlich weiß ich mehr über Geheimes Mantra als irgendjemand sonst auf der ganzen Welt." In jener Nacht kamen im Traum Dakinis zu ihm und zeigten ihm seltene Schriften, die er noch nie zuvor gesehen hatte. Sie fragten ihn: „Was bedeuten diese Texte?", aber er hatte keine Ahnung. Als er aufwachte, war sein Stolz verschwunden.

Später dachte Chandragarbha, dass er Avadhutipas Praxis nachahmen und sich als Laie bemühen sollte, schnell durch

Mahamudra-Praxis mit einer Handlungs-Mudra Erleuchtung zu erlangen. Er hatte jedoch eine Vision Herukas, die ihm sagte, dass er zahllosen Wesen helfen und den Dharma weit verbreiten könne, wenn er ordinieren würde. In jener Nacht träumte er, dass er einer Prozession von Mönchen in der Gegenwart Buddha Shakyamunis folgte, und dieser wunderte sich, warum Chandragarbha noch nicht ordiniert war. Als er aus diesem Traum erwachte, entschloss er sich Mönch zu werden. Er empfing die Ordination von Shilarakshita und erhielt den Namen Dhipamkara Shrijana.

Vom spirituellen Meister Dharmarakshita erhielt Dhipamkara Shrijana ausführliche Anleitungen über *Sieben Gruppen des Abhidharma* und *Ozean der großen Erklärung;* Texte, die aus der Sicht des Vaibhashika-Systems geschrieben waren. Auf diese Weise meisterte er die Hinayana-Unterweisungen.

Noch immer nicht zufrieden, ging Dhipamkara Shrijana nach Bodh Gaya, um detaillierte Anleitungen zu erhalten. Eines Tages hörte er zufällig eine Unterhaltung zweier Frauen mit an, die in Wirklichkeit Ausstrahlungen Arya Taras waren. Die Jüngere fragte die Ältere: „Welches ist die wichtigste Methode, schnell Erleuchtung zu erlangen?", und die Ältere antwortete: „Es ist Bodhichitta." Als er dies hörte, fasste Dhipamkara Shrijana den festen Entschluss, den kostbaren Bodhichitta zu erlangen. Später, während er den großen Stupa in Bodh Gaya umrundete, sprach eine Statue Buddha Shakyamunis zu ihm: „Wenn du schnell Erleuchtung erlangen willst, musst du die Erfahrungen des Mitgefühls, der Liebe und des kostbaren Bodhichittas gewinnen." Da wurde sein Verlangen Bodhichitta zu realisieren sehr stark. Er hörte, dass der spirituelle Meister Serlingpa, der sehr weit weg an einem Ort namens Serling in Sumatra lebte, eine ganz besondere Erfahrung von Bodhichitta erlangt hatte und in der Lage war, Anleitungen über die *Sutras der Vollkommenheit der Weisheit* zu geben.

Dhipamkara Shrijana benötigte dreizehn Monate, um mit dem Schiff nach Sumatra zu gelangen. Bei seiner Ankunft brachte er Serlingpa ein Mandala dar und trug ihm seine Bitten vor. Serlingpa sagte ihm, dass es zwölf Jahre dauern würde, die Anleitungen zu vermitteln. Dhipamkara Shrijana blieb zwölf Jahre in Sumatra und gewann schließlich die kostbare Realisation des Bodhichittas. Dann kehrte er nach Indien zurück.

Indem er sich auf seine spirituellen Meister verließ, gewann Atisha das besondere Wissen der drei Gruppen der Unterweisungen Buddhas – der Gruppe der moralischen Disziplin, der Gruppe der Reden und der Gruppe der Weisheit – sowie der vier Klassen des Tantras. Außerdem beherrschte er Künste und Wissenschaften, wie etwa Poesie, Rhetorik und Astrologie; er war ein hervorragender Arzt und sehr geschickt im Handwerk und in technischen Dingen.

Atisha erlangte auch alle Realisationen der drei höheren Schulungen: Schulung in höherer moralischer Disziplin, Schulung in höherer Konzentration und Schulung in höherer Weisheit. Da alle Stufen des Sutras, wie die sechs Vollkommenheiten, die fünf Pfade und die zehn Ebenen, sowie alle Stufen des Tantras, wie die Erzeugungs- und Vollendungsstufen, in den drei höheren Schulungen enthalten sind, erlangte Atisha alle Realisationen der Stufen des Pfades.

Es gibt drei Arten höherer moralischer Disziplin: die höhere moralische Disziplin der Pratimoksha-Gelübde oder Gelübde der individuellen Befreiung, die höhere moralische Disziplin der Bodhisattva-Gelübde und die höhere moralische Disziplin der tantrischen Gelübde. Die Gelübde, 253 Übertretungen aufzugeben, die ein voll ordinierter Mönch ablegt, sind in den Pratimoksha-Gelübden enthalten. Atisha brach niemals auch nur ein einziges davon. Das zeigt, dass er sehr starke Achtsamkeit und sehr große Gewissenhaftigkeit besaß. Er hielt auch die Bodhisattva-Gelübde – das Vermeiden der

achtzehn Hauptübertretungen und sechsundvierzig Neben-
übertretungen – und alle seine tantrischen Gelübde in reiner
Weise ein.

Die Erlangungen der höheren Konzentration und höheren
Weisheit sind in allgemeine und außergewöhnliche Erlangungen unterteilt. Eine allgemeine Erlangung wird sowohl von
Sutra- als auch von Tantra-Praktizierenden erreicht, und eine
außergewöhnliche Erlangung wird nur von Praktizierenden
des Tantras erreicht. Durch die Schulung in höherer Konzentration erlangte Atisha die allgemeine Konzentration des ruhigen
Verweilens und auf dieser Basis Hellsicht, Wunderkräfte
und die allgemeinen Tugenden. Er erreichte zudem außergewöhnliche Konzentrationen, wie die Konzentrationen der
Erzeugungs- und Vollendungsstufe des Geheimen Mantras.
Durch die Schulung in höherer Weisheit erlangte Atisha die
allgemeinen Realisationen der Leerheit und die außergewöhnlichen Realisationen des beispiel- und sinnklaren Lichts des
Geheimen Mantras.

Atisha meisterte sowohl die Hinayana- als auch Mahayana-
Unterweisungen und wurden von Lehrern beider Traditionen
respektiert. Wenn Nicht-Buddhisten mit ihm debattierten
und besiegt wurden, nahmen sie den Buddhismus als ihren
Glauben an. Atisha war wie ein König, das Kronjuwel der indischen Buddhisten, und wurde als zweiter Buddha angesehen.

Vor Atishas Zeit hatte der 37. König Tibets, Trisong Detsen
(ca. 754-797 n. Chr.), Padmasambhava, Shantarakshita und
andere buddhistische Lehrer nach Tibet eingeladen, und unter
ihrem Einfluss blühte der reine Dharma; doch einige Jahre
später zerstörte ein tibetischer König namens Lang Darma (ca.
836 n. Chr.) den reinen Dharma in Tibet und hob den Sangha
auf. Bis zu jener Zeit waren die meisten der Könige religiös
gewesen, doch die schreckliche Herrschaft Lang Darmas war
für Tibet eine dunkle Zeit. Etwa siebzig Jahre nach seinem

Tod begann der Dharma durch die Bemühungen solch großer Lehrer wie des Übersetzers Rinchen Sangpo in den oberen Teilen Tibets erneut zu erblühen; und auch in den unteren Teilen Tibets begann er durch die Bemühungen eines großen Lehrers namens Gongpa Rabsäl erneut zu wachsen. Allmählich verbreitete sich der Dharma bis nach Zentraltibet.

Zu jener Zeit gab es keine reine Praxis der Vereinigung von Sutra und Tantra. Man hielt die zwei für widersprüchlich wie Feuer und Wasser. Wenn Menschen Sutra praktizierten, gaben sie Tantra auf, und wenn sie Tantra praktizierten, gaben sie Sutra und selbst die Regeln der Vinaya auf. Falsche Lehrer kamen aus Indien, um sich einiges von dem in Tibet reichlich vorhandenen Gold zu beschaffen. Unter dem Vorwand, spirituelle Meister und Yogis zu sein, führten sie Abartigkeiten wie Schwarze Magie, das Erzeugung von Geistererscheinungen, sexuelle Praktiken und rituellen Mord ein. Diese Missbräuche verbreiteten sich ziemlich weit.

Ein König namens Yeshe Ö und sein Neffe Jangchub Ö, die in Ngari in Westtibet lebten, waren sehr besorgt darüber, was mit dem Dharma in ihrem Land geschah. Der König weinte, wenn er an die Reinheit des Dharmas in früheren Zeiten dachte und ihn mit dem unreinen Dharma verglich, der zu seiner Zeit praktiziert wurde. Es betrübte ihn sehr zu sehen, wie verhärtet und unkontrolliert der Geist der Menschen geworden war. Er dachte: „Wie wunderbar wäre es, wenn der Dharma in Tibet wieder erblühen und den Geist der Menschen unseres Volkes zähmen würde." Um diesen Wunsch zu erfüllen, sandte er Tibeter nach Indien, die Sanskrit lernen und sich im Dharma schulen sollten, aber viele dieser Menschen konnten das heiße Klima nicht ertragen. Die wenigen, die überlebten, lernten Sanskrit und schulten sich sehr gut im Dharma. Unter ihnen war der Übersetzer Rinchen Sangpo, der viele Unterweisungen erhielt und dann nach Tibet zurückkehrte.

Da dieser Plan nicht sehr erfolgreich gewesen war, entschied sich Yeshe Ö, einen authentischen Lehrer aus Indien einzuladen. Er sandte eine Gruppe von Tibetern mit einer großen Menge Gold nach Indien und beauftragte sie, den fähigsten spirituellen Meister in Indien zu suchen. Er riet ihnen allen, den Dharma zu studieren und perfekte Kenntnisse in Sanskrit zu erwerben. Diese Tibeter ertrugen alle Strapazen des Klimas und der Reise, um seinem Wunsch nachzukommen. Einige von ihnen wurden berühmte Übersetzer. Sie übersetzten viele Schriften und sandten sie dem König, der sich sehr darüber freute.

Als diese Tibeter in ihr Land zurückkehrten, berichteten sie Yeshe Ö: „In Indien gibt es viele sehr gelehrte buddhistische Lehrer, aber der angesehenste und erhabenste unter ihnen ist Dhipamkara Shrijana. Wir würden ihn gerne nach Tibet einladen, aber er hat Tausende von Schülern in Indien." Als Yeshe Ö den Namen Dhipamkara Shrijana hörte, war er erfreut und fasste den Entschluss, diesen Meister nach Tibet einzuladen. Da er bereits das meiste seines Goldes aufgebraucht hatte und nun noch mehr davon benötigt wurde, um Dhipamkara Shrijana nach Tibet einladen zu können, ging der König auf Expedition, um nach weiterem Gold zu suchen. Als er an eine der Grenzen kam, wurde er von einem nicht-buddhistischen König gefangen genommen und ins Gefängnis geworfen. Als diese Nachricht bei Jangchub Ö eintraf, überlegte dieser: „Ich bin mächtig genug, gegen diesen König Krieg zu führen, aber wenn ich das tue, werden viele Menschen leiden und ich muss viele schädliche, zerstörerische Handlungen ausführen." Er entschied sich, um die Freilassung seines Onkels zu bitten, doch der König gab folgende Antwort: „Ich werde deinen Onkel nur freilassen, wenn du entweder mein Untertan wirst oder den Körper deines Onkels mit Gold aufwiegst." Unter großen Schwierigkeiten gelang es Jangchub Ö, Gold aufzubringen, das dem Körpergewicht seines Onkels entsprach, abgesehen vom Kopf. Da der König auch die restliche Menge forderte, bereitete sich Jangchub Ö darauf vor nach weiterem Gold zu suchen, doch bevor er aufbrach, besuchte er seinen Onkel. Er fand Yeshe Ö zwar körperlich schwach, doch in guter geistiger Verfassung vor. Jangchub Ö sprach durch die Gitterstäbe des Gefängnisses: „Schon bald werde ich dich befreien können, denn ich habe fast alles Gold zusammengebracht." Yeshe Ö antwortete: „Behandle mich bitte nicht, als ob ich wichtig wäre. Du darfst diesem feindlichen König das Gold nicht geben. Schicke alles nach Indien und bringe es Dhipamkara Shrijana dar. Dies ist mein größter Wunsch. Ich werde freudig mein Leben geben, um den reinen Dharma in Tibet wieder herzustellen. Bitte bringe Dhipamkara Shrijana diese Nachricht. Lass ihn wissen, dass ich mein Leben gegeben habe, um ihn nach Tibet einzuladen. Da er Mitgefühl für das tibetische Volk hat, wird er unsere Einladung annehmen, wenn er diese Nachricht erhält."

Jangchub Ö sandte den Übersetzer Nagtso zusammen mit einigen Begleitern und dem Gold nach Indien. Als sie Dhipamkara Shrijana trafen, berichteten sie ihm, was in Tibet vor sich ging und dass die Menschen einen spirituellen Meister aus Indien einladen wollten. Sie erzählten ihm, wie viel Gold der König als Darbringung gesandt hatte und wie viele Tibeter gestorben waren, um den reinen Dharma wiederherzustellen. Sie sagten ihm, dass Yeshe Ö sein Leben geopfert habe, um ihn nach Tibet zu holen. Nachdem sie ihre Bitte vorgebracht hatten, dachte Dhipamkara Shrijana über ihre Worte nach und nahm ihre Einladung an. Obwohl er in Indien sehr viele Schüler hatte und dort sehr hart für den Dharma arbeitete, wusste er, dass es in Tibet keinen reinen Dharma gab. Zudem hatte er eine Prophezeiung von Arya Tara erhalten, dass er zahllosen fühlenden Wesen helfen würde, wenn er nach Tibet ginge.

Mitgefühl entstand in seinem Herzen, als er daran dachte, wie viele Tibeter in Indien gestorben waren, und besonders das Opfer von Yeshe Ö bewegte ihn sehr.

Dhipamkara Shrijana musste seine Reise nach Tibet geheim halten, denn hätten seine indischen Schüler erfahren, dass er Indien verlassen wollte, hätten sie ihn daran gehindert. Er sagte, dass er eine Pilgerreise nach Nepal unternehmen würde, aber von Nepal reiste er weiter nach Tibet. Als seine indischen Schüler schließlich verstanden, dass er nicht zurückkehren würde, protestierten sie und warfen den Tibeter vor, dass sie Diebe seien, die ihren spirituellen Meister gestohlen hätten!

Da es damals genau wie heute üblich war einen Ehrengast gebührend zu begrüßen, sandte Jangchub Ö ein Gefolge von dreihundert Reitern zusammen mit vielen bedeutenden Tibetern an die Grenze, um Atisha willkommen zu heißen und ihm ein Pferd anzubieten, um seine schwierige Reise nach Ngari zu erleichtern. Atisha ritt in der Mitte der dreihundert Reiter und saß mittels seiner Wunderkräfte eine Elle über dem Rücken des Pferdes. Diejenigen, die ihn vorher nicht respektiert hatten, entwickelten bei seinem Anblick sehr starkes Vertrauen und jedermann sagte, dass der zweite Buddha in Tibet angekommen sei.

Als Atisha Ngari erreichte, bat ihn Jangchub Ö: „O mitfühlender Atisha, bitte gib Anleitungen, um dem tibetischen Volk zu helfen. Bitte erteile Ratschläge, die jedermann befolgen kann. Bitte gib uns besondere Anleitungen, damit wir alle Pfade von Sutra und Tantra zusammen praktizieren können." Um diesen Wunsch zu erfüllen, verfasste und lehrte Atisha *Lampe für den Pfad zur Erleuchtung*, der erste Text, der über die Stufen des Pfades, Lamrim, geschrieben wurde. Er erteilte diese Anleitungen zuerst in Ngari und dann in Zentraltibet. Viele Schüler, die diese Unterweisungen hörten, entwickelten große Weisheit.

DIE KOSTBARKEIT DES KADAM-LAMRIM

Atisha schrieb den ursprünglichen Kadam-Lamrim auf der Grundlage von Buddha Maitreyas *Ornament für klare Realisation*. Dies ist ein Kommentar zu den *Sutras der Vollkommenheit der Weisheit*, die Buddha Shakyamuni auf dem Berg der versammelten Geier in Rajagriha in Indien lehrte. Später schrieb Je Tsongkhapa seine ausführlichen, mittleren und zusammengefassten Kadam-Lamrim-Texte als Kommentare zu Atishas Kadam-Lamrim-Anleitungen; und dadurch erblühte dieser kostbare Buddhadharma des Kadam-Lamrim in vielen Ländern im Osten und nun auch im Westen. Die Anleitungen des Kadam-Lamrim, die Vereinigung von Buddhas Unterweisungen und Atishas besonderen Anleitungen, werden in drei Stufen präsentiert: Anleitungen über die Stufen des Pfades einer Person anfänglicher Ausrichtung; Anleitungen über die Stufen des Pfades einer Person mittlerer Ausrichtung; und Anleitungen über die Stufen des Pfades einer Person großer Ausrichtung.

Alle Unterweisungen Buddhas von Sutra und Tantra sind in diesen drei Anleitungen enthalten. Buddhas Unterweisungen sind die erhabene Medizin, die sowohl körperliche Krankheiten als auch die Krankheit der Verblendungen für immer heilt. Genauso wie Ärzte unterschiedliche Medizin für unterschiedliche Krankheiten verordnen, gab Buddha unterschiedliche Dharma-Medizin entsprechend den unterschiedlichen Kapazitäten der Menschen. Denjenigen der anfänglichen Ausrichtung gab er einfache Unterweisungen, denjenigen der mittleren Ausrichtung tiefgründige Unterweisungen und denjenigen der großen Ausrichtung sehr tiefgründige Unterweisungen. In der Praxis gehören alle diese Unterweisungen zum Kadam-Lamrim, welcher der Hauptkörper von Buddhas Lehren ist. Es gibt keine einzige Unterweisung Buddhas, die nicht im Kadam-Lamrim enthalten wäre. Aus diesem Grund sagte

Je Tsongkhapa, dass wir, wenn wir den gesamten Lamrim hören, alle Unterweisungen Buddhas hören, und wenn wir den gesamten Lamrim praktizieren, alle Unterweisungen Buddhas praktizieren. Kadam-Lamrim ist die Zusammenfassung aller Lehren Buddhas – er ist sehr praktisch und für jeden geeignet; und seine Präsentation ist anderen Anleitungen überlegen.

Indem wir Lamrim-Erfahrung gewinnen, werden wir verstehen, dass sich Buddhas Unterweisungen nicht widersprechen, wir werden Buddhas Unterweisungen in die Praxis umsetzen, wir werden leicht Buddhas endgültige Sichtweise und Absicht realisieren und werden frei von allen fehlerhaften Sichtweisen und Absichten werden. Alle, Buddhisten wie Nicht-Buddhisten, benötigen dauerhafte Befreiung von Leiden sowie reines und immerwährendes Glück. Dieser Wunsch wird durch die Praxis des Lamrim erfüllt. Aus diesem Grund ist sie das wirkliche wunscherfüllende Juwel.

Im Allgemeinen sind alle Unterweisungen Buddhas, der Dharma, sehr kostbar; doch Kadam-Dharma oder Lamrim ist ein ganz besonderer Buddhadharma, der für ausnahmslos jeden geeignet ist. Der große Meister Dromtönpa sagte: „Kadam-Dharma ist wie eine Mala aus Gold." So wie jeder, selbst jemand, der keine Mala (oder Gebetskette) benutzt, glücklich wäre, eine goldene Mala geschenkt zu bekommen, weil sie aus Gold ist, so können auf ähnliche Weise alle, selbst Nicht-Buddhisten, Nutzen aus dem Kadam-Dharma ziehen. Das ist so, weil es keinen Unterschied zwischen Kadam-Dharma und den alltäglichen Erfahrungen der Menschen gibt. Selbst ohne Dharma zu studieren und ihn zu hören, kommen einige Menschen oft zu ähnlichen Schlüssen wie denjenigen, welche in den Unterweisungen des Kadam-Dharma erklärt werden, indem sie Zeitung lesen oder fernsehen und die Weltlage verstehen. Das ist so, weil Kadam-Dharma mit den alltäglichen Erfahrungen der Menschen einhergeht – er kann nicht vom täglichen Leben getrennt werden. Jeder muss sein Leben glücklich und bedeutungsvoll machen, vorübergehend seine menschlichen Probleme lösen und letztendlich in der Lage sein, reines und immerwährendes Glück zu finden, indem er seine Wut, Anhaftung, Eifersucht und besonders seine Unwissenheit kontrolliert.

In diesen spirituell degenerierten Zeiten gibt es fünf Unreinheiten, die auf der ganzen Welt zunehmen: (1) Unsere Umgebung wird aufgrund von Umweltverschmutzung zunehmend unrein; (2) unser Wasser, unsere Luft und unsere Nahrung werden zunehmend unrein, ebenfalls aufgrund von Umweltverschmutzung; (3) unser Körper wird zunehmend unrein, weil Krankheiten heute weiter verbreitet sind; (4) unser Geist wird zunehmend unrein, weil unsere Verblendungen immer stärker werden; und (5) unsere Handlungen werden zunehmend unrein, weil wir keine Kontrolle über unsere Verblendungen haben.

Aufgrund dieser fünf Unreinheiten nehmen Leiden, Probleme und Gefahren überall zu. Durch die Praxis des Lamrim können wir jedoch unsere Erfahrung aller dieser Unreinheiten in den spirituellen Pfad umwandeln, der uns zum reinen und immerwährenden Glück der Befreiung und Erleuchtung führt. Wir können alle Schwierigkeiten, die wir in der Welt sehen, als spirituelle Unterweisungen betrachten, die uns ermutigen Entsagung zu entwickeln, den Wunsch, uns vom Kreislauf unreinen Lebens zu befreien; Mitgefühl, den Wunsch, dass andere beständig vom Kreislauf unreinen Lebens befreit sein mögen; und Weisheit, welche realisiert, dass alle diese Unreinheiten die Folgen nichttugendhafter Handlungen sind. Auf diese Weise können wir durch die Praxis des Lamrim alle widrigen Umstände in Möglichkeiten für das Entwickeln der Realisationen des spirituellen Pfades umwandeln, die uns reines und immerwährendes Glück bringen werden.

Wann immer Lamrim-Praktizierende Schwierigkeiten und Leiden erfahren, denken sie: „Zahllose andere Lebewesen erfahren größeres Leiden und Schwierigkeiten als ich", und sie entwickeln und vergrößern auf diese Weise ihr Mitgefühl für alle Lebewesen, welches sie schnell zum höchsten Glück der Erleuchtung führt. Kadam-Lamrim ist die höchste Medizin, die alle Leiden von Krankheit, Alter, Tod und Wiedergeburt für immer heilt; er ist die wissenschaftliche Methode, um unsere menschliche Natur und Qualitäten zu verbessern und unsere täglichen Probleme zu lösen. Kadam-Lamrim ist der große Spiegel des Dharmas, in dem wir die Art und Weise sehen können, wie die Dinge wirklich sind, und durch den wir sehen können, was wir wissen sollten, was wir aufgeben sollten, was wir praktizieren sollten und was wir erlangen sollten. Und nur durch das Benutzen dieses Spiegels können wir die große Güte aller Lebewesen sehen.

Atisha

Der Pfad einer Person anfänglicher Ausrichtung

In diesem Zusammenhang bezieht sich „Person anfänglicher Ausrichtung" auf jemanden, der eine anfängliche Kapazität hat, um spirituelles Verständnis und Realisationen zu entwickeln.

DIE KOSTBARKEIT UNSERES MENSCHLICHEN LEBENS

Der Zweck, die Kostbarkeit unseres menschlichen Lebens zu verstehen, besteht darin, uns selbst zu ermutigen, den wirklichen Sinn aus unserem menschlichen Leben zu ziehen und es nicht mit sinnlosen Tätigkeiten zu verschwenden. Unser menschliches Leben ist sehr kostbar und sinnvoll, aber nur wenn wir es nutzen, um beständige Befreiung und das höchste Glück der Erleuchtung zu erlangen. Wir sollten uns ermutigen, den wirklichen Sinn unseres menschlichen Lebens zu erfüllen, indem wir die folgende Erklärung verstehen und darüber nachdenken.

Viele Menschen glauben, dass der wirkliche Sinn menschlichen Lebens in materieller Entwicklung liegt, aber wir können sehen, dass materielle Entwicklung, ganz gleich wie viel es davon auf der Welt gibt, niemals menschliches Leiden und Probleme vermindert. Stattdessen bewirkt sie oft, dass Leiden und Probleme zunehmen. Daher ist sie nicht der wirkliche Sinn menschlichen Lebens. Wir sollten wissen, dass wir gegenwärtig nur für einen kurzen Moment aus unseren früheren Leben die menschliche Welt erreicht haben; und dass wir die Gelegenheit haben, das höchste Glück der Erleuchtung durch die Praxis des Dharmas zu erlangen. Dies ist unser außerordentlich großes Glück. Wenn wir Erleuchtung erlangen, werden wir unsere eigenen Wünsche erfüllt haben und wir können die Wünsche aller anderen Lebewesen erfüllen. Wir werden uns selbst für immer von den Leiden dieses und zahlloser zukünftiger Leben befreit haben und wir können jedem einzelnen Lebewesen jeden Tag direkt helfen. Die Erlangung der Erleuchtung ist deshalb der wirkliche Sinn menschlichen Lebens.

Erleuchtung ist das innere Licht der Weisheit, das dauerhaft von allen fehlerhaften Erscheinungen frei ist und dessen Funktion es ist, jedem einzelnen Lebewesen jeden Tag geistigen Frieden zu gewähren. Genau jetzt haben wir eine menschliche Wiedergeburt erhalten und haben die Gelegenheit, Erleuchtung durch Dharma-Praxis zu erlangen. Wenn wir daher diese kostbare Gelegenheit durch sinnlose Tätigkeiten verschwenden, gibt es keinen größeren Verlust und keine größere Torheit. Das ist so, weil es in Zukunft äußerst schwierig sein wird, solch eine kostbare Gelegenheit nochmals zu finden. In einem Sutra veranschaulicht Buddha dies durch die folgende Analogie. Er fragt seine Schüler: „Angenommen es gibt einen weiten und tiefen Ozean, der so groß ist wie diese Welt, und auf seiner Oberfläche treibt ein goldenes Joch. Auf dem Grund des Ozeans lebt eine blinde Schildkröte, die nur einmal alle hunderttausend Jahre an die Oberfläche kommt. Wie oft würde diese Schildkröte ihren Kopf durch die Mitte des Jochs heben?" Sein Schüler Ananda antwortete, dass dies in der Tat äußerst selten sei.

In diesem Zusammenhang bezieht sich der weite und tiefe Ozean auf Samsara, den Kreislauf unreinen Lebens, den wir seit anfangsloser Zeit Leben für Leben ständig erfahren, endlos. Das goldene Joch bezieht sich auf den Buddhadharma und die blinde Schildkröte bezieht sich auf uns. Obwohl wir körperlich keine Schildkröte sind, sind wir geistig nicht sehr verschieden; und obwohl unsere körperlichen Augen nicht blind sein mögen, sind es unsere Weisheitsaugen. In den meisten unserer zahllosen früheren Leben sind wir auf dem Grund des Ozeans von Samsara gewesen, in den drei niederen Bereichen – den Bereichen der Tiere, hungrigen Geister und Höllenwesen –, und sind nur alle hunderttausend Jahre oder so als Menschen an die Oberfläche gekommen. Selbst wenn wir für kurze Zeit den oberen Bereich des Ozeans Samsaras als Mensch erreichen, ist es äußerst schwierig, dem goldenen Joch des Buddhadharmas zu begegnen: Der Ozean Samsaras ist äußerst weit, das goldene Joch des Buddhadharmas bleibt nicht an einer Stelle, sondern wandert von Ort zu Ort, und unsere Weisheitsaugen sind immer blind. Aus diesen Gründen sagt Buddha, dass es in Zukunft äußerst selten sein wird, dem Buddhadharma wieder zu begegnen, selbst wenn wir eine menschliche Wiedergeburt erhalten. Dem Kadam-Dharma zu begegnen ist sogar noch seltener. Wir können sehen, dass die große Mehrheit der Menschen in der Welt dem Buddhadharma nicht begegnet ist, obwohl sie für kurze Zeit den oberen Bereich Samsaras als Menschen erreicht hat. Dies deshalb, weil sich ihre Weisheitsaugen nicht geöffnet haben.

Was heißt „dem Buddhadharma begegnen"? Es heißt in den Buddhismus einzutreten, indem wir aufrichtig Zuflucht zu Buddha, Dharma und Sangha nehmen und somit die Gelegenheit haben, in den Pfad zur Erleuchtung einzutreten und auf ihm voranzuschreiten. Wenn wir dem Buddhadharma nicht begegnen, haben wir keine Gelegenheit dies zu tun und wir haben daher keine Gelegenheit, das reine und immerwährende Glück der Erleuchtung, den wirklichen Sinn menschlichen Lebens, zu verwirklichen. Zum Abschluss sollten wir denken:

Gegenwärtig habe ich für kurze Zeit die menschliche Welt erreicht und habe die Gelegenheit, dauerhafte Befreiung von Leiden und das höchste Glück der Erleuchtung zu erlangen, indem ich Dharma in die Praxis umsetze. Wenn ich diese kostbare Gelegenheit mit sinnlosen Tätigkeiten verschwende, gibt es keinen größeren Verlust und keine größere Torheit.

Mit diesem Gedanken fassen wir den starken Entschluss, den Dharma von Buddhas Unterweisungen über Zuflucht, allumfassendes Mitgefühl und die tiefgründige Sicht von Leerheit jetzt, während wir die Gelegenheit haben, zu praktizieren. Wir meditieren dann immer wieder über diesen Entschluss. Wir sollten diese Kontemplation und Meditation jeden Tag in vielen Sitzungen üben und uns auf diese Weise ermutigen, den wirklichen Sinn aus unserem menschlichen Leben zu ziehen.

Wir sollten uns fragen, was für uns das Wichtigste ist – was wünschen wir uns, wonach streben wir, wovon träumen wir? Für manche Menschen ist es materieller Besitz, wie ein großes Haus mit dem neuesten Luxus, ein schnelles Auto oder ein gut bezahlter Job. Für andere ist es Ansehen, gutes Aussehen, Macht, Zerstreuung oder Abenteuer. Viele versuchen den Sinn ihres Lebens in der Beziehung zu ihrer Familie und ihrem Freundeskreis zu finden. Alle diese Dinge können uns eine kurze Weile glücklich machen, aber sie können uns auch viele Sorgen und viel Leid bereiten. Sie können uns niemals das vollkommene und dauerhafte Glück verschaffen, nach dem wir uns alle in unseren Herzen sehnen. Haben wir sie zum Hauptzweck unseres Lebens erkoren, werden sie uns eines Tages im Stich lassen, da wir sie nicht mit uns nehmen können, wenn wir sterben. Weltliche Errungenschaften sind als Selbstzweck hohl; sie sind nicht der wirkliche Sinn menschlichen Lebens.

Mit unserem menschlichen Leben können wir den höchsten, dauerhaften geistigen Frieden, der als „Nirvana" bekannt ist, sowie Erleuchtung erlangen, indem wir Dharma in die Praxis umsetzen. Da diese Errungenschaften nichttäuschend und endgültige Zustände von Glück sind, sind sie der wirkliche Sinn des menschlichen Lebens. Weil aber unser Wunsch nach weltlichem Vergnügen so stark ist, haben wir wenig oder gar kein Interesse an Dharma-Praxis. Von einem spirituellen Standpunkt aus ist dieses fehlende Interesse an Dharma-Praxis eine Art von Faulheit, welche die „Faulheit der Anhaftung" genannt wird. Solange wir diese Faulheit haben, ist das Tor zur Befreiung für uns verschlossen und wir werden in der Folge Elend und Leiden in diesem und in zahllosen zukünftigen Leben erfahren. Der Weg, diese Faulheit zu überwinden, welche das Haupthindernis für unsere Dharma-Praxis ist, besteht darin, über den Tod zu meditieren.

Wir müssen immer wieder über unseren Tod nachdenken und meditieren, bis wir eine tiefe Realisation des Todes gewinnen. Obwohl wir auf einer intellektuellen Ebene alle wissen, dass wir schließlich sterben werden, bleibt unser Gewahrsein des Todes oberflächlich. Da unser intellektuelles Wissen um den Tod nicht unsere Herzen berührt, denken wir weiterhin an jedem einzelnen Tag: „Ich werde heute nicht sterben, ich werde heute nicht sterben." Selbst an unserem Todestag denken wir noch darüber nach, was wir morgen oder nächste Woche tun werden. Dieser Geist, der jeden Tag denkt: „Ich werde heute nicht sterben", ist täuschend – er führt uns in die falsche Richtung und lässt unser menschliches Leben leer werden. Andererseits werden wir durch Meditieren über den Tod den täuschenden Gedanken: „Ich werde heute nicht sterben" schrittweise durch den nichttäuschenden Gedanken: „Ich könnte heute sterben" ersetzen. Der Geist, der spontan jeden einzelnen Tag denkt: „Ich könnte heute sterben", ist die Realisation des Todes. Es ist diese Realisation, die unsere Faulheit der Anhaftung direkt beseitigt und die Tür zum spirituellen Pfad öffnet.

Im Allgemeinen könnten wir heute sterben oder wir könnten heute nicht sterben, wir wissen es nicht. Wenn wir jedoch jeden Tag denken: „Ich werde heute nicht sterben", wird uns dieser Gedanke täuschen, weil er aus unserer Unwissenheit entsteht. Wenn wir stattdessen jeden Tag denken: „Ich könnte heute sterben", wird uns dieser Gedanke nicht täuschen, weil er aus unserer Weisheit entsteht. Dieser nützliche Gedanke wird unsere Faulheit der Anhaftung verhindern und uns ermutigen, uns für das Wohlergehen unserer zahllosen zukünftigen Leben vorzubereiten oder großes Bemühen anzuwenden, in den Pfad zur Befreiung und Erleuchtung einzutreten. Auf diese Weise werden wir unser gegenwärtiges menschliches Leben sinnvoll machen. Bis jetzt haben wir unsere zahllosen früheren Leben ohne irgendeinen Sinn verschwendet. Wir haben aus unseren früheren Leben nichts außer Verblendungen und Leiden mitgebracht.

WAS BEDEUTET UNSER TOD?

Unser Tod ist die dauerhafte Trennung unseres Körpers und Geistes. Wir mögen viele vorübergehende Trennungen unseres Körpers und Geistes erfahren, doch diese sind nicht unser Tod. Wenn zum Beispiel diejenigen Meditation ausüben, die ihre Schulung in der Praxis, die als „Bewusstseinsübertragung" bekannt ist, abgeschlossen haben, dann trennt sich ihr Geist von ihrem Körper. Ihr Körper bleibt dort, wo sie meditieren, und ihr Geist geht in ein Reines Land und kehrt dann zu ihrem Körper zurück. Nachts, in Träumen, bleibt unser Körper im Bett, doch unser Geist geht zu verschiedenen Orten der Traumwelt und kehrt dann zu unserem Körper zurück. Diese Trennungen unseres Körpers und Geistes sind nicht unser Tod, weil sie nur vorübergehend sind.

Beim Tod trennt sich unser Geist dauerhaft von unserem Körper. Unser Körper bleibt am Ort dieses Lebens, doch unser Geist geht zu verschiedenen Orten unserer zukünftigen Leben, wie ein Vogel, der ein Nest verlässt und zu einem anderen fliegt. Dies zeigt klar die Existenz unserer zahllosen zukünftigen Leben und dass die Natur und Funktion unseres Körpers und Geistes sehr unterschiedlich sind. Unser Körper ist eine sichtbare Form, die Farbe und Gestalt besitzt, unser Geist jedoch ist ein formloses Kontinuum, dem Farbe und Form immer fehlen. Die Natur unseres Geistes ist leer wie Raum und seine Funktion ist, Objekte wahrzunehmen oder zu verstehen. Dadurch können wir verstehen, dass unser Gehirn nicht unser Geist ist. Das Gehirn ist einfach nur ein Teil unseres Körpers, das im Gegensatz zu unserem Geist beispielsweise fotografiert werden kann.

Wir sind vielleicht nicht glücklich, etwas über unseren Tod zu hören. Doch das Nachdenken und Meditieren über den Tod ist sehr wichtig für die Wirksamkeit unserer Dharma-Praxis. Das ist so, weil es unser Haupthindernis unserer Dharma-Praxis – die Faulheit der Anhaftung an die Dinge dieses Lebens – vermeidet und uns dazu ermutigt, genau jetzt reinen Dharma zu praktizieren. Tun wir dies, werden wir den wirklichen Sinn menschlichen Lebens vor unserem Tod verwirklichen.

WIE MAN ÜBER DEN TOD MEDITIERT

Zuerst führen wir folgende Kontemplation aus:

Ich werde mit Sicherheit sterben. Es gibt keine Möglichkeit, meinen Körper vor dem endgültigen Zerfall zu bewahren. Tag um Tag, Moment für Moment zerrinnt mein Leben. Ich habe keine Ahnung, wann ich sterben werde; der Zeitpunkt des Todes ist völlig ungewiss. Viele junge Menschen sterben vor ihren Eltern, manche sterben bei ihrer Geburt – es gibt keine Gewissheit in dieser Welt. Zudem gibt es unzählige Ursachen vorzeitigen Todes. Das Leben von vielen starken und gesunden Menschen wird durch Unfälle zerstört. Es gibt keine Garantie, dass ich heute nicht sterben werde.

Haben wir wiederholt über diese Punkte nachgedacht, wiederholen wir immer wieder in unserem Geist: „Ich könnte heute sterben, ich könnte heute sterben", und konzentrieren uns auf das Gefühl, das dies hervorruft. Wir verwandeln unseren Geist in dieses Gefühl: „Ich könnte heute sterben", und verweilen einsgerichtet darauf solange wie möglich. Wir sollten diese Meditation wiederholt ausüben, bis wir jeden einzelnen Tag spontan glauben: „Ich könnte heute sterben." Schließlich werden wir zu einer Schlussfolgerung gelangen: „Da ich diese Welt schon bald verlassen muss, macht es keinen Sinn Anhaftung an die Dinge dieses Lebens zu entwickeln. Stattdessen werde ich von jetzt an mein ganzes Leben reiner und aufrichtiger Dharma-Praxis widmen." Wir halten diesen Entschluss Tag und Nacht aufrecht.

In der Meditationspause sollten wir ohne Faulheit Bemühen in unserer Dharma-Praxis anwenden. Da wir erkennen, dass weltliche Vergnügen täuschend sind und uns davon abhalten, unser Leben auf eine sinnvolle Weise zu nutzen, sollten wir Anhaftung an sie aufgeben. Auf diese Weise können wir das Haupthindernis für reine Dharma-Praxis beseitigen.

DIE GEFAHREN NIEDERER WIEDERGEBURT

Der Zweck dieser Erklärung ist uns zu ermutigen, Schutz vor den Gefahren niederer Wiedergeburt vorzubereiten. Wenn wir dies nicht jetzt tun, während wir ein menschliches Leben mit seinen Freiheiten und Ausstattungen besitzen und die Gelegenheit dazu haben, wird es zu spät sein, wenn wir einmal eine der drei niederen Wiedergeburten angenommen haben. Hinzu kommt, dass es äußerst schwierig sein wird wieder ein solch kostbares menschliches Leben zu erhalten. Es heißt, dass es für Menschen leichter ist Erleuchtung zu erlangen, als es für Wesen wie Tiere ist, eine kostbare menschliche Wiedergeburt zu erlangen. Wenn wir dies verstehen, werden wir ermutigt sein Nichttugend aufzugeben, Tugend zu praktizieren und Zuflucht zu Buddha, Dharma und Sangha (den erhabenen spirituellen Freunden) zu nehmen. Dies ist der eigentliche Schutz.

Nichttugendhafte Handlungen auszuführen ist die Hauptursache dafür, eine niedere Wiedergeburt anzunehmen, während Tugend zu praktizieren und Zuflucht zu Buddha, Dharma und Sangha zu nehmen die Hauptursachen für eine kostbare menschliche Wiedergeburt sind – eine Wiedergeburt, in der wir die Gelegenheit haben, dauerhafte Befreiung von allen Leiden zu erlangen. Schwere nichttugendhafte Handlungen sind die Hauptursache für Wiedergeburt als ein Höllenwesen, mittelschwere nichttugendhafte Handlungen sind die Hauptursache für Wiedergeburt als hungriger Geist und leichtere nichttugendhafte Handlungen sind die Hauptursache für Wiedergeburt als ein Tier. In den buddhistischen Schriften werden viele Beispiele dafür gegeben, wie nichttugendhafte Handlungen zu Wiedergeburt in den drei niederen Bereichen führen.

Es gab einmal einen Jäger, dessen Frau aus einer Familie von Viehzüchtern stammte. Nachdem er starb, nahm er Wiedergeburt als Kuh, die der Familie seiner Frau gehörte. Ein Metzger kaufte dann diese Kuh, schlachtete sie und verkaufte das Fleisch. Der Jäger wurde sieben Mal als Kuh, die der gleichen Familie gehörte, wiedergeboren und wurde so zu Nahrung für andere Menschen.

In Tibet gibt es einen See namens Yamdroktso, wo viele Menschen aus der nahe gelegenen Stadt ihr ganzes Leben mit Fischfang verbrachten. Einmal besuchte ein großer Yogi mit Hellsicht die Stadt und sagte: „Ich sehe, dass die Menschen dieser Stadt und die Fische im See ständig ihren Platz wechseln." Was er meinte, war, dass die Menschen der Stadt, die sich am Fischen erfreuten, als Fische, die Nahrung anderer

Menschen, wiedergeboren wurden; und die Fische im See, wurden als Menschen wiedergeboren, die Freude am Fischen hatten. Indem sie auf diese Weise ihren körperlichen Aspekt wechselten, töteten und aßen sie sich ständig gegenseitig. Dieser Kreislauf des Elends setzte sich von Generation zu Generation fort.

WIE MAN ÜBER DIE GEFAHREN NIEDERER WIEDERGEBURT MEDITIERT

Als Erstes denken wir über Folgendes nach:

Wenn das Öl einer Öllampe verbraucht ist, erlischt die Flamme, weil die Flamme durch das Öl erzeugt wird. Stirbt jedoch unser Körper, erlischt unser Bewusstsein nicht, da das Bewusstsein nicht vom Körper erzeugt wird. Wenn wir sterben, muss unser Geist diesen jetzigen Körper, der nur eine zeitweilige Behausung ist, verlassen und einen neuen Körper finden, wie ein Vogel, der sein Nest verlässt, um zu einem anderen zu fliegen. Unser Geist hat weder die Freiheit zu bleiben, noch kann er sich auswählen, wohin er gehen möchte. Wir werden durch die Winde unserer Handlungen oder unseres Karmas (unser Glück oder Unglück) zum Ort unserer nächsten Wiedergeburt geweht. Ist das Karma negativ, das zum Zeitpunkt unseres Todes reift, erfahren wir mit Sicherheit eine niedere Wiedergeburt. Schwerwiegendes negatives Karma verursacht eine Wiedergeburt in der Hölle, mittelschweres negatives Karma verursacht eine Wiedergeburt als hungriger Geist und geringeres negatives Karma verursacht eine Wiedergeburt als Tier.

Es ist sehr einfach, schweres negatives Karma zu erschaffen. Töten wir zum Beispiel aus Wut eine Mücke, schaffen wir die Ursache, in der Hölle wiedergeboren zu werden. Während dieses und all unserer zahllosen früheren Leben haben wir zahlreiche schwerwiegende negative Handlungen begangen. Falls wir diese

Handlungen nicht schon durch aufrichtiges Bekennen gereinigt haben, bleiben ihre Potentiale in unserem Geisteskontinuum und jedes dieser negativen Potentiale kann zum Zeitpunkt unseres Todes reifen. Dies bedenkend, sollten wir überlegen: „Wo werde ich morgen sein, wenn ich heute sterbe? Es ist gut möglich, dass ich mich im Tierbereich, unter den hungrigen Geistern oder in der Hölle wiederfinden werde. Würde mich heute jemand eine dumme Kuh nennen, könnte ich das schwer ertragen, aber was werde ich tun, wenn ich tatsächlich eine Kuh, ein Schwein oder ein Fisch werde – die Nahrung der Menschen?"

Haben wir eingehend über diese Punkte nachgedacht und verstanden, wie die Lebewesen in den niederen Bereichen, zum Beispiel Tiere, Leiden erfahren, erzeugen wir große Furcht vor einer Wiedergeburt in den niederen Bereichen. Dieses Gefühl der Furcht ist das Objekt unserer Meditation. Wir halten es dann, ohne es zu vergessen; unser Geist sollte einsgerichtet und so lange wie möglich auf diesem Gefühl der Furcht verweilen. Wenn wir das Objekt unserer Meditation verlieren, erneuern wir das Gefühl der Furcht, indem wir uns sofort wieder daran erinnern oder indem wir die Kontemplation wiederholen.

In der Meditationspause versuchen wir unser Gefühl der Furcht, eine Wiedergeburt in den niederen Bereichen anzunehmen, niemals zu vergessen. Im Allgemeinen ist Furcht sinnlos, doch die Furcht, die durch die obige Kontemplation und Meditation erzeugt wird, hat enormen Sinn, da sie aus Weisheit und nicht aus Unwissenheit entsteht. Diese Furcht ist die Hauptursache für die Zufluchtnahme zu Buddha, Dharma und Sangha, die der eigentliche Schutz vor derartigen Gefahren ist, und sie hilft uns, achtsam und gewissenhaft zu sein, nichttugendhafte Handlungen zu vermeiden.

ZUFLUCHT NEHMEN

In diesem Zusammenhang bedeutet „Zuflucht nehmen" Zufluchtnahme zu Buddha, Dharma und Sangha. Der Zweck dieser Praxis ist, uns dauerhaft vor niederer Wiedergeburt zu schützen. Weil wir gegenwärtig Menschen sind, sind wir frei von einer Wiedergeburt als Tier, hungriger Geist oder Höllenwesen, doch dies ist nur vorübergehend. Wir sind wie ein Gefangener, dem gestattet wird, für eine Woche Urlaub nach Hause zu gehen, der aber dann ins Gefängnis zurückkehren muss. Wir brauchen dauerhafte Befreiung von den Leiden dieses und zahlloser zukünftiger Leben. Dies ist abhängig davon, in den buddhistischen Pfad zur Befreiung einzutreten, auf ihm voranzuschreiten und ihn zu vollenden, was wiederum davon abhängig ist, in den Buddhismus einzutreten.

Wir treten durch die Praxis der Zufluchtnahme in den Buddhismus ein. Damit unsere Praxis der Zuflucht qualifiziert ist, sollten wir, während wir Buddha vor uns visualisieren, sprachlich oder geistig das Versprechen ablegen, unser ganzes Leben lang Zuflucht zu Buddha, Dharma und Sangha zu nehmen. Dieses Versprechen ist unser Zufluchtsgelübde und das Tor, durch das wir in den Buddhismus eintreten. Solange wir dieses Versprechen halten, befinden wir uns innerhalb des Buddhismus, brechen wir es aber, befinden wir uns außerhalb. Indem wir in den Buddhismus eintreten und darin bleiben, haben wir die Gelegenheit den buddhistischen Pfad zur Befreiung und Erleuchtung zu beginnen, auf ihm voranzuschreiten und ihn zu vollenden.

Wir sollten unser Versprechen der Zufluchtnahme zu Buddha, Dharma und Sangha unser ganzes Leben lang nie aufgeben. Zuflucht nehmen zu Buddha, Dharma und Sangha bedeutet, dass wir Bemühen anwenden, um Buddhas Segnungen zu empfangen, Dharma in die Praxis umzusetzen und Hilfe durch den Sangha zu erhalten. Dies sind die drei hauptsächlichen Verpflichtungen des Zufluchtsgelübdes. Wenn wir diese drei hauptsächlichen Verpflichtungen halten und aufrichtig praktizieren, können wir unser endgültiges Ziel erreichen.

Der Hauptgrund, warum wir den Entschluss fassen und das Versprechen ablegen, unser ganzes Leben lang Zuflucht zu Buddha, Dharma und Sangha zu nehmen, ist der, dass wir dauerhafte Befreiung von Leiden erlangen müssen. Gegenwärtig mögen wir von körperlichem Leid und geistigem Schmerz frei sein, wie jedoch zuvor erwähnt, ist diese Freiheit nur eine vorübergehende. Später in diesem und in unseren zahllosen zukünftigen Leben werden wir ständig unerträgliches körperliches Leiden und geistigen Schmerz erfahren müssen, Leben für Leben, endlos.

Ist unser Leben in Gefahr oder werden wir durch jemandem bedroht, suchen wir für gewöhnlich Zuflucht bei der Polizei. Natürlich kann uns die Polizei manchmal vor einer bestimmten Gefahr beschützen, doch keine Polizei kann uns dauerhafte Befreiung vom Tod geben. Sind wir ernsthaft krank, suchen wir Zuflucht bei Ärzten. Manchmal können Ärzte eine bestimmte Krankheit heilen, doch kein Arzt kann uns dauerhafte Befreiung von Krankheit geben. Was wir wirklich benötigen, ist dauerhafte Befreiung von allen Leiden, und als Menschen können wir dies erreichen, indem wir Zuflucht zu Buddha, Dharma und Sangha nehmen.

Buddhas sind „erwacht", was bedeutet, dass sie aus dem Schlaf der Unwissenheit erwacht sind und von den Träumen Samsaras, dem Kreislauf unreinen Lebens, frei sind. Buddhas sind völlig reine Wesen, die dauerhaft von allen Verblendungen und fehlerhafter Erscheinung frei sind. Wie zuvor erwähnt ist Buddhas Funktion, jedem einzelnen Lebewesen jeden Tag geistigen Frieden zu gewähren, indem er es segnet. Wir wissen, dass wir glücklich sind, wenn unser Geist friedvoll ist, und unglücklich, wenn er es nicht ist. Es ist deshalb klar, dass unser Glück von einem friedvollen Geist abhängt und dass es nicht von guten äußeren Bedingungen herrührt. Selbst wenn unsere äußeren Bedingungen schlecht sind, werden wir immer glücklich sein, wenn wir jederzeit einen friedvollen Geist bewahren. Durch das beständige Empfangen von Buddhas Segnungen können wir jederzeit einen glücklichen Geist bewahren. Buddha ist daher die Quelle unseres Glücks. Dharma ist der eigentliche Schutz, durch den wir dauerhaft von den Leiden von Krankheit, Altern, Tod und Wiedergeburt erlöst werden und Sangha sind die erhabenen spirituellen Freunde, die uns zu korrekten spirituellen Pfaden führen. Durch diese drei kostbaren wunscherfüllenden Juwelen Buddha, Dharma und Sangha – die als die „Drei Juwelen" bekannt sind – können wir sowohl unsere eigenen Wünsche als auch die Wünsche aller anderen Lebewesen erfüllen.

Jeden Tag sollten wir aus der Tiefe unseres Herzens Bittgebete an die erleuchteten Buddhas rezitieren, während wir tiefes Vertrauen in sie bewahren. Dies ist eine einfache Methode für uns, beständig Buddhas Segnungen zu empfangen. Wir sollten auch an Gruppengebeten, die als „Pujas" bekannt sind, teilnehmen und in buddhistischen Tempeln oder Gebetsräumen organisiert werden. Sie sind kraftvolle Methoden, um Buddhas Segnungen und Schutz zu erhalten.

WIE MAN ÜBER ZUFLUCHTNAHME MEDITIERT

Als Erstes denken wir über Folgendes nach:

Ich möchte mich dauerhaft vor den Leiden dieses und zahlloser zukünftiger Leben schützen und mich davon befreien. Ich kann dies nur erreichen, indem ich Buddhas Segnungen empfange, den Dharma in die Praxis umsetze und Hilfe vom Sangha, den höchsten spirituellen Freunden, erhalte.

Indem wir auf diese Weise tief nachdenken, fassen wir zuerst einen starken Entschluss und versprechen dann aufrichtig, unser ganzes Leben lang zu Buddha, Dharma und Sangha Zuflucht zu nehmen. Wir sollten jeden Tag über diesen Entschluss meditieren und unser Versprechen für den Rest unseres Lebens beständig bewahren. Die Verpflichtungen unseres Zufluchtsgelübdes bestehen darin, immer Bemühen anzuwenden, um Buddhas Segnungen zu empfangen, Dharma in die Praxis umzusetzen und durch den Sangha, unsere reinen spirituellen Freunde einschließlich unseres spirituellen Lehrers, Hilfe zu erhalten. Auf diese Weise nehmen wir Zuflucht zu Buddha, Dharma und Sangha. Dadurch werden wir unser Ziel erreichen – dauerhafte Befreiung von allen Leiden dieses und zahlloser zukünftiger Leben. Das ist der wirkliche Sinn unseres menschlichen Lebens.

Um unser Versprechen zu wahren, unser ganzes Leben lang Zuflucht zu Buddha, Dharma und Sangha zu nehmen, und damit wir und alle Lebewesen Buddhas Segnungen und seinen Schutz erhalten, rezitieren wir das folgende Zufluchtsgebet jeden Tag mit starkem Vertrauen:

Bis wir Erleuchtung erlangen, nehmen ich und alle fühlenden
  Wesen
Zuflucht zu Buddha, Dharma und Sangha.

WAS IST KARMA?

Der Zweck Karma zu verstehen und daran zu glauben ist der, zukünftiges Leiden zu verhindern und die Grundlage für den Pfad zur Befreiung und Erleuchtung zu schaffen. Karma bedeutet allgemein „Handlung". Aus nichttugendhaften Handlungen entsteht Leiden und aus tugendhaften Handlungen entsteht Glück. Wenn wir dies glauben, glauben wir an Karma.

Buddha gab ausführliche Unterweisungen, um diese Wahrheit zu beweisen, sowie viele verschiedene Beispiele, um die besondere Verbindung zwischen den Handlungen unserer früheren Leben und unseren Erfahrungen dieses Lebens aufzuzeigen. Einige davon werden in *Freudvoller Weg des Glücks* erklärt.

In unseren früheren Leben führten wir verschiedene Arten von nichttugendhaften Handlungen aus, die für andere Leiden bewirkten. Als Ergebnis dieser nichttugendhaften Handlungen entstehen unterschiedliche elende Bedingungen und Situationen und wir erfahren endlos menschliche Leiden und Probleme. Für alle anderen Lebewesen gilt das Gleiche.

Wir sollten beurteilen, ob wir glauben oder nicht glauben, dass die Hauptursache von Leiden unsere nichttugendhaften Handlungen und die Hauptursache von Glück unsere tugendhaften Handlungen sind. Wenn wir dies nicht glauben, werden wir niemals Bemühen aufbringen, um tugendhafte Handlungen oder Verdienste anzusammeln, und wir werden niemals unsere nichttugendhaften Handlungen reinigen. Aufgrund dessen werden wir ständig Leiden und Schwierigkeiten erfahren – Leben für Leben, endlos.

Jede von uns begangene Handlung hinterlässt eine Prägung in unserem sehr subtilen Geist und jede Prägung hat irgendwann ihre eigene Auswirkung zur Folge. Unser Geist gleicht einem Feld und das Ausführen von Handlungen gleicht dem Säen von Samen in diesem Feld. Tugendhafte Handlungen setzen Samen für zukünftiges Glück und nichttugendhafte Handlungen setzen Samen für zukünftiges Leiden. Diese Samen ruhen in unserem Geist, bis die Bedingungen für ihre Reifung entstehen und sie ihre Auswirkung produzieren. In manchen Fällen geschieht dies erst viele Leben nach dem Leben, in dem die ursprüngliche Handlung begangen wurde.

Die Samen, die zum Zeitpunkt unseres Todes reifen, sind sehr wichtig, weil sie die Art der Wiedergeburt unseres nächsten Lebens bestimmen. Welcher Samen beim Tod reif wird, hängt vom Geisteszustand ab, in dem wir sterben. Sterben wir mit einem friedvollen Geist, wird dies einen tugendhaften Samen anregen und wir werden eine glückliche Wiedergeburt erfahren. Sterben wir aber mit einem unfriedlichen Geist, zum Beispiel in einem Zustand der Wut, wird dies einen nichttugendhaften Samen anregen und wir werden eine unglückliche Wiedergeburt erfahren. Der Vorgang gleicht der Art und Weise, wie Albträume durch einen erregten Geisteszustand unmittelbar vor dem Einschlafen ausgelöst werden.

Alle unangemessenen Handlungen, einschließlich Töten, Stehlen, sexuelles Fehlverhalten, Lügen, trennende Rede, verletzende Rede, leeres Geschwätz, Begehrlichkeit, Böswilligkeit und Halten von falschen Sichtweisen, sind nichttugendhafte Handlungen. Wenn wir nichttugendhafte Handlungen aufgeben und uns bemühen, frühere nichttugendhafte Handlungen zu reinigen, praktizieren wir moralische Disziplin. Dies verhindert, dass wir zukünftiges Leid erfahren und eine niedere Wiedergeburt annehmen. Beispiele von tugendhaften Handlungen sind die Schulungen in allen Meditationen oder anderen spirituellen Übungen, die in diesem Buch dargelegt werden. Meditation ist eine tugendhafte geistige Handlung, welche die Hauptursache dafür ist, geistigen Frieden in der Zukunft zu erfahren. Wann immer wir Meditation praktizieren, ob unsere Meditation klar ist oder nicht, üben wir eine tugendhafte geistige Handlung aus, die eine Ursache für zukünftiges Glück und geistigen Frieden ist. Normalerweise sorgen wir uns vor allem um körperliche und sprachliche Handlungen, doch in Wirklichkeit sind geistige Handlungen wichtiger. Unsere körperlichen und sprachlichen Handlungen hängen von unserer geistigen Handlung ab; davon, dass wir geistig einen Entschluss fassen.

Wann immer wir tugendhafte Handlungen wie Meditation oder andere spirituelle Übungen ausführen, sollten wir folgenden geistigen Entschluss fassen:

> Während ich das Pferd tugendhafter Handlungen reite,
> Werde ich es mit dem Zügel der Entsagung in den Pfad
> der Befreiung führen;
> Und indem ich das Pferd mit der Peitsche des
> Bemühens vorantreibe,
> Werde ich schnell das Reine Land der Befreiung und
> Erleuchtung erreichen.

Nachdem wir über die obige Erklärung nachgedacht haben, sollten wir denken:

> *Da ich selbst niemals leiden und immer glücklich sein möchte, muss ich meine nichttugendhaften Handlungen aufgeben und reinigen, und aufrichtig tugendhafte Handlungen ausüben.*

Wir sollten jeden Tag über diesen Entschluss meditieren und ihn in die Praxis umsetzen.

Der Pfad einer Person mittlerer Ausrichtung

In diesem Zusammenhang bezieht sich eine „Person mittlerer Ausrichtung" auf jemanden, der eine mittlere Kapazität hat, um spirituelles Verständnis und Realisationen zu entwickeln.

WAS WIR WISSEN SOLLTEN

Im *Sutra der Vier Edlen Wahrheiten* sagt Buddha: „Ihr solltet Leiden erkennen." Wenn er das sagt, dann rät uns Buddha, dass wir die unerträglichen Leiden, die wir in unseren zahllosen zukünftigen Leben erfahren werden, erkennen, und daher Entsagung entwickeln sollten, den Entschluss, uns für immer von diesen Leiden zu befreien.

Im Allgemeinen verstehen alle, selbst Tiere, die körperliche oder geistige Schmerzen erfahren, ihr eigenes Leiden. Doch wenn Buddha sagt: „Ihr solltet Leiden erkennen", meint er, dass wir die Leiden zukünftiger Leben erkennen sollten. Wenn wir diese erkennen, werden wir einen starken Wunsch entwickeln, uns von ihnen zu befreien. Dieser praktische Ratschlag ist für jeden wichtig, weil wir unser gegenwärtiges menschliches Leben für die Freiheit und das Glück unserer zahllosen zukünftigen Leben nutzen werden, sofern wir den Wunsch haben, uns von den Leiden der zukünftigen Leben zu befreien. Es gibt nichts Sinnvolleres als das.

Haben wir diesen Wunsch aber nicht, dann werden wir unser kostbares menschliches Leben einzig für die Freiheit und das Glück dieses einen kurzen Lebens verschwenden. Das wäre dumm, denn unsere Absicht und unsere Handlungen wären nicht verschieden von der Absicht und den Handlungen der Tiere, die einzig und allein mit diesem Leben beschäftigt sind. Der große Yogi Milarepa sagte einmal zu einem Jäger namens Gonpo Dorje:

> Du hast den Körper eines Menschen, aber den Geist
> eines Tieres.
> Du, ein Mensch, der den Geist eines Tieres besitzt, bitte
> höre mein Lied an.

Normalerweise denken wir, dass es am Wichtigsten ist, die Probleme und Leiden des gegenwärtigen Lebens zu lösen, und wir widmen unser ganzes Leben diesem Ziel. In Wirklichkeit sind die Probleme und Leiden dieses Lebens sehr kurz; wenn wir morgen sterben, enden sie morgen. Da jedoch die Dauer der Probleme und Leiden zukünftiger Leben endlos ist, ist die Freiheit und das Glück unserer zukünftigen Leben viel wichtiger als die Freiheit und das Glück dieses einen, kurzen Lebens. Buddha ermutigt uns mit den Worten: „Ihr solltet Leiden erkennen", dieses gegenwärtige Menschenleben zu nutzen, um die Freiheit und das Glück unserer unzähligen zukünftigen Leben vorzubereiten. Wer so handelt, ist wahrhaftig weise.

Wenn wir in zukünftigen Leben als ein Tier, etwa als Kuh oder Fisch geboren werden, werden wir zur Nahrung für andere Lebewesen und wir werden viele Arten von tierischem Leid erfahren müssen. Tiere haben keine Freiheit und werden von Menschen für Nahrung, Arbeit und Vergnügen benutzt. Sie haben keine Gelegenheit sich zu entwickeln; selbst wenn sie kostbare Worte des Dharmas hören, sind sie so sinnlos für sie wie das Rauschen des Windes. Werden wir als hungriger Geist geboren, werden wir nicht einmal den kleinsten Wassertropfen zum Trinken haben; allenfalls unsere Tränen werden unser Wasser sein. Wir werden für viele hundert Jahre unerträglichen Durst und Hunger erfahren. Wenn wir als Höllenwesen in den heißen Höllen geboren werden, wird unser Körper untrennbar mit Feuer eins sein, und andere werden unsere Körper nur durch unsere Schreie vom Feuer unterscheiden können. Wir werden für Millionen von Jahren unter der unerträglichen Folter unserer brennenden Körper leiden müssen. Wie alle anderen Phänomene existieren die Höllenbereiche nicht inhärent, sondern als bloße Erscheinungen des Geistes, wie Träume. Wenn wir als Gott des Begierdebereichs geboren werden, erfahren wir viel Streit und Unzufriedenheit. Selbst wenn wir etwas oberflächliches Vergnügen erleben, werden unsere Wünsche immer stärker und unser geistiges Leiden ist sogar größer als das der Menschen. Wenn wir als Halbgott geboren werden, sind wir immer eifersüchtig auf die Herrlichkeit der Götter und leiden geistig sehr darunter. Unsere Eifersucht ist wie ein Dorn in unserem Geist, der uns für lange Zeit geistig und körperlich leiden lässt. Wenn wir als Mensch geboren werden, müssen wir die verschiedenen Arten von menschlichen Leiden erfahren, wie die Leiden der Geburt, der Krankheit, des Alterns und des Todes.

GEBURT

Wenn unser Bewusstsein in die Vereinigung des Spermas unseres Vaters und der Eizelle unserer Mutter eintritt, ist unser Körper eine sehr heiße, wässrige Substanz, wie weißer, leicht rötlich gefärbter Joghurt. In den ersten Momenten nach der Empfängnis haben wir keine groben Empfindungen, aber sobald sich diese entwickeln, beginnen wir, deutlichen Schmerz zu spüren. Unser Körper wird allmählich härter und wenn unsere Gliedmaßen wachsen, fühlt es sich an, als ob unser Körper auf einer Folterbank gestreckt würde. In der Gebärmutter ist es heiß und dunkel. Für neun Monate ist dieser kleine, eng zusammengepresste Raum voller unreiner Substanzen unser Heim. Es fühlt sich an, als ob man in einen mit schmutziger Flüssigkeit gefüllten kleinen Wassertank eingezwängt wäre, dessen Deckel dicht verschlossen ist, so dass weder Luft noch Licht eindringen können.

Während wir uns im Mutterleib befinden, erleben wir in völliger Einsamkeit große Schmerzen und große Angst. Wir reagieren äußerst empfindlich auf alles, was unsere Mutter tut. Wenn sie schnell geht, fühlt es sich an, als würden wir von einem hohen Berg fallen, und wir haben schreckliche Angst. Wenn sie Geschlechtsverkehr hat, fühlt es sich an, als würden wir zwischen zwei riesigen Gewichten zerquetscht und erstickt, und wir geraten in Panik. Wenn unsere Mutter auch nur einen einzigen Sprung macht, fühlt es sich an, als würden wir aus großer Höhe heftig auf den Boden aufschlagen. Wenn sie etwas Heißes trinkt, fühlt es sich an, als ob kochendes Wasser unsere Haut verbrennen würde, und wenn sie etwas Kaltes trinkt, fühlt es sich an wie eine eiskalte Dusche im tiefsten Winter.

Wenn wir den Mutterleib verlassen, ist es, als würden wir durch eine enge Spalte zwischen zwei harten Felsen gedrückt, und als Neugeborenes ist unser Körper so empfindlich, dass jede Art von Kontakt schmerzhaft ist. Selbst wenn uns jemand sehr behutsam hält, fühlen sich die Hände an wie Dornbüsche, die sich in unser Fleisch bohren, und die feinsten Gewebe fühlen sich rau an und kratzen. Verglichen mit der Weichheit und Glätte des Mutterleibes, ist jede Berührung rau und schmerzhaft. Wenn uns jemand hochnimmt, fühlt es sich an, als würden wir über einen tiefen Abgrund geschwungen, und wir haben Angst und fühlen uns unsicher. Wir haben alles vergessen, was wir in unseren vergangenen Leben gewusst haben; wir bringen nur Schmerz und Verwirrung aus dem Mutterleib mit. Was immer wir auch hören, ist so sinnlos wie das Geräusch des Windes, und wir können nichts von dem verstehen, was wir wahrnehmen. In den ersten Wochen gleichen wir jemandem, der blind, taub und stumm ist und unter starkem Gedächtnisschwund leidet. Wenn wir hungrig sind, können wir nicht sagen: „Ich brauche etwas zu essen", und wenn wir Schmerzen haben, können wir nicht sagen: „Hier tut es weh." Die einzigen Zeichen, die wir geben können, sind heiße Tränen und wilde Gebärden. Unsere Mutter hat oft keine Ahnung, unter welchen Schmerzen und Beschwerden wir leiden. Wir sind vollständig hilflos, und alles muss uns beigebracht werden: wie man isst, wie man sitzt, wie man geht und so weiter.

Obwohl wir in den ersten Wochen unseres Lebens am verletzlichsten sind, hören unsere Schmerzen nicht auf, wenn wir aufwachsen. Während unseres ganzen Lebens erfahren wir weiterhin die verschiedensten Arten von Leiden. Genauso wie die Wärme eines Feuers, das wir in einem großen Haus anzünden, das ganze Haus durchdringt und die gesamte Wärme im Haus von diesem Feuer stammt, so durchdringt Leiden unser ganzes Leben, wenn wir in Samsara geboren werden, und alles Elend, das wir erfahren, entsteht, weil wir eine verunreinigte Wiedergeburt angenommen haben.

Unsere menschliche Wiedergeburt, verunreinigt durch die giftige Verblendung des Festhaltens am Selbst, ist die Grundlage unseres menschlichen Leidens; ohne diese Grundlage gibt es keine menschliche Probleme. Die Schmerzen der Geburt wandeln sich allmählich in die Schmerzen von Krankheit, Altern und Tod – sie sind ein Kontinuum.

KRANKHEIT

Unsere Geburt führt auch zu den Leiden der Krankheit. So wie der Wind und der Schnee des Winters die Pracht der grünen Wiesen, Wälder und Blumen vertreibt, so nimmt uns Krankheit die jugendliche Pracht unseres Körpers, zerstört seine Stärke und unsere Sinneskräfte. Wenn wir normalerweise fit und gesund sind, sind wir plötzlich unfähig, all unsere normalen körperlichen Handlungen auszuüben, wenn wir krank werden. Sogar ein Meisterboxer, der normalerweise all seine Gegner k.o. schlagen kann, wird ganz hilflos, wenn ihn eine Krankheit trifft. Krankheit lässt alle Erfahrungen unserer täglichen Vergnügen verschwinden und bereitet uns Tag und Nacht unangenehme Gefühle.

Wenn wir krank werden, gleichen wir einem Vogel, der hoch am Himmel schwebt und plötzlich abgeschossen wird. Wird ein Vogel abgeschossen, fällt er senkrecht zu Boden wie ein Klumpen Blei, und all seine Pracht und Stärke sind sofort zerstört. Ganz ähnlich ergeht es uns: Wenn wir krank werden, sind wir augenblicklich handlungsunfähig. Wenn wir ernsthaft krank sind, können wir vollständig von anderen abhängig werden und sogar die Kontrolle über unsere Körperfunktionen verlieren. Dieser Wandel ist schwer zu ertragen, insbesondere für diejenigen, die stolz auf ihre Unabhängigkeit und körperliche Gesundheit sind.

Wenn wir krank sind, fühlen wir uns frustriert, weil wir unsere tägliche Arbeit nicht verrichten können. Wir können nicht alle Aufgaben erledigen, die wir uns vorgenommen haben. Wir werden leicht ungeduldig mit unserer Krankheit und fühlen uns wegen all der Dinge deprimiert, die wir nicht tun können. Wir können die Dinge nicht genießen, die uns gewöhnlich Freude bereiten, wie Sport oder Tanzen, Trinken oder reichhaltiges Essen oder die Gesellschaft unserer Freunde. Alle diese Beschränkungen führen dazu, dass wir uns noch elender fühlen; und um unser Unglück noch zu vergrößern, müssen wir alle Schmerzen erdulden, die die Krankheit mit sich bringt.

Wenn wir krank sind, müssen wir nicht nur alle unerwünschten Schmerzen der Krankheit selbst erleiden, wir müssen auch allerlei andere unerwünschte Dinge erdulden. Wir müssen zum Beispiel alle Behandlungen über uns ergehen lassen, die verschrieben werden, sei es eine übelriechende Medizin, eine Reihe von Spritzen, eine größere Operation oder Abstinenz von etwas, was wir sehr mögen. Wenn wir uns operieren lassen, müssen wir ins Krankenhaus gehen und alle Bedingungen dort akzeptieren. Wir müssen vielleicht essen, was wir nicht mögen, und den ganzen Tag im Bett liegen, ohne etwas tun zu können, und vielleicht ängstigt uns die bevorstehende Operation. Unser Arzt erklärt uns möglicherweise nicht genau, wo das Problem liegt und ob er erwartet, dass wir überleben oder nicht.

Wenn wir erfahren, dass unsere Krankheit unheilbar ist, und wir unser Leben nicht genutzt haben, um Dharma zu praktizieren, werden wir uns Sorgen machen und Angst und Reue verspüren. Möglicherweise werden wir deprimiert sein und die Hoffnung aufgeben, oder wir werden wütend auf unsere Krankheit und sehen sie als Feind, der uns böswillig all unsere Freude raubt.

ALTERN

Unsere Geburt führt auch zu den Schmerzen des Alterns: Altern stiehlt uns unsere Schönheit, unsere Gesundheit, unsere gute Figur, unseren zarten Teint, unsere Vitalität und unser Wohlbehagen. Altern verwandelt uns in verachtenswerte Objekte, bringt viele ungewollte Schmerzen und führt uns rasch zum Tod.

Während wir alt werden, verlieren wir die Schönheit unserer Jugend, und unser starker, gesunder Körper wird schwach und von Krankheit belastet. Unsere einst feste und gut proportionierte Figur wird gebeugt und entstellt. Unsere Muskeln und unser Fleisch schrumpfen, so dass unsere Glieder wie dünne Stöcke werden und unsere Knochen hervortreten.

Unser Haar verliert die Farbe und den Glanz, und unsere Haut verliert ihren Schimmer. Unser Gesicht wird runzlig, und unsere Gesichtszüge verzerren sich. Milarepa sagte:

> Wie stehen alte Leute auf? Sie stehen auf, als würden sie einen Pfahl aus dem Boden ziehen. Wie gehen alte Leute? Wenn sie einmal auf ihren Füßen stehen, müssen sie behutsam gehen wie Vogelfänger. Wie setzen sich alte Leute hin? Sie brechen zusammen wie schweres Gepäck, dessen Riemen gerissen ist.

Wir können über das folgende Gedicht nachdenken, das die Leiden des Altwerdens beschreibt. Es wurde von dem Gelehrten Gungtang verfasst:

> Wenn wir alt sind, wird unser Haar weiß,
> Aber nicht, weil wir es sauber gewaschen haben.
> Es ist ein Zeichen, dass wir bald dem Herrn des Todes
> begegnen werden.

> Wir haben Falten auf unserer Stirn,
> Aber nicht weil wir zu viel Fleisch haben.
> Es ist eine Warnung vom Herrn des Todes: „Du bist im
> Begriff zu sterben."

> Unsere Zähne fallen aus,
> Aber nicht, um Raum für neue zu schaffen.
> Es ist ein Zeichen, dass wir das Essen der Menschen
> bald nicht mehr genießen können.

> Unsere Gesichter sind hässlich und unfreundlich,
> Aber nicht, weil wir Masken tragen.
> Es ist ein Zeichen, dass wir die Maske der Jugend
> verloren haben.

> Unsere Köpfe wackeln hin und her,
> Aber nicht, weil wir nicht einverstanden sind.
> Es ist der Herr des Todes, der unsere Köpfe mit dem

Stock schlägt, den er in seiner rechten Hand hält.
Wir gehen gebeugt und starren auf den Boden,
Aber nicht, weil wir verlorene Nadeln suchen.
Es ist ein Zeichen, dass wir nach verlorener Schönheit,
    Erinnerung und verlorenem Besitz suchen.

Wir richten uns auf allen Vieren vom Boden auf,
Aber nicht, weil wir Tiere imitieren.
Es ist ein Zeichen, dass unsere Beine zu schwach sind,
    unseren Körper zu tragen.

Wir setzen uns hin, als ob wir plötzlich hingefallen
    wären,
Aber nicht, weil wir wütend sind.
Es ist ein Zeichen, dass unser Körper seine Kraft
    verloren hat.

Wir wiegen unseren Körper hin und her, wenn wir gehen,
Aber nicht, weil wir uns für wichtig halten.
Es ist ein Zeichen, dass unsere Beine den Körper nicht
    tragen können.

Unsere Hände zittern,
Aber nicht, weil sie in Versuchung sind zu stehlen.
Es ist ein Zeichen, dass die verlangenden Finger des
    Herrn des Todes unseren Besitz stehlen.

Wir essen sehr wenig,
Aber nicht, weil wir geizig sind.
Es ist ein Zeichen, dass wir das Essen nicht verdauen
    können.

Wir keuchen häufig,
Aber nicht, weil wir den Kranken Mantras zuflüstern.
Es ist ein Zeichen, dass unser Atem bald verschwinden
    wird.

Wenn wir jung sind, können wir um die ganze Welt reisen, doch wenn wir alt sind, schaffen wir es kaum zu unserem eigenen Gartentor. Wir werden zu schwach, um uns mit vielen weltlichen Dingen zu beschäftigen, und unsere spirituellen Aktivitäten sind oft eingeschränkt. So haben wir zum Beispiel nur noch wenig körperliche Kraft für tugendhafte Handlungen, und wir haben weniger geistige Energie fürs Auswendiglernen, Nachdenken und Meditieren. Wir können nicht an Unterweisungen teilnehmen, die an Orten stattfinden, die schwer zu erreichen sind oder schlechte Unterkünfte haben. Wir können anderen nicht helfen, wenn dies körperliche Stärke und Gesundheit erfordert. Entbehrungen wie diese machen alte Leute oft sehr traurig.

Wenn wir alt werden, werden wir wie Blinde oder Taube. Wir können nicht deutlich sehen und brauchen immer stärkere Brillen, bis wir schließlich nicht mehr lesen können. Wir können nicht gut hören und daher wird es immer schwieriger, Musik zu hören, fernzusehen oder zu hören, was andere sagen. Unser Gedächtnis schwindet. Alle Aktivitäten, weltliche und spirituelle, werden mühevoller. Wenn wir meditieren, wird es schwieriger für uns, Realisationen zu erlangen, weil unser Gedächtnis und unsere Konzentration zu schwach sind, und beim Studium können wir uns nicht groß anstrengen. Wenn wir den Dharma nicht in unserer Jugend gelernt und praktiziert haben, bleibt uns daher nichts anderes übrig, als Reue zu empfinden und auf den Herrn des Todes zu warten.

Wenn wir alt sind, bereiten uns die Dinge, die wir früher genossen haben, nicht mehr das gleiche Vergnügen. Beim Essen, Trinken und Sex verspüren wir nicht mehr die gleiche Freude. Wir sind zu schwach, um Spiele zu spielen, und oft sind wir sogar zu erschöpft, um uns unterhalten zu lassen. Wenn unsere Lebensspanne schwindet, können wir an den Aktivitäten junger Leute nicht mehr teilnehmen. Wenn sie auf

Reisen gehen, müssen wir zurückbleiben. Niemand will uns bei sich haben, wenn wir alt sind, und niemand will uns besuchen. Sogar unsere eigenen Enkel wollen nicht sehr lange bei uns bleiben. Alte Menschen denken oft: „Wie wundervoll wäre es, wenn junge Leute bei mir wären. Wir würden spazieren gehen und ich könnte ihnen vieles zeigen." Doch die jungen Leute kümmern sich nicht um diese Pläne. Wenn das Leben zu Ende geht, erfahren alte Leute den Kummer des Verlassenseins und der Einsamkeit. Sie haben viele besondere Leiden.

TOD

Unsere Geburt führt auch zu den Leiden des Todes. Wenn wir in unserem Leben sehr schwer gearbeitet haben, um Besitz anzusammeln, und wenn wir sehr starke Anhaftung daran entwickelt haben, werden wir zum Zeitpunkt des Todes sehr leiden und denken: „Jetzt muss ich meinen ganzen kostbaren Besitz zurücklassen." Gewöhnlich fällt es uns sehr schwer, auch nur einen kleinen Teil unseres am meisten geschätzten Besitzes auszuleihen, geschweige denn, ihn wegzugeben. Kein Wunder also, dass wir uns so elend fühlen, wenn wir erkennen, dass wir in den Händen des Todes alles aufgeben müssen.

Wenn wir sterben, müssen wir uns selbst von unseren engsten Freunden trennen. Wir müssen unseren Ehepartner verlassen, auch wenn wir viele Jahre zusammen und nicht einen einzigen Tag voneinander getrennt waren. Haben wir sehr starke Anhaftung an unsere Freunde, werden wir zum Zeitpunkt des Todes großes Elend erfahren, doch alles, was wir tun können, ist, ihre Hände zu halten. Wir werden den Todesprozess nicht aufhalten können, selbst wenn sie uns anflehen, nicht zu sterben. Gewöhnlich sind wir eifersüchtig, wenn uns jemand, an dem wir sehr stark hängen, allein lässt und Zeit mit jemand anderem verbringt. Doch wenn wir sterben, werden wir unsere Freunde für immer bei anderen zurücklassen müssen. Wir werden alle verlassen müssen, einschließlich unserer Familie und aller Menschen, die uns in diesem Leben geholfen haben.

Wenn wir sterben, müssen wir diesen Körper, den wir geschätzt und auf so viele Arten umsorgt haben, zurücklassen. Er wird wie ein geistloser Stein und verbrannt oder im Boden vergraben werden. Wenn wir den inneren Schutz der spirituellen Erfahrung nicht haben, werden wir zum Zeitpunkt des Todes Angst und Kummer sowie körperlichen Schmerz erfahren.

Wenn unser Bewusstsein unseren Körper beim Tod verlässt, gehen alle Potentiale, die wir in unserem Geist durch tugendhafte oder nichttugendhafte Handlungen angesammelt haben, mit ihm. Etwas anderes können wir aus dieser Welt nicht mitnehmen. Alle anderen Dinge täuschen uns. Der Tod beendet alle unsere Aktivitäten – unsere Gespräche, unser Essen, das Treffen mit Freunden, unseren Schlaf. An unserem Todestag geht alles zu Ende und wir müssen alle Dinge zurücklassen, sogar die Ringe an unseren Fingern. In Tibet tragen Bettler einen Stock bei sich, um sich gegen Hunde zu verteidigen. Um den absoluten Verlust beim Tod zu verstehen, können wir uns daran erinnern, dass die Bettler zum Zeitpunkt des Todes sogar diesen alten Stock zurücklassen müssen, das Geringste, was ein Mensch besitzen kann. Überall auf der Welt können wir sehen, dass der auf Steinen eingravierte Name der einzige „Besitz" der Toten ist.

ANDERE ARTEN DES LEIDENS

Wir müssen auch die Leiden der Trennung, die Leiden, dem zu begegnen, was wir nicht mögen, und die Leiden, unsere Begierden nicht zu erfüllen, erfahren – dazu gehören das Leiden der Armut und das Leiden, durch Menschen und Nichtmenschen sowie durch Wasser, Feuer, Wind und Erde zu Schaden zu kommen. Schon vor der letzten Trennung durch den Tod müssen wir uns oftmals vorübergehend von Menschen und Dingen trennen, die wir gern haben, und dies bereitet uns geistige Schmerzen. Es kann sein, dass wir unser Land verlassen müssen, wo alle unsere Freunde und Verwandten leben, oder wir müssen uns von einer Arbeit trennen, die uns gefällt. Möglicherweise verlieren wir unseren guten Ruf. Sehr oft im Leben erfahren wir das Unglück, uns von den Menschen, die wir mögen, trennen zu müssen oder Dinge, die uns erfreuen und die uns gefallen, verlieren oder auf sie verzichten zu müssen. Doch wenn wir sterben, müssen wir uns für immer von allen Gefährten und Freuden, und von allen äußeren und inneren Bedingungen für unsere Dharma-Praxis dieses Lebens trennen.

Oft begegnen wir Menschen, die wir nicht mögen, und müssen mit ihnen leben, oder wir begegnen Umständen, die unangenehm für uns sind. Vielleicht befinden wir uns sogar in sehr gefährlichen Situationen, wie in einem Feuer oder einer Überschwemmung, oder wir finden uns in Umständen, wo Gewalt herrscht, wie in einem Aufstand oder einer Schlacht. Unser Leben ist voll von weniger extremen Situationen, die wir als lästig empfinden. Manchmal werden wir davon abgehalten, das zu tun, was wir wollen. So kann es vorkommen, dass wir uns an einem sonnigen Tag zum Strand aufmachen, und dann in einem Stau steckenbleiben: Ständig erfahren wir Beeinträchtigungen durch den inneren Dämon der Verblendungen, der unseren Geist und unsere spirituellen Übungen stört Es gibt zahllose Umstände, die unsere Pläne vereiteln und uns davon abhalten, das zu tun, was wir wollen. Es ist, wie nackt in einem Dornbusch zu leben: Sobald wir versuchen, uns zu bewegen, werden wir durch die Umstände verletzt. Menschen und Dinge sind wie Dornen, die sich in unser Fleisch bohren, und es gibt keine Situation, in der wir uns ganz und gar wohl-fühlen. Je mehr Wünsche und Pläne wir haben, desto größere

Enttäuschungen erleben wir. Je größer der Wunsch nach bestimmten Verhältnissen ist, desto eher finden wir uns in Situationen gefangen, die wir nicht wollen. Jeder Wunsch scheint sein eigenes Hindernis hervorzurufen. Unerwünschte Situationen tauchen auf, ohne dass wir danach suchen. Tatsächlich sind die einzigen Dinge, die ohne Mühe entstehen, die Dinge, die wir nicht wollen. Niemand möchte sterben, doch der Tod kommt mühelos. Niemand möchte krank sein, doch die Krankheit kommt mühelos. Wenn wir ohne Wahl und Kontrolle wiedergeboren werden, haben wir einen unreinen Körper, wir bewohnen eine unreine Umgebung, und somit ergießen sich unerwünschte Dinge über uns. Diese Art von Erfahrung ist in Samsara ganz selbstverständlich.

Unsere Wünsche sind zahllos, aber wie groß auch unsere Anstrengungen sind, nie haben wir das Gefühl, dass sie erfüllt wurden. Sogar wenn wir bekommen, was wir uns wünschen, bekommen wir es nicht so, wie wir es wollen. Wir besitzen zwar das Objekt, doch wir können keine Befriedigung aus seinem Besitz gewinnen. Zum Beispiel träumen wir vielleicht davon, reich zu werden, doch sind wir dann wirklich reich geworden, gestaltet sich unser Leben nicht so, wie wir es uns vorgestellt hatten, und wir haben nicht das Gefühl, unser Wunsch sei in Erfüllung gegangen. Der Grund ist, dass unsere Wünsche nicht abnehmen, wenn unser Reichtum zunimmt. Je größer unser Reichtum ist, desto größer sind unsere Wünsche. Der Reichtum, den wir suchen, kann nicht gefunden werden, weil wir eine Größe suchen, die unsere Wünsche stillt, und das kann kein noch so großer Reichtum. Was noch schlimmer ist: Dadurch, dass wir das Objekt unseres Begehrens erhalten, schaffen wir neue Umstände für Unzufriedenheit. Mit jedem Objekt, das wir wünschen, kommen andere Objekte, die wir nicht wünschen. Zum Beispiel sind mit Reichtum Steuern, Unsicherheit und komplizierte finanzielle Umstände verbunden. Diese unerwünschten Extras verhindern, dass wir je das Gefühl haben, wirklich das zu besitzen, was wir uns wünschen. Vielleicht träumen wir von einem Urlaub in der Südsee, und es kann vorkommen, dass wir tatsächlich unsere Ferien dort verbringen. Doch die eigentliche Erfahrung ist nie ganz so, wie wir es erwartet haben, und unser Urlaub bringt unerfreuliche Dinge mit sich, einen Sonnenbrand zum Beispiel und große Auslagen.

Wenn wir es überprüfen, sehen wir, dass unsere Wünsche übertrieben sind. Sie beinhalten das Beste, was Samsara zu bieten hat: die beste Arbeit, den besten Partner, den besten Ruf, das beste Haus, das beste Auto, den besten Urlaub. Alles, was nicht zum Besten gehört, hinterlässt ein Gefühl der Enttäuschung. Dies lässt uns weiter suchen und doch nie finden, was wir uns wünschen. Kein weltliches Vergnügen kann uns die vollständige und vollkommene Befriedigung geben, die wir begehren. Ständig werden bessere Dinge hergestellt. Überall verkünden Anzeigen, dass das absolut Beste gerade auf den Markt gekommen ist, aber einige Tage später trifft ein neues ‚Bestes‘ ein, und es ist besser als ‚das Beste‘, das vor einigen Tagen angepriesen wurde. Es ist kein Ende an neuen Dingen abzusehen, die unsere Wünsche fesseln.

Schulkinder können ihren eigenen und den Ehrgeiz ihrer Eltern nicht zufriedenstellen. Sogar wenn sie die Besten ihrer Klasse sind, sind sie nicht zufrieden, außer sie können es im nächsten Jahr wieder sein. Wenn sie weiter erfolgreich in ihrer Arbeit sind, wird ihr Ehrgeiz so stark sein wie eh und je. Es gibt keinen Punkt, an dem sie sich ausruhen können mit dem Gefühl, vollkommen mit dem Erreichten zufrieden zu sein.

Wir könnten denken, dass zumindest die Menschen auf dem Land, die ein einfaches Leben führen, zufrieden sein müssten. Wenn wir es aber nachprüfen, werden wir herausfinden, dass auch Bauern auf der Suche sind und nicht finden, was sie sich wünschen. Ihr Leben ist voller Probleme und Sorgen, und sie haben keinen wirklichen Frieden und Zufriedenheit.

Ihr Lebensunterhalt hängt von vielen Unsicherheitsfaktoren außerhalb ihrer Kontrolle ab, wie etwa dem Wetter. Bauern sind nicht weniger frei von Unzufriedenheit als Geschäftsleute in der Stadt. Die Geschäftsleute sehen schick und tüchtig aus, wenn sie morgens mit ihren Aktenkoffern zur Arbeit gehen, aber obwohl sie äußerlich sehr souverän wirken, hegen sie in ihren Herzen große Unzufriedenheit. Sie sind immer auf der Suche und können nicht finden, was sie sich wünschen.

Wenn wir über diese Situation nachdenken, könnten wir zum Schluss kommen, dass wir finden, was wir suchen, wenn wir unseren gesamten Besitz aufgeben. Prüfen wir es aber nach, sehen wir, dass auch arme Leute suchen und nicht finden, was sie sich wünschen; für viele arme Leute ist es schwierig, auch nur das Notwendigste zum Leben zu finden.

Auch durch ständiges Verändern der Umstände können wir das Leiden der Unzufriedenheit nicht vermeiden. Wir denken vielleicht, dass wir irgendwann finden, was wir uns wünschen, wenn wir immer wieder unseren Partner oder unsere Arbeitsstelle wechseln oder wenn wir ständig herumreisen. Aber selbst wenn wir an jeden Ort dieses Planeten reisen würden und an jedem Ort einen neuen Geliebten oder eine neue Geliebte hätten, wir würden immer noch nach einem anderen Ort und einem neuen Partner suchen. In Samsara gibt es keine wirkliche Erfüllung unserer Begierden.

Wen auch immer wir sehen, in hoher oder niedriger Stellung, Ordinierter oder Laie, Mann oder Frau, sie unterscheiden sich bloß in ihrer Erscheinung, in ihrer Kleidung, ihrem Benehmen und ihrem Rang. In ihrer Essenz sind alle gleich – sie alle haben Probleme in ihrem Leben. Wenn wir ein Problem haben, ist es leicht zu glauben, dass es durch unsere besonderen Umstände verursacht wurde und dass das Problem verschwinden wird, wenn wir unsere Umstände ändern. Wir geben die Schuld anderen Menschen, unseren Freunden, unserem Essen, unserer Regierung, unserer Zeit, dem Wetter, der Gesellschaft, der Geschichte und so fort. Doch äußere Umstände wie diese sind nicht die Hauptursache unserer Probleme. Wir müssen erkennen, dass diese schmerzhaften Erfahrungen die Konsequenzen unserer Wiedergeburt sind, die vom inneren Gift der Verblendungen verunreinigt ist. Die Menschen müssen menschliches Leiden erfahren, weil sie eine verunreinigte menschliche Wiedergeburt angenommen haben. Tiere müssen tierisches Leiden erfahren und hungrige Geister und Höllenwesen müssen auf ähnliche Weise ihre eigenen Leiden erfahren, weil sie eine verunreinigte Wiedergeburt angenommen haben. Selbst Götter sind nicht ohne Leiden, weil auch sie eine verunreinigte Wiedergeburt angenommen haben. So wie eine Person, die in einem tobenden Feuer gefangen ist, intensive Furcht entwickelt, so sollten wir intensive Furcht vor den unerträglichen Leiden des endlosen Kreislaufs unreinen Lebens entwickeln. Diese Furcht ist echte Entsagung und entsteht aus unserer Weisheit.

Nachdem wir über die obige Erklärung nachgedacht haben, sollten wir zum Abschluss denken:

Es hat keinen Nutzen die Leiden zukünftiger Leben zu verneinen; wenn sie mich tatsächlich ereilen, ist es zu spät, mich vor ihnen zu schützen. Deshalb muss ich definitiv jetzt mit der Vorbereitung des Schutzes beginnen, während ich dieses menschliche Leben habe, das mir die Gelegenheit gibt, mich dauerhaft von den Leiden meiner zahllosen zukünftigen Leben zu befreien. Wenn ich kein Bemühen anwende, um dies zu erreichen, sondern es zulasse, dass mein Leben sinnlos wird, gibt es keine größere Täuschung und keine größere Torheit. Ich muss mich jetzt bemühen, mich dauerhaft von den Leiden meiner zahllosen zukünftigen Leben zu befreien.

Wir meditieren beständig über diesen Entschluss, bis wir den spontanen Wunsch entwickeln, uns dauerhaft von den Leiden unserer zahllosen zukünftigen Leben zu befreien. Das ist die eigentliche Realisation der Entsagung. In dem Moment, wo wir diese Realisation entwickeln, treten wir in den Pfad zur Befreiung ein. In diesem Zusammenhang bezieht sich Befreiung auf den höchsten, dauerhaften geistigen Frieden, der als „Nirvana" bekannt ist und uns reines und immerwährendes Glück schenkt.

WAS WIR AUFGEBEN SOLLTEN

Im *Sutra der Vier Edlen Wahrheiten* sagt Buddha: „Ihr solltet Ursprünge aufgeben." Wenn er das sagt, dann rät uns Buddha, dass wir Ursprünge aufgeben sollten, wenn wir uns dauerhaft von den Leiden unserer zahllosen zukünftigen Leben befreien wollen. „Ursprünge" bedeutet unsere Verblendungen, hauptsächlich unsere Verblendung des Festhaltens am Selbst. Festhalten am Selbst wird ein „Ursprung" genannt, weil es die Quelle all unserer Leiden und Probleme ist, und ist auch als „innerer Dämon" bekannt. Verblendungen sind falsche Gewahrseinsarten, deren Funktion es ist, geistigen Frieden, die Quelle von Glück, zu zerstören; sie haben keine andere Funktion, als uns zu schaden. Verblendungen wie das Festhalten am Selbst verweilen immer in unserem Herzen und schaden uns kontinuierlich Tag und Nacht, pausenlos, indem sie unseren Geistesfrieden zerstören. In Samsara, dem Kreislauf unreinen Lebens, hat niemand die Gelegenheit echtes Glück zu erfahren, weil sein geistiger Frieden, die Quelle von Glück, ständig durch den inneren Dämon des Festhaltens am Selbst zerstört wird.

Unsere Unwissenheit des Festhaltens am Selbst ist ein Geist, der fälschlicherweise glaubt, dass unser Selbst, unser Körper und all die anderen Dinge, die wir normalerweise sehen, tatsächlich existieren. Aufgrund dieser Unwissenheit entwickeln wir Anhaftung an die Dinge, die uns gefallen, und Wut auf die Dinge, die uns nicht gefallen. Dann führen wir unterschiedliche Arten von nichttugendhaften Handlungen aus und erfahren infolge dieser Handlungen unterschiedliche Arten von Leiden und Problemen in diesem Leben und in Leben für Leben.

Die Unwissenheit des Festhaltens am Selbst ist ein inneres Gift, das weit größeren Schaden anrichtet als jedes andere Gift. Da unser Geist durch dieses innere Gift verschmutzt ist, sieht er alles auf eine fehlerhafte Art und Weise, und in der Folge erfahren wir halluzinationsgleiche Leiden und Probleme. In Wirklichkeit existieren unser Selbst, unser Körper und all die anderen Dinge, die wir normalerweise sehen, nicht. Festhalten am Selbst kann mit einem giftigen Baum verglichen werden, alle anderen Verblendungen mit seinen Ästen und all unsere Leiden und Probleme mit seinen Früchten. Das Festhalten am Selbst ist die grundlegende Quelle all unserer Verblendungen und all unserer Leiden und Probleme. Dadurch können wir verstehen, dass all unsere Leiden und Probleme dieses und zahlloser zukünftiger Leben dauerhaft aufhören, wenn wir unser Festhalten am Selbst aufgeben. Der große Yogi Saraha sagte: „Wenn dein Geist dauerhaft vom Festhalten am Selbst erlöst ist, gibt es keinen Zweifel, dass du dauerhaft von Leiden erlöst sein wirst." Wenn wir dies verstehen und über die obige Erklärung nachgedacht haben, sollten wir denken:

Ich muss großes Bemühen anwenden, um meine Unwissenheit des Festhaltens am Selbst zu erkennen, zu vermindern und schließlich vollständig aufzugeben.

Wir sollten beständig über diesen Entschluss meditieren und ihn in die Praxis umsetzen.

WAS WIR PRAKTIZIEREN SOLLTEN

Im *Sutra der Vier Edlen Wahrheiten* sagt Buddha: „Ihr solltet den Pfad praktizieren." In diesem Zusammenhang meint „Pfad" keinen äußeren Pfad, der von einem Ort zum anderen führt, sondern einen inneren Pfad, eine spirituelle Realisation, die uns zum reinen Glück der Befreiung und Erleuchtung führt.

Die Praxis der Stufen des Pfades zur Befreiung ist zusammengefasst in den drei Schulungen der höheren moralischen Disziplin, der höheren Konzentration und der höheren Weisheit. Diese Schulungen werden „höher" genannt, weil sie durch Entsagung motiviert sind. Deshalb sind sie der eigentliche Pfad zur Befreiung, den wir praktizieren müssen.

Die Natur der moralischen Disziplin ist ein tugendhafter Entschluss, unangemessene Handlungen aufzugeben. Wenn wir moralische Disziplin praktizieren, geben wir unangemessene Handlungen auf, bewahren ein reines Verhalten und führen jede Handlung korrekt, mit einer tugendhaften Motivation aus. Moralische Disziplin ist für alle äußerst wichtig, damit zukünftige Probleme für einen selbst und für andere vermieden werden können. Sie macht uns rein, weil sie unsere Handlungen rein macht. Wir selbst müssen sauber und rein sein; einfach nur einen sauberen Körper zu haben reicht nicht, da unser Körper nicht unser Selbst ist. Moralische Disziplin ist wie die große Erde, die die Ernte der spirituellen Realisationen trägt und nährt. Ohne die Praxis der moralischen Disziplin ist es schwierig, in der spirituellen Schulung Fortschritte zu machen. Die Schulung in höherer moralischer Disziplin bedeutet, durch Entsagung motiviert zu lernen, tief vertraut mit der Praxis der moralischen Disziplin zu sein.

Die zweite höhere Schulung ist die Schulung in höherer Konzentration. Die Natur der Konzentration ist ein einsgerichteter tugendhafter Geist. Solange wir diesen Geist halten, werden wir geistigen Frieden erfahren und somit werden wir glücklich sein. Wenn wir Konzentration praktizieren, verhindern wir Ablenkungen und konzentrieren uns auf tugendhafte Objekte. Es ist sehr wichtig, sich in Konzentration zu schulen, da wir mit Ablenkungen nichts erreichen können. Die Schulung in höherer Konzentration bedeutet, durch Entsagung motiviert zu lernen, tief vertraut zu sein mit der Fähigkeit, Ablenkungen zu vermeiden und sich auf tugendhafte Objekte zu konzentrieren. Für jede Dharma-Praxis gilt, dass es einfach ist Fortschritte zu machen, wenn unsere Konzentration klar und stark ist. Normalerweise sind unsere Ablenkungen das Hauptproblem für unsere Dharma-Praxis. Die Praxis der moralischen Disziplin verhindert grobe Ablenkungen und Konzentration verhindert subtile Ablenkungen; gemeinsam führen sie zu schnellen Ergebnissen in unserer Dharma-Praxis.

Die dritte höhere Schulung ist die Schulung in höherer Weisheit. Die Natur der Weisheit ist ein tugendhafter intelligenter Geist, dessen Funktion es ist, sinnvolle Objekte wie die Existenz früherer und zukünftiger Leben, Karma und Leerheit zu verstehen. Diese Objekte zu verstehen ist für dieses und zahllose zukünftige Leben von großer Bedeutung. Viele Menschen sind sehr intelligent, was die Zerstörung ihrer Feinde, die Sorge für ihre Familie, die Erfüllung ihrer Wünsche und Ähnliches anbelangt, doch das ist keine Weisheit. Selbst Tiere haben diese Intelligenz. Weltliche Intelligenz ist täuschend, Weisheit hingegen wird uns niemals täuschen. Sie ist unser innerer spiritueller Meister, der uns zu korrekten Pfaden führt, und sie ist das göttliche Auge, durch das wir vergangene und zukünftige Leben und die besondere Verbindung zwischen unseren Handlungen und Erfahrungen, „Karma" genannt, sehen können. Karma ist ein sehr weitreichendes und subtiles Thema, und wir können es nur mittels Weisheit verstehen. Schulung in höherer Weisheit ist zu lernen, unsere Leerheit realisierende

Weisheit durch Nachdenken und Meditation über Leerheit zu entwickeln und zu vergrößern, mit einer Motivation der Entsagung. Diese Weisheit ist äußerst tiefgründig. Ihr Objekt, Leerheit, ist nicht das Nichts, sondern die wahre Natur aller Phänomene. Eine ausführliche Erklärung von Leerheit wird im Kapitel *Schulung in endgültigem Bodhichitta* gegeben.

Die drei höheren Schulungen sind die eigentliche Methode, die beständige Beendigung der Leiden dieses und zahlloser zukünftiger Leben zu erlangen. Die folgende Analogie macht dies verständlich. Wenn wir einen Baum mit einer Säge fällen, dann kann die Säge allein, ohne die Hilfe der Hände, den Baum nicht fällen, und die Hände ihrerseits sind von unserem Körper anhängig. Die Schulung in höherer moralischer Disziplin ist wie unser Körper, die Schulung in höherer Konzentration ist wie unsere Hände und die Schulung in höherer Weisheit ist wie die Säge. Wenn wir alle drei zusammen anwenden, können wir den giftigen Baum unserer Unwissenheit des Festhaltens am Selbst fällen, und automatisch werden alle anderen Verblendungen (seine Äste) und alle unsere Leiden und Probleme (seine Früchte) vollständig aufhören. Dann werden wir die dauerhafte Beendigung der Leiden dieses und zukünftiger Leben erlangt haben – den höchsten, dauerhaften geistigen Frieden, der als „Nirvana" oder Befreiung bekannt ist. Wir werden alle unsere menschliche Probleme gelöst und den wirklichen Sinn unseres Lebens erfüllt haben.

Die obige Erklärung betrachtend, sollten wir denken:

Da die drei höheren Schulungen die eigentliche Methode sind, dauerhafte Befreiung vom Leiden dieses und zahlloser zukünftiger Leben zu erlangen, muss ich starkes Bemühen anwenden, sie zu praktizieren.

Wir sollten über diesen Entschluss beständig meditieren und ihn in die Praxis umsetzen.

WAS WIR ERLANGEN SOLLTEN

Im *Sutra der Vier Edlen Wahrheiten* sagt Buddha: „Ihr solltet Beendigungen erlangen." In diesem Zusammenhang bedeutet „Beendigung" die dauerhaft Beendigung von Leiden und seinem Urspung, der Unwissenheit des Festhaltens am Selbst. Wenn er dies sagt, dann rät uns Buddha, nicht mit vorübergehender Befreiung von bestimmten Leiden zufrieden zu sein, sondern die Absicht zu haben, das endgültige Ziel menschlichen Lebens, den höchsten, dauerhaften geistigen Frieden (Nirvana), und das reine und immerwährende Glück der Erleuchtung zu verwirklichen.

Ausnahmslos jedes Lebewesen muss den Kreislauf von Krankheit, Altern, Tod und Wiedergeburt endlos, Leben für Leben, erfahren. Indem wir Buddhas Vorbild folgen, sollten wir starke Entsagung für diesen endlosen Kreislauf entwickeln. Als Buddha mit seiner Familie im Palast lebte, sah er, dass sein Volk unaufhörlich Leiden erfahren musste, und fasste den festen Entschluss, Erleuchtung, große Befreiung, zu erlangen und alle Lebewesen zu diesem Zustand zu führen.

Buddha ermutigt uns nicht alltägliche Tätigkeiten aufzugeben, die für notwendige Lebensbedingungen sorgen oder welche Armut, Umweltprobleme oder bestimmte Krankheiten und so fort verhindern. Doch ganz gleich wie erfolgreich wir bei diesen Tätigkeiten auch sein mögen, wir werden niemals die dauerhafte Beendigung derartiger Probleme erreichen. Wir werden sie trotzdem weiter in unseren zahllosen zukünftigen Leben erfahren müssen, und obwohl wir sehr hart dafür arbeiten, diese Probleme zu verhindern, wachsen selbst in diesem Leben die Leiden der Armut, der Umweltverschmutzung und der Krankheiten auf der ganzen Welt an. Desweiteren gibt es jetzt aufgrund der Kraft moderner Technologie viele große Gefahren, die sich überall auf der Welt entwickeln und die man noch nie zuvor erlebt hat. Daher sollten wir uns nicht nur mit einer vorübergehenden Freiheit von besonderen Leiden begnügen, sondern großes Bemühen anwenden, um beständige Freiheit zu erlangen, solange wir diese Gelegenheit haben.

Wir sollten uns an die Kostbarkeit unseres menschlichen Lebens erinnern. Diejenigen, die aufgrund ihrer früheren verblendeten Sichtweisen, die den Wert der spirituellen Praxis verneinten, als Tiere wiedergeboren wurden, haben keine Möglichkeit, eine spirituelle Praxis auszuüben, die allein zu einem sinnvollen Leben führt. Da es für Tiere unmöglich ist spirituelle Anleitungen anzuhören, sie zu verstehen, darüber nachzudenken und zu meditieren, ist ihre gegenwärtige Wiedergeburt als Tier an sich ein Hindernis. Nur Menschen sind frei von solchen Hindernissen und haben alle notwendigen Bedingungen für das Ausüben spiritueller Pfade, die als einzige zu immerwährendem Frieden und Glück führen. Diese Kombination von Freiheit und notwendigen Bedingungen ist das besondere Merkmal, welches unser menschliches Leben so kostbar macht.

Zum Abschluss sollten wir denken:

Ich sollte mich nicht mit einer bloß vorübergehenden Beendigung von bestimmten Leiden zufrieden geben, die selbst Tiere erfahren können. Ich muss die dauerhafte Beendigung der Unwissenheit des Festhaltens am Selbst – der Quelle von Leiden – erlangen, indem ich aufrichtig die drei höheren Schulungen praktiziere.

Wir sollten jeden Tag über diesen Entschluss meditieren und ihn in die Praxis umsetzen. Auf diese Weise führen wir uns selbst zum befreienden Pfad.

Der Pfad einer Person großer Ausrichtung

In diesem Zusammenhang bezieht sich eine „Person großer Ausrichtung" auf jemanden, der eine große Kapazität hat, um spirituelles Verständnis und Realisationen zu entwickeln.

Da dieses Thema ausgedehnt und tiefgründig ist und sowohl Sutra als auch Tantra umfasst, wird dazu in den folgenden Kapiteln eine ausführliche Erklärung gegeben.

Je Tsongkhapa

Das höchste gute Herz – Bodhichitta

Wir sollten Entsagung – den aufrichtigen Wunsch, dauerhafte Befreiung zu erlangen – Tag und Nacht aufrechterhalten. Es ist das Tor zur Befreiung – dem höchsten, dauerhaften geistigen Frieden – und die Grundlage für fortgeschrittenere Realisationen. Wir sollten uns jedoch nicht damit begnügen nur unsere eigene Befreiung anzustreben; wir müssen auch das Wohl anderer Lebewesen berücksichtigen. Unzählige Lebewesen ertrinken im Ozean Samsaras und erfahren unerträgliche Leiden. Jeder von uns ist nur eine einzelne Person, die Anzahl anderer Lebewesen aber ist unendlich groß. Das Glück anderer ist daher viel wichtiger als unser eigenes. Aus diesem Grund müssen wir in den Bodhisattva-Pfad eintreten, der uns zum Zustand der vollen Erleuchtung führt.

Das Tor, durch das wir den Bodhisattva-Pfad betreten, ist Bodhichitta. „Bodhi" bedeutet Erleuchtung und „chitta" Geist. Bodhichitta ist der Geist, der sich spontan wünscht Erleuchtung zu erlangen, um jedem einzelnen Lebewesen direkt zu helfen. In dem Augenblick, in dem wir den kostbaren Geist des Bodhichittas entwickeln, werden wir ein Bodhisattva – eine Person, die sich spontan wünscht, Erleuchtung zum Wohle aller Lebewesen zu erlangen – und wir werden ein Sohn oder eine Tochter der Eroberer-Buddhas.

Das höchste gute Herz des Bodhichittas kann nicht ohne Schulung entwickelt werden. Je Tsongkhapa sagte:

71

Indem wir den Boden der zuneigungsvollen Liebe mit
wertschätzender Liebe bewässern,
Und dann die Samen von wünschender Liebe und
Mitgefühl säen,
Wird der Medizin-Baum des Bodhichittas wachsen.

Dies impliziert, dass es fünf Stufen der Schulung in Bodhichitta
gibt: 1. Schulung in zuneigungsvoller Liebe, 2. Schulung in
wertschätzender Liebe, 3. Schulung in wünschender Liebe,
4. Schulung in allumfassendem Mitgefühl und 5. Schulung in
eigentlichem Bodhichitta.

SCHULUNG IN ZUNEIGUNGSVOLLER LIEBE

In dieser Schulung lernen wir ein warmes Herz und ein
Gefühl, allen Lebewesen ohne Ausnahme nahe zu sein, zu
entwickeln. Diese zuneigungsvolle Liebe lässt unseren Geist
rein und ausgeglichen werden und bereitet die Grundlage
dafür, wertschätzende Liebe für alle Lebewesen zu erzeugen.
Normalerweise ist unser Geist unausgeglichen; wir fühlen
uns entweder jemandem aus Anhaftung zu nah oder anderen
aus Wut zu fern. Es ist unmöglich, das höchste gute Herz des
Bodhichittas mit einem derart unausgeglichenen Geist zu
entwickeln. Dieser unausgeglichene Geist ist die Quelle aller
unserer täglichen Probleme. Wir denken vielleicht, dass einige
Leute unsere Feinde sind, weil sie uns schaden; wie sollen wir
dann also ein warmes Herz und ein Gefühl von Nähe für solche
Leute entwickeln und bewahren? Diese Denkweise ist nicht
korrekt. Die Menschen, die wir als unsere Feinde betrachten,
sind in Wahrheit unsere Mütter aus früheren Leben. Unsere
Mütter aus früheren Leben und unsere Mutter dieses jetzigen
Lebens sind alle unsere Mütter, und sie alle sind gleichermaßen
gütig zu uns.

Es ist falsch zu folgern, dass die Mütter aus früheren Leben jetzt nicht mehr unsere Mütter sind, nur weil lange Zeit vergangen ist, seit sie tatsächlich für uns gesorgt haben. Wenn unsere jetzige Mutter sterben würde, würde sie dann aufhören, unsere Mutter zu sein? Nein, wir würden sie immer noch als unsere Mutter betrachten und für ihr Glück beten. Das gleiche gilt für alle unsere früheren Mütter – sie sind gestorben, bleiben aber dennoch unsere Mütter. Es liegt nur an den veränderten äußeren Erscheinungen, dass wir einander nicht erkennen.

Im täglichen Leben sehen wir viele verschiedene Lebewesen, menschliche und nichtmenschliche. Einige betrachten wir als Freunde, andere als Feinde und die meisten als Fremde. Diese Unterscheidungen werden durch unsere fehlerhaften Geisteshaltungen getroffen, sie werden nicht durch gültige Geistesarten verifiziert. Statt solch fehlerhaften Geisteshaltungen zu folgen, wäre es besser, alle Lebewesen als unsere Mütter zu betrachten. Wann immer wir jemandem begegnen, sollten wir denken: „Diese Person ist meine Mutter." Auf diese Weise werden wir gegenüber allen Lebewesen ein warmes Herz und ein Gefühl, ihnen gleichermaßen nahe zu sein, entwickeln. Unser Glaube, dass alle Lebewesen unsere Mütter sind, ist Weisheit, weil er ein bedeutsames Objekt versteht, nämlich dass alle Lebewesen unsere Mütter sind. Mit diesem Verständnis werden wir diesem und zahllosen zukünftigen Leben großen Sinn geben. Wir sollten diesen nutzbringenden Glauben oder diese nutzbringende Sicht nie aufgeben.

Wir sollten wie folgt nachdenken:

Da es unmöglich ist, einen Anfang meines Geisteskontinuums zu finden, folgt, dass ich in der Vergangenheit zahllose Wiedergeburten hatte; und wenn ich zahllose Wiedergeburten hatte, muss ich zahllose Mütter gehabt haben. Wo sind alle diese Mütter jetzt? Es sind all die Lebewesen, die heute am Leben sind.

Haben wir wiederholt über diesen Punkt nachgedacht, glauben wir fest daran, dass alle Lebewesen unsere Mütter sind, und meditieren über diesen Glauben.

DIE GÜTE DER LEBEWESEN

Nachdem wir zur Überzeugung gelangt sind, dass alle Lebewesen unsere Mütter sind, denken wir über die enorme Güte nach, die wir von ihnen allen empfangen haben, als sie unsere Mütter waren; aber wir denken auch über die Güte nach, die sie uns zu anderen Zeiten erwiesen haben.

Wenn uns unsere Mutter nicht gewollt hätte, so hätte sie nach unserer Empfängnis eine Abtreibung vornehmen lassen können. Hätte sie dies getan, hätten wir jetzt nicht dieses menschliche Leben. Sie war so gütig und gestattete uns in ihrem Körper heranzuwachsen. Deshalb können wir jetzt ein menschliches Leben und alle seine Vorteile erfahren. Hätten wir als Kleinkind nicht ihre ständige Fürsorge und Aufmerksamkeit erhalten, hätten wir sicherlich einen Unfall erlitten und wären jetzt behindert, verkrüppelt oder blind. Glücklicherweise hat uns unsere Mutter nicht vernachlässigt. Tag und Nacht hat sie uns liebevoll umsorgt und uns wichtiger genommen als sich selbst. Sie hat uns täglich mehrfach das Leben gerettet. In der Nacht ließ sie es zu, dass wir ihren Schlaf unterbrachen und am Tag verzichtete sie auf ihre gewohnten Vergnügen. Sie musste ihre Arbeitsstelle aufgeben und wenn ihre Freunde ausgingen, um sich zu amüsieren, musste sie zurückbleiben. Sie gab ihr ganzes Geld für uns aus und gab uns die beste Nahrung und die besten Kleider, die sie sich leisten konnte. Sie brachte uns bei, wie man isst, geht und spricht. Sie war um unsere Zukunft besorgt und tat ihr Bestes, uns eine gute Ausbildung zu ermöglichen. Dank ihrer Güte können wir jetzt lernen, was immer wir wollen. Hauptsächlich dank der Güte unserer Mutter haben wir jetzt die Möglichkeit, Dharma zu praktizieren und schließlich Erleuchtung zu erlangen.

Da es niemanden gibt, der nicht zu irgendeiner Zeit in unseren früheren Leben unsere Mutter war, und da uns alle unseren früheren Mütter mit derselben Güte behandelten, mit der uns unsere gegenwärtige Mutter in diesem Leben behandelt hat, sind alle Lebewesen sehr gütig.

Die Güte der Lebewesen beschränkt sich aber nicht nur auf die Zeit, als sie unsere Mütter waren. Alle unsere täglichen Bedürfnisse werden ständig dank der Güte anderer Lebewesen befriedigt. Aus unserem früheren Leben brachten wir nichts mit. Dennoch erhielten wir, sobald wir geboren waren, unverzüglich ein Heim, Essen, Kleider und alles, was wir sonst noch brauchten; alles durch die Güte anderer zur Verfügung gestellt. Alles, woran wir uns jetzt erfreuen, wurde uns durch die frühere oder gegenwärtige Güte anderer zur Verfügung gestellt.

Wir können sehr viele Dinge benutzen, ohne selbst viel dazu beigetragen zu haben. Denken wir nur an Einrichtungen wie Straßen, Autos, Züge, Flugzeuge, Schiffe, Häuser, Restaurants, Hotels, Bibliotheken, Krankenhäuser, Geschäfte, Geld und vieles mehr, so ist es offensichtlich, dass viele Menschen sehr hart daran gearbeitet haben, all dies bereitzustellen. Obwohl wir wenig oder gar nichts dazu beigetragen haben, stehen uns diese Einrichtungen zur Verfügung. Dies zeigt die große Güte anderer.

Sowohl unsere allgemeine Ausbildung als auch unsere spirituelle Schulung erhalten wir von anderen. Alle unsere Dharma-Realisationen, von den allerersten Einsichten bis zur Erlangung der Befreiung und Erleuchtung, erreichen wir nur dank der Güte anderer. Als Menschen haben wir im Allgemeinen die Gelegenheit, das höchste Glück der Erleuchtung zu erlangen. Dem ist so, weil wir die Gelegenheit haben, in den Pfad zur Erleuchtung einzutreten und ihm zu folgen: ein spiritueller Pfad, der durch Mitgefühl für alle Lebewesen motiviert ist. Das Tor, durch das wir in den Pfad zur Erleuchtung eintreten, ist daher Mitgefühl für alle Lebewesen – allumfassendes Mitgefühl –; und wir entwickeln dieses Mitgefühl nur, indem wir uns auf alle Lebewesen als Objekte unseres Mitgefühls verlassen. Dies zeigt, dass es an der großen Güte aller Lebewesen liegt, die uns als Objekte unseres Mitgefühls dienen, dass wir die Gelegenheit haben, in den Pfad zur Erleuchtung einzutreten und das höchste Glück der Erleuchtung zu erlangen. Es ist daher klar, dass für uns alle Lebewesen höchst gütig und kostbar sind.

Aus der Tiefe unseres Herzens sollten wir denken:

Jedes einzelne Lebewesen ist höchst gütig und kostbar für mich. Sie bieten mir die Gelegenheit, das reine und immerwährende Glück der Erleuchtung zu erlangen – das endgültige Ziel menschlichen Lebens.

Durch dieses Verständnis und diese Denkweise erzeugen wir ein warmes Herz und ein Gefühl, allen Lebewesen ohne Ausnahme gleichermaßen nahe zu sein. Wir wandeln unseren Geist in dieses Gefühl um und verweilen darauf einsgerichtet, so lange wie möglich. Indem wir auf diese Weise kontinuierlich nachdenken und meditieren, werden wir jederzeit und in jeder Situation ein warmes Herz und ein Gefühl, allen Lebewesen nah zu sein, bewahren. Haben wir die acht Nutzen des Bewahrens zuneigungsvoller Liebe, die weiter unten im Abschnitt *Wünschende Liebe* aufgezählt sind, verstanden, sollten wir kontinuierliches Bemühen in dieser Praxis anwenden.

SCHULUNG IN WERTSCHÄTZENDER LIEBE

Diese Schulung hat zwei Stufen: 1. Gleichstellen vom Selbst und anderen; 2. Austauschen vom Selbst mit anderen.

GLEICHSTELLEN VOM SELBST UND ANDEREN

Diese Praxis heißt „Gleichstellen vom Selbst und anderen", weil wir lernen zu glauben, dass das Glück und die Freiheit von uns selbst und allen anderen Lebewesen gleichermaßen wichtig sind. Andere schätzen zu lernen ist die beste Lösung für unsere täglichen Probleme und ist die Quelle all unseres zukünftigen Glücks.

Es gibt zwei Ebenen der Wertschätzung anderer: (1) andere wie einen engen Freund oder Verwandten schätzen; und (2) andere schätzen wie uns selbst. Die zweite Ebene ist tiefgründiger. Indem wir alle Lebewesen wie uns selbst schätzen, werden wir das tiefgründige allumfassende Mitgefühl entwickeln, das als der schnelle Pfad zur Erleuchtung dient. Das ist einer der wesentlichen Punkte des Kadam-Lamrim.

Um sich im Gleichstellen vom Selbst und anderen zu schulen, üben wir folgende Kontemplation aus und denken:

Ich muss glauben, dass das Glück und die Freiheit von mir und allen anderen Lebewesen gleichermaßen wichtig ist, denn:

(1) Sowohl in diesem als auch in vorangegangenen Leben haben mir alle Lebewesen große Güte erwiesen.

(2) Genau wie ich wünschen sich alle Lebewesen, frei von Leiden zu sein und nur Glück zu erfahren. In dieser Hinsicht unterscheide ich mich nicht von allen anderen Wesen; wir sind alle gleich.

(3) Ich bin nur einer, wohingegen es unzählige andere Lebewesen gibt. Wie also kann ich nur um mich selbst besorgt

sein, während ich andere vernachlässige? Mein Glück und meine Leiden sind im Vergleich zum Glück und Leiden unzähliger anderer Lebewesen belanglos.

Haben wir über diese Punkte nachgedacht, glauben wir fest daran, dass das Glück und die Freiheit von uns selbst und allen anderen Lebewesen gleichermaßen wichtig sind. Wir verweilen so lange wie möglich einsgerichtet auf diesem Glauben. Wir sollten diese Kontemplation und Meditation kontinuierlich praktizieren, bis wir spontan glauben, dass das Glück und die Freiheit von uns und allen anderen Lebewesen gleichermaßen wichtig sind. Dies ist die Realisation des Gleichstellens vom Selbst mit anderen.

AUSTAUSCHEN VOM SELBST MIT ANDEREN

Diese Schulung hat drei Stufen: 1. Über die Nachteile der Selbstwertschätzung nachdenken, 2. über die Vorteile nachdenken andere zu schätzen und 3. die eigentliche Schulung im Austauschen vom Selbst mit anderen.

ÜBER DIE NACHTEILE DER SELBSTWERTSCHÄTZUNG NACHDENKEN

Was ist Selbstwertschätzung? Wenn wir „ich" und „mein" denken, nehmen wir ein inhärent existierendes Ich wahr, und wir schätzen es und glauben, dass sein Glück und seine Freiheit am Wichtigsten sind. Dies ist Selbstwertschätzung. Für uns selbst zu sorgen ist keine Selbstwertschätzung. Wir müssen für uns selbst sorgen, um dieses menschliche Leben aufrechtzuerhalten, damit wir fortwährendes Bemühen anwenden können, seinen wirklichen Sinn zu erfüllen.

Selbstwertschätzung und Festhalten am Selbst sind unterschiedliche Aspekte eines Geistes. Festhalten am Selbst hält an einem inhärent existierenden „Ich" fest und Selbstwertschätzung glaubt, dass solch ein „Ich" kostbar und seine Glück und seine Freiheit höchst wichtig sind. Selbstwertschätzung ist unsere normale Sicht, die glaubt: „Ich bin wichtig" und „Mein Glück und meine Freiheit sind wichtig", und die das Glück und die Freiheit anderer Lebewesen vernachlässigt. Sie ist Teil unserer Unwissenheit, weil es in Wirklichkeit kein inhärent existierendes Ich gibt. Dennoch schätzt unser Geist der Selbstwertschätzung dieses Ich und glaubt, dass es das Allerwichtigste ist. Er ist ein törichter und täuschender Geist, der ständig unseren inneren Frieden stört und ein großes Hindernis ist, den wirklichen Sinn unseres menschlichen Lebens zu erfüllen. Diesen Geist der Selbstwertschätzung hatten wir Leben für Leben, seit anfangsloser Zeit, selbst im Schlaf und im Traum.

In *Leitfaden für die Lebensweise eines Bodhisattvas* sagt Shantideva:

> [..] alles Leid dieser Welt
> Entsteht aus dem Wunsch, dass wir selbst glücklich
> sein mögen.

Wir erhalten Leiden nicht als Strafe. Alle Leiden stammen aus unserem Geist der Selbstwertschätzung, der wünscht, dass wir selbst glücklich sein mögen, während er das Glück anderer vernachlässigt. Es gibt zwei Wege dies zu verstehen. Erstens ist der Geist der Selbstwertschätzung der Schöpfer aller unserer Leiden und Probleme; und zweitens ist die Selbstwertschätzung die Grundlage für das Erfahren aller unserer Leiden und Probleme.

Wir leiden, weil wir in früheren Leben Handlungen ausführten, die für andere das Erfahren von Leiden bewirkten, motiviert durch selbstsüchtige Absicht – unsere Selbstwertschätzung. Als ein Ergebnis dieser Handlungen erfahren wir jetzt unsere gegenwärtigen Leiden und Probleme. Deshalb ist der wahre Schöpfer all unserer Leiden und Probleme unser Geist der Selbstwertschätzung.

Unsere gegenwärtige Erfahrung eines bestimmten Leidens und Problems hat eine besondere Verbindung zu bestimmten Handlungen, die wir in unseren früheren Leben ausführten. Das ist sehr subtil. Diese verborgene Verbindung können wir nicht mit unseren Augen sehen, aber wir können sie verstehen, indem wir unsere Weisheit benutzen und insbesondere, indem wir uns auf Buddhas Unterweisungen über Karma verlassen. Im Allgemeinen weiß jeder, dass er, wenn er schlechte Handlungen ausführt, schlechte Ergebnisse erfahren wird und dass er, wenn er gute Handlungen ausführt, gute Ergebnisse erfahren wird.

Der Geist der Selbstwertschätzung ist ebenso die Grundlage für das Erfahren aller unserer Leiden und Probleme. Wenn beispielsweise Menschen ihre Wünsche nicht erfüllen können, leiden viele von ihnen unter Depressionen, Entmutigung, Unglücklichsein und geistigen Schmerz, und manche wollen sich sogar umbringen. Dies allein weil ihre Selbstwertschätzung glaubt, ihre eigenen Wünsche seien so wichtig. Deshalb ist es ihre Selbstwertschätzung, die in erster Linie für ihr Unglücklichsein verantwortlich ist. Ohne Selbstwertschätzung gäbe es keine Grundlage für das Erfahren derartiger Leiden.

Wenn wir ernsthaft krank sind, finden wir es schwierig, unser Leid zu ertragen. Doch die Krankheit schadet uns nur, weil wir uns so schätzen. Erfährt jemand anderes eine ähnliche Krankheit, haben wir kein Problem. Wieso? Weil wir ihn (oder sie) nicht schätzen. Wenn wir andere jedoch wie uns selbst schätzen würden, fänden wir ihre Leiden schwierig zu ertragen. Das ist Mitgefühl. Wie Shantideva sagt:

Das Leiden, das ich erfahre,
Schadet anderen nicht,
Aber ich finde es schwer zu ertragen,
Weil ich mich schätze.

Genauso schadet das Leiden anderer
Mir selbst nicht,
Doch wenn ich andere schätze,
Werde ich ihr Leiden schwer zu ertragen finden.

Leben für Leben haben wir seit anfangsloser Zeit versucht, die Wünsche unseres selbstwertschätzenden Geistes zu erfüllen, im Glauben, dass seine Sicht wahr ist. Wir haben großes Bemühen bei der Suche nach dem Glück aus äußeren Quellen aufgebracht, doch es ist nichts dabei herausgekommen. Weil uns die Selbstwertschätzung getäuscht hat, haben wir unzählige frühere Leben verschwendet. Sie hat uns dazu verleitet für unseren eigenen Nutzen zu arbeiten, doch wir haben nichts gewonnen. Dieser törichte Geist machte alle unsere früheren Leben leer – als wir diese menschliche Wiedergeburt annahmen, brachten wir nichts mit uns außer Verblendungen. Jeden Moment eines jeden Tages täuscht uns dieser Geist der Selbstwertschätzung weiterhin.

Nachdem wir über diese Punkte nachgedacht haben, denken wir:

Nichts fügt mir größeren Schaden zu als dieser Dämon meiner Selbstwertschätzung. Sie ist die Quelle aller meiner Negativität, meines Unglücks, meiner Probleme und Leiden. Deshalb muss ich meine Selbstwertschätzung aufgeben.

Wir sollten jeden Tag über diesen Entschluss meditieren und ihn in die Praxis umsetzen.

ÜBER DIE VORTEILE NACHDENKEN
ANDERE ZU SCHÄTZEN

Wenn wir tief denken, dass andere wichtig sind und dass ihr Glück und ihre Freiheit wichtig sind, dann schätzen wir andere. Wenn wir andere in dieser Weise schätzen, werden wir immer gute Beziehungen zu ihnen haben, in Harmonie mit anderen leben, und unser tägliches Leben wird friedvoll und glücklich sein. Wir beginnen diese Praxis mit unserer Familie, unseren Freunden und denjenigen, die um uns sind, und dann entwickeln und bewahren wir allmählich wertschätzende Liebe für alle Lebewesen ohne Ausnahme.

In *Leitfaden für die Lebensweise eines Bodhisattvas* sagt Shantideva:

> Alles Glück dieser Welt
> Entsteht aus dem Wunsch, dass andere glücklich sein
> mögen.

Denken wir sorgfältig darüber nach, werden wir erkennen, dass unser gesamtes gegenwärtiges und zukünftiges Glück von unserer Wertschätzung für andere abhängt – unserem Wunsch, dass andere glücklich sein mögen. Weil wir andere schätzten, übten wir in unseren vergangenen Leben tugendhafte Handlungen aus wie die, uns davon zurückzuhalten sie umzubringen oder ihnen zu schaden, und gaben es auf, sie zu bestehlen und zu betrügen. Wir gaben ihnen materielle Hilfe und Schutz und praktizierten Geduld. Als Ergebnis dieser tugendhaften Handlungen haben wir jetzt dieses kostbare menschliche Leben erhalten mit der Gelegenheit, menschliche Vergnügen zu erfahren.

Als unmittelbare Auswirkung der Wertschätzung anderer werden viele unserer täglichen Probleme, wie diejenigen, die durch Wut, Neid und selbstsüchtiges Verhalten entstehen, verschwinden, und unser Geist wird ruhig und friedvoll werden. Da wir auf rücksichtsvolle Art handeln werden, werden wir anderen Freude bereiten und uns nicht in Streitereien und Kämpfe verwickeln. Schätzen wir andere, werden wir darum bemüht sein ihnen eher zu helfen als zu schaden, und von daher ganz natürlich negative Handlungen vermeiden. Stattdessen werden wir positive Handlungen ausüben, wie Mitgefühl, Liebe, Geduld und das Geben von materieller Hilfe und Schutz. Somit erschaffen wir die Ursache, reines und immerwährendes Glück in Zukunft zu erlangen.

Schätzen wir alle anderen Lebewesen wie uns selbst, sind insbesondere ihre Leiden für uns schwer zu ertragen. Unser Gefühl, dass die Leiden aller anderen Lebewesen schwer zu ertragen sind, ist allumfassendem Mitgefühl, und dies wird uns schnell zum reinen und immerwährenden Glück der Erleuchtung führen. Genau wie alle früheren Buddhas werden auch wir von der Mutter, dem allumfassenden Mitgefühl, als erleuchteter Buddha geboren werden. Das ist der Grund, warum unsere Wertschätzung aller Lebewesen uns befähigt, Erleuchtung sehr schnell zu erlangen.

Wir betrachten alle diese Nutzen und denken:

Der kostbare Geist, der alle Lebewesen schätzt, beschützt sowohl mich als auch andere vor Leiden, bringt reines und immerwährendes Glück, und erfüllt die Wünsche sowohl von mir als auch von anderen. Daher muss ich immer alle Lebewesen ohne Ausnahme schätzen.

Wir sollten jeden Tag über diesen Entschluss meditieren und ihn außerhalb der Meditation in die Praxis umsetzen. Das bedeutet, dass wir tatsächlich jedes einzelne Lebewesen, Tiere eingeschlossen, schätzen sollten.

DIE EIGENTLICHE SCHULUNG IM
AUSTAUSCHEN VOM SELBST MIT ANDEREN

Austauschen vom Selbst mit anderen bedeutet, dass wir das Objekt unserer Wertschätzung tauschen, von uns selbst zu allen anderen Lebewesen. Ohne Schulung ist dies unmöglich. Wie schulen wir uns im Austauschen vom Selbst mit anderen? Mit einem Verständnis der großen Nachteile uns selbst zu schätzen und der großen Vorteile alle Lebewesen zu schätzen, wie oben erklärt, und indem wir uns erinnern, dass wir den Entschluss gefasst haben unsere Selbstwertschätzung aufzugeben und immer alle Lebewesen ohne Ausnahme zu schätzen, denken wir aus der Tiefe unseres Herzens:

Ich muss aufhören mich selbst zu schätzen und stattdessen ausnahmslos alle anderen Lebewesen schätzen.

Wir meditieren dann über diesen Entschluss. Wir sollten diese Meditation kontinuierlich praktizieren, bis wir spontan glauben, dass das Glück und die Freiheit jedes einzelnen Lebewesens weitaus wichtiger sind als unser eigenes. Dieser Glaube ist die Realisation des Austauschens vom Selbst mit anderen.

SCHULUNG IN WÜNSCHENDER LIEBE

Mit dem Verständnis und dem Glauben, dass das Glück und die Freiheit eines jeden einzelnen Lebewesens weitaus wichtiger sind als unser eigenes, erzeugen wir wünschende Liebe für alle Lebewesen, indem wir denken:

Wie wunderbar wäre es, wenn alle Lebewesen das reine und immerwährende Glück der Erleuchtung erlangen würden! Mögen sie dieses Glück erlangen. Ich selbst werde für dieses Ziel arbeiten.

Wir verweilen so lange wie möglich einsgerichtet auf diesem kostbaren Geist der wünschenden Liebe für alle Lebewesen. Wir wiederholen diese Meditation immer wiedert, bis wir spontan wünschen, dass jedes einzelne Lebewesen das Glück der Erleuchtung erfahren möge. Dieser spontane Wunsch ist die eigentliche Realisation von wünschender Liebe.

Wünschende Liebe wird auch „unermessliche Liebe" genannt, weil wir durch bloße Meditation über wünschende Liebe unermesslichen Nutzen in diesem und in unzähligen zukünftigen Leben erhalten werden. Auf der Grundlage von Buddhas Unterweisungen zählte der große Gelehrte Nagarjuna acht Nutzen der zuneigungsvollen Liebe und wünschenden Liebe auf: (1) Wenn wir auch nur für einen Moment über zuneigungsvolle Liebe und wünschende Liebe meditieren, sammeln wir größere Verdienste an, als wenn wir dreimal täglich allen Hungernden in dieser Welt Nahrung geben würden.

Wenn wir den Hungernden Nahrung geben, geben wir ihnen nicht echtes Glück. Das ist so, weil das Glück, das aus dem Geben von Nahrung entsteht, kein echtes Glück ist, sondern lediglich eine vorübergehende Verminderung des Leidens des Hungers. Meditation über zuneigungsvolle Liebe und wünschende Liebe aber führt uns und alle Lebewesen zum reinen und immerwährenden Glück der Erleuchtung.

Die verbleibenden sieben Nutzen der Meditation über zuneigungsvolle Liebe und wünschende Liebe sind die, dass wir in der Zukunft (2) große liebevolle Güte von Menschen und Nichtmenschen erhalten werden, (3) wir auf unterschiedliche Art und Weise von Menschen und Nichtmenschen beschützt werden, (4) wir jederzeit geistig glücklich sein werden, (5) wir jederzeit körperlich gesund sein werden, (6) wir keinerlei Schaden durch Waffen, Gift und andere schädliche Bedingungen erleiden werden, (7) wir mühelos alle notwendigen

Bedingungen erhalten werden und (8) wir im höheren Himmel eines Buddha-Landes geboren werden.

Haben wir über diese Vorteile nachgedacht, sollten wir jeden Tag viele Male Bemühen anwenden, um über wünschende Liebe zu meditieren.

SCHULUNG IN ALLUMFASSENDEM MITGEFÜHL

Großes Mitgefühl ist ein Geist, der sich aufrichtig wünscht alle Lebewesen dauerhaft von Leiden zu befreien. Wenn wir auf der Grundlage der Wertschätzung für alle Lebewesen über ihre körperlichen Leiden und geistigen Schmerzen, ihre Unfähigkeit, ihre Wünsche zu erfüllen, ihren Mangel an Freiheit und wie sie durch Ausüben negativer Handlungen Samen für zukünftiges Leiden ansammeln, nachdenken, werden wir ein tiefes Mitgefühl für sie entwickeln. Wir müssen uns in sie einfühlen und ihren Schmerz so deutlich spüren wie unseren eigenen.

Niemand möchte leiden, doch aus Unwissenheit erschaffen die Lebewesen Leiden, indem sie nichttugendhafte Handlungen ausführen. Wir sollten daher gleiches Mitgefühl für alle Lebewesen ohne Ausnahme empfinden. Es gibt kein einziges Lebewesen, das kein geeignetes Objekt unseres Mitgefühls wäre.

Alle Lebewesen leiden, weil sie verunreinigte Wiedergeburten angenommen haben. Die Menschen haben keine andere Wahl, als enormes menschliches Leiden zu erfahren, weil sie eine menschliche Wiedergeburt angenommen haben, die durch das innere Gift der Verblendungen verunreinigt ist. Gleichermaßen müssen Tiere tierisches Leiden erfahren und hungrige Geister und Höllenwesen müssen all die Leiden ihrer jeweiligen Bereiche erfahren. Wenn die Lebewesen alle diese Leiden nur für ein einziges Leben erfahren müssten, wäre es nicht so schlimm, doch der Kreislauf des Leidens setzt sich Leben für Leben fort, endlos.

Um Entsagung zu entwickeln, haben wir zuvor darüber nachgedacht, wie wir in unseren zahllosen zukünftigen Leben die unerträglichen Leiden von Tieren, hungrigen Geistern, Höllenwesen, Halbgöttern und Göttern erfahren müssen. Jetzt, an diesem Punkt, betrachten wir, um Mitgefühl für alle Lebewesen, die unsere Mütter sind, zu entwickeln, wie sie in ihren zahllosen zukünftigen Leben die unerträglichen Leiden von Tieren, hungrigen Geistern, Höllenwesen, Halbgöttern und Göttern erfahren müssen.

Haben wir darüber nachgedacht, sollten wir denken:

Ich kann das Leiden dieser unzähligen Mutterwesen nicht ertragen. Im weiten und tiefen Ozean Samsaras, dem Kreislauf verunreinigter Wiedergeburt, ertrinkend, müssen sie unerträgliches körperliches Leiden und geistige Schmerzen in diesem und in unzähligen zukünftigen Leben erfahren. Ich muss all diese Lebewesen dauerhaft von ihren Leiden befreien.

Wir sollten kontinuierlich über diesen Entschluss, der allumfassendes Mitgefühl ist, meditieren und großes Bemühen anwenden, sein Ziel zu erfüllen.

SCHULUNG IN EIGENTLICHEM BODHICHITTA

In dem Augenblick, wo wir Bodhichitta entwickeln, werden wir ein Bodhisattva – eine Person, die sich spontan wünscht, Erleuchtung zum Wohle aller Lebewesen zu erlangen. Anfänglich werden wir ein Bodhisattva auf dem Pfad der Ansammlung sein. Wenn wir dann mit dem Fahrzeug des Bodhichittas dem Pfad zur Erleuchtung folgen, können wir von einem Bodhisattva auf dem Pfad der Ansammlung

fortschreiten zu einem Bodhisattva auf dem Pfad der Vorbereitung, einem Bodhisattva auf dem Pfad des Sehens und dann zu
einem Bodhisattva auf dem Pfad der Meditation. Von dort aus
werden wir den Pfad des Nicht-mehr-Lernens erreichen, den
eigentlichen Zustand der Erleuchtung. Wie bereits erwähnt, ist
Erleuchtung das innere Licht der Weisheit, das dauerhaft von
allen fehlerhaften Erscheinungen frei ist und dessen Funktion
es ist, jedem einzelnen Lebewesen jeden Tag geistigen Frieden
zu gewähren. Wenn wir die Erleuchtung eines Buddhas
erlangen, werden wir fähig sein, jedem einzelnen Lebewesen
direkt zu helfen, indem wir Segnungen gewähren, sowie durch
unsere zahllosen Ausstrahlungen.

In den Sutra-Unterweisungen sagt Buddha:

In diesem unreinen Leben Samsaras
Erfährt niemand echtes Glück;
Die Handlungen, die sie ausführen,
Werden immer die Ursachen für Leiden sein.

Das Glück, das wir normalerweise durch gute Bedingungen
erfahren, etwa hohes Ansehen, eine gute Position, eine gute
Arbeit, gute Beziehungen, anziehende Formen sehen, gute
Nachrichten oder wunderschöne Musik hören, Essen, Trinken
und Sex ist nicht echtes Glück, sondern sich veränderndes
Leiden – eine Verminderung von unserem vorangegangenem
Leiden. Wir glauben jedoch aus Unwissenheit, dass nur dies
Glück ist, und deshalb wünschen wir uns niemals echtes
Glück, das reine und immerwährende Glück der Befreiung und
Erleuchtung, nicht einmal für unser eigenes Wohl. Wir suchen
immer in diesem unreinen Leben Samsaras nach Glück, so wie
der Dieb, der Gold in Milarepas leerer Höhle suchte und nichts
fand. Der große Yogi Milarepa hörte eines Nachts einen Dieb
in seiner Höhle herumstöbern und rief ihm zu: „Wie erwartest

du hier nachts etwas Wertvolles zu finden, wenn ich bei Tage nichts Wertvolles finden kann?

Wenn wir durch Schulung den kostbaren Geist der Erleuchtung, Bodhichitta, entwickeln, denken wir spontan:

Wie wunderbar wäre es, wenn ich und alle Lebewesen echtes Glück, das reine und immerwährende Glück der Erleuchtung, erlangten! Mögen wir dieses Glück erlangen. Ich selbst werde für dieses Ziel arbeiten.

Wir müssen diesen kostbaren Geist des Bodhichittas in unserem Herzen haben. Er ist unserer innerer spiritueller Meister, der uns direkt zum Zustand des höchsten Glücks der Erleuchtung führt; und er ist das wirkliche wunscherfüllende Juwel, mit dem wir die Wünsche von uns selbst und anderen erfüllen können. Es gibt keine nützlichere Absicht als diesen kostbaren Geist.

Haben wir über die obige Erklärung nachgedacht, denken wir aus der Tiefe unseres Herzens:

Ich bin eine einzige Person, aber andere Lebewesen sind zahllos, und sie alle sind meine gütigen Mütter. Diese zahllosen Mutterwesen müssen unerträgliche körperliche Leiden und geistigen Schmerz in diesem und in unzähligen zukünftigen Leben erfahren. Verglichen mit dem Leiden dieser zahllosen Lebewesen ist mein eigenes Leiden belanglos. Ich muss alle Lebewesen für immer von Leiden befreien und zu diesem Zweck muss ich die Erleuchtung eines Buddhas erlangen.

Wir meditieren einsgerichtet über diesen Entschluss, der Bodhichitta ist. Wir sollten diese Kontemplation und Meditation kontinuierlich praktizieren, bis wir den spontanen Wunsch entwickeln Erleuchtung zu erlangen, um jedem einzelnen Lebewesen direkt zu helfen, und dann sollten wir großes Bemühen anwenden, um unseren Bodhichitta-Wunsch zu erfüllen.

Die Schulung im Pfad des Bodhichittas

Es gibt drei Stufen der Schulung im Pfad des Bodhichittas: 1. Schulung in den sechs Vollkommenheiten, 2. Schulung im Nehmen in Verbindung mit der Praxis der sechs Vollkommenheiten und 3. Schulung im Geben in Verbindung mit der Praxis der sechs Vollkommenheiten.

SCHULUNG IN DEN SECHS VOLLKOMMENHEITEN

Die sechs Vollkommenheiten sind der eigentliche Pfad zur Erleuchtung und sie sind auch der Pfad des Bodhichittas und Bodhisattva-Pfad. Indem wir diesem Pfad mit dem Fahrzeug des Bodhichittas folgen, werden wir mit Sicherheit den Zustand der Erleuchtung erreichen. Unser Bodhichitta-Wunsch ist Erleuchtung zu erlangen, um jedem einzelnen Lebewesen direkt zu helfen. Um diesen Wunsch zu erfüllen, sollten wir vor unserem spirituellen Meister oder vor einem Bild Buddhas, das wir als lebendigen Buddha betrachten, versprechen, den Pfad des Bodhisattvas oder seine Schulung auszuüben, während wir das folgende Gebet dreimal rezitieren. Dieses Versprechen ist das Bodhisattva-Gelübde.

So wie alle früheren Sugatas, die Buddhas,
Den Erleuchtungsgeist (Bodhichitta) erzeugten
Und alle Stufen
Der Bodhisattva-Schulung vollendet haben,

So will auch ich zum Wohle aller Lebewesen
Den Erleuchtungsgeist erzeugen
Und alle Stufen
Der Bodhisattva-Schulung vollenden.

Wenn wir das Bodhisattva-Gelübde ablegen, nehmen wir die
Verpflichtung auf uns den Pfad zur Erleuchtung auszuüben, die
Bodhisattva-Schulung, was die Praxis der sechs Vollkommenheiten ist. Wenn wir eine Arbeitsstelle antreten, verpflichten
wir uns normalerweise, die Wünsche unseres Arbeitgebers
zu erfüllen. Tun wir dies nicht, verlieren wir schnell unsere
Stelle. Nachdem wir Bodhichitta – den Entschluss Erleuchtung
zu erlangen, um jedem einzelnen Lebewesen direkt zu helfen
– erzeugt haben, müssen wir uns gleichermaßen verpflichten,
die Praxis der sechs Vollkommenheiten auszuüben. Wenn wir
diese Verpflichtung nicht eingehen, werden wir die Gelegenheit, Erleuchtung zu erlangen, verlieren. Indem wir darüber
nachdenken, sollten wir uns selbst ermutigen, das Bodhisattva-
Gelübde abzulegen und die sechs Vollkommenheit aufrichtig
zu praktizieren.

Die sechs Vollkommenheiten sind die Übungen des Gebens,
der moralischen Disziplin, der Geduld, des Bemühens, der
Konzentration und der Weisheit, welche durch Bodhichitta
motiviert sind. Wir sollten erkennen, dass die sechs Vollkommenheiten unsere tägliche Praxis sind.

In der Praxis des Gebens sollten wir Folgendes praktizieren:
(1) Denjenigen materielle Hilfe geben, die in Armut leben,
einschließlich Tieren Nahrung geben; (2) praktische Hilfe für
Kranke und körperlich Schwache geben; (3) Schutz geben,
indem wir immer versuchen das Leben anderer zu retten, das
Leben von Insekten eingeschlossen; (4) Liebe geben: lernen
alle Lebewesen zu schätzen, dadurch dass wir immer glauben,
dass ihr Glück und ihre Freiheit wichtig sind; und (5) Dharma
geben: anderen helfen, ihre Probleme der Wut, Anhaftung und

Unwissenheit zu lösen, indem wir Dharma-Unterweisungen oder sinnvolle Ratschläge geben.

In der Praxis der moralischen Disziplin sollten wir jegliche unangemessene Handlungen aufgeben, einschließlich solcher, die für andere Leid bewirken. Wir sollten es insbesondere aufgeben, die Verpflichtungen unserer Bodhisattva-Gelübde zu brechen. Dies ist das grundlegende Fundament, auf dem wir Fortschritte auf dem Bodhisattva-Pfad machen können. Indem wir dies tun, werden unsere Handlungen von Körper, Rede und Geist rein, sodass wir reine Wesen werden.

In der Praxis der Geduld sollten wir es niemals zulassen, dass wir wütend oder entmutigt werden, sondern vorübergehend jegliche Schwierigkeiten oder Schaden durch andere akzeptieren. Wenn wir Geduld praktizieren, tragen wir die höchste innere Rüstung, die uns direkt vor körperlichem Leiden, geistigem Schmerz und anderen Problemen schützt. Wut zerstört unsere Verdienste oder unser Glück, sodass wir ständig viele Hindernisse erfahren werden, und aufgrund mangelnder Verdienste wird es schwierig sein unsere Wünsche zu verwirklichen, speziell unsere spirituellen Ziele. Es gibt kein größeres Übel als Wut. Mit der Praxis der Geduld können wir jedes spirituelle Ziel erreichen; es gibt keine größere Tugend als Geduld.

In der Praxis des Bemühens sollten wir uns auf das unerschütterliche Bemühen verlassen, eine große Menge an Verdiensten und Weisheit anzusammeln, welche die Hauptursache für die Erlangung von Buddhas Formkörper (Rupakaya) und Wahrheitskörper (Dharmakaya) sind. Vor allem sollten wir die Kontemplation und Meditation über Leerheit betonen, die Art und Weise wie die Dinge wirklich sind. Dadurch können wir leicht Fortschritte auf dem Pfad zur Erleuchtung machen. Mit Bemühen können wir unser Ziel erreichen; mit Faulheit werden wir nichts erreichen.

In der Praxis der Konzentration sollten wir auf dieser Stufe die Verwirklichung der Leerheit beobachtenden Konzentration des ruhigen Verweilens betonen. Weiter unten wird im Abschnitt *Eine einfache Schulung in endgültigem Bodhichitta* eine Erklärung dazu gegeben. Wenn wir durch die Kraft dieser Konzentration eine besondere Weisheit des „höheren Sehens" erlangen, welche die Leerheit der Phänomene sehr klar realisiert, werden wir von einem Bodhisattva auf dem Pfad der Ansammlung zu einem Bodhisattva auf dem Pfad der Vorbereitung.

In der Praxis der Weisheit sollten wir auf dieser Stufe die Kraft unserer Weisheit des höheren Sehens durch fortwährende Meditation über die Leerheit aller Phänomene mit Bodhichitta-Motivation verstärken. Wenn sich dadurch unser höheres Sehen in den Pfad des Sehens umwandelt, welcher die direkte Realisation der Leerheit aller Phänomene ist, werden wir von einem Bodhisattva auf dem Pfad der Vorbereitung zu einem Bodhisattva auf dem Pfad des Sehens. Im Moment, wo wir den Pfad des Sehens erreichen, werden wir ein höherer Bodhisattva sein, der keine Leiden Samsaras mehr erfährt. Selbst dann, wenn jemand unseren Körper mit einem Messer Stück für Stück zerschneiden sollte, werden wir keine Schmerzen erfahren, da wir eine direkte Realisation davon besitzen, wie die Dinge wirklich existieren.

Nach der Vollendung des Pfades des Sehens ist es für den weiteren Fortschritt notwendig, kontinuierlich die Meditation über die Leerheit aller Phänomene mit Bodhichitta-Motivation auszuüben. Diese Meditation wird „Pfad der Meditation" genannt. Wenn wir diese Stufe erreicht haben, werden wir von einem Bodhisattva auf dem Pfad des Sehens zu einem Bodhisattva auf dem Pfad der Meditation.

Wenn sich unsere Weisheit des Pfades der Meditation in eine allwissende Weisheit umwandelt, haben wir den Pfad der Meditation vollendet, welche die dauerhafte Beendigung fehlerhafter Erscheinungen erfährt. Diese allwissende Weisheit wird der „Pfad des Nicht-mehr-Lernens" genannt, die eigentliche Erleuchtung. Wenn wir diese Stufe erreichen, werden wir von einem Bodhisattva auf dem Pfad der Meditation zu einem erleuchteten Wesen, einem Buddha, fortgeschritten sein. Wir werden das endgültige Ziel der Lebewesen erreicht haben.

Die anfängliche Schulung des Bodhisattvas im Ansammeln von Verdiensten oder Weisheit ist der Bodhisattva-Pfad der Ansammlung. Die Schulung des Bodhisattvas im Ansammeln von Verdiensten oder Weisheit, die eine Vorbereitung dafür ist, den Pfad des Sehens zu erlangen, ist der Bodhisattva-Pfad der Vorbereitung. Die Schulung des Bodhisattvas, die eine anfängliche direkte Realisation von Leerheit ist, ist der Bodhisattva-Pfad des Sehens. Nach der Vollendung des Pfades des Sehens ist die Schulung des Bodhisattvas, die kontinuierlich über Leerheit meditiert, der Bodhisattva-Pfad der Meditation. Buddhas allwissende Weisheit, die durch das Vollenden aller Schulungen von Sutra und Tantra erlangt wird, ist der Pfad des Nicht-mehr-Lernens, der Zustand der Erleuchtung.

SCHULUNG IM NEHMEN IN VERBINDUNG MIT DER PRAXIS DER SECHS VOLLKOMMENHEITEN

Es gibt vier hauptsächliche Vorteile der Meditationen über Nehmen und Geben: Sie sind kraftvolle Methoden, um (1) die Potentiale nichttugendhafter Handlungen zu reinigen, die das Erfahren von unheilbaren Krankheiten wie Krebs bewirken; um (2) eine große Ansammlung von Verdiensten anzuhäufen; um (3) unser Potential heranreifen zu lassen, in der Lage zu sein, allen Lebewesen zu helfen; und um (4) unseren Geist zu reinigen.

Es gab einmal einen Lamrim-Praktizierenden namens Kharak Gomchen, der ernsthaft an Lepra erkrankt war. Die Behandlungen der Ärzte brachten nichts und sein Zustand verschlechterte sich Jahr für Jahr. Schließlich sagten ihm die Ärzte, dass sie nichts tun könnten, um seine Krankheit zu heilen. Da er glaubte, dass er bald sterben werde, verließ Gomchen sein Zuhause und ging auf einen Friedhof, um sich auf den Tod vorzubereiten. Während er auf dem Friedhof weilte, konzentrierte er sich Tag und Nacht darauf, die Meditationen über Nehmen und Geben mit starkem Mitgefühl für alle Lebewesen zu praktizieren. Durch diese Praxis wurde er vollkommen geheilt und kehrte gesund und mit einem glücklichen Geist nach Hause zurück. Es gibt viele andere ähnliche Beispiele.

Im Moment sind wir nicht fähig, allen Lebewesen zu helfen, aber wir haben das Potential für diese Fähigkeit, die Teil unserer Buddha-Natur ist. Indem wir die Meditation über Nehmen und Geben mit starkem Mitgefühl für alle Lebewesen praktizieren, wird das Potential für die Fähigkeit, allen Lebewesen zu helfen, reifen, und wenn dies geschieht, werden wir ein erleuchtetes Wesen, ein Buddha werden. Wenn wir unseren Geist durch die Übungen von Nehmen und Geben reinigen, werden alle spirituellen Realisationen mit Leichtigkeit in unserem Geist wachsen. Indem wir über die vier hauptsächlichen Vorteile der Meditation über Nehmen und Geben nachdenken, sollten wir uns selbst ermutigen, diese Meditationen aufrichtig zu praktizieren.

„Nehmen" bedeutet in diesem Zusammenhang, das Leiden anderer mittels Meditation auf uns zu nehmen. Wenn wir über Nehmen meditieren, sollte unsere Motivation Mitgefühl sein, indem wir denken:

Ich muss alle Lebewesen für immer von ihren Leiden und Ängsten dieses und unzähliger zukünftiger Leben befreien.

Auf diese Weise praktizieren wir durch das Geben von Schutz die Vollkommenheit des Gebens. Indem wir Selbstwertschätzung aufgeben, praktizieren wir die

Vollkommenheit der moralischen Disziplin. Indem wir freiwillig alle widrigen Umstände, die unsere Praxis des Nehmens behindern, annehmen, praktizieren wir die Vollkommenheit der Geduld. Indem wir Bemühen anwenden, diese Meditation ständig ohne Faulheit auszuüben, praktizieren wir die Vollkommenheit des Bemühens. Indem wir uns einsgerichtet ohne Ablenkung auf die Meditation des Nehmens konzentrieren, praktizieren wir die Vollkommenheit der Konzentration. Und indem wir realisieren, dass wir selbst, alle Lebewesen und ihre Leiden als bloße Namen und nicht inhärent existieren, praktizieren wir die Vollkommenheit der Weisheit. So sollten wir uns in der Meditation über das Nehmen in Verbindung mit der Praxis der sechs Vollkommenheiten schulen. Dies ist eine sehr tiefgründige Methode, die sechs Vollkommenheiten zu praktizieren. Wir sollten dieselbe Methode auf alle anderen Meditationen anwenden, zum Beispiel bei der Meditation über den Tod, damit wir schnell Fortschritte auf dem Pfad zur Erleuchtung machen können.

Es gibt zwei Stufen der Meditation über Nehmen: 1. Meditation über Nehmen, indem wir uns auf alle Lebewesen richten, und 2. Meditation über Nehmen, indem wir uns auf bestimmte Lebewesen richten.

MEDITATION ÜBER NEHMEN, DAS SICH AUF ALLE LEBEWESEN RICHTET

Auf dieser ersten Stufe richten wir uns auf die Versammlung ausnahmslos aller Lebewesen und denken dann aus der Tiefe unseres Herzens:

In ihren unzähligen zukünftigen Leben werden diese Lebewesen ständig ohne Wahl die Leiden von Menschen, Tieren, hungrigen Geistern, Höllenwesen, Halbgöttern und Göttern erfahren. Wie wunderbar wäre es, wenn alle diese Lebewesen für immer von den Leiden und Ängsten dieses und zahlloser zukünftiger Leben

befreit wären! Mögen sie dies erreichen. Ich selbst werde für sie
arbeiten, um dies zu erreichen. Ich muss es tun.

Indem wir so denken, stellen wir uns vor, dass sich die
Leiden aller Lebewesen in Form von schwarzem Rauch
sammeln. Dieser löst sich in unsere Unwissenheit des Festhaltens am Selbst und der Selbstwertschätzung in unserem
Herzen auf. Wir glauben dann fest, dass alle Lebewesen für
immer von Leiden befreit sind und unsere Unwissenheit des
Festhaltens am Selbst und der Selbstwertschätzung vollständig
zerstört ist. Wir meditieren einsgerichtet, so lange wie möglich
über diesen Glauben.

Mit Mitgefühl für alle Lebewesen sollten wir diese Meditation kontinuierlich praktizieren, bis wir Zeichen erfahren,
die darauf hinweisen, dass unser Geist gereinigt worden ist.
Zu diesen Zeichen kann die Heilung von einer Krankheit
gehören, die wir vielleicht haben, oder die Verminderung
unserer Verblendungen, ein friedlicher und glücklicher Geist,
die Zunahme unseres Vertrauens, unserer korrekten Absicht
und korrekten Sicht und besonders die Verstärkung unserer
Erfahrung von allumfassendem Mitgefühl.

MEDITATION ÜBER NEHMEN, DAS SICH
AUF BESTIMMTE LEBEWESEN RICHTET

In dieser Meditation können wir uns zum Beispiel auf alle
Lebewesen richten, die das Leiden der Krankheit erfahren.
Dann denken wir:

Diese Lebewesen erfahren das Leiden der Krankheit in diesem
und in ihren unzähligen zukünftigen Leben ohne Ende. Wie
wunderbar wäre es, wenn diese Lebewesen für immer von
Krankheit befreit wären! Mögen sie dies erreichen. Ich selbst
werde für sie handeln, damit sie dies erreichen. Ich muss es tun.

So denkend stellen wir uns vor, dass sich das Leiden der Krankheit aller Lebewesen in Form von schwarzem Rauch sammelt. Dieser löst sich in unsere Unwissenheit des Festhaltens am Selbst und der Selbstwertschätzung in unserem Herzen auf. Wir glauben dann fest, dass alle diese Lebewesen für immer von Krankheit befreit sind und unsere Unwissenheit des Festhaltens am Selbst und der Selbstwertschätzung vollständig zerstört ist. Wir meditieren einsgerichtet, so lange wie möglich über diesen Glauben.

Auf die gleiche Weise können wir die Meditation über Nehmen praktizieren, indem wir uns auf ein bestimmtes Individuum oder eine Gruppe von Lebewesen richten, die andere Leiden wie Armut, Kämpfe und Hungersnot erfahren.

Wir sollten insbesondere Bemühen anwenden, tiefe Vertrautheit mit der Meditation über Nehmen zu entwickeln, die auf alle Lebewesen gerichtet ist. Diese Meditation reinigt unseren Geist, was wiederum unsere Handlungen reinigt, sodass wir ein reines Wesen werden. Wenn wir mit starkem Mitgefühl für alle Lebewesen sterben, werden wir mit Sicherheit im Reinen Land eines Buddhas geboren werden. Das ist so, weil unser Mitgefühl, das sich beim Sterben manifestiert, direkt bewirken wird, dass unser Potential, Wiedergeburt im Reinen Land eines Buddhas zu nehmen, reift. Das ist das gute Ergebnis eines guten Herzens. Das Ergebnis davon, ein gutes Herz zu bewahren, das sich aufrichtig wünscht, alle Lebewesen für immer von ihren Leiden zu befreien, ist, dass wir selbst beständige Befreiung von Leiden erfahren werden, indem wir Wiedergeburt im Reinen Land eines Buddhas nehmen.

Als zum Beispiel Geshe Chekhawa im Sterben lag, entwickelte er den aufrichtigen Wunsch in der Hölle wiedergeboren zu werden, um den Höllenwesen direkt zu helfen; doch er empfing klare Visionen, dass er in Sukhavati, dem Reinen

Land von Buddha Amitabha, wiedergeboren würde. Er sagte zu seinem Gehilfen: „Leider wird mein Wunsch nicht erfüllt." Dieser fragte ihn: „Was ist dein Wunsch?", und Geshe Chekhawa antwortete: „ Mein Wunsch ist, Wiedergeburt in der Hölle zu nehmen, damit ich den Höllenwesen direkt helfen kann, aber ich sah klare Zeichen, dass ich im Reinen Land von Buddha Amitabha geboren werde." Obwohl Geshe Chekhawa Wiedergeburt in der Hölle nehmen wollte, hinderte ihn sein Mitgefühl für alle Lebewesen daran, eine niedere Wiedergeburt anzunehmen. Er hatte keine andere Wahl, als ins Reine Land eines Buddhas zu gehen, wo er beständige Befreiung von Leiden erfuhr. Obwohl Geshe Chekhawa Wiedergeburt in einem Reinen Land nahm, war er dennoch durch seine Ausstrahlungen in der Lage, den Höllenwesen zu helfen.

Wir denken vielleicht, dass unsere Überzeugung, dass Lebewesen beständige Befreiung von Leiden durch unsere Meditation erlangt haben, nicht korrekt ist, da Lebewesen diese nicht tatsächlich erlangt haben. Obwohl es stimmt, dass Lebewesen nicht tatsächlich beständige Befreiung von Leiden erlangt haben, ist unser Glauben dennoch korrekt, weil er aus unserem Mitgefühl und unserer Weisheit entsteht. Über diesen Glauben zu meditieren lässt unser Potential für die Fähigkeit, alle Lebewesen dauerhaft von Leiden zu befreien, schnell heranreifen, sodass wir schnell Erleuchtung erlangen werden. Deshalb sollten wir einen derart nützlichen Glauben, dessen Natur Weisheit ist, niemals aufgeben. Meditation über Nehmen ist der schnelle Pfad zur Erleuchtung und hat eine ähnliche Funktion wie die tantrische Praxis. Es wird gesagt, dass tantrische Realisationen einfach erreicht werden, indem wir uns auf korrekten Glauben und Vorstellung verlassen. Diese Praxis ist sehr einfach; alles, was wir tun müssen, ist, mit der Meditation über korrekten Glauben und Vorstellung, wie sie im Tantra präsentiert wird, tief vertraut zu werden, indem wir kontinuierlich Bemühen anwenden.

SCHULUNG IM GEBEN IN VERBINDUNG MIT DER PRAXIS DER SECHS VOLLKOMMENHEITEN

„Geben" bedeutet in diesem Zusammenhang, anderen durch Meditation unser eigenes Glück geben. Im Allgemeinen gibt es im Kreislauf unreinen Lebens, Samsara, überhaupt kein echtes Glück. Wie zuvor erwähnt ist das Glück, das wir normalerweise durch Essen, Trinken, Sex und so weiter erfahren, kein echtes Glück, sondern lediglich eine Verminderung eines vorangegangenen Problems oder einer Unzufriedenheit. Wenn beispielsweise das Glück, das wir durch Sex erfahren, wirkliches Glück wäre, dann würde folgen, dass Sex selbst eine wirkliche Ursache des Glücks ist. Wäre dies wahr, dann würde unser Glück umso mehr zunehmen, je mehr Sex wir hätten. Doch tatsächlich wäre das Gegenteil der Fall. Anstatt dass unser Glück anwachsen würde, nähme unser Leiden zu. In *Vierhundert Versen* sagt der buddhistische Meister Aryadeva:

Die Erfahrung von Leiden wird niemals durch die
    gleiche Ursache verändert werden,
Doch wir können sehen, dass die Erfahrung von Glück
    durch die gleiche Ursache verändert wird.

Das heißt, dass zum Beispiel das durch Feuer verursachte Leiden niemals durch Feuer in Glück verändert wird. Doch wir können sehen, das zum Beispiel durch Essen verursachtes Glück einfach nur durch Essen in Leiden verändert wird.

Wie meditieren wir über Geben? In *Leitfaden für die Lebensweise eines Bodhisattvas* sagt Shantideva:

. . .Um das Wohl aller Lebewesen zu vollenden,
Werde ich meinen Körper in ein erleuchtetes
    wunscherfüllendes Juwel umwandeln.

Wir sollten unseren ständig verweilenden Körper, unseren sehr subtilen Körper, als das wahre wunscherfüllende Juwel betrachten; er ist unsere Buddha-Natur, durch die die Wünsche von uns selbst und allen anderen Lebewesen erfüllt werden. Wir denken dann:

Alle Lebewesen wünschen sich jederzeit glücklich zu sein, doch sie wissen nicht, wie man das macht. Sie erfahren nie wahres Glück, weil sie aus Unwissenheit ihr eigenes Glück zerstören, indem sie Verblendungen wie Wut entwickeln und nichttugendhafte Handlungen ausüben. Wie wunderbar wäre es, wenn all diese Lebewesen das reine und immerwährende Glück der Erleuchtung erfahren würden! Mögen sie dieses Glück erfahren. Ich werde jetzt mein eigenes zukünftiges Glück der Erleuchtung jedem einzelnen Lebewesen geben.

Indem wir auf diese Weise denken, stellen wir uns vor, dass wir von unserem ständig verweilenden Körper in unserem Herzen unendliche Lichtstrahlen aussenden, die in ihrer Natur unser zukünftiges Glück der Erleuchtung sind. Diese erreichen alle Lebewesen der sechs Bereiche und wir glauben fest, dass jedes einzelne Lebewesen das reine und immerwährende Glück der Erleuchtung erfährt. Wir meditieren einsgerichtet, so lange wie möglich über diesen Glauben. Wir sollten diese Meditation kontinuierlich praktizieren, bis wir spontan glauben, dass jetzt tatsächlich alle Lebewesen unser zukünftiges Glück der Erleuchtung erhalten haben. Mit dieser Praxis sind wir wie ein Bodhisattva, der hirtengleichen Bodhichitta praktiziert. So wie ein Hirte seiner Herde Schutz und notwendige Bedingungen geben möchte, bevor er sich selbst entspannt, so möchte ein Bodhisattva, der hirtengleichen Bodhichitta praktiziert, allen Lebewesen Schutz und endgültiges Glück zukommen lassen, bevor es dies für sich selbst erreicht.

Diese Meditation hat vier hauptsächliche Vorteile: (1) Sie vergrößert unsere wünschende Liebe für alle Lebewesen; (2) sie lässt unsere potentielle Fähigkeit, allen Lebewesen zu helfen, reifen; (3) sie trägt eine große Ansammlung von Verdiensten oder Glück zusammen; und (4) sie bewirkt, dass unsere gewöhnlichen Erscheinungen und Vorstellungen aufhören. Unser zukünftiges Glück der Erleuchtung ist das Ergebnis davon, dass wir Mitgefühl für alle Lebewesen erzeugen. Die Meditation über Geben bringt dieses zukünftige Glück in den Pfad und ist daher ein schneller Pfad zur Erleuchtung, der eine ähnliche Funktion wie die tantrische Praxis hat. Wir sollten starkes Bemühen in der Praxis dieser Meditation anwenden, damit wir schnell Fortschritte auf dem Pfad zur Erleuchtung machen können.

Wenn wir über Geben meditieren, sollte unsere Motivation wünschende Liebe sein. Indem wir auf diese Weise Liebe geben, praktizieren wir die Vollkommenheit des Gebens. Indem wir Selbstwertschätzung aufgeben, praktizieren wir die Vollkommenheit der moralischen Disziplin. Indem wir freiwillig alle widrigen Umstände, die unsere Praxis des Gebens behindern, annehmen, praktizieren wir die Vollkommenheit der Geduld. Indem wir Bemühen anwenden, diese Meditation ständig ohne Faulheit auszuüben, praktizieren wir die Vollkommenheit des Bemühens. Indem wir uns ohne Ablenkung einsgerichtet auf die Meditation über Geben konzentrieren, praktizieren wir die Vollkommenheit der Konzentration. Und indem wir realisieren, dass wir selbst, alle Lebewesen und ihr Glück alle als bloße Namen und nicht inhärent existieren, praktizieren wir die Vollkommenheit der Weisheit. So sollten wir uns in der Meditation über Geben in Verbindung mit der Praxis der sechs Vollkommenheiten schulen.

Schulung im Geben ist eine besondere Meditation über wünschende Liebe, die sich aufrichtig wünscht, dass alle Lebewesen echtes Glück erlangen – das reine und immerwährende Glück der Befreiung und Erleuchtung. Wie oben erwähnt, wird die Meditation über wünschende Liebe auch „unermessliche Liebe" genannt, weil uns einfach nur das Meditieren über wünschende Liebe unermesslichen Nutzen in diesem und unzähligen zukünftigen Leben bringt.

Buddha des Mitgefühls

Schulung in endgültigem Bodhichitta

Wenn wir über Leerheit meditieren, um endgültigen Bodhichitta zu entwickeln oder zu vergrößern, schulen wir uns in endgültigem Bodhichitta. Eigentlicher endgültiger Bodhichitta ist eine Weisheit, die Leerheit direkt realisiert, die durch Bodhichitta motiviert ist. Sie wird „endgültiger Bodhichitta" genannt, weil ihr Objekt endgültige Wahrheit, Leerheit, ist, und sie einer der Hauptpfade zur Erleuchtung ist. Der Bodhichitta, der bis jetzt erklärt wurde, ist konventioneller Bodhichitta und hat die Natur von Mitgefühl, wohingegen endgültiger Bodhichitta die Natur von Weisheit hat. Diese zwei Bodhichittas sind wie die zwei Flügel eines Vogels, mit denen wir zur erleuchteten Welt fliegen können.

Wenn wir die Bedeutung von Leerheit nicht kennen, gibt es keine Grundlage für die Schulung in endgültigem Bodhichitta, da Leerheit das Objekt von endgültigem Bodhichitta ist. Je Tsongkhapa sagte:

> Das Wissen um Leerheit ist jedem anderen Wissen
> überlegen,
> Der Lehrer, der Leerheit fehlerfrei lehrt, ist jedem
> anderen Lehrer überlegen
> Und die Realisation der Leerheit ist die eigentliche
> Essenz des Buddhadharmas.

WAS IST LEERHEIT?

Leerheit ist die Art und Weise, wie die Dinge wirklich sind. Es ist die Art und Weise, wie die Dinge existieren, im Gegensatz zur Art und Weise, wie sie erscheinen. Wir halten es für selbstverständlich, dass die Dinge, die wir um uns herum sehen, wie Tische, Stühle und Häuser, wahrhaft existieren, weil wir glauben, dass sie genauso existieren, wie sie erscheinen. Doch die Art und Weise, wie die Dinge unseren Sinnen erscheinen, ist trügerisch und vollkommen widersprüchlich zu der Art und Weise, wie sie tatsächlich existieren. Die Dinge scheinen aus sich selbst heraus zu existieren, unabhängig von unserem Geist. Dieses Buch beispielsweise, das unserem Geist erscheint, scheint seine eigene unabhängige, objektive Existenz zu besitzen. Es scheint ‚außerhalb' zu sein, während unser Geist ‚innerhalb' zu sein scheint. Wir haben das Gefühl, dass das Buch ohne unseren Geist existieren kann. Wir glauben nicht, dass unser Geist in irgendeiner Weise daran beteiligt ist, die Existenz des Buches hervorzubringen. Diese von unserem Geist unabhängige Art der Existenz wird „wahre Existenz", „inhärente Existenz", „aus sich selbst heraus existierend" und auch „Existenz vonseiten des Objekts" genannt.

Obwohl die Dinge unseren Sinnen direkt als wahrhaft oder inhärent existierend erscheinen, fehlt allen Phänomenen in Wirklichkeit wahre Existenz; sie sind leer von wahrer Existenz. Dieses Buch, unser Körper, unsere Freunde, wir selbst und das gesamte Universum sind in Wirklichkeit nur Erscheinungen des Geistes, ähnlich den Dingen, die man in einem Traum sieht. Wenn wir von einem Elefanten träumen, erscheint uns der Elefant deutlich in allen Einzelheiten: Wir können ihn sehen, hören, riechen und berühren. Wenn wir aber aufwachen, wird uns klar, dass er nur eine Erscheinung des Geistes war. Wir fragen uns nicht: „Wo ist der Elefant jetzt?", weil wir verstehen, dass er lediglich eine Projektion unseres Geistes war und keinerlei Existenz außerhalb unseres Geistes besaß. Als das Traumgewahrsein, das den Elefanten festhielt, endete, ging der Elefant nicht irgendwo hin. Er verschwand einfach, denn er war lediglich eine Erscheinung des Geistes und existierte nicht getrennt vom Geist. Buddha sagt, dass das gleiche für alle Phänomene gilt; sie sind bloße Erscheinungen des Geistes, völlig abhängig vom Geist, der sie wahrnimmt.

Die Welt, die wir erleben, wenn wir wach sind, und die Welt, die wir erleben, wenn wir träumen, sind beides bloße Erscheinungen des Geistes, die aus unseren fehlerhaften Vorstellungen entstehen. Wenn wir behaupten, dass die Traumwelt unwahr ist, dann müssen wir auch sagen, dass die Welt des Wachzustandes unwahr ist; und wenn wir darauf bestehen, dass die Welt des Wachzustandes wahr ist, müssen wir auch einräumen, dass die Traumwelt wahr ist. Der einzige Unterschied ist, dass die Traumwelt eine Erscheinung unseres subtilen Traumgeistes ist, während die Welt des Wachzustandes eine Erscheinung unseres groben Wachgeistes ist. Die Traumwelt existiert nur so lange, wie das Traumgewahrsein existiert, dem sie erscheint, und die Welt des Wachzustandes dauert nur so lange an, wie das Gewahrsein des Wachzustandes anhält, dem sie erscheint. Buddha sagte: „Ihr solltet wissen, dass alle Phänomene wie Träume sind." Wenn wir sterben, lösen sich unsere groben wachen Geisteszustände in unseren sehr subtilen Geist auf, und die Welt, die wir erlebt haben, verschwindet ganz einfach. Die Welt, wie sie von anderen wahrgenommen wird, besteht weiterhin, unsere persönliche Welt hingegen wird völlig und unwiederbringlich verschwinden, genauso wie die Welt in unserem Traum letzte Nacht.

Buddha sagte auch, dass alle Phänomene wie Illusionen sind. Es gibt viele verschiedene Arten von Illusionen, wie Luftspiegelungen, Regenbögen oder Halluzinationen, die durch Drogen hervorgerufen werden. In der Vergangenheit gab es Magier, die ihr Publikum derart beeinflussen konnten, dass es bestimmte Objekte, wie beispielsweise ein Stück Holz, als einen Tiger wahrnahm. Jene Zuschauer, die unter dem Bann des Zauberspruches standen, sahen einen echten Tiger und bekamen Angst; die Zuschauer aber, die erst nach der Verzauberung dazukamen, sahen einfach nur ein Stück Holz. Allen Illusionen ist gemeinsam, dass die Art und Weise ihrer Erscheinung nicht mit der tatsächlichen Existenz übereinstimmt. Buddha verglich alle Phänomene mit Illusionen, denn durch die Kraft der Prägungen der Unwissenheit des Festhaltens am Selbst, die wir seit anfangsloser Zeit angesammelt haben, scheint alles, was dem Geist erscheint, von Natur aus wahrhaft existierend zu sein, und wir glauben instinktiv an diese Erscheinung. In Wirklichkeit jedoch ist alles vollkommen leer von wahrer Existenz. So wie eine Luftspiegelung, die wie Wasser aussieht, aber nicht wirklich Wasser ist, erscheinen uns die Dinge auf täuschende Weise. Weil wir ihre wahre Natur nicht erkennen, werden wir von Erscheinungen getäuscht und halten an Büchern und Tischen, Körpern und Welten als wahrhaft existierend fest. Als Folge dieses Festhaltens an Phänomenen entwickeln wir Selbstwertschätzung, Anhaftung, Hass, Eifersucht und andere Verblendungen; unser Geist wird gereizt und unausgeglichen und unser geistiger Friede wird zerstört. Wir gleichen Reisenden in der Wüste, die ihre Kräfte dadurch erschöpfen, dass sie Luftspiegelungen nachjagen, oder jemandem, der nachts eine Straße entlang läuft und die Schatten der Bäume für Verbrecher oder wilde Tiere hält, die darauf warten, ihn anzugreifen.

DIE LEERHEIT UNSERES KÖRPERS

Um zu verstehen, wie Phänomene leer von wahrer oder inhärenter Existenz sind, sollten wir unseren eigenen Körper betrachten. Haben wir einmal verstanden, wie unserem Körper wahre Existenz fehlt, können wir die gleiche Argumentation ohne Schwierigkeiten auf andere Objekte übertragen.

In *Leitfaden für die Lebensweise eines Bodhisattvas* sagt Shantideva:

> Deshalb gibt es keinen wahrhaft existierenden Körper,
> Aus Unwissenheit aber nehmen wir einen Körper in
> den Händen und so fort wahr,
> Wie ein Geist, der fälschlicherweise eine Person
> festhält,
> Wenn er die Form eines Steinhaufens in der
> Dämmerung sieht.

Einerseits kennen wir unseren Körper sehr gut. Wir wissen, ob er gesund oder krank, schön oder hässlich und so weiter ist. Niemals aber untersuchen wir ihn näher und fragen uns: „Was genau ist mein Körper? Wo ist mein Körper? Was ist seine wahre Natur?" Würden wir unseren Körper in dieser Weise untersuchen, wären wir nicht in der Lage, ihn zu finden: Anstatt unseren Körper zu finden, wäre das Ergebnis dieser Untersuchung, dass unser Körper verschwindet. Die Bedeutung des ersten Teils von Shantidevas Vers „Deshalb gibt es keinen Körper" ist, dass kein Körper vorhanden ist, wenn wir nach unserem ‚wahren' Körper suchen, und dass auch kein Körper in unseren Händen und so weiter ist. Unser Körper existiert nur, wenn wir nicht nach einem wahren Körper, der über dessen bloße Erscheinung hinausgeht, suchen.

Es gibt zwei Wege, nach einem Objekt zu suchen. Ein Beispiel für die erste Methode, die wir als eine „konventionelle Suche" bezeichnen können, ist das Suchen nach unserem Auto auf einem Parkplatz. Das Ergebnis dieser Art von Suche ist, dass wir das Auto insofern entdecken, als wir den Gegenstand finden, den jeder als unser Auto bezeichnet. Nehmen wir einmal an, wir haben unser Auto auf dem Parkplatz ausfindig gemacht, sind nun aber nicht mit der bloßen Erscheinung des Autos zufrieden, sondern wollen genau feststellen, was das Auto wirklich ist. Wir könnten dann eine Suche durchführen, die wir als „endgültige Suche" nach dem Auto bezeichnen, wobei wir innerhalb des Objektes nach etwas suchen, was das Objekt selbst ist. Wir fragen uns deshalb: „Sind irgendwelche Einzelteile des Autos das Auto? Sind die Räder das Auto? Ist der Motor das Auto? Ist das Fahrgestell das Auto?" und so weiter. Wenn wir eine endgültige Suche nach unserem Auto durchführen, geben wir uns nicht damit zufrieden, auf die Motorhaube, die Räder und so weiter zu zeigen und dann „Auto" zu sagen; wir wollen wissen, was das Auto wirklich ist. Anstatt nur das Wort „Auto" zu benutzen, wie es gewöhnliche Leute tun, wollen wir wissen, worauf sich das Wort wirklich bezieht. Wir möchten das Auto geistig von allem, was nicht das Auto ist, trennen, damit wir sagen können: „Das ist es, was das Auto wirklich ist." Wir wollen ein Auto finden, aber in Wahrheit gibt es kein Auto, wir können nichts finden. Im *Sutra der Zusammengefassten Vollkommenheit der Weisheit* sagt Buddha: „Wenn ihr mit Weisheit nach eurem Körper sucht, könnt ihr ihn nicht finden." Dies gilt auch für unser Auto, unser Haus und alle anderen Phänomene.

In *Leitfaden für die Lebensweise eines Bodhisattvas* sagt Shantideva:

> Wenn man es auf diese Weise untersucht,
> Wer lebt und wer ist es, der sterben wird?
> Was ist die Zukunft und was ist die Vergangenheit?
> Wer sind unsere Freunde und wer sind unsere
>   Verwandten?
>
> Ich flehe dich an, der du genauso bist wie ich,
> Bitte verstehe, dass alle Dinge leer sind, wie Raum.

Die essentielle Bedeutung dieser Worte ist, dass es, wenn wir mit Weisheit nach Dingen suchen, keine Person gibt, die lebt oder stirbt, dass es keine Vergangenheit oder Zukunft gibt, und dass es keine Gegenwart gibt, unsere Freunde und Bekannten eingeschlossen. Wir sollten wissen, dass alle Phänomene leer sind wie Raum, was bedeutet, dass wir wissen sollten, dass alle Phänomene nichts anderes als Leerheit sind.

Um Shantidevas Behauptung zu verstehen, dass es in Wirklichkeit keinen Körper gibt, müssen wir eine endgültige Suche nach unserem Körper durchführen. Sind wir gewöhnliche Wesen, so scheinen alle Objekte, einschließlich unseres Körpers, inhärent zu existieren. Wie oben erwähnt, scheinen Objekte unabhängig von unserem Geist und unabhängig von anderen Phänomenen zu sein. Das Universum scheint aus eigenständigen Objekten zu bestehen, die von ihrer Seite aus existieren. Diese Objekte scheinen aus sich selbst heraus als Sterne, Planeten, Berge, Menschen und so fort zu existieren und darauf zu ‚warten‘, von bewussten Wesen erfahren zu werden. Normalerweise kommen wir nicht auf die Idee, dass wir in irgendeiner Weise an der Existenz dieser Phänomene beteiligt sind. Wir haben beispielsweise das Gefühl, dass unser Körper von seiner eigenen Seite aus existiert und dass er nicht von unserem eigenen oder dem Geist irgendeines anderen abhängt, um ins Leben gerufen zu werden. Wenn unser Körper jedoch tatsächlich so existieren würde, wie wir instinktiv an ihm festhalten – als ein äußeres Objekt und nicht als eine Projektion des Geistes –, müssten wir auf unseren Körper zeigen können, ohne auf irgendein Phänomen zu deuten, das nicht unser Körper ist. Wir sollten imstande sein, ihn unter seinen Teilen oder außerhalb seiner Teile zu finden. Da es keine dritte Möglichkeit gibt, müssen wir, wenn unser Körper weder unter seinen Teilen noch außerhalb davon gefunden werden kann, zur Schlussfolgerung gelangen, dass unser Körper, den wir normalerweise sehen, nicht existiert.

Es ist unschwer zu verstehen, dass die einzelnen Teile unseres Körpers nicht unser Körper sind – es ist absurd zu sagen, dass unser Rücken, unsere Beine oder unser Kopf unser Körper sind. Wenn einer der Teile, beispielsweise unser Rücken, unser Körper wäre, dann wären die anderen Teile gleichermaßen unser Körper, und es würde folgen, dass wir viele Körper besitzen würden. Außerdem können unser Rücken, unsere Beine und so weiter nicht unser Körper sein, da sie Teile unseres Körpers sind. Der Körper ist der Besitzer der Teile, und der Rücken, die Beine und so weiter sind der Besitz; Besitzer und Besitz können nicht identisch sein.

Manche Menschen glauben, dass, obwohl keiner der Einzelteile des Körpers der Körper ist, die Ansammlung aller Teile insgesamt den Körper bildet. Ihnen zufolge ist es möglich, unseren Körper zu finden, wenn wir analytisch nach ihm suchen, weil die Ansammlung aller Körperteile unser Körper sein soll. Diese Behauptung kann jedoch mit vielen gültigen Gründen widerlegt werden. Die Kraft dieser Begründungen ist uns vielleicht nicht auf den ersten Blick klar, überdenken wir sie aber sorgfältig, mit einem ruhigen und positiven Geist, werden wir ihre Gültigkeit schätzen lernen.

Wenn keiner der einzelnen Teile unseres Körpers unser Körper ist, wie kann dann die Ansammlung aller Teile unser Körper sein? Eine Gruppe von Hunden beispielsweise kann kein Mensch sein, da keiner der einzelnen Hunde ein Mensch ist. Da jedes einzelne Mitglied der Gruppe ein ‚Nichtmensch‘ ist, wie soll sich diese Ansammlung von Nichtmenschen auf magische Weise in einen Menschen verwandeln können? Da auch die Ansammlung der Teile unseres Körpers eine Ansammlung von Dingen ist, die nicht unser Körper sind, kann die Ansammlung nicht unser Körper sein. Genauso wie eine Gruppe von Hunden einfach nur Hunde sind, stellt die Ansammlung aller Körperteile einfach nur Teile unseres Körpers dar. Sie verwandelt sich nicht auf magische Weise in den Besitzer der Teile, in unseren Körper.

Möglicherweise fällt es uns schwer, diesen Punkt zu verstehen. Doch wenn wir lange darüber nachdenken, mit einem ruhigen und positiven Geist, und mit erfahrenen Praktizierenden darüber diskutieren, wird es uns mit der Zeit klarer werden. Wir können außerdem authentische Bücher zu diesem Thema wie *Herz der Weisheit* lesen.

Es gibt noch einen anderen Weg zu erkennen, dass die Ansammlung der Teile unseres Körpers nicht unser Körper ist. Wenn wir auf die Ansammlung der Teile unseres Körpers zeigen und sagen können, dass diese an sich unser Körper ist, dann muss die Ansammlung der Teile unseres Körpers unabhängig von allen Phänomenen existieren, die nicht unser Körper sind. Daraus würde folgen, dass die Ansammlung der Teile unseres Körpers unabhängig von den Teilen selbst existiert. Das ist zweifellos absurd. Wenn es wahr wäre, könnten wir alle Teile unseres Körpers entfernen, und die Ansammlung der Teile bliebe zurück. Deshalb können wir den Schluss ziehen, dass die Ansammlung der Teile unseres Körpers nicht unser Körper ist.

Da der Körper nicht innerhalb seiner Teile gefunden werden kann, weder als Einzelteil noch als Ansammlung, bleibt nur noch die Möglichkeit, dass er getrennt von seinen Bestandteilen existiert. Ist dies der Fall, sollte es möglich sein, alle Teile unseres Körpers geistig oder durch physische Handhabung zu entfernen, und der Körper bliebe zurück. Wenn wir jedoch Arme und Beine, unseren Kopf und unseren Rumpf und alle anderen Teile unseres Körpers entfernen, bleibt kein Körper zurück. Das beweist, dass es keinen Körper gibt, der unabhängig von seinen Einzelteilen existiert. Aufgrund von Unwissenheit deuten wir, wann immer wir auf unseren Körper deuten, nur auf einen Teil unseres Körpers, der nicht unser Körper ist.

Wir haben nun überall gesucht und waren nicht in der Lage unseren Körper zu finden, weder unter seinen Teilen noch anderswo. Wir können nichts entdecken, was dem lebhaft erscheinenden Körper entspricht, an den wir uns normalerweise klammern. Wir sind gezwungen Shantideva zuzustimmen, wenn er sagt, dass es keinen Körper zu finden gibt, wenn wir nach ihm suchen. Dies beweist eindeutig, dass unser Körper, den wir normalerweise sehen, nicht existiert. Es ist fast so, als ob unser Körper überhaupt nicht existieren würde. Tatsächlich können wir nur insofern davon sprechen, dass unser Körper existiert, als wir mit dem bloßen Namen „Körper" zufrieden sind und nicht erwarten, einen echten Körper hinter dem Namen „Körper" zu finden. Versuchen wir einen echten Körper zu entdecken oder auf einen zu zeigen, auf den sich der Name „Körper" bezieht, werden wir überhaupt nichts finden. Anstatt einen wahrhaft existierenden Körper zu finden, werden wir die bloße Abwesenheit unseres Körpers, den wir normalerweise sehen, wahrnehmen. Diese bloße Abwesenheit des Körpers, den wir normalerweise sehen, ist die Art und Weise, wie unser Körper tatsächlich existiert. Wir werden erkennen, dass der Körper, den wir normalerweise wahrnehmen, an den wir uns klammern und den wir schätzen, überhaupt nicht existiert. Diese Nichtexistenz des Körpers, an den wir uns normalerweise klammern, ist die Leerheit unseres Körpers, die wahre Natur unseres Körpers.

Der Begriff „wahre Natur" ist sehr bedeutungsvoll. Da wir mit der bloßen Erscheinung unseres Körpers und dem Namen „Körper" nicht zufrieden waren, untersuchten wir unseren Körper, um seine wahre Natur zu entdecken. Das Ergebnis dieser Untersuchung war ein definitives

Nichtauffinden unseres Körpers. Wo wir einen wahrhaft existierenden Körper zu finden hofften, entdeckten wir die völlige Nichtexistenz dieses wahrhaft existierenden Körpers. Diese Nichtexistenz oder Leerheit ist die wahre Natur unseres Körpers. Abgesehen von der bloßen Abwesenheit eines wahrhaft existierenden Körpers gibt es keine andere wahre Natur unseres Körpers. Jede andere Eigenschaft unseres Körpers ist bloß Teil seiner trügerischen Natur. Wenn dies der Fall ist, warum richten wir uns die ganze Zeit auf die trügerische Natur unseres Körpers? Gegenwärtig ignorieren wir die wahre Natur unseres Körpers und anderer Phänomene und konzentrieren uns ausschließlich auf ihre trügerische Natur. Sich ständig mit trügerischen Objekten zu beschäftigen hat aber zur Folge, dass unser Geist unruhig wird und wir im elenden Leben Samsaras verharren. Möchten wir reines Glück erfahren, müssen wir unseren Geist mit der Wahrheit vertraut machen. Anstatt unsere Energie zu verschwenden, indem wir uns auf bedeutungslose, trügerische Objekte konzentrieren, sollten wir uns auf die wahre Natur aller Dinge konzentrieren.

Obwohl es unmöglich ist, unseren Körper zu entdecken, wenn wir analytisch nach ihm suchen, erscheint er uns ohne Analyse doch sehr klar. Weshalb ist das so? Shantideva sagt, dass wir aufgrund von Unwissenheit unseren Körper innerhalb der Hände und anderer Teile unseres Körpers sehen. In Wirklichkeit existiert unser Körper nicht innerhalb seiner Teile. So wie wir in der Abenddämmerung einen Steinhaufen für einen Mann halten können, obwohl es keinen Mann in den Steinen gibt, genauso sieht unser unwissender Geist einen Körper in der Ansammlung von Armen, Beinen und so weiter, obwohl dort kein Körper vorhanden ist. Der Körper, den wir in der Ansammlung der Arme und Beine sehen, ist lediglich eine Halluzination unseres unwissenden Geistes.

Da wir ihn aber nicht als solche erkennen, klammern wir uns
fest an ihn, schätzen ihn und erschöpfen unsere Kräfte beim
Versuch, ihn vor allen Unannehmlichkeiten zu schützen.

Damit wir unseren Geist mit der wahren Natur des Körpers
vertraut machen können, verwenden wir die obige Argumentation, um nach unserem Körper zu suchen, und nachdem
wir ihn wirklich überall gesucht und nicht gefunden haben,
konzentrieren wir uns auf die raumähnliche Leerheit, die die
bloße Abwesenheit des Körpers ist, den wir normalerweise
sehen. Diese raumähnliche Leerheit ist die wahre Natur
unseres Körpers. Obwohl sie leerem Raum ähnelt, ist sie
eine bedeutungsvolle Leerheit. Ihre Bedeutung ist die völlige
Nichtexistenz des Körpers, den wir normalerweise sehen, des
Körpers an dem wir so stark festhalten und den wir unser
ganzes Leben lang geschätzt haben.

Wenn wir mit der Erfahrung der raumähnlichen, endgültigen Natur des Körpers vertraut sind, wird sich das Festhalten
an unserem Körper vermindern. Als Folge davon werden wir
viel weniger Leiden, Angst und Frustration in Zusammenhang
mit unserem Körper erfahren. Unsere körperliche Anspannung
wird abnehmen, unsere Gesundheit wird sich verbessern
und selbst wenn wir erkranken, werden unsere körperlichen
Beschwerden unseren Geist nicht stören. Menschen, die eine
direkte Erfahrung der Leerheit besitzen, spüren keinerlei
Schmerz, selbst wenn man sie schlägt oder auf sie schießt. Da
sie wissen, dass die tatsächliche Natur ihres Körpers dem Raum
gleicht, ist es für sie, wenn sie geschlagen oder angeschossen
werden, als ob Raum geschlagen oder beschossen würde.
Ferner besitzen gute und schlechte äußere Bedingungen keine
Kraft mehr ihren Geist zu stören, weil sie erkennen, dass sie
der Illusion eines Magiers gleichen und keine Existenz getrennt
vom Geist besitzen. Statt von sich verändernden Bedingungen
hin- und hergerissen zu werden wie eine Marionette an einer

Schnur, bleibt ihr Geist frei und ruhig im Wissen um die Gleichheit und Unveränderlichkeit der endgültigen Natur aller Dinge. So erfährt eine Person, die die Leerheit, die wahre Natur der Phänomene, direkt realisiert, Tag und Nacht und Leben für Leben Frieden und Glück.

Wir müssen zwischen dem konventionell existierenden Körper, der tatsächlich existiert, und dem inhärent existierenden Körper, der nicht existiert, unterscheiden. Wir müssen aber darauf achten, uns nicht von den Worten in die Irre führen zu lassen und zu glauben, dass hinter dem konventionell existierenden Körper mehr steckt als eine bloße Erscheinung unseres Geistes. Vielleicht ist es weniger verwirrend zu sagen, dass es für einen Geist, der die Wahrheit oder Leerheit direkt sieht, keinen Körper gibt. Ein Körper existiert nur für einen gewöhnlichen Geist, dem ein Körper erscheint.

Shantideva rät uns, konventionelle Wahrheiten, wie unseren Körper, Besitz, sowie Orte und Freunde, nicht zu untersuchen, es sei denn, wir möchten Leerheit verstehen. Stattdessen sollten wir mit ihren bloßen Namen zufrieden sein, so wie es weltliche Menschen sind. Wenn eine weltliche Person den Namen und den Zweck eines Objektes kennt, begnügt sie sich damit, das Objekt zu kennen, und führt keine weiteren Untersuchungen durch. Wir müssen das gleiche tun, es sei denn, wir möchten über Leerheit meditieren. Wir sollten aber bedenken, dass wir bei einer näheren Untersuchung der Objekte nichts finden, denn sie würden einfach verschwinden – so wie eine Luftspiegelung verschwindet, wenn wir nach ihr suchen.

Die gleiche Argumentation, die wir benutzt haben, um das Fehlen der wahren Existenz unseres Körpers zu beweisen, kann auf alle anderen Phänomene übertragen werden. Dieses Buch beispielsweise scheint aus sich selbst heraus zu existieren, irgendwo in seinen Teilen; untersuchen wir das Buch jedoch genauer, entdecken wir, dass weder die einzelnen Seiten noch die Ansammlung der Seiten das Buch ausmachen, und doch gibt es ohne Seiten kein Buch. Statt ein wahrhaft existierendes Buch zu finden, bleibt nur eine Leerheit zurück, die Nichtexistenz des Buches, an dessen Existenz wir zuvor noch geglaubt haben. Aufgrund unserer Unwissenheit scheint das Buch unabhängig von unserem Geist zu existieren, so als ob unser Geist innen und das Buch außen wäre; wenn wir das Buch jedoch analysieren, entdecken wir, dass diese Erscheinung vollkommen unwahr ist. Es gibt kein Buch außerhalb unseres Geistes. Es gibt kein Buch ‚da draußen', innerhalb der Seiten. Das Buch existiert einzig und allein als bloße Erscheinung, als bloße Projektion des Geistes.

Alle Phänomene existieren mittels Konvention; nichts ist inhärent existierend. Das gilt für den Geist, für Buddha und sogar für die Leerheit selbst. Alles wird durch den Geist bloß zugeschrieben. Alle Phänomene haben Teile: physische Phänomene habe physische Teile und nichtphysische Phänomene besitzen verschiedene Teile oder Eigenschaften, die gedanklich unterschieden werden können. Benutzen wir die gleiche Argumentation wie oben, so können wir erkennen, dass jedes Phänomen weder eins mit seinen Teilen, noch die Ansammlung seiner Teile, noch getrennt von seinen Teilen ist. So können wir die Leerheit aller Phänomene realisieren, die bloße Abwesenheit aller Phänomene, die wir normalerweise sehen oder wahrnehmen.

Es ist besonders hilfreich, über die Leerheit von Objekten zu meditieren, die in uns starke Verblendungen wie Anhaftung oder Wut hervorrufen. Wenn wir richtig analysieren, werden wir erkennen, dass das Objekt, das wir begehren oder auch ablehnen, nicht aus sich selbst heraus existiert. Seine Schönheit oder Hässlichkeit und sogar seine Existenz werden durch den Geist zugeschrieben. Wenn wir solche Überlegungen anstellen, werden wir herausfinden, dass es keinen Grund für Anhaftung oder Wut gibt.

DIE LEERHEIT UNSERES GEISTES

Nachdem Geshe Chekhawa in *Geistesschulung in sieben Punkten* aufzeigt, wie eine analytische Meditation über die Leerheit der inhärenten Existenz von äußeren Phänomenen, zum Beispiel unserem Körper, ausgeführt wird, sagt er, dass wir anschließend unseren eigenen Geist analysieren sollten, um zu verstehen, wie ihm inhärente Existenz fehlt.

Unser Geist ist keine unabhängige Wesenheit, sondern ein sich ständig wandelndes Kontinuum, das von vielen Faktoren abhängt: seinen vergangenen Momenten, seinen Objekten und den inneren Energiewinden, von denen unsere Geistesarten getragen werden. Wie alles andere auch, wird unser Geist einer Ansammlung von vielen Faktoren zugeschrieben und somit fehlt ihm inhärente Existenz. Ein primärer Geist beispielsweise hat fünf Teile oder geistige Faktoren: Gefühl, Unterscheidung, Absicht, Kontakt und Aufmerksamkeit. Weder die einzelnen geistigen Faktoren noch die Ansammlung dieser geistigen Faktoren sind der primäre Geist, weil sie geistige Faktoren und somit Teile des primären Geistes sind. Es gibt jedoch keinen primären Geist, der von diesen geistigen Faktoren getrennt existiert. Ein primärer Geist wird den geistigen Faktoren bloß zugeschrieben, die die Basis der Zuschreibung darstellen, und somit existiert er nicht aus sich selbst heraus.

Nachdem wir die Natur unseres primären Geistes identifiziert haben, die eine raumähnliche Leere ist, die Objekte wahrnimmt oder versteht, suchen wir innerhalb seiner Teile – Gefühl, Unterscheidung, Absicht, Kontakt und Aufmerksamkeit – nach unserem Geist, bis wir schließlich seine Unauffindbarkeit realisieren. Diese Unauffindbarkeit ist seine endgültige Natur oder Leerheit. Dann denken wir:

Alle Phänomene, die meinem Geist erscheinen, haben die Natur meines Geistes. Mein Geist hat die Natur von Leerheit.

Auf diese Art und Weise haben wir das Gefühl, dass sich alles in Leerheit auflöst. Wir nehmen ausschließlich die Leerheit aller Phänomene wahr und meditieren über diese Leerheit. Diese Methode, über Leerheit zu meditieren, ist tiefgründiger als die Meditation über die Leerheit unseres Körpers. Allmählich wird unsere Erfahrung der Leerheit immer klarer werden, bis wir schließlich eine unbefleckte Weisheit erlangen, die die Leerheit aller Phänomene direkt realisiert.

DIE LEERHEIT UNSERES ICHS

Das Objekt, an das wir uns am stärksten klammern, ist unser Selbst oder Ich. Aufgrund der Prägungen der Unwissenheit des Festhaltens am Selbst, die wir seit anfangsloser Zeit angesammelt haben, erscheint unser Ich als inhärent existierend, und unser Geist des Festhaltens am Selbst hält in dieser Weise automatisch an ihm fest. Obwohl wir ständig an einem inhärent existierenden Ich festhalten, selbst im Schlaf, ist nicht leicht zu erkennen, wie es unserem Geist erscheint. Um es klar zu identifizieren, müssen wir damit beginnen, ihm zu erlauben, sich stark zu manifestieren, indem wir über Situationen nachdenken, in denen wir ein übertriebenes Ich-Gefühl haben, sei es, weil wir uns schämen, oder sei es, weil wir Angst haben, verlegen oder entrüstet sind. Wir erinnern uns an eine solche Situation oder stellen sie uns vor und versuchen dann, ohne Kommentar oder Analyse, ein klares geistiges Bild vom Ich zu gewinnen, wie es uns normalerweise in solchen Momenten erscheint. Auf dieser Stufe müssen wir geduldig bleiben, da es viele Sitzungen dauern kann, bis wir ein klares Bild erhalten. Schließlich werden wir sehen, dass das Ich vollkommen fest und real zu sein scheint, als ob es aus sich selbst heraus existieren würde, unabhängig von Körper oder Geist. Dieses lebhaft erscheinende Ich ist das inhärent existierende Ich, das wir so überaus schätzen. Es ist das Ich, das wir verteidigen, wenn wir kritisiert werden, und auf das wir so stolz sind, wenn wir gelobt werden.

Haben wir einmal eine Vorstellung, wie das Ich unter diesen extremen Umständen erscheint, sollten wir versuchen zu erkennen, wie es normalerweise, in weniger extremen Situationen, erscheint. Wir können zum Beispiel das Ich beobachten, das gegenwärtig dieses Buch liest, und versuchen zu entdecken, wie es unserem Geist erscheint. Schließlich werden wir sehen, dass das Ich, obwohl es in diesem Fall kein übertriebenes Ich-Gefühl gibt, dennoch als inhärent existierend erscheint, so als ob es aus sich selbst heraus existieren würde, unabhängig von Körper oder Geist. Haben wir einmal ein Bild des inhärent existierenden Ichs, richten wir uns für eine Weile mit einsgerichteter Konzentration darauf. In der Meditation gehen wir dann zur nächsten Stufe über, indem wir über gültige Begründungen nachdenken, um zu beweisen, dass das inhärent existierende Ich, an das wir uns klammern, in Wirklichkeit gar nicht existiert. Das inhärent existierende Ich und unser Selbst, das wir normalerweise sehen, sind das gleiche. Wir sollten wissen, dass keines von beiden existiert; beides sind Objekte, die durch Leerheit verneint werden.

Wenn das Ich so existiert, wie es erscheint, dann muss es auf eine der vier folgenden Arten existieren: als Körper, als Geist, als Ansammlung von Körper und Geist, oder als etwas, das von Körper und Geist getrennt ist. Es gibt keine andere Möglichkeit. Wir denken sorgfältig darüber nach, bis wir zur Überzeugung gelangen, dass es sich so verhält. Dann fahren wir fort und untersuchen jede der vier Möglichkeiten:

(1) Ist unser Ich unser Körper, so ergibt es keinen Sinn von „meinem Körper" zu sprechen, da der Besitzer und der Besitz identisch sind.

Ist unser Ich unser Körper, so gibt es keine künftige Wiedergeburt, weil das Ich mit dem Tod des Körpers zu existieren aufhört.

Sind unser Ich und unser Körper identisch, dann folgt aus der Tatsache, dass wir fähig sind, Vertrauen zu entwickeln, zu träumen oder mathematische Rätsel zu lösen, dass unser Fleisch, unser Blut und unsere Knochen dies auch tun können.

Da keine dieser Folgerungen gilt, ist unser Ich nicht unser Körper.

(2) Ist unser Ich unser Geist, so ist es unlogisch von „meinem Geist" zu sprechen, weil der Besitzer und der Besitz identisch sind. Richten wir aber unsere Aufmerksamkeit auf unseren Geist, sagen wir normalerweise „mein Geist". Dies weist eindeutig darauf hin, dass unser Ich nicht unser Geist ist.

Ist unser Ich unser Geist, folgt aus der Tatsache, dass jede Person viele verschiedene Arten von Geist hat, wie zum Beispiel die sechs Bewusstseinsarten oder begriffliche und nichtbegriffliche Geistesarten, dass jede Person genauso viele Ichs besitzt. Da dies eine absurde Behauptung ist, folgt, dass unser Ich nicht unser Geist sein kann.

(3) Da unser Körper nicht unser Ich ist und unser Geist nicht unser Ich ist, kann die Ansammlung von unserem Körper und Geist nicht unser Ich sein. Die Ansammlung von unserem Körper und Geist ist eine Ansammlung von Dingen, die nicht unser Ich sind. Wie kann da die Ansammlung unser Ich sein? In einer Kuhherde beispielsweise ist keines der Tiere ein Schaf, deshalb ist die Herde selbst auch kein Schaf. Genau gleich verhält es sich mit der Ansammlung von unserem Körper und

Geist: Weder unser Körper noch unser Geist ist unser Ich, deshalb kann die Ansammlung nicht unser Ich sein.

(4) Ist unser Ich weder unser Körper noch unser Geist, noch die Ansammlung unseres Körpers und Geistes, bleibt einzig die Möglichkeit, dass unser Ich etwas ist, das von unserem Körper und Geist getrennt ist. Ist dies der Fall, so müssen wir unser Ich wahrnehmen können, ohne dass unser Körper und unser Geist erscheinen. Wenn wir uns aber vorstellen würden, dass unser Körper und unser Geist vollständig verschwinden, dann bliebe nichts übrig, was wir als unser Ich bezeichnen könnten. Daraus folgt, dass unser Ich nicht von unserem Körper und Geist getrennt ist.

Wir sollten uns vorstellen, dass sich unser Körper allmählich in Luft auflöst. Darauf löst sich unser Geist auf, unsere Gedanken treiben im Wind auseinander und unsere Gefühle, Wünsche und unser Bewusstsein lösen sich in nichts auf. Bleibt etwas, das unser Ich ist? Da ist nichts. Es ist offensichtlich, dass unser Ich nicht etwas ist, das von Körper und Geist getrennt ist.

Wir haben nun alle vier Möglichkeiten untersucht und es ist uns nicht gelungen, unser Ich zu finden. Da wir bereits entschieden haben, dass es keine fünfte Möglichkeit gibt, müssen wir daraus schließen, dass unser Ich, an dem wir normalerweise festhalten und das wir schätzen, überhaupt nicht existiert. Dort, wo früher ein inhärent existierendes Ich erschien, erscheint nun eine Abwesenheit dieses Ichs. Diese Abwesenheit eines inhärent existierenden Ichs ist Leerheit, die endgültige Wahrheit.

Wir denken auf diese Weise nach, bis unserem Geist ein allgemeines oder geistiges Bild der Abwesenheit unseres Selbst, das wir normalerweise sehen, erscheint. Dieses Bild ist unser

Objekt der verweilenden Meditation. Wir versuchen völlig damit vertraut zu werden, indem wir kontinuierlich einsgerichtet, so lange wie möglich über dieses Bild meditieren.

Da wir an unserem inhärent existierenden Ich seit anfangsloser Zeit festgehalten und es mehr als alles andere geliebt haben, kann die Erfahrung, in der Meditation unser Ich nicht zu finden, zuerst ziemlich schockierend sein. Einige Menschen bekommen Angst und denken: „Ich bin völlig nichtexistent geworden." Andere wiederum empfinden große Freude, so als ob die Quelle aller ihrer Probleme verschwinden würde. Beide Reaktionen gelten als gute Zeichen und weisen auf eine richtige Meditation hin. Nach einer Weile werden diese anfänglichen Reaktionen schwächer, und unser Geist wird zu einem ausgewogenen Zustand kommen. Dann werden wir fähig sein, auf ruhige, kontrollierte Art und Weise über die Leerheit unseres Selbst zu meditieren.

Wir sollten unserem Geist gestatten sich so lange wie möglich in die raumähnliche Leerheit zu versenken. Wichtig ist, daran zu denken, dass unser Meditationsobjekt die Leerheit ist, die bloße Abwesenheit unseres Selbst, das wir normalerweise sehen und nicht ein bloßes Nichts. Hin und wieder sollten wir unsere Meditation mit Wachsamkeit überprüfen. Wenn unser Geist zu einem anderen Objekt abgeschweift ist oder wir die Bedeutung der Leerheit verloren haben und uns auf das bloße Nichts konzentrieren, kehren wir zur Kontemplation zurück, bis in unserem Geist wieder eine klare Vorstellung der Leerheit unseres Selbst entsteht.

Wir fragen uns vielleicht: „Wenn mein Selbst, das ich normalerweise sehe, nicht existiert, wer meditiert dann? Wer steht nach der Meditation auf? Wer spricht zu den anderen? Wer antwortet, wenn mein Name gerufen wird?" Obwohl unser Selbst, das wir normalerweise sehen, nicht existiert, bedeutet dies nicht, dass unser Selbst überhaupt nicht existiert. Wir existieren als bloße Zuschreibung. Solange wir mit der bloßen

Zuschreibung unseres Selbst zufrieden sind, gibt es keine Probleme. Wir können denken: „Ich existiere, ich gehe in die Stadt" und so fort. Das Problem entsteht erst, wenn wir nach unserem Selbst getrennt von der bloßen begrifflichen Zuschreibung „Ich", unserem „Selbst", suchen. Unser am Selbst festhaltender Geist klammert sich an ein Ich, das endgültig existiert, unabhängig von begrifflicher Zuschreibung, als ob es hinter dem Etikett ein wirklich existierendes Ich gäbe. Würde ein solches Ich existieren, müssten wir es finden können, doch wir haben gesehen, dass das Ich in einer Untersuchung nicht gefunden werden kann. Die Schlussfolgerung, die sich aus unserer Suche ergab, war ein eindeutiges Nichtauffinden unseres Selbst. Diese Unauffindbarkeit unseres Selbst ist die Leerheit unseres Selbst, die endgültige Natur unseres Selbst. Unser Selbst, das als bloße Zuschreibung existiert, ist die konventionelle Natur unseres Selbst.

Wenn wir zu Beginn Leerheit realisieren, tun wir es begrifflich, mittels eines allgemeinen Bildes. Indem wir immer wieder über Leerheit meditieren, wird das allgemeine Bild allmählich transparenter, bis es sich vollkommen auflöst und wir Leerheit direkt erkennen. Diese direkte Realisation der Leerheit wird unser erstes vollkommen nichtfehlerhaftes Gewahrsein oder unsere erste ‚unbefleckte' Geistesart sein. Bis wir Leerheit direkt realisieren, sind alle unsere Geistesarten fehlerhafte Gewahrseinsarten, weil ihre Objekte aufgrund von Prägungen der Unwissenheit des Am-Selbst-Festhaltens oder An-wahr-Festhaltens als inhärent existierend erscheinen.

Die meisten Menschen tendieren zum Extrem der Existenz und denken, wenn etwas existiert, dann muss es inhärent existieren, und übertreiben somit die Art und Weise, wie die Dinge existieren, d. h. sie geben sich nicht mit dem bloßen Namen zufrieden. Andere tendieren vielleicht zum Extrem der Nichtexistenz und meinen, wenn Phänomene nicht inhärent existierten, dann gäbe es sie überhaupt nicht, und sie übertreiben somit das Fehlen ihrer inhärenten Existenz. Wir müssen erkennen, dass Phänomene, obwohl ihnen jegliche Spur einer Existenz von ihrer Seite aus fehlt, dennoch konventionell als bloße Erscheinungen eines gültigen Geistes existieren.

Begriffliche Geistesarten, die am Ich oder anderen Phänomenen als wahrhaft existierend festhalten, sind falsche Gewahrseinsarten und sollten daher aufgegeben werden. Ich sage aber nicht, dass alle begrifflichen Gedanken falsche Gewahrseinsarten sind und deshalb aufgegeben werden sollten. Es gibt viele korrekte begriffliche Geistesarten, die in unserem Alltagsleben nützlich sind, wie zum Beispiel der begriffliche Geist, der sich daran erinnert, was wir gestern getan haben, oder der begriffliche Geist, der versteht, was wir morgen tun werden. Auch auf dem spirituellen Pfad gibt es viele begriffliche Geistesarten, die erzeugt werden müssen. Konventioneller Bodhichitta im Geisteskontinuum eines Bodhisattvas beispielsweise ist ein begrifflicher Geist, weil er sein Objekt, große Erleuchtung, mittels eines allgemeinen Bildes festhält. Außerdem müssen wir Leerheit mittels eines schlussfolgernden Erkenners, der ein begrifflicher Geist ist, realisieren, ehe wir Leerheit mit einem nichtbegrifflichen Geist direkt realisieren können. Durch Kontemplation der Gründe, die inhärente Existenz widerlegen, erscheint unserem Geist ein allgemeines Bild des Fehlens oder der Leerheit von inhärenter Existenz. Das ist die einzige Möglichkeit, wie die Leerheit von inhärenter Existenz anfangs unserem Geist erscheinen kann. Wir meditieren dann über dieses Bild mit immer stärkerer Konzentration, bis wir schließlich Leerheit direkt wahrnehmen.

Es gibt einige Menschen, die behaupten, dass man beim Meditieren über Leerheit den Geist einfach von allen begrifflichen Gedanken frei machen sollte. Sie argumentieren, dass weiße Wolken die Sonne gleich stark verdunkeln würden wie schwarze Wolken, und genauso würden positive begriffliche Gedanken unseren Geist gleich stark verdunkeln wie negative begriffliche Gedanken. Diese Sicht ist vollkommen falsch, denn wenn wir uns nicht um ein begriffliches Verständnis der Leerheit bemühen, sondern stattdessen alle begrifflichen Gedanken zu unterdrücken versuchen, wird unserem Geist die tatsächliche Leerheit niemals erscheinen. Wir erlangen unter Umständen eine lebhafte Erfahrung einer raumähnlichen Leere, doch dies ist nur das Fehlen von begrifflichen Gedanken – es ist nicht Leerheit, die wahre Natur der Phänomene. Meditation über diese Leere kann unseren Geist vorübergehend ruhig werden lassen, sie wird aber weder unsere Verblendungen zerstören, noch uns von Samsara und seinen Leiden befreien.

DIE LEERHEIT DER ACHT EXTREME

Wenn alle notwendigen atmosphärischen Ursachen und Bedingungen zusammentreffen, erscheinen Wolken. Sind diese Umstände nicht vorhanden, können sich keine Wolken bilden. Wolkenbildung ist vollständig von Ursachen und Bedingungen abhängig. Ohne sie können sich keine Wolken bilden. Gleiches gilt für Berge, Planeten, Körper, den Geist und alle anderen erzeugten Phänomene. Da ihre Existenz von Faktoren außerhalb ihrer selbst abhängig ist, sind sie leer von inhärenter oder unabhängiger Existenz und sind bloße Zuschreibungen des Geistes.

Über die Lehre des Karmas, Handlungen und ihre Wirkungen, nachzudenken kann uns helfen, dies zu verstehen. Woher kommen alle unsere guten und schlechten Erfahrungen? Dem Buddhismus zufolge sind sie das Ergebnis des positiven und negativen Karmas, das wir in der Vergangenheit erzeugt haben. Als Folge von positivem Karma treten attraktive und angenehme Menschen in unser Leben, erfreuliche Lebensbedingungen entstehen und wir leben in einer schönen

Umwelt; aufgrund von negativem Karma hingegen treten unangenehme Leute und Dinge in Erscheinung. Diese Welt ist die Auswirkung des kollektiven Karmas, das von den Wesen, die sie bewohnen, erzeugt wurde. Da Karma seinen Ursprung im Geist hat – insbesondere in unseren geistigen Absichten –, können wir erkennen, dass alle Welten aus dem Geist entstehen. Das ist ähnlich der Art und Weise, wie Erscheinungen in einem Traum entstehen. Alles, was wir beim Träumen wahrnehmen, ist das Ergebnis des Heranreifens karmischer Potentiale in unserem Geist und besitzt keine Existenz außerhalb unseres Geistes. Ist unser Geist ruhig und rein, reifen positive Prägungen heran und angenehme Traumerscheinungen entstehen; ist unser Geist jedoch erregt und unrein, reifen negative Prägungen heran, und unangenehme, albtraumhafte Erscheinungen sind die Folge. In ähnlicher Weise sind alle Erscheinungen unserer Welt des Wachzustandes nur auf das Heranreifen von positiven, negativen oder neutralen Prägungen in unserem Geist zurückzuführen.

Haben wir einmal verstanden, wie die Dinge aus ihren inneren und äußeren Ursachen und Bedingungen entstehen und keine unabhängige Existenz haben, dann wird uns der bloße Anblick oder das Nachdenken über die Erzeugung von Phänomenen an deren Leerheit erinnern. Anstatt unseren Eindruck von Stabilität und Objektivität der Dinge zu untermauern, werden wir beginnen, die Dinge als Manifestation ihrer Leerheit zu betrachten, die ebenso wenig konkrete Existenz besitzen wie ein Regenbogen, der aus einem leeren Himmel erscheint.

So wie die Erzeugung von Dingen von Ursachen und Bedingungen abhängig ist, so ist es auch der Zerfall von Dingen. Deshalb können weder Erzeugung noch Zerfall wahrhaft existierend sein. Wenn zum Beispiel unser neues Auto zerstört würde, wären wir unglücklich, da wir sowohl am Auto als auch am Zerfall des Autos als inhärent existierend festhalten;

verständen wir aber, dass unser Auto eine bloße Erscheinung unseres Geistes ist – so wie ein Auto in einem Traum –, würde uns seine Zerstörung nichts ausmachen. Das gilt für alle Objekte unserer Anhaftung; wenn wir realisieren, dass es den Objekten und ihren Beendigungen an wahrer Existenz fehlt, gibt es keinen Grund sich aufzuregen, wenn wir von ihnen getrennt werden.

Alle funktionierenden Dinge – unsere Umwelt, unsere Vergnügen, unser Körper, unser Geist und unser Selbst – ändern sich von einem Moment zum nächsten. Sie sind insofern unbeständig, als sie nicht einen zweiten Moment lang andauern können. Das Buch, das Sie im Augenblick lesen, ist nicht dasselbe Buch, das Sie eben noch gelesen haben, und es konnte nur entstehen, weil das Buch von eben aufgehört hat zu existieren. Wenn wir subtile Unbeständigkeit verstehen, dass nämlich unser Körper, unser Geist, unser Selbst und so weiter nicht über den Augenblick hinaus bestehen bleiben, ist es unschwer zu verstehen, dass sie leer von inhärenter Existenz sind.

Obwohl wir möglicherweise damit einverstanden sind, dass unbeständige Phänomene leer von inhärenter Existenz sind, meinen wir vielleicht, dass beständige Phänomene, weil sie unveränderlich sind und nicht aus Ursachen und Bedingungen entstehen, inhärent existieren müssen. Doch selbst beständige Phänomene wie Leerheit und nichterzeugter Raum (die bloße Abwesenheit von physischer Behinderung) sind in abhängiger Beziehung stehende Phänomene, da sie von ihren Teilen, ihrer Basis der Zuschreibung und dem Geist, der sie zuschreibt, abhängen. Somit sind sie nicht inhärent existierend. Obwohl Leerheit endgültige Wirklichkeit ist, ist sie nicht unabhängig oder inhärent existierend, denn selbst sie hängt von ihren Teilen, ihren Grundlagen und den Geistesarten ab, die sie zuschreiben. So wie eine Goldmünze nicht unabhängig von ihrem Gold existieren kann, genauso existiert auch die

Leerheit unseres Körpers nicht getrennt von unserem Körper, weil sie lediglich das Fehlen der inhärenten Existenz unseres Körpers ist.

Wenn wir an irgendeinen Ort gehen, entwickeln wir den Gedanken: „ich gehe", und halten an einer inhärent existierenden Handlung des Gehens fest. Wenn uns jemand besuchen kommt, denken wir in ähnlicher Weise: „er kommt", und halten an einer inhärent existierenden Handlung des Kommens fest. Beide Vorstellungen sind Festhalten am Selbst und falsche Gewahrseinsarten. Geht jemand weg, dann haben wir das Gefühl, dass eine wahrhaft existierende Person wahrhaftig weggegangen ist, und wenn sie zurückkommt, haben wir das Gefühl, dass eine wahrhaft existierende Person wahrhaftig zurückgekehrt ist. Das Kommen und Gehen von Menschen gleicht jedoch dem Erscheinen und Verschwinden eines Regenbogens am Himmel. Wenn die Ursachen und Bedingungen für die Erscheinung eines Regenbogens zusammenkommen, taucht ein Regenbogen auf, und wenn sich die Ursachen und Bedingungen für das weitere Erscheinen des Regenbogens auflösen, verschwindet er; doch der Regenbogen kommt weder von irgendwo her, noch geht er irgendwo hin.

Wenn wir ein Objekt, beispielsweise unser Ich, beobachten, sind wir überzeugt, dass es sich um eine einzelne, unteilbare Wesenheit handelt und dass seine Einzahl inhärent existierend ist. In Wirklichkeit jedoch besteht unser Ich aus vielen Einzelteilen: Teilen, die schauen, hören, laufen und denken, oder auch Teilen, die eine Lehrerin, eine Mutter, eine Tochter und eine Ehefrau sind. Unser Ich wird der Ansammlung dieser Teile zugeschrieben. Wie jedes andere Einzelphänomen auch ist es eine Einzahl. Diese Einzahl jedoch ist lediglich zugeschrieben, genauso wie es eine Armee ist, die bloß auf eine Ansammlung von Soldaten zugeschrieben ist, oder ein Wald, der auf eine Ansammlung von Bäumen zugeschrieben ist.

Wenn wir mehr als ein Objekt sehen, betrachten wir die Vielzahl dieser Objekte als inhärent existierend. So wie die Einzahl bloß zugeschrieben ist, so ist auch die Mehrzahl nur eine Zuschreibung des Geistes und existiert nicht seitens des Objektes. Statt zum Beispiel eine Ansammlung von Soldaten oder Bäumen aus der Sicht der einzelnen Soldaten oder Bäume zu betrachten, können wir sie als Armee oder Wald betrachten, als einzelne Ansammlung oder Ganzes also, so dass wir dann eine Einzahl statt einer Mehrzahl vor uns haben.

Zusammenfassend können wir sagen, dass eine Einzahl nicht aus sich selbst heraus existiert, denn sie wird einfach nur auf eine Mehrzahl, ihre Einzelteile, zugeschrieben. In gleicher Weise existiert eine Mehrzahl nicht aus sich selbst heraus, weil sie auf eine Einzahl, die Ansammlung ihrer Teile, zugeschrieben wird. Einzahl und Mehrzahl sind somit bloße Zuschreibungen eines begrifflichen Geistes, und es fehlt ihnen an wahrer Existenz. Wenn wir dies deutlich realisieren, besteht kein Grund Anhaftung und Wut für Objekte zu entwickeln, weder für eine Einzahl noch eine Mehrzahl. Wir neigen dazu, die Fehler und die Qualitäten von wenigen auf viele zu projizieren, und entwickeln daraufhin Hass oder Anhaftung, zum Beispiel auf der Grundlage von Rassenzugehörigkeit, Religion oder Nationalität. Über die Leerheit von Einzahl und Mehrzahl nachzudenken kann hilfreich sein, Hass oder Anhaftung dieser Art zu vermindern.

Obwohl Erzeugung, Zerfall und so weiter existieren, existieren sie nicht inhärent. Es sind unsere begrifflichen Geistesarten der Unwissenheit des Festhaltens am Selbst, die an ihnen als inhärent existierend festhalten. Diese Vorstellungen halten an den acht Extremen fest: inhärent existierende Erzeugung, inhärent existierender Zerfall, inhärent existierende Unbeständigkeit, inhärent existierende Beständigkeit, inhärent existierendes Gehen, inhärent existierendes Kommen, inhärent existierende Einzahl und inhärent existierende

Mehrzahl. Obwohl diese Extreme nicht existieren, halten wir aufgrund unserer Unwissenheit immer an ihnen fest. Alle anderen Verblendungen wurzeln in den Vorstellungen dieser acht Extreme, und weil Verblendungen verursachen, dass wir verunreinigte Handlungen ausführen, die uns im Gefängnis Samsaras gefangen halten, sind diese Vorstellungen die Wurzel Samsaras, des Kreislaufs unreinen Lebens.

Inhärent existierende Erzeugung ist das gleiche wie die Erzeugung, die wir normalerweise sehen, und wir sollten wissen, dass in Wirklichkeit keine von diesen existiert. Das gleiche gilt für die restlichen sieben Extreme. Zum Beispiel ist inhärent existierender Zerfall und Zerstörung und der Zerfall und die Zerstörung, die wir normalerweise sehen, das gleiche, und wir sollten wissen, dass beide nicht existieren. Unsere Geistesarten, die an diesen acht Extremen festhalten, sind unterschiedliche Aspekte unserer Unwissenheit des Festhaltens am Selbst. Weil es unsere Unwissenheit des Festhaltens am Selbst ist, die uns endlose Leiden und Probleme erfahren lässt, wird all unser Leiden in diesem und zahllosen zukünftigen Leben dauerhaft aufhören und wir werden den wirklichen Sinn des menschlichen Lebens erfüllen, wenn diese Unwissenheit durch Meditation über die Leerheit aller Phänomene dauerhaft aufhört.

Das Thema der acht Extreme ist tiefgründig und erfordert ausführliche Erläuterungen und ausgedehnte Studien. Buddha beschreibt sie im Detail in den *Sutras der Vollkommenheit der Weisheit*. In *Grundlegende Weisheit*, einem Kommentar zu den *Sutras der Vollkommenheit der Weisheit*, führt Nagarjuna viele tiefgründige und kraftvolle Begründungen an, um zu beweisen, dass die acht Extreme nicht existieren, indem er aufzeigt, wie alle Phänomene leer von inhärenter Existenz sind. Durch die Analyse konventioneller Wahrheiten begründet er ihre endgültige Natur und zeigt, weshalb es nötig ist, sowohl die konventionelle als auch die endgültige Natur eines Objektes zu verstehen, um das Objekt in vollem Umfang zu verstehen.

KONVENTIONELLE UND ENDGÜLTIGE WAHRHEITEN

Alles, was existiert, ist entweder eine konventionelle Wahrheit oder eine endgültige Wahrheit, und da sich endgültige Wahrheit ausschließlich auf Leerheit bezieht, ist alles außer Leerheit eine konventionelle Wahrheit. Beispielsweise sind Dinge wie Häuser, Autos und Tische alle konventionelle Wahrheiten.

Alle konventionellen Wahrheiten sind unwahre Objekte, da ihre Art zu erscheinen und ihre Art zu existieren nicht übereinstimmt. Wenn jemand freundlich und gütig erscheint, doch seine wirkliche Absicht die ist, unser Vertrauen zu gewinnen, um uns dann zu bestehlen, würden wir sagen, dass er falsch oder trügerisch ist, denn es besteht eine Diskrepanz zwischen der Art und Weise, wie er erscheint, und seiner wirklichen Natur. In ähnlicher Weise sind Objekte, wie Formen und Töne, falsch oder trügerisch, weil sie inhärent zu existieren scheinen, in Wirklichkeit jedoch bar jeder inhärenten Existenz sind. Weil ihre Art zu erscheinen nicht mit der Art, wie sie existieren, übereinstimmt, sind konventionelle Wahrheiten als „trügerische Phänomene" bekannt. Eine Tasse scheint zum Beispiel unabhängig von ihren Teilen, ihren Ursachen und dem Geist, der sie festhält, zu existieren, doch in Wirklichkeit ist sie völlig von diesen Dingen abhängig. Da die Art und Weise, wie die Tasse unserem Geist erscheint, und die Art und Weise, wie die Tasse existiert, nicht übereinstimmen, ist die Tasse ein unwahres Objekt.

Obwohl konventionelle Wahrheiten unwahre Objekte sind, existieren sie dennoch tatsächlich, weil ein Geist, der eine konventionelle Wahrheit direkt wahrnimmt, ein gültiger Geist, ein vollkommen verlässlicher Geist ist. Ein Augenbewusstsein zum Beispiel, das eine Tasse auf dem Tisch direkt wahrnimmt, ist ein gültiger Erkenner, weil er uns nicht täuschen wird: Wenn wir nach der Tasse greifen, um sie anzuheben, werden wir sie dort finden, wo unser Augenbewusstsein sie sieht. Hier unterscheidet sich ein Augenbewusstsein, das eine Tasse auf dem Tisch wahrnimmt, von dem Augenbewusstsein, das eine vom Spiegel reflektierte Tasse mit einer echten verwechselt, oder dem Augenbewusstsein, das eine Luftspiegelung für Wasser hält. Obwohl eine Tasse ein unwahres Objekt ist, ist das Augenbewusstsein, das die Tasse direkt wahrnimmt, aus praktischen Gründen ein gültiger, verlässlicher Geist. Obwohl es ein gültiger Geist ist, ist er nichtsdestoweniger ein fehlerhaftes Gewahrsein, weil die Tasse diesem Geist als wahrhaft existierend erscheint. Es ist ein gültiger und nichttäuschender Geist in Bezug auf die konventionellen Eigenschaften der Tasse – ihre Position, Größe, Farbe und so weiter –, aber fehlerhaft in Bezug auf ihre Erscheinung.

Zusammenfassend können wir sagen, dass konventionelle Objekte unwahr sind, weil sie aus sich selbst heraus zu existieren scheinen, obwohl sie in Wirklichkeit bloße Erscheinungen des Geistes sind, ähnlich den Dingen, die in einem Traum erlebt werden. Traumobjekte haben aber im Rahmen des Traumes eine relative Gültigkeit, und dies unterscheidet sie von den Dingen, die überhaupt nicht existieren. Angenommen wir stehlen in einem Traum einen Diamanten und jemand fragt uns anschließend, ob wir den Diebstahl begangen haben. Obwohl der Traum lediglich eine Schöpfung unseres Geistes ist, sprechen wir die Wahrheit, wenn wir mit „Ja" antworten, lügen jedoch, wenn wir „Nein" entgegnen. Obwohl das gesamte Universum in Wirklichkeit nur eine Erscheinung des Geistes ist, können wir, was die Erfahrungen gewöhnlicher Wesen angeht, ebenso zwischen relativen Wahrheiten und relativen Unwahrheiten unterscheiden.

Konventionelle Wahrheiten können in grobe konventionelle Wahrheiten und subtile konventionelle Wahrheiten unterteilt werden. Am Beispiel des Autos wird uns klar werden, dass alle Phänomene diese beiden Ebenen von konventioneller Wahrheit besitzen. Das Auto selbst und das Auto, das von seinen Ursachen abhängt, sowie das Auto, das von seinen Einzelteilen abhängt, sind grobe konventionelle Wahrheiten des Autos. Sie werden „grob" genannt, weil sie relativ einfach zu verstehen sind. Das Auto, das von seiner Basis der Zuschreibung abhängt, ist ziemlich subtil und nicht einfach zu verstehen, stellt aber trotzdem eine grobe konventionelle Wahrheit dar. Die Basis der Zuschreibung des Autos sind die Teile des Autos. Um das Auto mit dem Geist festhalten zu können, müssen die Teile des Autos unserem Geist erscheinen; ohne dieses Erscheinen der Teile ist es unmöglich, den Gedanken „Auto" zu entwickeln. Deshalb sind die Teile die Basis der Zuschreibung des Autos. Wir sagen: „Ich sehe ein Auto", doch genau genommen sehen wir immer nur die Teile des Autos. Wenn wir jedoch den Gedanken „Auto" entwickeln, indem wir dessen Teile wahrnehmen, sehen wir das Auto. Es gibt kein Auto, das etwas anderes ist als seine Teile, und es gibt keinen Körper, der etwas anderes ist als seine Teile, und so weiter. Das Auto, das als eine bloße gedankliche Zuschreibung existiert, ist die subtile konventionelle Wahrheit des Autos. Wir haben dies verstanden, wenn wir erkennen, dass das Auto nicht mehr als eine bloße Zuschreibung eines gültigen Geistes ist. Wir können subtile konventionelle Wahrheiten erst verstehen, wenn wir Leerheit verstanden haben. Wenn wir die subtile konventionelle Wahrheit durch und durch verstehen, haben wir sowohl die konventionelle als auch die endgültige Wahrheit realisiert.

Genau genommen sind Wahrheit, endgültige Wahrheit und Leerheit Synonyme, da konventionelle Wahrheiten nicht wirkliche Wahrheiten sind, sondern unwahre Objekte. Wahr sind sie nur für den Geist derjenigen, die Leerheit nicht realisiert haben. Nur Leerheit ist wahr, weil nur Leerheit in der Art und Weise existiert, wie sie erscheint. Wenn der Geist irgendeines fühlenden Wesens direkt konventionelle Wahrheiten wahrnimmt, wie zum Beispiel Formen, scheinen sie aus sich selbst heraus zu existieren. Wenn jedoch der Geist eines höheren Wesens Leerheit direkt wahrnimmt, erscheint nichts anderes als Leerheit; dieser Geist ist völlig vermischt mit der bloßen Abwesenheit inhärent existierender Phänomene. Die Art und Weise, wie Leerheit dem Geist eines nichtbegrifflichen Direktwahrnehmers erscheint, stimmt genau mit der Art und Weise überein, wie Leerheit existiert.

Es sollte beachtet werden, dass Leerheit nicht inhärent existiert, obwohl sie eine endgültige Wahrheit ist. Leerheit ist keine getrennte Wirklichkeit, die hinter konventionellen Erscheinungen existiert, sondern die tatsächliche Natur dieser Erscheinungen. Wir können nicht isoliert über Leerheit sprechen, denn Leerheit ist grundsätzlich das bloße Fehlen der inhärenten Existenz von etwas. Die Leerheit unseres Körpers zum Beispiel ist das Fehlen der inhärenten Existenz unseres Körpers, und ohne unseren Körper als Basis kann diese Leerheit nicht existieren. Da Leerheit zwangsläufig von einer Basis abhängt, fehlt ihr inhärente Existenz.

In *Leitfaden für die Lebensweise eines Bodhisattvas* definiert Shantideva endgültige Wahrheit als ein Phänomen, das für den nichtverunreinigten Geist eines höheren Wesens wahr ist. Ein nichtverunreinigter Geist ist ein Geist, der Leerheit direkt realisiert. Dieser Geist ist das einzige nichtfehlerhafte Gewahrsein; und ausschließlich höhere Wesen besitzen es. Da ein nichtverunreinigter Geist völlig nichtfehlerhaft ist, entspricht alles, was von einem solchen Geist direkt als wahr wahrgenommen wird, notwendigerweise einer endgültigen Wahrheit. Im Gegensatz dazu ist alles, was vom Geist eines gewöhnlichen Wesens direkt als wahr wahrgenommen wird, zwangsläufig keine endgültige Wahrheit, da alle Geistesarten gewöhnlicher Wesen fehlerhaft sind und fehlerhafte Geistesarten niemals direkt die Wahrheit wahrnehmen können.

Aufgrund der Prägungen von begrifflichen Gedanken, die die acht Extreme festhalten, erscheint alles, was dem Geist gewöhnlicher Wesen erscheint, als inhärent existierend. Nur die Weisheit des meditativen Gleichgewichts, die Leerheit direkt realisiert, ist nicht durch die Prägungen oder Flecken dieser begrifflichen Gedanken verunreinigt. Das ist die einzige Weisheit, die keine fehlerhafte Erscheinung besitzt.

Wenn ein höherer Bodhisattva über Leerheit meditiert, vermischt sich sein Geist vollkommen mit Leerheit, ohne die Erscheinung von inhärenter Existenz. Er entwickelt eine vollkommen reine, nichtverunreinigte Weisheit, die endgültiger Bodhichitta ist. Sobald er sich jedoch aus dem meditativen Gleichgewicht erhebt, erscheinen seinem Geist aufgrund der Prägungen des An-wahr-Festhaltens konventionelle Phänomene wieder als inhärent existierend. Seine nichtverunreinigte Weisheit wird dann vorübergehend nichtmanifest. Nur ein Buddha kann nichtverunreinigte Weisheit manifestieren, während er gleichzeitig konventionelle Wahrheiten direkt wahrnimmt. Es ist eine außergewöhnliche Eigenschaft eines Buddhas, dass sein Geist in einem einzigen Augenblick sowohl konventionelle als auch endgültige Wahrheiten direkt und gleichzeitig realisiert. Endgültiger Bodhichitta hat viele Ebenen. Der endgültige Bodhichitta zum Beispiel, der durch die tantrische Praxis erlangt wird, ist tiefgründiger als derjenige, der allein durch die Sutra-Praxis entwickelt wird. Der höchste endgültige Bodhichitta ist der Bodhichitta eines Buddhas.

Wenn wir durch gültige Begründungen die Leerheit des ersten Extrems, des Extrems der Erzeugung, realisieren, wird es uns leichtfallen, die Leerheit der verbleibenden sieben Extreme zu realisieren. Haben wir einmal die Leerheit der acht Extreme realisiert, haben wir die Leerheit aller Phänomene realisiert. Wenn wir diese Realisation gewonnen haben, fahren wir fort über die Leerheit erzeugter Phänomene und so weiter nachzudenken und zu meditieren, und während sich unsere Meditationen allmählich vertiefen, werden wir das Gefühl haben, dass sich alle Phänomene in Leerheit auflösen. Dann werden wir in der Lage sein, eine einsgerichtete Konzentration über die Leerheit aller Phänomene aufrechtzuerhalten.

Um über die Leerheit erzeugter Phänomene zu meditieren, können wir denken:

Mein Selbst, das durch Ursachen und Bedingungen als Mensch geboren wurde, ist unauffindbar, wenn ich mit Weisheit innerhalb meines Körpers und meines Geistes oder getrennt von meinem Körper und Geist danach suche. Dies beweist, dass mein Selbst, das ich normalerweise sehe, überhaupt nicht existiert.

Haben wir auf diese Weise nachgedacht, haben wir das Gefühl, dass unser Selbst, das wir normalerweise sehen, verschwindet, und wir nehmen eine raumähnliche Leerheit wahr, die die bloße Abwesenheit unseres Selbst, das wir normalerweise sehen, ist. Wir haben das Gefühl, dass unser Geist in diese raumähnliche Leerheit eintritt und dort einsgerichtet verweilt. Diese Meditation wird „raumähnliches meditatives Gleichgewicht über Leerheit" genannt.

So wie ein Adler durch die endlose Weite des Himmels segelt, ohne auf Hindernisse zu stoßen, und nur wenig Anstrengung benötigt, um seinen Flug beizubehalten, genauso können erfahrene Meditierende, die sich auf Leerheit konzentrieren, lange Zeit mit geringem Bemühen über Leerheit meditieren. Ihr Geist schwebt durch die raumähnliche Leerheit, ohne von anderen

Phänomenen abgelenkt zu werden. Wenn wir über Leerheit meditieren, sollten wir versuchen, diesen Meditierenden nachzueifern. Haben wir unser Meditationsobjekt, das bloße Fehlen unseres Selbst, das wir normalerweise sehen, gefunden, sollten wir von weiterer Analyse absehen und einfach unseren Geist in der Erfahrung dieser Leerheit ruhen lassen. Von Zeit zu Zeit sollten wir sicherheitshalber überprüfen, dass wir weder die klare Erscheinung von Leerheit noch die Erkenntnis ihrer Bedeutung verloren haben; wir sollten aber nicht zu eindringlich prüfen, da dies unsere Konzentration stören wird. Unsere Meditation sollte nicht dem Flug eines kleinen Vogels gleichen, der ständig flattert und seine Richtung ändert, sondern dem Flug eines Adlers, der sanft durch den Himmel gleitet und nur gelegentlich seine Flügel bewegt. Wenn wir auf diese Weise meditieren, werden wir fühlen, wie sich unser Geist in Leerheit auflöst und eins mit ihr wird.

Wenn uns dies gelingt, dann werden wir während unserer Meditation frei sein vom manifesten Festhalten am Selbst. Verwenden wir aber andererseits unsere ganze Zeit darauf, unsere Meditation zu überprüfen und zu analysieren, und erlauben wir unserem Geist nie im Raum der Leerheit zu verweilen, werden wir diese Erfahrung niemals erwerben und unsere Meditation wird uns nicht helfen, unser Festhalten am Selbst zu verringern.

Im Allgemeinen müssen wir unser Verständnis von Leerheit durch ausführliche Studien vertiefen, indem wir sie aus unterschiedlichen Perspektiven beleuchten und zahlreiche, unterschiedliche Argumentationen berücksichtigen. Es ist ferner wichtig, durch kontinuierliche Kontemplation mit einer vollständigen Meditation über Leerheit ganz und gar vertraut zu werden und genau zu verstehen, wie die Argumentation anzuwenden ist, damit sie zu einer Erfahrung von Leerheit führt. Dann können wir uns einsgerichtet auf Leerheit konzentrieren und versuchen, unseren Geist mit ihr zu vermischen, so wie sich Wasser mit Wasser vermischt.

DIE VEREINIGUNG DER ZWEI WAHRHEITEN

Die Vereinigung der zwei Wahrheiten bedeutet, dass konventionelle Wahrheiten wie unser Körper und endgültige Wahrheiten wie die Leerheit unseres Körpers von gleicher Natur sind. Wenn uns etwas wie unser Körper erscheint, erscheinen sowohl der Körper als auch der inhärent existierende Körper gleichzeitig. Dies ist dualistische Erscheinung, was subtile fehlerhafte Erscheinung ist. Nur Buddhas sind frei von solch fehlerhaften Erscheinungen. Der Hauptzweck, die Vereinigung der zwei Wahrheiten zu verstehen und darüber zu meditieren, besteht darin, dualistische Erscheinungen zu verhindern – also zu verhindern, dass dem Geist, der über Leerheit meditiert, inhärente Existenz erscheint – und somit unseren Geist in die Lage zu versetzen, sich in Leerheit aufzulösen. Gelingt uns dies, wird unsere Meditation über Leerheit sehr kraftvoll unsere Verblendungen beseitigen können. Wenn wir den inhärent existierenden Körper, den Körper, den wir normalerweise sehen, korrekt identifizieren und verneinen, sowie über die bloße Abwesenheit eines solchen Körpers mit starker Konzentration meditieren, werden wir das Gefühl haben, dass sich unser normaler Körper in Leerheit auflöst. Wir werden verstehen, dass die wirkliche Natur unseres Körpers Leerheit ist und dass unser Körper lediglich eine Manifestation von Leerheit ist.

Leerheit gleicht dem Himmel und unser Körper gleicht dem Blau des Himmels. So wie Blau eine Manifestation des Himmels selbst ist und nicht von ihm getrennt werden kann, genauso ist unser ,blauähnlicher' Körper einfach eine Manifestation des Himmels seiner Leerheit und kann nicht von ihm getrennt werden. Verstehen wir dies, während wir uns auf die Leerheit unseres Körpers konzentrieren, so haben wir das Gefühl, dass sich unser Körper in seine endgültige Natur auflöst. Auf diese Weise können wir die konventionelle Erscheinung des Körpers in unseren Meditationen mit Leichtigkeit überwinden und unser Geist vermischt sich mit Leerheit.

Im *Herz-Sutra* sagt Avalokiteshvara: „Form ist nichts anderes als Leerheit." Das bedeutet, dass konventionelle Phänomene wie unser Körper nicht getrennt von ihrer Leerheit existieren. Wenn wir mit diesem Verständnis über die Leerheit unseres Körpers meditieren, wissen wir, dass die Leerheit, die unserem Geist erscheint, die eigentliche Natur unseres Körpers ist und dass es außer dieser Leerheit keinen Körper gibt. Diese Art der Meditation wird unseren Geist des Festhaltens am Selbst enorm schwächen. Wenn wir wirklich davon überzeugt wären, dass unser Körper und seine Leerheit von gleicher Natur sind, würde sich unser Festhalten am Selbst mit Sicherheit verringern.

Obwohl wir Leerheiten in Bezug auf ihre Basis der Zuschreibung einteilen können und von der Leerheit des Körpers, von der Leerheit des Ichs und so weiter sprechen, haben in Wahrheit alle Leerheiten die gleiche Natur. Wenn wir zehn Flaschen betrachten, können wir zwischen zehn verschiedenen ‚Räumen' innerhalb der Flaschen unterscheiden, in Wirklichkeit jedoch haben diese ‚Räume' die gleiche Natur. Zerbrechen wir die Flaschen, so sind die ‚Räume' nicht voneinander zu unterscheiden. Obwohl wir von der Leerheit des Körpers, des Geistes, des Ichs und so weiter sprechen, haben sie in Wirklichkeit dieselbe Natur und sind ununterscheidbar. Sie können einzig durch ihre konventionelle Basis unterschieden werden.

Zwei Hauptvorteile ergeben sich aus dem Verständnis, dass alle Leerheiten von gleicher Natur sind: In der Meditationssitzung wird sich unser Geist leichter mit Leerheit vermischen und in der Meditationspause werden wir dazu fähig sein, alle Erscheinungen gleichermaßen als Manifestationen ihrer Leerheit zu sehen.

Solange wir das Gefühl haben, dass eine Kluft zwischen unserem Geist und Leerheit besteht, dass unser Geist ‚hier'und Leerheit ‚dort' ist, wird sich unser Geist nicht mit Leerheit vermischen. Das Wissen darum, dass alle Leerheiten von gleicher Natur sind, hilft uns, diese Kluft zu überwinden. Im alltäglichen Leben begegnen wir vielen unterschiedlichen Objekten – guten, schlechten, attraktiven, hässlichen –, und unsere Gefühle ihnen gegenüber unterscheiden sich. Weil wir das Gefühl haben, dass die Unterschiede von Seiten der Objekte existieren, ist unser Geist unausgeglichen, und wir entwickeln Anhaftung für attraktive Objekte, Abneigung gegen unschöne Objekte und Gleichgültigkeit gegenüber neutralen Objekten. Es ist sehr schwierig, einen derart unausgeglichenen Geist mit Leerheit zu vermischen. Um dies zu erreichen, müssen wir erkennen, dass die Phänomene in ihrer Essenz leer sind, obwohl sie in vielen verschiedenen Aspekten erscheinen. Die Unterschiede, die wir sehen, sind nur Erscheinungen eines fehlerhaften Geistes. Aus der Sicht der endgültigen Wahrheit sind alle Phänomene gleich in ihrer Leerheit. Für einen qualifizierten Meditierenden, der einsgerichtet in Leerheit versunken ist, besteht kein Unterschied zwischen Erzeugung und Beendigung, Unbeständigkeit und Beständigkeit, Gehen und Kommen, Einzahl und Mehrzahl: Alles ist gleich in Leerheit, und alle Probleme der Anhaftung, der Wut und der Unwissenheit des Festhaltens am Selbst sind gelöst. In dieser Erfahrung wird alles sehr friedvoll und angenehm, ausgeglichen und harmonisch, heiter und wunderbar. Es gibt keine Hitze, keine Kälte, kein Höher, kein Tiefer, kein Hier, kein Dort, kein Selbst, kein Anderer, kein Samsara – alles ist gleich im Frieden der Leerheit. Diese Realisation nennt man

„den Yoga des Gleichstellens von Samsara und Nirvana". Er wird ausführlich sowohl in den Sutras als auch in den Tantras erklärt.

Da alle Leerheiten von gleicher Natur sind, hat die endgültige Natur des Geistes, der über Leerheit meditiert, dieselbe Natur wie die endgültige Natur seines Objektes. Wenn wir anfangs über Leerheit meditieren, scheinen unser Geist und Leerheit zwei getrennte Phänomene zu sein. Wenn wir aber verstehen, dass alle Leerheiten dieselbe Natur haben, werden wir wissen, dass dieses Gefühl der Trennung einfach nur die Erfahrung eines fehlerhaften Geistes ist. In Wirklichkeit sind unser Geist und Leerheit letzten Endes ‚von einem Geschmack'. Berücksichtigen wir dieses Wissen in unseren Meditationen, wird es uns helfen, die Erscheinung der konventionellen Natur unseres Geistes zu verhindern, und unserem Geist erlauben, sich in Leerheit aufzulösen.

Wenn wir unseren Geist mit Leerheit vermischt haben, werden wir nach der Meditation alle Phänomene gleichermaßen als Manifestationen ihrer Leerheit erfahren. Anstatt zu glauben, dass die anziehenden, hässlichen und neutralen Objekte, die wir sehen, inhärent verschieden sind, werden wir erkennen, dass sie im Grunde dieselbe Natur besitzen. So wie die sanftesten und die gewaltigsten Wellen in einem Ozean gleichermaßen Wasser sind, so sind sowohl anziehende als auch abstoßende Formen gleichermaßen Manifestationen der Leerheit. Wenn wir dies realisieren, wird unser Geist ausgeglichen und friedvoll werden. Wir werden alle konventionellen Erscheinungen als das magische Schauspiel des Geistes erkennen und wir werden nicht verbissen an ihren scheinbaren Unterschieden festhalten.

Als Milarepa einer Frau einst Unterricht über Leerheit erteilte, verglich er Leerheit mit dem Himmel und konventionelle Wahrheiten mit den Wolken und bat sie, über den Himmel zu meditieren. Sie folgte seinen Anleitungen mit großem Erfolg, hatte jedoch ein Problem: Wenn sie über den Himmel der Leerheit meditierte, verschwand alles, und sie konnte nicht verstehen, wie Phänomene konventionell existieren können. Sie sagte zu Milarepa: „Es fällt mir leicht, über den Himmel zu meditieren, aber schwer, die Wolken zu begründen. Bitte lehre mich, wie man über die Wolken meditiert." Milarepa antwortete: „Wenn deine Meditation über den Himmel erfolgreich ist, werden die Wolken kein Problem darstellen. Wolken erscheinen einfach am Himmel. Sie entstehen aus dem Himmel und lösen sich wieder im Himmel auf. Sobald sich deine Erfahrungen mit dem Himmel verbessert haben, wirst du die Wolken wie von selbst verstehen."

Auf Tibetisch lautet die Bezeichnung sowohl für Himmel als auch für Raum „namkha", obwohl sich Raum von Himmel unterscheidet. Es gibt zwei Arten von Raum, erzeugter Raum und nichterzeugter Raum. Erzeugter Raum ist der sichtbare Raum, den wir innerhalb eines Zimmers oder am Himmel sehen können. Dieser Raum kann nachts dunkel und tagsüber hell werden, und da er auf diese Weise Veränderungen unterworfen ist, ist er ein unbeständiges Phänomen. Die charakteristische Eigenschaft erzeugten Raumes ist es, keine Objekte zu behindern. Wenn es Raum in einem Zimmer gibt, können wir Objekte ohne Behinderung dort hinstellen. Ebenso können Vögel durch den leeren Raum des Himmels fliegen, weil Behinderungen fehlen; hingegen können sie nicht durch einen Berg fliegen! Deshalb ist es einleuchtend, dass erzeugtem Raum behindernder Kontakt fehlt oder dass er leer davon ist. Dieses bloße Fehlen oder diese Leerheit von behinderndem Kontakt ist nichterzeugter Raum.

Da nichterzeugter Raum die bloße Abwesenheit von behinderndem Kontakt ist, ist er keinen Veränderungen von Moment zu Moment unterworfen und somit ein beständiges Phänomen. Während erzeugter Raum sichtbar und ganz einfach zu verstehen ist, ist nichterzeugter Raum eine bloße Abwesenheit von behinderndem Kontakt und um einiges subtiler. Sobald wir jedoch nichterzeugten Raum verstanden haben, werden wir es einfacher finden, Leerheit zu verstehen.

Der einzige Unterschied zwischen Leerheit und nichterzeugtem Raum besteht im Objekt der Verneinung. Das Objekt der Verneinung von nichterzeugtem Raum ist behindernder Kontakt, während das Objekt der Verneinung von Leerheit inhärente Existenz ist. Da nichterzeugter Raum die beste Analogie ist, um Leerheit zu verstehen, wird er in den Sutras und in vielen Schriften verwendet. Nichterzeugter Raum ist ein nichtbestätigendes negatives Phänomen, das von einem Geist realisiert wird, der einfach nur sein verneintes Objekt beseitigt, ohne ein weiteres positives Phänomen zu realisieren. Erzeugter Raum ist ein bestätigendes oder positives Phänomen, ein Phänomen, das realisiert wird, ohne dass der Geist ein verneintes Objekt ausdrücklich beseitigt. Weitere Einzelheiten über diese zwei Arten von Phänomenen können in *Herz der Weisheit* und *Ozean von Nektar* gefunden werden.

DIE PRAXIS DER LEERHEIT BEI UNSEREN TÄGLICHEN HANDLUNGEN

Bei unseren täglichen Handlungen sollten wir glauben, dass alle Erscheinungen illusorisch sind. Obwohl uns Dinge als inhärent existierend erscheinen, sollten wir uns daran erinnern, dass diese Erscheinungen trügerisch sind und dass die Dinge, die wir normalerweise sehen, nicht existieren. Wie zuvor erwähnt, sagt Buddha im *Sutra des Königs der Konzentration*:

Ein Magier erschafft verschiedene Dinge
Wie Pferde, Elefanten und so weiter.
Seine Schöpfungen existieren nicht wirklich;
Ihr solltet alle Dinge auf die gleiche Weise sehen.

Die letzten zwei Zeilen dieses Verses bedeuten, dass wir wissen sollten, dass so, wie die durch den Magier erschaffenen Pferde und Elefanten nicht existieren, auf gleiche Weise alle Dinge, die wir normalerweise sehen, nicht wirklich existieren. In diesem Kapitel *Schulung in endgültigem Bodhichitta* wurde ausführlich erklärt, wie alle Dinge, die wir normalerweise sehen, nicht existieren.

Wenn ein Magier ein illusorisches Pferd erzeugt, erscheint seinem Geist sehr deutlich ein Pferd, er weiß aber, dass es nur eine Illusion ist. Tatsächlich erinnert ihn die Erscheinung des Pferdes daran, dass sich vor ihm kein Pferd befindet. In ähnlicher Weise und vorausgesetzt wir sind mit Leerheit gut vertraut, wird uns allein die Tatsache, dass uns Dinge als inhärent existierend erscheinen, daran erinnern, dass sie nicht inhärent existierend sind. Wir sollten deshalb erkennen, dass alles, was uns in unserem täglichen Leben begegnet, einer Illusion gleicht und dass allem inhärente Existenz fehlt. Auf diese Weise wird unsere Weisheit Tag für Tag anwachsen und unsere Unwissenheit des Festhaltens am Selbst und andere Verblendungen werden ganz natürlich abnehmen.

Zwischen den Meditationssitzungen sollten wir wie ein Schauspieler sein. Übernimmt ein Schauspieler die Rolle eines Königs, dann spricht, kleidet und benimmt er sich wie ein König, doch er weiß die ganze Zeit über, dass er nicht wirklich ein König ist. In gleicher Weise sollten wir in der konventionellen Welt leben und handeln, uns aber immer bewusst sein, dass wir selbst, unsere Umwelt und unsere Mitmenschen, die wir normalerweise sehen, überhaupt nicht existieren.

Wenn wir so denken, werden wir in der konventionellen Welt leben können, ohne uns an sie zu klammern. Wir werden sie nicht zu ernst nehmen und auch die Flexibilität des Geistes besitzen, in jeder Situation konstruktiv zu reagieren. Da wir wissen, dass alles, was sich unserem Geist zeigt, bloße

Erscheinungen sind, werden wir nicht an attraktiven Objekten festhalten und Anhaftung entwickeln, sobald sie erscheinen; und wenn unschöne Objekte auftauchen, werden wir uns nicht an sie klammern und Ablehnung oder Wut entwickeln. In *Geistesschulung in sieben Punkten* sagt Geshe Chekhawa: „Denke, dass alle Phänomene wie Träume sind." Manche Dinge, die wir in unseren Träumen erleben, sind schön und manche hässlich, aber es sind alles bloße Erscheinungen unseres träumenden Geistes. Sie existieren nicht aus sich selbst heraus und sind leer von inhärenter Existenz. Gleiches gilt für die Objekte, die wir wahrnehmen, wenn wir wach sind; auch sie sind nur Erscheinungen des Geistes, frei von inhärenter Existenz.

Allen Phänomenen fehlt inhärente Existenz. Wenn wir einen Regenbogen betrachten, dann scheint er sich an einem bestimmten Ort im Raum zu befinden, und wir meinen, dass wir bei genauer Suche die Stelle ausfindig machen könnten, an der das Ende des Regenbogens den Erdboden berührt. Wir wissen jedoch, dass es nie möglich sein wird, das Ende des Regenbogens zu finden, selbst bei intensiver Suche nicht, denn sobald wir an den Ort kommen, wo unserer Meinung nach der Regenbogen den Boden berührt hat, wird er verschwunden sein. Wenn wir nicht nach ihm suchen, ist er klar sichtbar, suchen wir aber nach ihm, ist er nicht da. Alle Phänomene sind so. Wenn wir sie nicht analysieren, erscheinen sie klar, suchen wir jedoch analytisch nach ihnen und versuchen sie von allem anderen zu isolieren, sind sie nicht vorhanden.

Wenn etwas tatsächlich inhärent existieren würde und wir es erforschen würden, indem wir es von allen anderen Phänomenen trennten, müssten wir in der Lage sein, es zu finden. Doch alle Phänomene sind wie der Regenbogen. Suchen wir nach ihnen, können wir sie niemals finden. Anfangs mag diese Vorstellung sehr beunruhigend und schwierig für uns zu akzeptieren sein; aber dies ist nur natürlich. Mit größerer Vertrautheit werden wir diese Begründung annehmen können, und schließlich werden wir erkennen, dass sie wahr ist.

Es ist wichtig zu verstehen, dass Leerheit nicht Nichts meint. Obwohl Dinge nicht von ihrer eigenen Seite her existieren, unabhängig vom Geist, existieren sie dennoch insofern, als sie von einem gültigen Geist verstanden werden. Die Welt, die wir im Wachzustand erleben, ähnelt der Welt, die wir im Traumzustand erfahren. Wir können nicht behaupten, dass Traumerlebnisse nicht existieren. Wenn wir jedoch glauben, dass sie mehr als bloße Erscheinungen des Geistes sind und ,dort draußen' existieren, dann machen wir einen Fehler, wie wir bald nach dem Erwachen bemerken werden.

Wie bereits erwähnt gibt es keine bessere Methode geistigen Frieden und Glück zu erfahren, als Leerheit zu verstehen und darüber zu meditieren. Da unser Festhalten am Selbst uns im Gefängnis Samsaras gefesselt hält und der Ursprung unseres ganzen Leidens ist, stellt die Meditation über Leerheit die allumfassende Lösung für alle unsere Probleme dar. Sie ist das Heilmittel, das alle geistigen und körperlichen Krankheiten heilt, und der Nektar, der das immerwährende Glück des Nirvanas und der Erleuchtung gewährt.

EINE EINFACHE SCHULUNG IN ENDGÜLTIGEM BODHICHITTA

Wir beginnen, indem wir denken:

Ich muss Erleuchtung erlangen, damit ich jedem einzelnen Lebewesen jeden Tag direkt helfen kann. Zu diesem Zweck werde ich eine direkte Realisation davon gewinnen, wie die Dinge wirklich sind.

Mit dieser Bodhichitta-Motivation überlegen wir:

Normalerweise sehe ich meinen Körper innerhalb seiner Teile — den Händen, dem Rücken und so weiter —, doch weder die einzelnen Teile noch die Ansammlung der Teile sind mein Körper, weil sie Teile des Körpers sind und nicht der Körper selbst. Es gibt jedoch keinen „mein Körper" getrennt von seinen Teilen. Indem ich auf diese Weise meinen Körper mit Weisheit suche, realisiere ich, dass mein Körper unauffindbar ist. Dies ist ein gültiger Grund, um zu beweisen, dass mein Körper, den ich normalerweise sehe, überhaupt nicht existiert.

Indem wir über diesen Punkt nachdenken, versuchen wir, die bloße Abwesenheit des Körpers, den wir normalerweise sehen, wahrzunehmen. Diese bloße Abwesenheit des Körpers, den wir normalerweise sehen, ist die Leerheit unseres Körpers und wir meditieren einsgerichtet, so lange wie möglich über diese Leerheit.

Wir sollten diese Kontemplation und Meditation kontinuierlich praktizieren und dann zur nächsten Stufe gehen: Meditation über die Leerheit unseres Selbst. Wir sollten überlegen und denken:

Normalerweise sehe ich mein Selbst innerhalb meines Körpers und Geistes, doch weder mein Körper, noch mein Geist, noch die Ansammlung meines Körpers und Geistes sind mein Selbst, weil sie mein Besitz sind, und mein Selbst ist der Besitzer; und Besitzer und Besitz können nicht das gleiche sein. Es gibt jedoch kein „mein Selbst" getrennt von meinem Körper und Geist. Indem ich auf diese Weise mein Selbst mit Weisheit suche, realisiere ich, dass mein Selbst unauffindbar ist. Dies ist ein gültiger Grund, um zu beweisen, dass mein Selbst, das ich normalerweise sehe, überhaupt nicht existiert.

Indem wir über diesen Punkt nachdenken, versuchen wir, die bloße Abwesenheit unseres Selbst, das wir normalerweise sehen, wahrzunehmen. Diese bloße Abwesenheit unseres Selbst, das wir normalerweise sehen, ist die Leerheit unseres Selbst, und wir meditieren einsgerichtet über diese Leerheit, so lange wie möglich.

Wir sollten diese Kontemplation und Meditation kontinuierlich praktizieren und dann zur nächsten Stufe gehen: Meditation über die Leerheit aller Phänomene. Wir sollten überlegen und denken:

So wie mein Körper und mein Selbst sind alle anderen Phänomene unauffindbar, wenn ich sie mit Weisheit suche. Dies ist ein gültiger Grund, um zu beweisen, dass alle Phänomene, die ich normalerweise sehe oder wahrnehme, überhaupt nicht existieren.

Indem wir über diesen Punkt nachdenken, versuchen wir, die bloße Abwesenheit aller Phänomene, die wir normalerweise sehen oder wahrnehmen, zu erkennen. Diese bloße Abwesenheit aller Phänomene, die wir normalerweise sehen oder wahrnehmen, ist die Leerheit aller Phänomene und wir meditieren kontinuierlich mit Bodhichitta-Motivation über die Leerheit aller Phänomene , bis wir fähig sind unsere Konzentration für eine Minute klar aufrechtzuerhalten, jedes Mal wenn wir darüber meditieren. Unsere Konzentration, die diese Fähigkeit besitzt, wird „Konzentration des Verweilens des Geistes" genannt.

Auf der zweiten Stufe meditieren wir mit der Konzentration des Verweilens des Geistes kontinuierlich über die Leerheit aller Phänomene, bis wir fähig sind, unsere Konzentration für fünf Minuten klar aufrechtzuerhalten, jedes Mal wenn wir darüber meditieren. Unsere Konzentration, die diese Fähigkeit besitzt, wird „Konzentration des kontinuierlichen Verweilens" genannt. Auf der dritten Stufe meditieren wir mit der Konzentration des kontinuierlichen Verweilens fortwährend über die Leerheit aller Phänomene, bis wir fähig sind, uns an das Objekt der Meditation – die bloße Abwesenheit aller Phänomene, die wir normalerweise sehen oder wahrnehmen – sofort wieder zu erinnern, wenn wir es während der Meditation verlieren. Unsere Konzentration, die diese Fähigkeit besitzt, wird „Konzentration des Wiederverweilens" genannt. Auf der vierten Stufe meditieren wir mit der Konzentration des Wiederverweilens kontinuierlich über die Leerheit aller Phänomene, bis wir fähig sind, unsere Konzentration während der ganzen Meditationssitzung aufrechtzuerhalten, ohne das Meditationsobjekt zu vergessen. Unsere Konzentration, die diese Fähigkeit besitzt, wird „Konzentration des nahen Verweilens" genannt. Auf dieser Stufe haben wir eine sehr stabile und klare Konzentration, die auf die Leerheit aller Phänomene gerichtet ist.

Dann meditieren wir mit der Konzentration des nahen Verweilens kontinuierlich über die Leerheit aller Phänomene, bis wir schließlich die Konzentration des ruhigen Verweilens erlangen, die auf Leerheit gerichtet ist, was bewirkt, dass wir eine besondere körperliche und geistige Geschmeidigkeit und Glückseligkeit erfahren. Mit dieser Konzentration des ruhigen Verweilens werden wir eine besondere Weisheit entwickeln, die die Leerheit aller Phänomene sehr klar realisiert. Diese Weisheit heißt „höheres Sehen". Indem wir kontinuierlich über die Konzentration des ruhigen Verweilens in Verbindung mit höherem Sehen meditieren, wird sich unsere Weisheit des höheren Sehens in die Weisheit verwandeln, die die Leerheit aller Phänomene direkt realisiert. Diese direkte Realisation der Leerheit ist der eigentliche endgültige Bodhichitta. In dem Moment, wo wir die Weisheit des endgültigen Bodhichitta erlangen, werden wir ein höherer Bodhisattva. Wie zuvor erwähnt, hat konventioneller Bodhichitta die Natur von

Mitgefühl und endgültiger Bodhichitta die Natur von Weisheit. Diese zwei Bodhichittas sind wie die zwei Flügel eines Vogels, mit denen wir fliegen und die erleuchtete Welt sehr schnell erreichen können.

In *Der Rat aus dem Herzen Atishas* sagt Atisha:

> Freunde, bis ihr die Erleuchtung erlangt, ist der spirituelle Lehrer unentbehrlich, verlasst euch deshalb auf den heiligen spirituellen Meister.

Wir müssen uns auf unseren spirituellen Meister verlassen, bis wir Erleuchtung erlangen. Das endgültige Ziel des menschlichen Lebens ist Erleuchtung zu erlangen, und dies hängt davon ab, die besonderen Segnungen Buddhas durch unseren spirituellen Meister kontinuierlich zu empfangen. Buddha erlangte Erleuchtung mit der alleinigen Absicht, alle Lebewesen mittels seiner Ausstrahlungen entlang den Stufen des Pfades zur Erleuchtung zu führen. Wer ist die Ausstrahlung, die uns entlang den Stufen des Pfades zur Erleuchtung führt? Es ist eindeutig unser gegenwärtiger spiritueller Lehrer, der uns aufrichtig und korrekt entlang der Pfade von Entsagung, Bodhichitta und der korrekten Sicht von Leerheit führt, indem er Unterweisungen gibt und ein praktisches Vorbild zeigt. Mit diesem Verständnis sollten wir eine feste Überzeugung entwickeln, dass unser spiritueller Meister eine Ausstrahlung Buddhas ist und tiefes Vertrauen in ihn oder sie entwickeln und bewahren.

Atisha sagt auch:

> Bis ihr die endgültige Wahrheit realisiert, ist Zuhören unentbehrlich, hört deshalb den Unterweisungen des spirituellen Meisters zu.

Selbst wenn wir fälschlicherweise zwei Monde am Himmel sehen würden, würde uns diese fehlerhafte Erscheinung daran erinnern, dass es tatsächlich nicht zwei Monde gibt, sondern nur einen. Wenn uns auf ähnliche Weise das Sehen inhärent existierender Dinge daran erinnert, dass es keine inhärent existierenden Dinge gibt, zeigt dies an, dass unser Verständnis von Leerheit, endgültiger Wahrheit, korrekt ist. Bis unser Verständnis der Leerheit vollkommen ist und um zu verhindern, dass wir in eines der zwei Extreme fallen – das Extrem der Existenz und das Extrem der Nichtexistenz –, sollten wir den Anleitungen unseres spirituellen Meisters zuhören, sie lesen und darüber nachdenken. Eine ausführliche Erklärung, wie wir uns auf unseren spirituellen Meister verlassen, kann in *Freudvoller Weg des Glücks* gefunden werden.

Alle Kontemplationen und Meditationen, die in Teil Eins dieses Buches präsentiert wurden, von *Die Kostbarkeit unseres menschlichen Lebens* bis *Eine einfache Schulung in endgültigem Bodhichitta* sollten in Verbindung mit den vorbereitenden Übungen für die Meditation praktiziert werden, die in Anhang II: *Gebete für die Meditation* zu finden sind. Diese vorbereitenden Übungen werden uns befähigen unseren Geist zu reinigen, Verdienste anzusammeln und die Segnungen der erleuchteten Wesen zu empfangen, und so sicherstellen, dass unsere Meditationspraxis erfolgreich ist.

Arya Tara

Überprüfung unserer Lamrim-Praxis

Durch das Praktizieren der Stufen des Pfades von Personen anfänglicher Ausrichtung, mittlerer Ausrichtung und großer Ausrichtung haben wir möglicherweise etwas Erfahrung in Entsagung, Bodhichitta und der korrekten Sicht der Leerheit entwickelt, die als die „drei hauptsächlichen Pfade" bekannt sind. Wir sollten uns prüfen, um zu sehen, ob unsere Erfahrungen von Entsagung, Bodhichitta und der korrekten Sicht der Leerheit qualifiziert sind oder nicht. Wenn wir unseren Geist beurteilen und dabei feststellen, dass unsere Anhaftung an die Dinge dieses Lebens gleich geblieben ist wie zuvor, dann ist dies das Zeichen dafür, dass unsere Entsagung unqualifiziert ist. Wenn unsere Selbstwertschätzung, die glaubt, dass unser eigenes Glück und unsere eigene Freiheit wichtig sind, während sie das Glück und Freiheit anderer vernachlässigt, gleich geblieben ist wie zuvor, dann ist dies das Zeichen dafür, dass unser Bodhichitta unqualifiziert ist. Und wenn unser Festhalten am Selbst, das an uns selbst, unserem Körper und allen anderen Dingen, die wir normalerweise sehen, gleich geblieben ist wie zuvor, dann ist dies das Zeichen dafür, dass unser Verständnis der Leerheit unqualifiziert ist.

Wir müssen daher großes Bemühen anwenden, um mit den Schulungen in Entsagung, Bodhichitta und der korrekten Sicht der Leerheit tief vertraut zu werden. Wir müssen diese Schulungen kontinuierlich praktizieren, bis sich unsere Anhaftung, Selbstwertschätzung und unser Festhalten am Selbst vermindern und wir in der Lage sind, diese Verblendungen zu kontrollieren. Haben wir dies erreicht, so haben wir ‚unsere Prüfung bestanden' und haben den ‚Rang', ein großer Yogi oder eine große Yogini zu sein

TEIL ZWEI

Tantra

Weisheits-Dharma-Beschützer

Die Kostbarkeit von Tantra

In seinen Sutra-Unterweisungen gibt uns Buddha sehr viel
Ermutigung, das endgültige Ziel des menschlichen Lebens zu
verwirklichen. Dieses Ziel wird durch die Praxis des Tantras
schnell erreicht. Tantra, das auch als „Geheimes Mantra" oder
„Vajrayana" bekannt ist, ist eine besondere Methode, um
unsere Welt, unser Selbst, unsere Vergnügen und unsere Tätigkeiten zu reinigen; und wenn wir diese Methode in die Praxis
umsetzen, werden wir sehr schnell Erleuchtung erlangen. Wie
in Teil Eins erklärt, existiert unsere Welt nicht von ihrer eigenen
Seite her; sie ist, wie eine Traumwelt, eine bloße Erscheinung
unseres Geistes. Im Traum können wir unsere Traumwelt
sehen und berühren, doch wenn wir aufwachen, realisieren
wir, dass sie einfach eine Projektion unseres Geistes war und
keine Existenz außerhalb unseres Geistes hatte. Auf die gleiche
Weise ist die Welt, die wir im Wachzustand sehen, einfach eine
Projektion unseres Geistes und hat keine Existenz außerhalb
unseres Geistes. Milarepa sagte:

> Du solltest wissen, dass alle Erscheinungen die Natur
> des Geistes haben und dass der Geist die Natur von
> Leerheit hat.

Da unsere Welt, unser Selbst, unsere Vergnügen und unsere
Tätigkeiten die Natur des Geistes haben, sind sie unrein,
wenn unser Geist unrein ist, und wenn unser Geist durch
Reinigungspraxis rein wird, werden sie rein. Es gibt viele

verschieden Ebenen, unseren Geist zu reinigen. Die subtile fehlerhafte Erscheinung unseres Geistes kann nicht durch Sutra-Praxis allein gereinigt werden, deshalb müssen wir die Praxis des Höchsten Yoga-Tantras ausüben. Wenn wir unseren Geist durch tantrische Praxis vollständig reinigen, werden auch unsere Welt, unser Selbst, unsere Vergnügen und unsere Tätigkeiten vollständig rein: Dies ist der Zustand der Erleuchtung. Erleuchtung zu erlangen ist daher sehr einfach; alles, was wir tun müssen, ist Bemühen bei der Reinigung des Geistes anwenden.

Wir wissen, dass unser Geist unrein ist, wenn wir unseren Freund als schlecht ansehen, weil wir ihm gegenüber Wut empfinden; wenn unser Geist rein ist, betrachten wir ihn als gut, weil wir nun für den gleichen Freund zuneigungsvolle Liebe empfinden. Weil sich unser Geist von rein zu unrein oder von unrein zu rein ändert, ändert sich deshalb unser Freund von gut zu schlecht oder von schlecht zu gut. Dies weist darauf hin, dass alles, was gut, schlecht oder neutral für uns ist, eine Projektion unseres Geistes ist und keine Existenz außerhalb unseres Geistes hat. Indem wir Tantra praktizieren, werden wir unseren Geist vollständig reinigen und somit die vollständige Reinheit unserer Welt, unseres Selbst, unserer Vergnügen und unserer Tätigkeiten erfahren – die „vier vollständigen Reinheiten".

Obwohl Tantra sehr populär ist, verstehen nicht viele Menschen seine echte Bedeutung. Einige Menschen leugnen die tantrischen Unterweisungen Buddhas, während andere sie für weltliche Erlangungen missbrauchen; zudem sind viele Menschen verwirrt in Bezug auf die Vereinigung der Praxis von Sutra und Tantra und glauben fälschlicherweise, dass sich Sutra und Tantra widersprechen. Im *Zusammengefassten Heruka-Wurzel-Tantra* sagt Buddha:

Du solltest nie Höchstes Yoga-Tantra aufgeben,
Sondern erkennen, dass es eine unvorstellbare
   Bedeutung hat
Und die eigentliche Essenz des Buddhadharmas ist.

Wenn wir die echte Bedeutung von Tantra verstanden haben, wird es keine Grundlage für seinen Missbrauch geben und wir werden sehen, dass es überhaupt keine Widersprüche zwischen Sutra und Tantra gibt. Die Praxis der Sutra-Unterweisungen ist die grundlegende Basis für das Praktizieren der tantrischen Unterweisungen, und die Praxis des Tantras ist die schnelle Methode, das endgültige Ziel der Sutra-Unterweisungen zu erreichen. Zum Beispiel ermutigt uns Buddha in seinen Sutra-Unterweisungen Anhaftung aufzugeben, und im Tantra ermutigt er uns unsere Anhaftung in den spirituellen Pfad umzuwandeln. Einige mögen denken, dass dies ein Widerspruch ist, aber dies ist nicht der Fall, da die tantrischen Anleitungen darüber, wie man Anhaftung in den spirituellen Pfad umwandelt, die schnelle Methode sind, Anhaftung aufzugeben. Auf diese Weise sind sie die Methode, um die Ziele der Sutra-Unterweisungen zu erreichen.

Wir sollten vorsichtig sein, und den Sinn der Umwandlung von Anhaftung in den spirituellen Pfad nicht falsch verstehen. Anhaftung selbst kann nicht direkt in den spirituellen Pfad umgewandelt werden; sie ist eine Verblendung, ein inneres Gift, ein Objekt, das sowohl in Sutra als auch in Tantra aufgegeben werden muss. Anhaftung in den Pfad umwandeln bedeutet, dass wir die Ursachen für Anhaftung – unsere Erfahrungen weltlicher Vergnügen – in den spirituellen Pfad umwandeln. In den tantrischen Unterweisungen werden viele Methoden erklärt, um dies zu tun.

Das allumfassende Mitgefühl, welches durch die Sutra-Praxis verwirklicht wird, und die Weisheit des Mahamudra-Tantras, welche durch die Praxis der tantrischen Unterweisungen verwirklicht wird, sind wie die zwei Flügel eines Vogels. Genau wie beide Flügel gleichermaßen wichtig sind, damit ein Vogel fliegen kann, so sind Sutra und Tantra gleichermaßen wichtig für Praktizierende, die die Erleuchtung suchen. Die Definition von Tantra ist eine innere Realisation, welche die Funktion hat gewöhnliche Erscheinungen und Vorstellungen zu verhindern und die vier vollkommenen Reinheiten zu verwirklichen. Obwohl die tantrischen Schriften Buddhas manchmal „Tantra" genannt werden, weil sie die tantrischen Übungen enthüllen, ist das eigentliche Tantra notwendigerweise eine innere Realisation, welche die Lebewesen vor gewöhnlichen Erscheinungen und Vorstellungen beschützt, die der Ursprung der Leiden Samsaras sind. Gewöhnliche Erscheinung ist unsere Wahrnehmung aller Dinge, die wir normalerweise sehen, wie unser Selbst und unser Körper. Diese Erscheinung ist subtile fehlerhafte Erscheinung. Sie ist fehlerhaft, da unser Selbst, unser Körper und all die anderen Dinge, die wir normalerweise sehen, nicht existieren, obwohl wir sie fälschlicherweise immer sehen; und sie ist subtil, weil es für uns schwierig zu verstehen ist, dass diese Erscheinung fehlerhaft ist. Unsere subtile fehlerhafte Erscheinung ist der Ursprung des Festhaltens am Selbst, was der Ursprung aller anderen Verblendungen und Leiden ist. Wir können diese subtile fehlerhafte Erscheinung nur durch die Praxis des Höchsten Yoga-Tantras vollständig aufgeben. Wenn wir dies tun, werden wir die vier oben erwähnten vollständigen Reinheiten verwirklicht haben.

Im Allgemeinen führt unsere Erfahrung weltlicher Vergnügen zu Anhaftung, was die Quelle allen Leidens ist. Durch Praktizieren von Tantra können wir jedoch unsere Erfahrung weltlicher Vergnügen in einen tiefgründigen spirituellen Pfad umwandeln, der uns sehr schnell zum höchsten Glück der Erleuchtung führt. Die Unterweisungen von Tantra sind deshalb allen anderen Unterweisungen überlegen.

Für Lebewesen ist die Erfahrung weltlicher Vergnügen die Hauptursache für die Zunahme ihrer Anhaftung und deshalb die Hauptursache für die Zunahme ihrer Probleme. Um zu verhindern, dass Anhaftung durch die Erfahrung weltlicher Vergnügen entsteht, lehrte Buddha Tantra als eine Methode, die weltliche Vergnügen in den Pfad zur Erleuchtung umwandelt. Entsprechend den verschiedenen Ebenen der Umwandlung weltlicher Vergnügen in den spirituellen Pfad lehrte Buddha vier Ebenen oder Klassen von Tantra: Handlungs-Tantra, Ausführungs-Tantra, Yoga-Tantra und Höchstes Yoga-Tantra. Die ersten drei werden die „niederen Tantras" genannt. Im Höchsten Yoga-Tantra lehrte Buddha die tiefgründigsten Anleitungen, um sexuelle Glückseligkeit in den schnellen Pfad zur Erleuchtung umzuwandeln. Da die Effektivität dieser Praxis von der Kraft der Meditation über das Sammeln und Auflösen der inneren Winde in den Zentralkanal abhängt, wurden diese Methoden nicht in den niederen Tantras erklärt. In den drei niederen Tantras gab Buddha Anleitungen darüber, wie wir weltliche Vergnügen – außer die der sexuellen Glückseligkeit – durch die Kraft der Vorstellung in den Pfad zur Erleuchtung umwandeln können, was eine einfachere Praxis des Tantras ist.

Das Tor, durch das wir das Tantra betreten, ist das Empfangen der tantrischen Ermächtigung. Eine Ermächtigung gewährt uns besondere Segnungen, die unser geistiges Kontinuum heilen und unsere Buddha-Natur erwachen lassen. Wenn wir eine tantrische Ermächtigung empfangen, säen wir die besonderen Samen der vier Körper eines Buddhas in unser Geisteskontinuum. Diese vier Körper sind der Natur-Wahrheitskörper, der Weisheits-Wahrheitskörper, der Freudenkörper und der Ausstrahlungskörper. Gewöhnliche Wesen besitzen nicht mehr als einen Körper, während Buddhas vier Körper gleichzeitig besitzen. Ein Ausstrahlungskörper ist sein oder ihr grober Körper, der von gewöhnlichen Wesen gesehen werden kann. Der Freudenkörper ist sein subtiler

Körper, der nur von Praktizierenden gesehen werden kann, die höhere Realisationen erlangt haben. Die Natur- und Weisheits-Wahrheitskörper sind seine sehr subtilen Körper, die nur von den Buddhas selbst gesehen werden können.

Im Tantra sind gewöhnliche Vorstellungen und Erscheinungen die hauptsächlichen Objekte, die aufzugeben sind. Die Begriffe „gewöhnliche Vorstellungen" und „gewöhnliche Erscheinungen" werden am besten durch das folgende Beispiel erklärt. Nehmen wir an, es gibt einen Heruka-Praktizierenden namens John. Normalerweise erscheint er sich selbst als John, den er normalerweise sieht, und seine Umgebung und Vergnügen sowie seinen Körper und Geist als die von John, den er normalerweise sieht. Diese Erscheinungen sind gewöhnliche Erscheinungen. Der Geist, der diesen Erscheinungen zustimmt, indem er sie für wahr hält, ist gewöhnliche Vorstellung. Die Erscheinungen, die wir von einem inhärent existierenden „Ich", „Mein" und anderen Phänomene haben, sind ebenfalls gewöhnliche Erscheinungen; Festhalten am Selbst und alle andere Verblendungen sind gewöhnliche Vorstellungen. Gewöhnliche Vorstellungen sind Behinderungen zur Befreiung und gewöhnliche Erscheinungen sind Behinderungen zur Erleuchtung. Im Allgemeinen haben alle fühlenden Wesen außer Bodhisattvas, die die vajra-gleiche Konzentration auf dem Pfad der Meditation erlangt haben, gewöhnliche Erscheinungen.

Wenn John nun über die Erzeugungsstufe von Heruka meditieren, sich intensiv als Heruka betrachten und glauben würde, dass seine Umgebung, seine Erfahrungen, sein Körper und sein Geist diejenigen Herukas sind, dann würde er zu jenem Zeitpunkt den göttlichen Stolz besitzen, der gewöhnliche Vorstellungen verhindert. Wenn er zudem die klare Erscheinung von sich selbst als Heruka mit der Umgebung, den Vergnügen, dem Körper und dem Geist Herukas erlangen würde, besäße er zu jenem Zeitpunkt die klare Erscheinung, die ihn hindert, gewöhnliche Erscheinungen zu entwickeln.

Am Anfang sind gewöhnliche Vorstellungen schädlicher als gewöhnliche Erscheinungen. Warum das so ist, wird durch die folgende Analogie veranschaulicht. Nehmen wir an, ein Magier beschwört vor seinem Publikum die Illusion eines Tigers herauf. Der Tiger erscheint sowohl dem Publikum als auch dem Magier, aber während das Publikum glaubt, dass der Tiger tatsächlich existiert und sich in der Folge ängstigt, stimmt der Magier der Erscheinung des Tigers nicht zu und bleibt daher ruhig. Das Problem des Publikums ist nicht so sehr die Erscheinung des Tigers, vielmehr ist es seine Vorstellung, dass der Tiger tatsächlich existiert. Es ist nicht so sehr die bloße Erscheinung, sondern diese Vorstellung, welche die Erfahrung von Angst bewirkt. Wenn es, wie der Magier, nicht die Vorstellung hätte, dass der Tiger existiert, dann würde es sich nicht ängstigen, auch wenn ihm immer noch ein Tiger erscheint. Wenn wir auf gleiche Weise in unserer Vorstellung nicht an den Dingen als gewöhnlich festhalten, auch wenn sie uns als gewöhnlich erscheinen, dann ist das nicht so schädlich für uns. Ebenso ist es weniger schädlich für unsere spirituelle Entwicklung, wenn wir unseren spirituellen Meister als gewöhnlich sehen, ihn oder sie aber in seiner oder ihrer Essenz für einen Buddha halten, als wenn wir unseren spirituellen Meister als gewöhnlich sehen und glauben, dass er oder sie gewöhnlich ist. Die Überzeugung, dass unser spiritueller Meister ein Buddha ist, obwohl er oder sie uns als gewöhnliche Person erscheint, bewirkt raschen Fortschritt in unserer spirituellen Praxis.

Um gewöhnliche Erscheinungen und Vorstellungen zu vermindern, lehrte Buddha das Tantra der Erzeugungsstufe; und um diese zwei Behinderungen vollständig aufzugeben, lehrte er das Tantra der Vollendungsstufe, insbesondere Mahamudra-Tantra. Indem wir unsere Schulung in diesen zwei Tantras vollenden, werden wir ein tantrisches erleuchtetes Wesen wie Heruka mit den vier vollständigen Reinheiten werden.

Zwölfarmiger Heruka

Das Tantra der Erzeugungsstufe

Die folgenden Kapitel legen die Anleitungen für die Übungen von Heruka und Vajrayogini dar, die die eigentliche Essenz des Höchsten Yoga-Tantras sind. Die Übungen des Höchsten Yoga-Tantras können in zwei Stufen unterteilt werden: Erzeugungsstufe und Vollendungsstufe. In der Praxis der Erzeugungsstufe erzeugen sich tantrisch Praktizierende durch die Kraft der aus Weisheit entstandenen korrekten Vorstellung als tantrische erleuchtete Gottheit wie Heruka, ihren Körper, ihre Umgebung, Vergnügen und Tätigkeiten als diejenigen Herukas. Diese vorgestellte neue Welt Herukas ist ihr Objekt der Meditation und sie meditieren über diese neue Erzeugung mit einsgerichteter Konzentration. Durch fortwährende Schulung in dieser Meditation werden Heruka-Praktizierende tiefe Realisationen von sich selber als Heruka gewinnen und ihre Umgebung, ihre Körper, Vergnügen und Aktivitäten werden wie diejenigen von Heruka werden. Diese innere Realisation ist Erzeugungsstufen-Tantra.

Die Definition von Erzeugungsstufen-Tantra ist eine innere Realisation eines kreativen Yogas, die durch die Schulung in göttlichem Stolz und klarer Erscheinung erlangt wird. Es wird ein „kreativer Yoga" genannt, weil das Objekt der Meditation durch Vorstellungskraft und Weisheit erschaffen wird. Die hauptsächliche Funktion des Tantras der Erzeugungsstufe besteht darin, den gewöhnlichen Tod, den gewöhnlichen Zwischenzustand und die gewöhnliche Wiedergeburt zu reinigen sowie den Wahrheitskörper, den Freudenkörper und den Ausstrahlungskörper eines Buddhas zu verwirklichen. Es ist die schnelle Methode, um unsere Buddha-Natur zur Reife zu bringen.

Heruka ist eine erleuchtete Gottheit des Höchsten Yoga-Tantras, der eine Manifestation des Mitgefühls aller Buddhas ist. In der Erzeugungsstufe der Heruka-Praxis betonen Praktizierende die Schulung in göttlichem Stolz und in der klaren Erscheinung, Heruka zu sein. Vor der Schulung in göttlichem Stolz müssen die Praktizierenden lernen, ihren Körper und Geist als Herukas Körper und Geist wahrzunehmen. Haben sie dies erreicht, benutzen sie dann Herukas Körper und Geist als Basis der Zuschreibung für ihr „Ich" oder „Selbst" und entwickeln den Gedanken: „Ich bin Buddha Heruka". Dann meditieren sie über diesen göttlichen Stolz in einsgerichteter Konzentration. Durch die Schulung in dieser Meditation werden sie eine tiefe Realisation des göttlichen Stolzes gewinnen, welcher spontan glaubt, dass sie Heruka sind. Zu jenem Zeitpunkt haben sie die Basis für die Zuschreibung ihres Ichs verändert.

Seit anfangsloser Zeit, Leben für Leben, ist die Basis für die Zuschreibung unseres Selbst oder Ichs immer nur ein verunreinigter Körper und Geist gewesen. Weil unser Selbst oder Ich auf einen verunreinigten Körper und Geist zugeschrieben wird, entwickeln wir jedes Mal, wenn wir den Gedanken „Ich" entwickeln, gleichzeitig die Unwissenheit des Festhaltens am Selbst, welches ein Geist ist, der an einem inhärent existierenden „Ich" und „Mein" festhält und der die Wurzel aller unserer Leiden ist. Für qualifizierte Heruka-Praktizierende verhindert jedoch die tiefe Erfahrung von göttlichem Stolz die Entstehung der Unwissenheit des Festhaltens am Selbst, so dass es keine Basis für die Erfahrung von Leiden gibt; sie werden ihre reine Umgebung, ihre reinen Vergnügen, Körper und Geist von Heruka genießen.

Wir mögen uns fragen, wie diese Praktizierenden glauben können, Buddha Heruka zu sein, wenn sie es doch eigentlich noch nicht sind. Wie ist es möglich für sie, die Realisation von göttlichem Stolz zu gewinnen, wenn ihre Sicht, selbst Heruka zu sein, fehlerhaft ist? Obwohl diese Praktizierenden nicht tatsächlich Buddha Heruka sind, können sie trotzdem glauben, dass sie es sind, da sie ihre Basis der Zuschreibung verändert haben. Sie haben ihre verunreinigten Anhäufungen aufgegeben und die nichtverunreinigten Anhäufungen Herukas angenommen. Ihre Sicht, die glaubt, Buddha Heruka zu sein, ist keine fehlerhafte Sicht, weil sie nichttäuschend ist und aus der Weisheit entstanden ist, die die Nichtexistenz eines inhärent existierenden „Ichs" und „Mein" erkennt. Ihre Realisation von göttlichem Stolz, der spontan glaubt, Buddha Heruka zu sein, besitzt daher die Kraft, die Entstehung der Unwissenheit des Festhaltens am Selbst, die Wurzel Samsaras, zu verhindern.

Dinge existieren nicht von ihrer eigenen Seite. Es gibt kein inhärent existierendes „Ich", „Mein" und andere Phänomene; alle Phänomene existieren als bloße Zuschreibungen. Dinge werden durch Gedanken auf ihre Basis der Zuschreibung zugeschrieben. Was bedeutet „Basis der Zuschreibung"? Zum Beispiel sind die Teile eines Autos die Basis der Zuschreibung für ein Auto. Die Teile des Autos sind nicht das Auto, aber es gibt kein Auto getrennt von den Teilen. Das Auto wird auf seine Teilen zugeschrieben. Wie? Durch das Wahrnehmen eines der Teile des Autos entwickeln wir ganz natürlich den Gedanken „Dies ist das Auto". Auf ähnliche Weise sind unser Körper und Geist nicht unser Selbst, sondern sind die Basis der Zuschreibung für unser Selbst. Unser Selbst wird durch Gedanken auf den Körper oder Geist zugeschrieben. Durch das Wahrnehmen unseres Körpers oder Geistes entwickeln wir ganz natürlich den Gedanken „Ich" oder „Mein". Ohne eine

Basis der Zuschreibung könnten die Dinge nicht existieren; alles hängt von seiner Basis der Zuschreibung ab.

Weshalb ist es notwendig, die Basis der Zuschreibung für unser Selbst zu verändern? Wie zuvor erwähnt sind seit anfangsloser Zeit, Leben für Leben, bis jetzt nur verunreinigte Anhäufungen von Körper und Geist die Basis für die Zuschreibung unseres Selbst gewesen. Wir erfahren den endlosen Kreislauf des Leidens, weil die Basis der Zuschreibung unseres Selbst durch das Gift der am Selbst festhaltenden Unwissenheit verunreinigt ist. Um uns daher dauerhaft von Leiden zu befreien, müssen wir unsere Basis der Zuschreibung verändern, von verunreinigten Anhäufungen hin zu nichtverunreinigten Anhäufungen.

Wie können wir unsere Basis der Zuschreibung verändern? Im Allgemeinen haben wir unsere Basis der Zuschreibung unzählige Male verändert. In unseren früheren Leben haben wir unzählige Wiedergeburten angenommen und jedes Mal war die Basis der Zuschreibung unseres Selbst eine andere. Als wir eine menschliche Wiedergeburt annahmen, war unsere Basis der Zuschreibung ein menschlicher Körper und Geist; als wir eine Wiedergeburt als Tier annahmen, war unsere Basis der Zuschreibung der Körper und Geist eines Tieres. Auch in diesem Leben, als wir ein Baby waren, war unsere Basis der Zuschreibung der Körper und Geist eines Babys; als Jugendlicher war unsere Basis der Zuschreibung der Körper und Geist eines Jugendlichen und wenn wir älter werden, wird unsere Basis der Zuschreibung der Körper und Geist einer alten Person sein. Alle diese unzähligen Basen der Zuschreibung sind verunreinigte Anhäufungen. Wir haben nie unsere Basis der Zuschreibung von einer verunreinigten hin zu einer nichtverunreinigten Basis verändert. Nur indem wir uns auf die tantrischen Unterweisungen Buddhas verlassen, können wir dies erreichen.

Wir verändern unsere Basis der Zuschreibung von einer verunreinigten Basis in eine nichtverunreinigte, indem wir uns in klarer Erscheinung und göttlichem Stolz schulen Heruka zu sein. Wie Buddha in seinen tantrischen Unterweisungen erklärte, lernen wir zuerst, durch Meditation über die Leerheit von Körper, Geist und allen anderen Phänomenen unseren Körper und Geist zu reinigen. Nur Leerheit wahrnehmend, erzeugen wir uns dann als ein erleuchtetes Wesen wie Heruka. Wir lernen dann, unseren Körper und Geist als Herukas Körper und Geist zu sehen, unsere Welt als Herukas Reines Land und alle um uns herum als erleuchtete Helden und Heldinnen. Dies wird als „Schulung in klarer Erscheinung" bezeichnet. Unseren Körper und Geist als nichtverunreinigte Anhäufungen von Herukas Körper und Geist wahrnehmend, entwickeln wir den Gedanken „Ich bin Buddha Heruka". Anschließend meditieren wir kontinuierlich mit einsgerichteter Konzentration über diesen göttlichen Stolz, bis wir eine tiefe Realisation des göttlichen Stolzes gewinnen, der spontan glaubt, Buddha Heruka zu sein. Zu jener Zeit haben wir unsere Basis der Zuschreibung von verunreinigten Anhäufungen hin zu nichtverunreinigten verändert.

Wenn wir beispielsweise John heißen, sollten wir nie glauben, dass John Buddha Heruka ist, sondern das Gefühl haben, dass John sich in Leerheit aufgelöst hat, bevor wir uns als Buddha Heruka erzeugten. Wir glauben dann, dass unser Ich, welches dem Körper und Geist Herukas zugeschrieben wird, Buddha Heruka ist. Dieser Glaube ist keine fehlerhafte Sicht, weil er aus Weisheit entstanden ist; und fehlerhafte Sichtweisen entstehen notwendigerweise aus Unwissenheit. Die Realisation von göttlichem Stolz entsteht aus Weisheit und ist eine kraftvolle Methode, um große Verdienste und Weisheit anzusammeln.

Auch wenn wir die Realisation haben, die der spontane Glaube ist, Buddha Heruka zu sein, sollten wir dies anderen gegenüber nie erwähnen oder zeigen, weil ein solches Verhalten in der gewöhnlichen Gesellschaft unangemessen ist. Die Menschen werden uns als John sehen und nicht als Heruka, und wir selbst wissen auch, dass John nicht Heruka ist. Die Realisationen von göttlichem Stolz und reiner Erscheinung sind innere Erfahrungen, welche die Kraft besitzen unsere Verblendungen zu kontrollieren und aus welchen reine Handlungen ganz natürlich entstehen. Es gibt deshalb keine Basis für uns, um unangemessenes Verhalten zu zeigen; wir sollten weiterhin unsere alltäglichen Aktivitäten ausüben und mit anderen auf normale Art und Weise kommunizieren.

Wie zuvor erwähnt, können tantrische Verwirklichungen erreicht werden, indem wir uns einfach auf korrekten Glauben und Vorstellung verlassen. Diese Praxis ist sehr einfach: alles, was wir tun müssen, ist tiefe Vertrautheit mit Meditation über korrekten Glauben und Vorstellung, wie sie im Tantra präsentiert werden, zu gewinnen, indem wir kontinuierliches Bemühen anwenden. Mit diesem Verständnis sollten wir Zuversicht in unsere Fähigkeit haben, Erzeugungsstufen-Realisationen des Höchsten Yoga-Tantras zu erreichen. Weil auch unsere Welt und unser Selbst, die wir normalerweise sehen, nicht existieren, haben wir die kostbare Gelegenheit, unsere neue Welt und unser neues Selbst, die vollständig rein sind, zu erzeugen; dies ist Erzeugungsstufe. Wenn unsere Welt und unser Selbst, die wir normalerweise sehen, existieren würden, wäre es unmöglich, unsere Welt und unser Selbst vollständig rein zu erzeugen. Wenn die starke Wahrnehmung unserer Welt und unseres Selbst, die wir normalerweise sehen, durch Schulung in Erzeugungsstufe aufhört, werden wir unsere Welt und unser Selbst ganz natürlich als rein erfahren. Am Wichtigsten ist, dass unsere Motivation für die Schulung in Erzeugungsstufe der mitfühlende Geist des Bodhichittas ist.

Das Tantra der Vollendungsstufe

Erzeugungsstufe ist wie den Grundriss eines Bildes zu zeichnen und Vollendungsstufe ist wie das Bild zu vollenden. Während die hauptsächlichen Objekte der Erzeugungsstufenmeditation – das Mandala und die Gottheiten – durch korrekte Vorstellung erzeugt werden, existieren die hauptsächlichen Objekte der Vollendungsstufenmeditation – die Kanäle, Tropfen und Winde – bereits innerhalb unseres Körpers und es besteht keine Notwendigkeit, sie durch die Kraft der Vorstellung zu erzeugen. Aus diesem Grund ist Vollendungsstufe kein kreativer Yoga.

Die Definition von Vollendungsstufen-Tantra ist eine innere Realisation des Lernens, die in Abhängigkeit des Eintretens, Verweilens und Auflösens der inneren Winde innerhalb des Zentralkanals durch die Kraft von Meditationen entwickelt wird. Die Objekte dieser Meditationen sind der Zentralkanal, der unzerstörbare Tropfen und der unzerstörbare Wind und Geist.

DER ZENTRALKANAL

Der Zentralkanal befindet sich genau in der Mitte zwischen der linken und rechten Körperhälfte, allerdings etwas näher beim Rücken als der Vorderseite. Unmittelbar vor der Wirbelsäule liegt der ziemlich dicke Lebenskanal und direkt vor diesem befindet sich der Zentralkanal. Er beginnt an der Stelle zwischen den Augenbrauen und geht von hier in einem Bogen zum Scheitel des Kopfes hinauf und danach in einer geraden Linie zur Spitze des Geschlechtsorgans hinunter.

Der Zentralkanal ist außen hellblau und besitzt vier Merkmale: (1) er ist sehr gerade wie der Stamm einer Platane; (2) das Innere ist von einer ölig-roten Farbe wie reines Blut; (3) er ist klar und durchscheinend wie eine Kerzenflamme; (4) er ist so weich und biegsam wie das Blütenblatt eines Lotos.

Die rechten und linken Kanäle befinden sich ohne den geringsten Zwischenraum an beiden Seiten des Zentralkanals. Der rechte Kanal ist von roter Farbe und der linke Kanal ist weiß. Der rechte Kanal beginnt an der Spitze des rechten Nasenlochs und der linke Kanal an der Spitze des linken Nasenlochs. Von hier verlaufen sie an beiden Seiten des Zentralkanals in einem Bogen hinauf zum Scheitel des Kopfes. Vom Scheitel des Kopfes bis zum Nabel sind diese drei Kanäle gerade und verlaufen dicht nebeneinander. Der Verlauf des linken Kanals unterhalb des Nabels führt in einer Biegung nach rechts und trennt sich damit leicht vom Zentralkanal. An der Spitze des Geschlechtsorgans trifft er wieder mit dem Zentralkanal zusammen. Hier dient er dazu, Sperma, Blut und Urin zu halten oder freizulassen. Der Verlauf des rechten Kanals unterhalb des Nabels führt in einer Biegung nach links und endet an der Spitze des Darmausganges, wo er dazu dient, Kot und so fort zu halten oder freizulassen.

Der rechte Kanal und der linke Kanal winden sich an unterschiedlichen Stellen um den Zentralkanal und bilden dadurch die so genannten Kanalknoten. Die vier Stellen, wo diese Knoten entstehen, sind von unten nach oben das Nabel-Kanalrad, das Herz-Kanalrad, das Hals-Kanalrad und das Scheitel-Kanalrad. An all diesen Stellen außer auf der Höhe des Herzens gibt es einen zweifachen Knoten, der durch eine

Windung des rechten Kanals und eine Windung des linken Kanals gebildet wird. Während der linke und der rechte Kanal zu diesen Stellen aufsteigen, winden sie sich dort in einer Schlinge um den Zentralkanal, indem sie sich vorne kreuzen und sich um ihn herumwinden; von dort aus gehen sie weiter nach oben zum nächsten Knoten. Auf der Höhe des Herzens geschieht dasselbe, außer dass sich hier ein sechsfacher Knoten befindet, der durch eine dreifache überlappende Schlinge der beiden flankierenden Kanäle gebildet wird. Die Kanäle sind die Bahnen, durch welche die inneren Winde und Tropfen fließen. Zu Anfang genügt es, einfach mit der Beschreibung und Visualisierung der drei Kanäle vertraut zu werden. Eine ausführlichere Erklärung der Kanäle kann in Anhang III gefunden werden.

DER UNZERSTÖRBARE TROPFEN

Es gibt zwei Arten von Tropfen im Körper: weiße Tropfen und rote Tropfen. Die erstgenannten sind die reine Essenz der weißen Samenflüssigkeit oder des Spermas, und die letzteren sind die reine Essenz des Bluts. Beide haben sowohl grobe wie subtile Formen. Es ist leicht, grobe Tropfen zu erkennen, aber es ist schwieriger subtile Tropfen zu erkennen.

Der hauptsächliche Sitz des weißen Tropfens, der auch als „weißer Bodhichitta" bekannt ist, ist das Scheitel-Kanalrad. Von hier nimmt die weiße Samenflüssigkeit ihren Ursprung. Der hauptsächliche Sitz des roten Tropfens, der auch als „roter Bodhichitta" bekannt ist, ist das Nabel-Kanalrad. Von hier nimmt das Blut seinen Ursprung. Der rote Tropfen beim Nabel ist auch die Grundlage für die Wärme des Körpers und die Grundlage für die Erlangung der Realisationen des inneren Feuers oder Tummo. Wenn die Tropfen schmelzen und durch die Kanäle fließen, lassen sie eine Erfahrung von Glückseligkeit entstehen.

Wie zuvor erklärt gibt es beim Herz-Chakra einen sechsfachen Knoten, der durch die drei Windungen des rechten und linken Kanals gebildet wird und den Zentralkanal zusammenschnürt. Dieser Knoten ist am schwierigsten zu lösen, doch wenn er gelöst wird, erlangen wir große Kraft – die Realisation des klaren Lichtes. Da der Zentralkanal am Herzen durch diesen sechsfachen Knoten zusammengeschnürt wird, ist er blockiert wie das Innere eines Bambusrohres. Mitten in diesem Knoten innerhalb des Zentralkanals gibt es einen kleinen Hohlraum, und innerhalb dieses Hohlraums gibt es einen Tropfen, welcher der „unzerstörbare Tropfen" genannt wird. Er hat etwa die Größe einer kleinen Erbse, deren obere Hälfte weiß und deren untere Hälfte rot ist. Die Substanz der weißen Hälfte ist die sehr klare Essenz von Sperma und die Substanz der roten Hälfte ist die sehr klare Essenz von Blut. Dieser Tropfen, der sehr rein und subtil ist, ist die eigentliche Essenz aller Tropfen. Alle anderen gewöhnlichen weißen und roten Tropfen, die sich in unserem ganzen Körper befinden, stammen ursprünglich von diesem Tropfen.

Der unzerstörbare Tropfen ist wie eine kleine Erbse, die in zwei Hälften geteilt, leicht ausgehöhlt und dann wieder zusammengefügt wurde. Er wird der „unzerstörbare Tropfen" genannt, weil seine zwei Hälften sich bis zum Tod nie trennen. Wenn wir sterben, lösen sich alle inneren Winde in den unzerstörbaren Tropfen auf und dies verursacht die Öffnung des Tropfens. So wie sich die zwei Hälften trennen, verlässt unser Bewusstsein sofort unseren Körper und geht zum nächsten Leben weiter.

DER UNZERSTÖRBARE WIND UND GEIST

Die Natur des unzerstörbaren Windes ist ein sehr subtiler „innerer Wind". Innere Winde sind Energiewinde, die durch die Kanäle des Körpers fließen. Sie sind viel subtiler als äußere Winde. Sie sind assoziiert mit und dienen als Träger für verschiedene Geistesarten. Ohne diese Winde könnte sich unser Geist nicht von einem Objekt zu einem anderen bewegen. Es heißt, dass innere Winde wie jemand sind, der blind ist, aber Beine besitzt, da sie nichts wahrnehmen können, aber sich dennoch von einem Ort zum anderen fortbewegen können. Geistesarten sind wie jemand, der Augen, aber keine Beine hat, weil Geistesarten sehen können, sich aber ohne ihre Träger, die inneren Winde, nicht bewegen können. Weil Geistesarten immer von den mit ihnen assoziierten Winden getragen werden, können sie sowohl sehen als auch sich bewegen.

Die inneren Winde, die durch die linken und rechten Kanäle fließen, sind unrein und schädlich, weil sie als Träger für die Geistesarten des Festhaltens am Selbst, der Selbstwertschätzung und anderer Verblendungen dienen. Wir müssen uns sehr bemühen, um diese inneren Winde in den Zentralkanal zu bringen und sie dort aufzulösen, damit wir die Entstehung dieser Verblendungen verhindern können.

Für gewöhnliche Wesen treten die inneren Winde nur während des Todesprozesses und des Schlafens in den Zentralkanal ein, verweilen dort und lösen sich auf. Zu diesen Zeiten manifestiert sich der unzerstörbare Wind und Geist, gewöhnliche Wesen können dies jedoch nicht erkennen, weil ihr Gedächtnis und ihre Achtsamkeit zu dieser Zeit nicht funktionieren können. Tantrische Praktizierende der Vollendungsstufe können zu jeder Zeit durch die Meditation über die Kanäle, Winde und Tropfen bewirken, dass ihre inneren Winde in den Zentralkanal eintreten, dort verweilen und sich auflösen. Sie können deshalb die fünf Stufen des Tantras der Vollendungsstufe erreichen: (1) die anfängliche Realisation der spontanen großen Glückseligkeit (isolierter Körper und isolierte Rede der Vollendungsstufe), (2) endgültiges beispielklares Licht, (3) illusorischer Körper,

(4) sinnklares Licht und (5) die Vereinigung von sinnklarem Licht und dem reinen illusorischen Körper. Von der fünften Stufe aus werden Praktizierende die eigentliche Erleuchtung innerhalb weniger Monate erlangen.

Es gibt fünf Ursprungs- und fünf Zweigwinde. Die Ursprungswinde sind: (1) der lebenserhaltende Wind, (2) der abwärts-entleerende Wind, (3) der aufwärts-strömende Wind, (4) der gleichmäßig-verweilende Wind und (5) der durchdringende Wind. Die fünf Zweigwinde sind: (1) der sich bewegende Wind, (2) der sich intensiv-bewegende Wind, (3) der sich vollkommen-bewegende Wind, (4) der sich stark-bewegende Wind und (5) der sich definitiv-bewegende Wind. Eine ausführliche Erklärung der inneren Winde kann in Anhang IV gefunden werden.

Der unzerstörbare Wind ist der sehr subtile Wind, der mit dem sehr subtilen Geist assoziiert ist und als dessen Träger dient. Er wird der „ständig verweilende Körper" genannt, weil wir diesen Körper beständig Leben für Leben gehabt haben. Obwohl unser Geist der Selbstwertschätzung glaubt, dass unser gegenwärtiger Körper unser eigener Körper sei, und diesen Körper schätzt, ist unser gegenwärtiger Körper in Wirklichkeit ein Teil der Körper anderer, weil er ein Teil der Körper unserer Eltern ist. Unser Selbst, welches unserem gegenwärtigen Körper zugeschrieben wird, wird am Ende des Todesprozesses sterben, während unser Selbst, welches dem ständig verweilenden Körper und Geist zugeschrieben wird, niemals aufhören wird, sondern von einem Leben zum nächsten geht. Es ist diese Person oder dieses Ich, die schließlich ein erleuchtetes Wesen werden wird. Dadurch können wir verstehen, dass es gemäß Höchstem Yoga-Tantra im Geisteskontinuum eines jeden Lebewesens eine unsterbliche Person oder ein Ich gibt, das einen unsterblichen Körper besitzt. Ohne uns auf die tiefgründigen Unterweisungen des Höchsten Yoga-Tantras zu verlassen, können wir jedoch unseren eigenen unsterblichen Körper und unser unsterbliches Ich, unser eigentliches Selbst, nicht erkennen. Ein Yogi sagte einmal:

Zuerst rannte ich aus Furcht vor dem Tod zum Dharma.
Dann schulte ich mich im Zustand der Todlosigkeit.
Schließlich realisierte ich, dass es keinen Tod gibt, und ich entspannte mich!

Innerhalb des unzerstörbaren Tropfens befindet sich der unzerstörbare Wind und Geist, die Vereinigung unseres sehr subtilen Windes und sehr subtilen Geistes. Der sehr subtile Wind ist unser eigener Körper oder ständig verweilender Körper. Der sehr subtile Geist, oder unzerstörbare Geist, ist unser eigener Geist oder ständig verweilender Geist und wird vom sehr subtilen Wind getragen. Weil die Vereinigung unseres sehr subtilen Windes und sehr subtilen Geistes nie aufhört, wird sie „der unzerstörbare Wind und Geist" genannt. Unser unzerstörbarer Wind und Geist haben sich seit anfangsloser Zeit nie getrennt und sie werden sich auch in Zukunft nie trennen. Das Potential zu kommunizieren, das die Verbindung unseres sehr subtilen Körpers und Geistes besitzt, ist unsere sehr subtile Rede oder ständig verweilende Rede. Diese wird in Zukunft die Rede eines Buddhas werden. Kurz gesagt befindet sich unser eigener Körper, unsere eigene Rede und unser eigener Geist , die in der Zukunft der erleuchtete Körper, die erleuchtete Rede und der erleuchtete Geist eines Buddhas werden, innerhalb unseres unzerstörbaren Tropfens. Diese drei, unser sehr subtiler Körper, Rede und Geist, sind unsere wahre Buddha-Natur.

Nachdem wir etwas Erfahrung im Erzeugungsstufen-Tantra gewonnen haben, das wie das Zeichnen des Grundrisses eines Bildes ist, müssen wir die Meditationen des Vollendungsstufen-Tantras ausüben, um das Bild zu vollenden. Diese sind die Meditationen über den Zentralkanal, den unzerstörbaren Tropfen und den unzerstörbaren Wind und Geist, die als die „Yogas des Kanals, Tropfens und Windes" bekannt sind.

WIE MAN ÜBER DEN ZENTRALKANAL MEDITIERT

Zuerst sollten wir lernen wahrzunehmen, wie unser Zentralkanal aussieht. Wir denken wie folgt:

Mein Zentralkanal befindet sich genau zwischen meiner linken und rechten Körperhälfte, allerdings etwas näher beim Rücken als der Vorderseite. Unmittelbar vor der Wirbelsäule liegt der ziemlich dicke Lebenskanal und direkt vor diesem befindet sich der Zentralkanal. Er beginnt an der Stelle zwischen den Augenbrauen, geht von hier in einem Bogen zum Scheitel meines Kopfes und danach in einer geraden Linie hinab zur Spitze meines Geschlechtsorgans. Er ist außen von hellblauer Farbe und innen ölig-rot. Er ist klar und durchscheinend, sehr weich und biegsam.

Ganz zu Anfang können wir, wenn wir es möchten, den Zentralkanal als ziemlich breit visualisieren und ihn dann allmählich als dünner und dünner visualisieren, bis wir ihn schließlich so dünn wie einen Strohhalm visualisieren können. Wir denken wiederholt in dieser Weise nach, bis wir ein allgemeines Bild unseres Zentralkanals wahrnehmen. Wir glauben dann, dass unser Geist innerhalb des Zentralkanals bei unserem Herzen ist, richten uns einsgerichtet auf den Zentralkanal bei unserem Herzen und meditieren darüber. Wir sollten uns beständig auf diese Art und Weise schulen, bis wir eine tiefe Erfahrung in dieser Meditation gewinnen.

WIE MAN ÜBER DEN UNZERSTÖRBAREN TROPFEN MEDITIERT

Um unseren unzerstörbaren Tropfen wahrzunehmen, denken wir wie folgt nach:

Innerhalb meines Zentralkanals auf der Höhe meines Herzens gibt es einen kleinen Hohlraum. Darin befindet sich mein unzerstörbarer Tropfen. Er hat die Größe einer kleinen Erbse, wobei die obere Hälfte weiß und die untere Hälfte von roter Farbe ist. Dieser unzerstörbare Tropfen gleicht einer Erbse, die in zwei Hälften geteilt, leicht ausgehöhlt und dann wieder zusammengefügt wurde. Er ist die eigentliche Essenz aller Tropfen und ist sehr rein und subtil. Obwohl er in seiner Substanz die Essenz von Blut und Sperma ist, hat er eine sehr klare Natur, wie eine winzige Kristallkugel, die fünffarbiges Licht ausstrahlt.

Wir denken wiederholt darüber nach, bis wir ein klares allgemeines Bild unseres unzerstörbaren Tropfens bei unserem Herzen innerhalb des Zentralkanals wahrnehmen. Mit dem Gefühl, dass sich unser Geist innerhalb unseres unzerstörbaren Tropfens in unserem Herzen befindet, meditieren wir einsgerichtet, ohne Ablenkung über diesen Tropfen.

Diese Meditation ist eine kraftvolle Methode, um das Eintreten, Verweilen und Auflösen unserer inneren Winde innerhalb des Zentralkanals zu bewirken. Meister Ghantapa sagte:

Wir sollten einsgerichtet
Über den unzerstörbaren Tropfen, der immer in
    unserem Herzen verweilt, meditieren.
Diejenigen, die mit dieser Meditation vertraut sind,
Werden mit Sicherheit erhabene Weisheit entwickeln.

Hier meint „erhabene Weisheit" die Weisheit des klaren Lichts der Glückseligkeit, das erfahren wird, wenn die Knoten beim Herz-Kanalrad gelöst sind. Von allen Knoten im Zentralkanal sind diese am schwierigsten zu lösen; wenn wir uns aber von Anfang an in unserer Vollendungsstufenpraxis auf unser Herz-Kanalrad konzentrieren, wird uns das helfen, diese Knoten zu lösen. Diese Meditation ist daher eine kraftvolle Methode, um qualifizierte Vollendungsstufenrealisationen zu gewinnen.

WIE MAN ÜBER DEN UNZERSTÖRBAREN WIND UND GEIST MEDITIERT

Wir üben die Meditation über den unzerstörbaren Wind und Geist aus, um eine tiefere Erfahrung der Weisheit des klaren Lichts der Glückseligkeit zu gewinnen. Zuerst finden wir das Objekt der Meditation, das heißt die klare Wahrnehmung unseres unzerstörbaren Windes und Geistes, indem wir wie folgt nachdenken:

Innerhalb meines unzerstörbaren Tropfens ist die Vereinigung meines unzerstörbaren Windes und Geistes im Aspekt eines winzigen Nada, das Herukas Geist des klaren Lichts symbolisiert. Es ist von rötlich-weißer Farbe und strahlt fünffarbige Lichtstrahlen aus. Mein unzerstörbarer Tropfen, der sich innerhalb meines Zentralkanals bei meinem Herzen befindet, ist wie eine Höhle; und die Vereinigung meines unzerstörbaren Windes und Geistes ist wie jemand, der in dieser Höhle lebt.

Eine Illustration des Nadas erscheint in Anhang VIII. Wir üben diese Kontemplation wiederholt aus, bis wir das Nada wahrnehmen, welches von der Natur der Vereinigung unseres unzerstörbaren Windes und Geistes ist. Wir meditieren über das Nada in einsgerichteter Konzentration, ohne es zu vergessen.

Indem wir tiefe Erfahrung in den Meditationen über den Zentralkanal, den unzerstörbaren Tropfen und die Vereinigung von unzerstörbarem Wind und Geist gewinnen, werden unsere inneren Winde in den Zentralkanal eintreten, dort verweilen und sich auflösen. Wir werden dann besondere Zeichen erfahren. Wir können feststellen, ob unsere Winde in den zentralen Kanal eingetreten sind, indem wir unseren Atem überprüfen. Normalerweise gibt es ein Ungleichgewicht in unserer Atmung – mehr Luft wird aus dem einen als aus dem anderen Nasenloch ausgeatmet, und die Luft beginnt früher aus dem einen Nasenloch als aus dem anderen auszutreten. Wenn aber die inneren Winde aufgrund der zuvor erwähnten Meditationen in den Zentralkanal eintreten, werden der Druck und die Zeitdauer des Atmens für beide Nasenlöcher während des Ein- und Ausatmens gleich sein. Daher ist gleichmäßige Atmung durch beide Nasenlöcher das erste Zeichen, das wir wahrnehmen können. Ein anderes wahrnehmbares Ungleichgewicht im normalen Atem ist, dass die Einatmung stärker als die Ausatmung ist oder umgekehrt. Das zweite Zeichen für das Eintreten der Winde in den Zentralkanal ist, dass der Druck der Einatmung und der Ausatmung genau gleich sein wird.

Es gibt ebenfalls zwei Zeichen, die darauf hinweisen, dass die inneren Winde im Zentralkanal verweilen: (1) unsere Atmung wird schwächer und schwächer und hört schließlich vollständig auf; und (2) jede Bewegung des Bauches, die normalerweise mit der Atmung verbunden ist, hört auf. Normalerweise gerieten wir in Panik, wenn unsere Atmung aufhören würde, und würden denken, dass wir dem Tode nahe sind. Sind wir aber fähig, durch die Kraft der Meditation unsere Atmung zu stoppen, wird unser Geist, statt in Panik zu geraten, noch zuversichtlicher, angenehmer und flexibler werden.

Wenn die Winde innerhalb des Zentralkanals verweilen, müssen wir uns nicht länger auf grobe Winde verlassen, um zu überleben. Normalerweise hört unsere Atmung nur beim Tode auf. Während des Schlafens wird unsere Atmung viel subtiler, aber sie hört nie vollständig auf. Während der Vollendungsstufenmeditationen kann unsere Atmung aber zu einem vollständigen Stillstand kommen, ohne dass wir bewusstlos werden. Es ist möglich, dass die Winde wieder in die linken und rechten Kanäle entweichen, nachdem sie im Zentralkanal für fünf oder zehn Minuten verweilten. Wenn dies geschieht, werden wir wieder zu atmen beginnen. Wenn Luft durch die Nasenlöcher fließt, ist das ein Hinweis dafür, dass die Winde nicht im Zentralkanal verweilen.

Was sind die Zeichen, dass sich die Winde innerhalb des Zentralkanals aufgelöst haben? Es gibt sieben Winde, die sich auflösen müssen, und jeder dieser Winde hat ein spezifisches Zeichen, das darauf hinweist, dass seine Auflösung abgeschlossen ist. Die sieben Winde sind: (1) der Erdelementwind, (2) der Wasserelementwind, (3) der Feuerelementwind, (4) der Windelementwind, (5) der Wind, der den Geist der weißen Erscheinung trägt, (6) der Wind, der den Geist der roten Vermehrung trägt und (7) der Wind, der den Geist der schwarzen Naherlangung trägt. Die ersten vier dieser Winde sind grob und die letzten drei sind subtil. Diese sieben Winde lösen sich allmählich der Reihe nach auf und zu jeder Auflösung gehört eine bestimmte Erscheinung.

Der Erdelementwind unterstützt und vermehrt alles, was mit dem Erdelement in unserem Körper verbunden ist, wie zum Beispiel unsere Knochen, Knorpel und Fingernägel. Wenn sich dieser Wind im Zentralkanal auflöst, nehmen wir eine Erscheinung wahr, die als „luftspiegelungsähnliche

Erscheinung" bekannt ist. Diese Erscheinung gleicht schimmerndem Wasser, das man manchmal auf dem Wüstenboden sieht. Es gibt drei Ebenen, auf denen diese luftspiegelungsähnliche Erscheinung wahrgenommen wird, abhängig davon, wie stark sich der Erdelementwind im Zentralkanal aufgelöst hat. Wenn die Auflösung nur leicht ist, wird die Erscheinung vage sein, am undeutlichsten und sehr schwierig zu erkennen; wenn die Auflösung fast vollständig ist, wird die Erscheinung deutlicher und lebendiger sein; und wenn der Wind sich vollständig auflöst, wird die Erscheinung unverwechselbar deutlich und lebendig und unmöglich zu übersehen sein. Wenn der Erdelementwind sich aufgelöst hat und die luftspiegelungsähnliche Erscheinung wahrgenommen wurde, wird sich der nächste Wind auflösen und eine andere Erscheinung wird sich manifestieren. Je vollständiger sich der erste Wind auflöst, umso lebendiger wird unsere Wahrnehmung dieser nächsten Erscheinung sein.

Der zweite Wind, der sich auflöst, ist der Wasserelementwind, der die flüssigen Elemente des Körpers, wie zum Beispiel das Blut, unterstützt und vermehrt. Die mit dieser Auflösung verbundene Erscheinung wird „rauchähnliche Erscheinung" genannt. Einige Schriften behaupten, dass diese Erscheinung wie Rauch ist, der aus einem Kamin quillt. Dies ist aber nicht die eigentliche Erscheinung. Es gibt eine Erscheinung wie quellender Rauch, aber diese ereignet sich kurz vor der eigentlichen Auflösung des Wasserelementwindes. Erst wenn diese anfängliche Erscheinung abgeklungen ist, wird die eigentliche rauchähnliche Erscheinung wahrgenommen. Diese gleicht dünnen Rauchfähnchen von blauen Rauchschwaden, die in der Luft in Form langsam kreisenden Dunstes schweben. Wie zuvor gibt es drei Ebenen, auf denen diese Erscheinung wahrgenommen wird, abhängig davon, wie stark sich der Wasserelementwind aufgelöst hat.

Als nächstes kommt die Auflösung des Feuerelementwindes. Dieser Wind unterstützt und vermehrt das Feuerelement im Körper und ist verantwortlich für die Körperwärme und so fort. Das Zeichen, dass sich dieser Wind aufgelöst hat, ist die „funkelnde-leuchtkäferähnliche Erscheinung". Diese Erscheinung wird manchmal mit einem offenen, knackenden Feuer in der Nacht verglichen, wobei die aufsteigenden Funken, die über dem Feuer tanzen, der funkelnden-leuchtkäferähnlichen Erscheinung gleichen. Einmal mehr gibt es drei Ebenen, auf denen diese Erscheinung wahrgenommen wird, abhängig vom Grad der Auflösung.

Darauf folgend löst sich der Windelementwind auf. Dies ist der Wind, der grobes begriffliches Denken trägt. Er speist grobe dualistische Erscheinungen und die groben begrifflichen Gedanken, die aus dem Für-wahr-Halten dieser Erscheinungen resultieren. Das Zeichen, dass der vierte der groben Winde begonnen hat sich aufzulösen, ist die „kerzenflammenähnliche Erscheinung". Diese Erscheinung gleicht der ruhigen, aufrechten Flamme einer Kerze in einem Raum ohne Zugluft. Einmal mehr gibt es drei Ebenen, auf denen diese Erscheinung wahrgenommen wird.

Wenn sich der Erdelementwind innerhalb des Zentralkanals aufgelöst und die Kraft des Erdelementes sich dadurch vermindert hat, mag es scheinen, als ob sich das Wasserelement verstärkt hat, weil das Wasserelement deutlicher wahrgenommen wird, wenn die Kraft des Erdelementes abnimmt. Aus diesem Grund wird die Auflösung des Erdelementwindes im Zentralkanal oft als „das Erdelement, das sich in das Wasserelement auflöst" beschrieben. Aus ähnlichen Gründen werden die nachfolgenden Auflösungen als „das Wasserelement, das sich in das Feuerelement auflöst", „das Feuerelement, das sich in das Windelement auflöst" und „das Windelement, das sich in Bewusstsein auflöst" bezeichnet.

Nach der kerzenflammenähnlichen Erscheinung haben alle groben begrifflichen Geistesarten zu funktionieren aufgehört, weil die Winde, die sie tragen, sich aufgelöst haben und verschwunden sind. Wenn der oder die Meditierende die Auflösung des vierten Windes vollendet hat, entsteht der erste subtile Geist, der Geist der weißen Erscheinung. Mit diesem Geist nimmt der oder die Meditierende eine Erscheinung von weiß wahr, wie von einem leeren, vom hellen Licht des Mondes durchdrungenen Himmel in einer klaren Herbstnacht. Wie zuvor gibt es drei Ebenen der Klarheit für diese Erscheinung, abhängig von der Fähigkeit des oder der Meditierenden.

Zu diesem Zeitpunkt ist der Geist völlig frei von groben Vorstellungen, wie die in *Das klare Licht der Glückseligkeit* aufgelisteten achtzig hinweisenden Vorstellungen, und die einzige Wahrnehmung ist die Wahrnehmung von weißem, leerem Raum. Auch gewöhnliche Wesen nehmen diese Erscheinung wahr, zum Beispiel wenn sie sterben. Sie sind jedoch nicht fähig, sie zu erkennen oder zu verlängern, weil auf dieser Stufe die gewöhnliche grobe Ebene von Achtsamkeit aufgehört hat zu funktionieren. Obwohl es auf dieser Stufe keine grobe Achtsamkeit gibt, sind diejenigen, die sich gemäß dem Vollendungsstufen-Tantra richtig geschult haben, in der Lage, die subtile Achtsamkeit, die sie während der Meditation entwickelt haben, zu verwenden, um die weiße Erscheinung zu erkennen und zu verlängern; etwas, wozu gewöhnliche Wesen nicht fähig sind.

Wenn sich der subtile Wind, der den Geist der weißen Erscheinung trägt, auflöst, entsteht der Geist der roten Vermehrung. Dieser Geist und sein Wind sind subtiler als der Geist und Wind der weißen Erscheinung. Das Zeichen, das auftritt, wenn dieser Geist entsteht, ist eine Erscheinung wie von einem leeren, von rotem Sonnenlicht durchdrungenen

Himmel. Einmal mehr gibt es drei Ebenen der Klarheit für diese Erscheinung.

Wenn der subtile Wind, der den Geist der roten Vermehrung trägt, sich auflöst, entsteht der Geist der schwarzen Naherlangung. Dieser Geist und der ihn tragende Wind sind sogar noch subtiler als der Geist und Wind der roten Vermehrung. Der Geist der schwarzen Naherlangung hat zwei Ebenen: der obere Teil und der untere Teil. Der obere Teil des Geistes der schwarzen Naherlangung besitzt noch subtile Achtsamkeit, aber der untere Teil hat überhaupt keine Achtsamkeit. Er wird als eine überwältigende Bewusstlosigkeit erfahren, wie eine sehr tiefe Ohnmacht. Zu diesem Zeitpunkt würden wir anderen als tot erscheinen.

Das Zeichen, das auftritt, wenn der Geist der schwarzen Naherlangung entsteht, ist eine Erscheinung wie von einem sehr schwarzen, leeren Himmel. Diese Erscheinung kommt mit dem oberen Teil des Geistes der schwarzen Naherlangung, unmittelbar nach der Beendigung des Geistes der roten Vermehrung. Während die Erfahrung der schwarzen Naherlangung fortschreitet und wir uns der vollständigen Bewusstlosigkeit nähern, endet unsere subtile Achtsamkeit. Je stärker sich der Wind im Zentralkanal auflöst, umso tiefer bewusstlos werden wir während des Geistes der schwarzen Naherlangung; und je tiefer bewusstlos wir zu diesem Zeitpunkt werden, umso lebhafter werden wir die nachfolgende Erscheinung des klaren Lichts wahrnehmen. Dies gleicht der Erfahrung, die man hat, wenn man lange Zeit in einem dunklen Raum bleibt; je länger man dort bleibt, um so heller wird die äußere Welt erscheinen, wenn man schließlich wieder herauskommt. Somit hängt die Stärke der erfahrenen Helligkeit von der Tiefe und Dauer der vorangegangenen Dunkelheit ab.

Wenn der subtile Wind, der den Geist der schwarzen Naherlangung trägt, sich auflöst, entsteht der Geist des klaren Lichts.

Dieser Geist und der Wind, der ihn trägt, sind die subtilsten von allen. Das Zeichen, das sich zeigt, wenn dieser Geist entsteht, ist eine Erscheinung wie von einem Herbsthimmel im Morgengrauen – vollkommen klar und leer. Wenn der Geist des klaren Lichts entsteht, wird eine sehr subtile Achtsamkeit wiederhergestellt, abhängig von der Entwicklungsstufe des oder der Meditierenden. Der sehr subtile Wind und sehr subtile Geist, der von diesem getragen wird, befinden sich im unzerstörbaren Tropfen im Zentrum des Herz-Kanalrades. Normalerweise arbeitet der sehr subtile Geist nicht, aber zur Zeit des klaren Lichts manifestiert er sich und wird aktiv. Wenn wir uns in den Techniken des Vollendungsstufen-Tantras geschult und Gewandtheit erreicht haben, werden wir fähig sein, die Erscheinung des klaren Lichts wahrzunehmen und aufrechtzuerhalten. Indem wir lernen, die auf dieser Stufe entwickelte sehr subtile Achtsamkeit zu benutzen, werden wir schließlich in der Lage sein, unseren sehr subtilen Geist auf Leerheit zu richten und auf diese Weise den Geist des klaren Lichts als Mittel verwenden, den Wahrheitskörper eines Buddhas zu erlangen.

Unser Geist kann nicht subtiler werden als der Geist des klaren Lichts. Während der ersten vier Erscheinungen (luftspiegelungsähnlich, rauchähnlich, funkelnd-leuchtkäferähnlich und kerzenflammenähnlich) lösen sich die groben Winde auf; und während der nächsten drei (weiße Erscheinung, rote Vermehrung und schwarze Naherlangung) lösen sich die subtilen Winde auf. Dann, mit der Erscheinung des klaren Lichts, manifestieren sich der sehr subtile Geist und der ihn tragende Wind und werden aktiv. Diese können sich nicht auflösen, weil sie unzerstörbar sind. Nach dem Tod gehen sie einfach zum nächsten Leben weiter.

Von den drei subtilen Winden, die die drei subtilen Geistesarten tragen, ist der am wenigsten subtile derjenige, der den

Geist der weißen Erscheinung trägt. Dieser Geist wird „weiße Erscheinung" genannt, weil alles, was wahrgenommen wird, eine Erscheinung von weißem, leerem Raum ist. Er wird auch „leer" genannt, weil der Geist der weißen Erscheinung diesen weißen Raum als leer wahrnimmt. Auf dieser Stufe sind die Erscheinung von weiß und die Erscheinung von leer von gleicher Stärke.

Wenn der Wind, der den Geist der weißen Erscheinung trägt, sich auflöst, entsteht der zweite der drei subtilen Geistesarten, der Geist der roten Vermehrung. Der Wind, der diesen Geist trägt, ist subtiler als derjenige, der den Geist der weißen Erscheinung trägt. Dieser Geist wird „rote Vermehrung" genannt, weil sich die Erscheinung von rotem Raum vermehrt. Er wird auch „sehr leer" genannt, weil die Erscheinung von leer stärker ist als beim vorherigen Geist. Auf dieser Stufe ist die Erscheinung von leer stärker als die Erscheinung von rot.

Wenn der Wind des Geistes der roten Vermehrung sich auflöst, entsteht der dritte subtile Geist, der Geist der schwarzen Naherlangung. Dieser Geist wird „Naherlangung" genannt, weil die Erfahrung des klaren Lichts jetzt greifbar nah ist. Er wird auch „groß leer" genannt, weil die Erscheinung von leer noch größer ist als beim vorherigen Geist.

Wenn der dritte subtile Wind, derjenige, der den Geist der schwarzen Naherlangung trägt, sich auflöst, entsteht der Geist des klaren Lichts. Dieser Geist wird „klares Licht" genannt, weil seine Natur sehr luzid und klar ist, und weil er eine Erscheinung wie das Licht der Morgendämmerung im Herbst wahrnimmt. Er wird auch „ganz leer" genannt, weil er leer von allen groben und subtilen Winden ist und nur eine leere Erscheinung wahrnimmt. Das Objekt des Geistes des klaren Lichts ist in seiner Erscheinung sehr ähnlich dem Objekt, das ein höheres Wesen in meditativem Gleichgewicht über Leerheit wahrnimmt. Zusammen werden die vier Geistesarten

– der Geist der weißen Erscheinung, der Geist der roten Vermehrung, der Geist der schwarzen Naherlangung und der Geist des klaren Lichts – als die „vier Leeren" bezeichnet. Wenn ein Meditierender der Vollendungsstufe hoch realisiert ist, wird er oder sie eine sehr lebhafte Erfahrung des klaren Lichts haben und fähig sein, diese Erfahrung für eine lange Zeit aufrechtzuerhalten. Wie lebhaft unsere Erfahrung des klaren Lichts ist, hängt davon ab, wie lebhaft die vorangegangenen sieben Erscheinungen waren, und dies hängt wiederum davon ab, wie kräftig sich die Winde im Zentralkanal aufgelöst haben. Wenn die Winde sich sehr stark auflösen, wird der oder die Meditierende eine lebhafte Erfahrung aller Erscheinungen haben und in der Lage sein, die Erfahrung jeder einzelnen zu verlängern. Je länger wir fähig sind, jede Erscheinung zu erfahren, desto länger werden wir fähig sein, das klare Licht selbst zu erfahren.

Wenn eine Person eines gewaltsamen Todes stirbt, geht sie sehr schnell durch diese Erscheinungen hindurch. Wenn der Tod aber langsam oder natürlich ist, werden die Erscheinungen nach und nach und für längere Zeit erfahren. Wenn wir die Realisation des endgültigen beispielklaren Lichts entwickeln, werden wir in der Lage sein, während wir in tiefer Konzentration sind, die genau gleiche Erfahrung dieser Erscheinungen zu haben, als ob wir tatsächlich sterben. Desweiteren werden wir, wenn wir uns gut in dieser Meditation geschult haben, fähig sein, durch alle „vier Leeren" hindurch über Leerheit zu meditieren, außer in der Zeit, die wir in der Ohnmacht oder Bewusstlosigkeit des Geistes der schwarzen Naherlangung verbringen.

Um die „vier Leeren" deutlich, genau wie während des Todesprozesses wahrnehmen zu können, müssen wir alle Winde in den unzerstörbaren Tropfen im Zentrum des Herz-Kanalrades auflösen. Wenn sie sich in ein anderes Kanalrad auflösen, werden wir ähnliche Erscheinungen erfahren, aber sie werden künstlich sein, nicht die wahren Erscheinungen, die sich zeigen, wenn sich die Winde in den unzerstörbaren Tropfen auflösen, wie sie es zur Todeszeit tun.

Obwohl ein vollendeter Meditierender oder eine vollendete Meditierende für eine lange Zeit im klaren Licht verweilen kann, muss er oder sie schließlich weitergehen. Wenn wir uns aus dem klaren Licht erheben, ist das erste, was wir erfahren, der Geist der schwarzen Naherlangung der umgekehrten Folge. Dann erfahren wir nacheinander den Geist der roten Vermehrung, den Geist der weißen Erscheinung, die achtzig groben begrifflichen Geistesarten, die Geistesarten der kerzenflammenähnlichen Erscheinung und so fort, da sich die Geistesarten in einer Reihenfolge entwickeln, die umgekehrt der Reihenfolge ist, in der sie sich zuvor auflösten.

Somit ist der Geist des klaren Lichts die Grundlage aller anderen Arten von Geist. Wenn die groben und subtilen Geistesarten und die sie tragenden Winde sich im unzerstörbaren Tropfen beim Herzen auflösen, bleiben wir nur mit dem klaren Licht zurück, und dann bilden sich nacheinander aus diesem klaren Licht alle anderen Geistesarten heraus, eine gröber als die andere.

Diese fortschreitenden und umgekehrten Reihenfolgen werden von gewöhnlichen Wesen während des Schlafes und der anfänglichen Stufen des Aufwachens, während des Todes und der anfänglichen Stufen ihrer nächsten Wiedergeburt sowie von qualifizierten Praktizierenden der Vollendungsstufe während der Meditation erfahren. Weil erleuchtete Wesen die dauerhafte Beendigung der sieben oben genannten Winde erlangt haben, erfahren sie nur den sehr subtilen Geist des klaren Lichts – selbst ihr Mitgefühl und ihr Bodhichitta sind Teil ihres klaren Licht-Geistes.

Die Vollendungsstufe des Mahamudras

Der Begriff „Mahamudra" stammt aus dem Sanskrit. „Maha"
bedeutet „groß" und bezieht sich auf die große Glückseligkeit,
und „mudra" bedeutet hier „nichttäuschend" und bezieht
sich auf Leerheit. Mahamudra ist die Vereinigung von großer
Glückseligkeit und Leerheit. Die Definition von Mahamudra-
Tantra ist ein Geist von voll-qualifiziertem klarem Licht, der
große Glückseligkeit erfährt und direkt Leerheit realisiert.
Weil Leerheit in allen Einzelheiten in Buddhas Sutra-Unterweisungen erklärt und ein Teil des Mahamudras ist, besagen
einige Texte, dass Leerheit Sutra-Mahamudra ist. Das eigentliche Mahamudra ist aber notwendigerweise eine Realisation
des Höchsten Yoga-Tantras.

Die Anleitungen über Mahamudra-Tantra, die vom Weisheits-Buddha Je Tsongkhapa Losang Dragpa erteilt wurden,
sind denjenigen, die von anderen Gelehrten erteilt wurden,
überlegen. Wie der Gelehrte Gungtang in *Gebet für das Erblühen
der Lehre Je Tsongkhapas* sagte:

> Die Leerheit, die in Buddhas Sutra-Unterweisungen
> erklärt wird,
> Und die große Glückseligkeit, die in Buddhas
> tantrischen Unterweisungen, erklärt wird –
> Die Vereinigung dieser beiden ist die eigentliche
> Essenz der 84.000 Unterweisungen Buddhas.
> Möge die Lehre des Eroberers Losang Dragpa für
> immer blühen.

Ghantapa

Die Natur des Mahamudras ist ein voll-qualifiziertes klares Licht. Wie zuvor erwähnt, gibt es viele verschiedene Ebenen des klaren Lichts, in Abhängigkeit vom Grad der Auflösung der inneren Winde in den Zentralkanal. Die Realisation der großen Glückseligkeit, die vor dem Erlangen des voll-qualifizierten klaren Lichts in Abhängigkeit vom Eintreten, Verweilen und Auflösen der inneren Winde innerhalb des Zentralkanals entsteht, ist die erste der fünf Stufen der Vollendungsstufe. Sie wird „isolierter Körper und isolierte Rede der Vollendungsstufe" genannt. Das bedeutet, dass der Praktizierende auf dieser Stufe von groben gewöhnlichen Erscheinungen und Vorstellungen von Körper und Rede frei oder isoliert ist.

Ein voll-qualifizierter Geist des klaren Lichts, der Glückse-ligkeit erfährt und Leerheit mittels eines allgemeinen Bildes realisiert, wird „endgültiges beispielklares Licht" genannt. Diese Realisation wird „endgültig" genannt, weil es ein voll-qualifiziertes klares Licht ist. Es wird „Beispiel" genannt, weil Praktizierende, indem sie diese Realisation als Beispiel benutzen, verstehen können, dass sie einen voll-qualifizierten Geist des klaren Lichts verwirklichen können, der große Glückseligkeit erfährt und Leerheit direkt realisiert. Dieser Geist wird das „sinnklare Licht" genannt. Die Realisation des endgültigen beispielklaren Lichts ist die zweite der fünf Stufen der Vollendungsstufe. Sie wird auch „isolierter Geist" genannt, weil auf dieser Stufe die Praktizierenden von groben gewöhn-lichen Erscheinungen und Vorstellungen des Geistes frei oder isoliert sind.

Wenn sich Praktizierende aus der Konzentration des endgültigen beispielklaren Lichts erheben, verwandelt sich ihr unzerstörbarer Wind – ihr ständig verweilender Körper – in den illusorischen Körper. Dies ist ein göttlicher Körper, dessen Natur Weisheitslicht ist und dessen Aspekt der göttliche Körper

einer erleuchteten Gottheit wie Heruka ist. Die Farbe des illusorischen Körpers ist weiß. Die Realisation des illusorischen
Körpers ist die dritte der fünf Stufen der Vollendungsstufe und
wird „der illusorische Körper der dritten Stufe" genannt.

Praktizierende, die den illusorischen Körper der dritten
Stufe erlangt haben, meditieren mit ihrem Geist des klaren
Lichts der Glückseligkeit immer wieder über Leerheit, bis
sie die Leerheit aller Phänomene direkt realisieren. Wenn sie
dies erreichen, erlangen sie das „sinnklare Licht", welches
ein voll-qualifizierter Geist des klaren Lichts ist, der große
Glückseligkeit erfährt und die Leerheit aller Phänomene direkt
realisiert. Die Realisation des sinnklaren Lichts ist die vierte
der fünf Stufen der Vollendungsstufe und wird „das sinnklare Licht der vierten Stufe" genannt. „Sinnklares Licht" und
„Mahamudra-Tantra" sind synonym.

Wenn sich Praktizierende aus der Konzentration des sinnklaren Lichts erheben, erlangen sie den reinen illusorischen
Körper und geben vollständig alle gewöhnlichen Vorstellungen und alle anderen Verblendungen auf. Wenn diese
Praktizierenden das sinnklare Licht wieder manifestieren,
werden sie die Vereinigung des sinnklaren Lichts und des
reinen illusorischen Körpers erlangen. Die Realisation dieser
Vereinigung ist die fünfte der fünf Stufen der Vollendungsstufe
und wird die „Vereinigung der fünften Stufe" genannt. Von
dieser fünften Stufe aus werden Praktizierende die eigentliche
Erleuchtung erlangen – den Pfad des Nicht-Mehr-Lernens oder
Buddhaschaft.

Wie oben erwähnt ist Mahamudra die Vereinigung von
großer Glückseligkeit und Leerheit. Das bedeutet, dass
Mahamudra-Tantra ein einzelner Geist ist, der sowohl Glückseligkeit als auch Weisheit ist: er erfährt große Glückseligkeit
und realisiert Leerheit direkt. Mahamudra-Tantra ist eine
Ansammlung von Verdiensten, welche die Hauptursache für

den Formkörper eines Buddhas ist, und eine Ansammlung von Weisheit, welche die Hauptursache für den Wahrheitskörper oder Dharmakaya eines Buddhas ist. Mit der Schulung in den Meditationen des Mahamudra-Tantras wandeln wir unseren ständig verweilenden Körper und Geist in den Form- und Wahrheitskörper eines Buddhas um. Mahamudra-Tantra gibt unserem Leben daher eine unvorstellbare Bedeutung.

GROSSE GLÜCKSELIGKEIT

Die Glückseligkeit, die von Buddha im Vollendungsstufen-Tantra erklärt wurde, ist unerreicht unter allen anderen Arten von Glückseligkeit und wird deshalb „große Glückseligkeit" genannt.

Im Allgemeinen gibt es viele verschiedene Arten der Glückseligkeit. Gewöhnliche Wesen beispielsweise erfahren manchmal in ihren sexuellen Aktivitäten etwas künstliche Glückseligkeit; und qualifizierte Meditierende erfahren aufgrund ihrer reinen Konzentration während tiefer Meditation eine besondere Glückseligkeit der Geschmeidigkeit, insbesondere dann, wenn sie das ruhige Verweilen erlangen und die Konzentration der „Versenkung der Beendigung" verwirklichen. Wenn Dharma-Praktizierende außerdem durch Schulung in höherer moralischer Disziplin, höherer Konzentration und höherer Weisheit einen dauerhaften inneren Frieden erlangen, indem sie das Festhalten am Selbst aufgeben, erfahren sie Tag und Nacht und Leben für Leben eine tiefgründige Glückseligkeit inneren Friedens. Diese Arten von Glückseligkeit werden in Buddhas Sutra-Unterweisungen erwähnt. Die Glückseligkeit der Vollendungsstufe unterscheidet sich aber ziemlich von diesen und ist ihnen weit überlegen. Die Glückseligkeit der Vollendungsstufe – große Glückseligkeit – ist eine Glückseligkeit, die zwei besondere Merkmale besitzt: (1) ihre Natur ist

eine Glückseligkeit, die aus dem Schmelzen der Tropfen innerhalb des Zentralkanals entsteht, und (2) besteht ihre Funktion
darin, subtile fehlerhafte Erscheinung zu verhindern. Keine
andere Form der Glückseligkeit besitzt diese zwei Merkmale.

Eine Glückseligkeit, die diese zwei Merkmale besitzt,
kann nur von denjenigen erfahren werden, die die Praxis des
Höchsten Yoga-Tantras ausüben. Sogar viele hohe Bodhisattvas,
die in den Reinen Ländern verweilen, haben keine Möglichkeit,
diese Art der Glückseligkeit zu erfahren, denn obwohl sie sehr
hohe Realisationen haben, fehlen ihrem Körper die notwendigen physischen Bedingungen, um die Glückseligkeit mit den
zwei Merkmalen zu erzeugen. Welche Bedingungen sind damit
gemeint? Es sind dies die drei Elemente von Fleisch, Haut und
Blut, welche von der Mutter stammen, sowie die drei Elemente
Knochen, Mark und Sperma, welche vom Vater stammen.
Diese sechs Elemente sind essentiell, um diese Glückseligkeit
zu verwirklichen, die der schnelle Pfad zur Buddhaschaft ist.
Vor allem weil Menschen diese sechs Bedingungen besitzen,
erklärte uns Buddha die tantrischen Unterweisungen. Daher
sind wir von diesem Standpunkt aus betrachtet noch mehr von
Glück gesegnet als viele hohe Bodhisattvas, die in ihren Reinen
Ländern verweilen, wo sie große Vergnügen erfahren. Es wird
gesagt, dass diese Bodhisattvas darum beten, als Menschen
geboren zu werden, damit sie einen qualifizierten Vajra-Meister
treffen und den schnellen Pfad zur Erleuchtung praktizieren
können. In *Lied der Frühlingskönigin* sagt Je Tsongkhapa, dass
es ohne die Erfahrung dieser Glückseligkeit keine Möglichkeit
gibt, Befreiung in diesem Leben zu erlangen. Deshalb muss
gar nicht erwähnt werden, dass es ohne die Erfahrung dieser
Glückseligkeit keine Möglichkeit gibt, die volle Erleuchtung in
diesem Leben zu erlangen.

Wenn wir diese Glückseligkeit in der Vollendungsstufenmeditation entwickeln und bewahren, können wir unsere

Anhaftung in eine besondere Methode umwandeln, um den schnellen Pfad zur Erleuchtung zu vollenden. Bevor wir diese Glückseligkeit erlangen, verursacht unsere Anhaftung eine Wiedergeburt in Samsara; wenn wir jedoch diese Glückseligkeit erlangt haben, verursacht unsere Anhaftung die Befreiung von Samsara. Wenn wir diese Glückseligkeit erlangen, werden wir außerdem fähig sein, unsere samsarischen Wiedergeburten sehr schnell zu beenden. Die Ursache von Samsara ist unser Geist des Festhaltens am Selbst. Nach den Unterweisungen des Höchsten Yoga-Tantras hängt das Festhalten am Selbst von seinem tragenden Wind ab, der durch die rechten und linken Kanäle fließt. Ohne diesen Wind kann es sich nicht entwickeln. Durch das Erlangen der Glückseligkeit der Vollendungsstufe können wir die inneren Winde der rechten und linken Kanäle allmählich verringern, bis sie schließlich vollständig aufhören. Wenn diese Winde aufhören, hört auch unser Festhalten am Selbst auf, und wir erfahren Befreiung von Samsara.

Hieraus können wir ersehen, dass es in Sutra allein keine Befreiung gibt, von der vollen Erleuchtung ganz zu schweigen. Die Unterweisungen des Höchsten Yoga-Tantras sind Buddhas endgültige Absicht, während die Sutra-Unterweisungen die grundlegende Basis sind. Obwohl es in den Sutra-Unterweisungen viele Erklärungen darüber gibt, wie Befreiung oder Nirvana erreicht wird, so ist es bei einer genaueren Überprüfung sehr schwierig mittels Sutra-Unterweisungen zu verstehen, wie Nirvana erlangt werden kann. „Nirvana" bedeutet „der Zustand jenseits von Leid" – die dauerhafte Beendigung des Festhaltens am Selbst und seines tragenden Windes – und seine Natur ist Leerheit. Wenn wir nie Unterweisungen des Höchsten Yoga-Tantras gehört haben und uns jemand sehr genau danach fragt, wie Nirvana erlangt werden kann, können wir keine vollkommene Antwort geben. Wie Je Tsongkhapa sagte, kann die letztliche Antwort nur in den Unterweisungen des Höchsten Yoga-Tantras gefunden werden.

Die Glückseligkeit, die aus dem Schmelzen der Tropfen in den Kanälen außerhalb des Zentralkanals entsteht, hat keine besonderen Qualitäten. Wenn sich beispielsweise gewöhnliche Wesen sexuell vereinigen, bewirkt dies, dass sich der abwärts-entleerende Wind nach oben bewegt, was wiederum bewirkt, dass sich ihr gewöhnliches Tummo oder ihre innere Hitze in den rechten und linken Kanälen verstärkt, und zwar hauptsächlich im linken Kanal. Als Resultat davon schmelzen die roten Tropfen der Frau und die weißen Tropfen des Mannes und fließen durch den linken Kanal. Durch dieses Fließen der Tropfen erfahren sie etwas Glückseligkeit, doch sie ist sehr kurzlebig; die Tropfen gehen bald verloren und werden freigelassen. Diese kurze Erfahrung von Glückseligkeit bringt keinerlei gute Resultate, außer vielleicht einem Baby!

Wenn im Gegensatz dazu ein qualifizierter tantrischer Praktizierender die Vollendungsstufenmeditationen ausübt, die oben erklärt sind, so wird er oder sie bewirken, dass sich die inneren Winde innerhalb des Zentralkanals sammeln, verweilen und sich auflösen. Dies wird bewirken, dass der sich abwärts-entleerende Wind, der sich genau unterhalb des Nabels befindet, nach oben bewegt. Normalerweise bewirkt dieser Wind das Freilassen der Tropfen, aber weil er jetzt innerhalb des Zentralkanals aufsteigt, wird sich die innere Hitze, die sich beim Nabel befindet, innerhalb des Zentralkanals verstärken, wodurch auch die Tropfen innerhalb des Zentralkanals schmelzen und fließen.

Für den Praktizierenden einer männlichen Gottheit beginnt der weiße Tropfen vom Scheitel abwärts zu fließen; und wenn dieser den Hals erreicht, erfährt der oder die Praktizierende eine ganz besondere Glückseligkeit, welche die zwei Merkmale besitzt. So wie der Tropfen zum Herzen hinabfließt, wird die Glückseligkeit stärker und qualifizierter, und wenn er zum Nabel herunterfließt, wird sie noch stärker und qualifizierter.

Wenn er schließlich die Spitze des Geschlechtsorgans erreicht, erfährt der oder die Praktizierende spontane große Glückseligkeit – die große Glückseligkeit der Vollendungsstufe. Weil aber der abwärts-entleerende Wind nach oben gelenkt wurde, wird der Tropfen an dieser Stelle nicht freigelassen, sondern fließt durch den Zentralkanal wieder nach oben und verursacht im Praktizierenden das Erleben einer noch größeren Glückseligkeit. Für einen solchen Praktizierenden werden die Tropfen nie freigelassen; sie fließen somit für eine sehr lange Zeit innerhalb des Zentralkanals auf und ab und bewirken eine nie endende Glückseligkeit. Der Praktizierende kann eine solche Glückseligkeit jederzeit manifestieren, indem er ganz einfach mit Konzentration in den Zentralkanal eindringt.

Je stärker diese Glückseligkeit wird, desto subtiler wird unser Geist. Allmählich wird unser Geist sehr friedvoll; es verschwinden alle begrifflichen Ablenkungen und wir erfahren eine ganz besondere Geschmeidigkeit. Ein solcher Geist ist der Erfahrung des ruhigen Verweilens, die in den Sutra-Unterweisungen erklärt wird, unendlich überlegen. Wird unser Geist subtiler, verringert sich unsere dualistische Erscheinung, und schließlich wird unser Geist zum sehr subtilen Geist des klaren Lichts der Glückseligkeit. Dies ist eine sehr hohe Realisation. Wenn sich das klare Licht der Glückseligkeit auf Leerheit konzentriert, vermischt es sich sehr leicht mit Leerheit, weil die subtile fehlerhafte Erscheinung stark reduziert wurde. Schließlich erkennt es Leerheit direkt und während wir zuvor die Empfindung hatten, dass Glückseligkeit und Leerheit zwei Dinge waren, sind sie jetzt zu einer Natur geworden. Dieser Geist ist die Vereinigung von Glückseligkeit und Leerheit oder das sinnklare Licht.

Die anfängliche Realisation der Vereinigung der großen Glückseligkeit und Leerheit ist der Pfad des Sehens des

Höchsten Yoga-Tantras. Obwohl es nur der Pfad des Sehens ist, hat er die Kraft, sowohl die intellektuell gebildeten als auch die angeborenen Verblendungen zusammen zu beseitigen. Wenn der Praktizierende sich aus dieser Konzentration der Vereinigung von Glückseligkeit und Leerheit wieder erhebt, hat er oder sie alle Verblendungen aufgegeben und Befreiung erlangt. Zur gleichen Zeit hat er oder sie auch den reinen illusorischen Körper erlangt. Von diesem Moment an ist der Körper des Praktizierenden ein Vajra-Körper, ein todloser Körper, und er oder sie wird kein Altern, keine Krankheit oder verunreinigte Wiedergeburt mehr erfahren müssen.

Wie zuvor erwähnt benutzte der Praktizierende, als er gewöhnlich war, einen Körper, der von anderen genommen wurde – von seinen oder ihren Eltern. Normalerweise sagen wir „mein Körper, mein Körper", als ob uns dieser grobe Körper selbst gehörte. Dieser ist jedoch nicht unser eigener Körper, sondern ein Körper, den wir von anderen genommen haben. Wenn ein tantrisch Praktizierender aber einen Vajra-Körper erlangt, hat er seinen eigenen Körper manifestiert, den ständig verweilenden Körper; und wenn er diesen Vajra-Körper wahrnimmt, entwickelt er die Gedanken „Ich" und „Mein". Solch ein Praktizierender ist jetzt zu einer unsterblichen Person geworden.

Wir hatten unseren sehr subtilen Körper, unsere sehr subtile Rede und unseren sehr subtilen Geist seit anfangsloser Zeit. Diese sind der ständig verweilende Körper, die ständig verweilende Rede und der ständig verweilende Geist; sie sind unsere eigentliche Buddha-Natur. Die Buddha-Natur, die in Sutra erklärt wird, ist nicht die eigentliche Buddha-Natur, da sie ein grobes Objekt ist, das enden wird; die eigentliche Buddha-Natur wird nur im Höchsten Yoga-Tantra erklärt. Normalerweise sind der Tiefschlaf und der Tod für gewöhnliche Wesen die einzige Zeit, in der sich der sehr subtile Körper, die sehr subtile Rede und der sehr subtile Geist manifestieren. Obwohl sie normalerweise nicht manifest sind, ist unser sehr subtiler Körper der Samen für den Körper eines Buddhas, die sehr subtile Rede ist der Samen für die Rede eines Buddhas und unser sehr subtiler Geist ist der Samen für den Geist eines Buddhas.

Wie bereits erwähnt, ist der sehr subtile Körper der sehr subtile Wind, der den sehr subtilen Geist trägt. Dieser sehr subtile Körper und der sehr subtile Geist sind immer zusammen. Da sie von derselben Natur und nie getrennt sind, werden sie auch der „unzerstörbare Wind" und der „unzerstörbare Geist" genannt. Die Vereinigung von unzerstörbarem Wind und unzerstörbarem Geist befindet sich normalerweise im unzerstörbaren Tropfen innerhalb des Zentralkanals beim Herzen.

Unser sehr subtiler Geist manifestiert sich nur, wenn sich alle unsere inneren Winde innerhalb des Zentralkanals auflösen. Wenn dies geschieht, erfahren wir allmählich die oben beschriebenen acht Zeichen, während wir durch die verschiedenen Ebenen der Auflösung schreiten. Auf der letzten Ebene der Auflösung manifestiert sich schließlich der sehr subtile Geist des klaren Lichts. Zur gleichen Zeit manifestiert sich auch der sehr subtile Körper.

Zum Zeitpunkt des Todes lösen sich die inneren Winde vollständig innerhalb des Zentralkanals auf und der sehr subtile Geist und der sehr subtile Körper manifestieren sich ganz natürlich, wir können sie aber nicht erkennen. Durch die Praxis der oben erklärten Vollendungsstufenmeditationen können wir jedoch bewirken, dass sich der sehr subtile Geist und Körper während der Meditation manifestieren. Bis wir die Realisation des illusorischen Körpers erlangt haben, wird unser sehr subtiler Körper noch keine bestimmte Form oder Farbe bewahren können. Wenn wir die Vereinigung von Glückseligkeit und Leerheit erlangen, verwandelt sich unser sehr subtiler Geist in das sinnklare Licht, und wenn wir uns aus dieser Meditation erheben, verwandelt sich unser sehr subtiler Körper in den Vajra-Körper oder den reinen illusorischen Körper, der eine bestimmte Form, Farbe und so weiter besitzt.

Sind wir zum Beispiel ein Heruka-Praktizierender, dann legen wir die Grundlage für den illusorischen Körper, wann immer wir die Selbsterzeugung als Heruka mit einem blaufarbenen Körper, vier Gesichtern, zwölf Armen und so fort ausüben. Wenn sich in der Zukunft unser sehr subtiler Körper in den illusorischen Körper umwandelt, wird er wie der echte Heruka aussehen. Zuvor war er lediglich ein vorgestellter Körper. Doch zu dieser Zeit wird er echt werden. Das ist ein sehr guter Grund dafür, jetzt die Erzeugungsstufe sehr aufrichtig zu praktizieren.

Wenn wir den reinen illusorischen Körper erlangt haben, werden wir unseren groben Körper nicht länger als unseren Körper betrachten. Die Grundlage für die Zuschreibung unseres Ichs wird sich vollständig verändert haben und wir werden jetzt unser Ich dem subtilen Körper zuschreiben. Wenn wir diese Erlangung erreicht haben, werden wir unsterblich geworden sein, weil sich unser Geist und Körper nie mehr trennen werden. Tod ist die dauerhafte Trennung von Körper und Geist, aber Körper und Geist derjenigen, die den illusorischen Körper erlangt haben, werden sich nie mehr trennen, da sie unzerstörbar sind. Schließlich wird sich unser reiner illusorischer Körper in den Formkörper eines Buddhas umwandeln, unsere Vereinigung von Glückseligkeit und Leerheit wird sich in den Wahrheitskörper eines Buddhas umwandeln; und wir werden die Vereinigung von Buddhas Formkörper und Wahrheitskörper erfahren, die Vereinigung des Nicht-mehr-Lernens.

In *Leitfaden für die Lebensweise eines Bodhisattvas* im Abschnitt über die Vorteile des Bodhichittas sagt Shantideva:

Genau wie das höchste Elixier, das zu Gold verwandelt,
Kann Bodhichitta diesen unreinen Körper, den wir
angenommen haben,
In das unbezahlbare Juwel von Buddhas Form
verwandeln;
Bewahrt deshalb beharrlich Bodhichitta.

Hier bezieht sich das Wort „Elixier" auf eine besondere Substanz, die Eisen in Gold verwandeln kann, wie diejenige, welche von großen Meistern wie Nagarjuna verwendet wurde. Dieser Vers besagt, dass der Bodhichitta eine besondere Methode ist, welche wie dieses erhabene Elixier die Kraft hat, unseren unreinen Körper in den Formkörper eines Buddhas umzuwandeln. Wie ist das möglich? Gemäß Sutra kann ein Praktizierender die Erleuchtung nicht in einem einzigen Leben erlangen, sondern muss während vieler Leben praktizieren, bis er oder sie schließlich im Reinen Land von Akanishta mit einem reinen Körper geboren wird. Nur mit diesem reinen Körper ist es möglich, Buddhaschaft zu erlangen. Es gibt weder im Sutra noch im Tantra eine Methode, um unseren gegenwärtigen unreinen Körper in den Körper eines Buddhas umzuwandeln. Dieser unreine Körper muss schließlich sterben und zurückgelassen werden. Sogar der heilige Buddha Shakyamuni hat den groben Körper, den er von seinen Eltern erhielt, bei seinem Tod schließlich zurückgelassen. Wenn wir uns deshalb fragen, wie Bodhichitta diesen unreinen Körper in den Körper eines Buddhas umwandeln kann, gibt es in den Sutra-Unterweisungen keine gültige Antwort; und zwar deshalb, weil gemäß diesen Lehren der grobe Körper der wirkliche Körper ist. Die Sutras erwähnen den ständig verweilenden Körper, den Vajra-Körper oder den unsterblichen Körper, nie.

Indem wir jedoch der tantrischen Sicht folgen, können wir die Frage wie folgt beantworten. Der Körper, auf welchen sich Shantideva bezieht, ist nicht der grobe Körper, sondern unser eigener Körper, der ständig verweilende Körper. Dies ist der sehr subtile Wind, der unseren sehr subtilen Geist trägt. Gegenwärtig ist dies ein unreiner Körper, weil er durch Verblendungen und andere Behinderungen verdunkelt ist, so wie ein blauer Himmel von Wolken bedeckt ist. Diese Verunreinigungen sind nicht die Natur unseres subtilen Körpers, sondern vorübergehende Verunreinigungen. Die Methode, diesen unreinen Körper in den Formkörper eines Buddhas umzuwandeln, ist nicht konventioneller Bodhichitta, sondern der endgültige Bodhichitta des Höchsten Yoga-Tantras, die Vereinigung von großer Glückseligkeit und Leerheit. Dieser endgültige Bodhichitta kann unseren unreinen ständig verweilenden Körper direkt in den reinen illusorischen Körper und schließlich in den Formkörper eines Buddhas umwandeln. Da Shantideva selbst ein aufrichtiger tantrisch Praktizierender war, können wir sicher sein, dass dies die von ihm beabsichtigte Bedeutung ist.

Wie bereits erwähnt, müssen wir, um die Glückseligkeit mit den zwei besonderen Merkmalen zu erzeugen, unsere inneren Winde innerhalb unseres Zentralkanals sammeln und auflösen. Es gibt zwei Methoden, dies zu tun: mittels des Eindringens in unseren eigenen Körper oder mittels des Eindringens in den Körper von jemand anderem.

Wir beginnen mit dem Eindringen in unseren eigenen Körper. Hier bezieht sich der Ausdruck „unser eigener Körper" auf unsere Kanäle, Tropfen und Winde, und der Ausdruck „Eindringen" auf die Konzentration auf unseren Zentralkanal, unsere Tropfen und Winde. Meditation über den Zentralkanal wird „Yoga des Zentralkanals" genannt, Meditation über die Tropfen wird „Yoga des Tropfens" genannt und Meditation über die Winde wird „Yoga des Windes" genannt.

In den Körper eines anderen einzudringen bedeutet, dass wir uns auf eine Handlungs-Mudra oder eine Gefährtin bzw. Gefährten verlassen, und mit ihr oder ihm Geschlechtsverkehr ausüben. Einfach nur in den Körper eines anderen einzudringen wird unsere inneren Winde allerdings nicht in den Zentralkanal bringen, wenn wir nicht bereits tiefe Erfahrung im und Vertrautheit mit dem Yoga des Zentralkanals, dem Yoga des Tropfens und dem Yoga des Windes erlangt haben. Das bedeutet, dass wir die Erfahrung gewonnen haben müssen, einige unserer Winde im Zentralkanal beim Herzkanalrad aufgelöst zu haben und durch diese Praxis fähig geworden sind, die acht Zeichen der Auflösung von der luftspiegelungs-ähnlichen Erscheinung bis zum klaren Licht wahrzunehmen. Nur wenn wir solch eine Erfahrung besitzen, ist der Zeitpunkt richtig, sich auf eine Handlungs-Mudra zu verlassen. Diese Reihenfolge der Praxis ist wichtig.

Es gibt nur zehn Tore, durch welche die Winde in den Zentralkanal eintreten können. Sie sind entlang des Zentralkanals wie folgt angeordnet: (1) die obere Spitze des Zentralkanals: der Punkt zwischen den Augenbrauen, (2) die untere Spitze: die Spitze des Geschlechtsorgans, (3) die Mitte des Scheitel-Kanalrades: am Scheitelpunkt des Schädels, (4) die Mitte des Hals-Kanalrades: nahe der Hals-Rückseite, (5) die Mitte des Herz-Kanalrades: zwischen den zwei Brüsten, (6) die Mitte des Nabel-Kanalrades, (7) die Mitte des Geheime-Stelle-Kanalrades, vier Finger breit unterhalb des Nabels, (8) die Mitte des Juwel-Kanalrades, in der Mitte des Geschlechtsorganes nahe der Spitze, (9) das Rad des Windes: die Mitte des Stirn-Kanalrades und (10) das Rad des Feuers: die Mitte des Kanalrades, das sich in der Mitte zwischen dem Hals- und dem

Herzkanalrad befindet. So wie wir ein Haus durch irgendeine der Türen betreten können, die von außen nach innen führen, so können auch die Winde durch jedes dieser zehn Tore in den Zentralkanal eintreten.

Der Zentralkanal ist in Wirklichkeit nur ein einziger Kanal, doch er wird in verschiedene Abschnitte unterteilt: der Zentralkanal des Scheitel-Kanalrades, der Zentralkanal des Hals-Kanalrades, der Zentralkanal des Herz-Kanalrades, der Zentralkanal des Nabel-Kanalrades und so fort. Da es diese unterschiedlichen Stellen gibt, muss ein Praktizierender einen dieser Punkte auswählen und sich auf ihn konzentrieren, wenn er seine Winde in den Zentralkanal bringen möchte.

In *Das klare Licht der Glückseligkeit* erkläre ich, wie die inneren Winde durch das sechste dieser zehn Tore, durch das Zentrum des Nabel-Kanalrades, in den Zentralkanal gebracht werden. Wir tun dies, indem wir unsere innere Hitze, als Tummo bekannt, innerhalb des Zentralkanals beim Nabel im Aspekt eines Kurz-AH visualisieren und darüber meditieren. Dies ist eine allgemeine Praxis, welche der Tradition der Sechs Yogas von Naropa entspricht. Sie wurde ursprünglich im *Hevajra-Wurzel-Tantra* von Buddha Vajradhara erklärt und seitdem von vielen Praktizierenden wie Milarepa und seinen Schülern benutzt, und später von Praktizierenden in Je Tsongkhapas Tradition. Gemäß den Anleitungen der mündlichen Ganden-Überlieferungslinie gibt es jedoch eine außergewöhnliche Praxis des Mahamudra-Tantras. Dies ist eine ganz besondere Mahamudra-Praxis, die Je Tsongkhapa direkt von Manjushri empfing, der sie wiederum direkt von Buddha empfing. Die Überlieferungslinie dieser Praxis wurde dann an Togden Jampel Gyatso, Baso Chökyi Gyaltsen, Mahasiddha Dharmavajra und so fort weitergereicht. Eine vollständige Liste der Liniengurus dieser besonderen Anleitungen wird in *Das klare Licht der Glückseligkeit* gegeben. Diese spirituellen Meister sind die Gurus der nahen Überlieferungslinie.

In dieser Mahamudra-Tantra-Praxis wählen wir unter den zehn Toren das Zentrum des Herzkanalrades aus, um die Winde in Zentralkanal zu bringen. Auf diese Praxis wird im Sadhana *Darbringung an den spirituellen Meister* hingewiesen, die die außergewöhnliche vorbereitende Praxis des Mahamudra-Tantras gemäß Je Tsongkhapas Tradition ist. Im Sadhana heißt es:

> Ich erbitte Deine Segnungen, o Beschützer, damit Du Deine Füße
> In die Mitte des achtblättrigen Lotus in meinem Herzen setzt,
> Damit ich in diesem Leben
> Den Pfad des illusorischen Körpers, des klaren Lichts und der Vereinigung manifestieren kann.

Diese Worte enthüllen in Wirklichkeit, dass das Eindringen in den Zentralkanal des Herz-Kanalrades, den unzerstörbaren Tropfen und den unzerstörbaren Wind – die drei oben erklärten Yogas – Meditationen über isolierten Körper sind. Diese führen zu Meditationen über isolierte Rede und isolierten Geist, welche ihrerseits zu Meditationen über den illusorischen Körper, sinnklares Licht und Vereinigung führen.

Da das Eindringen in und die Konzentration auf den unzerstörbaren Tropfen beim Herzen eine kraftvolle Methode ist, um die Realisationen der Vollendungsstufe zu erlangen, lobt Buddha Vajradhara diese Methode im *Ambhidana-Tantra*, wo er sagt:

Diejenigen, die über den Tropfen meditieren,
Der immer im Herzen verweilt,
Einsgerichtet und unveränderlich,
Werden definitiv Realisationen erlangen.

Die Praxis des
Heruka-Körper-Mandalas

DIE ÜBERLIEFERUNGSLINIE DIESER
ANLEITUNGEN

Wie oben erwähnt, ist Heruka – auch als Chakrasambara bekannt – eine erleuchtete Gottheit des Höchsten Yoga-Tantras, welche die Manifestation des Mitgefühls aller Buddhas ist.

Um Lebewesen zum höchsten Glück der Erleuchtung zu führen, erscheint das Mitgefühl aller Buddhas in der Form von Heruka, der einen blaufarbenen Körper, vier Gesichter und zwölf Arme hat und seine Gefährtin Vajravarahi umarmt. Jeder Teil von Herukas Körper hat die Natur von Weisheitslicht. Obwohl jede Facette von Herukas Körper große Bedeutung hat, wie in *Essenz des Vajrayanas*, dem Kommentar zur Praxis des Heruka-Körper-Mandalas erklärt, sollten wir zu Beginn mit dem bloßen Namen Heruka zufrieden sein. Es ist nicht nötig, genau nach Herukas Körper zu suchen, weil er wie ein Regenbogen verschwindet, je genauer wir nach ihm suchen. Der Name Heruka hat drei Teile, „He", „ru" und „ka". „He" bezieht sich auf die Leerheit aller Phänomene, „ru" auf große Glückseligkeit und „ka" auf die Vereinigung von großer Glückseligkeit und Leerheit. Das weist darauf hin, dass wir die Verwirklichung der Vereinigung von großer Glückseligkeit und Leerheit erlangen werden, die der eigentliche schnelle Pfad zur Erleuchtung ist, wenn wir uns mit Vertrauen auf Heruka verlassen.

Heruka, der auf Buddhas Freudenkörper zugeschrieben ist, ist „Freudenkörper-Heruka", und Heruka, der auf Buddhas Ausstrahlungskörper zugeschrieben ist, ist „Ausstrahlungskörper-Heruka"; zusammen werden sie „interpretierender Heruka" genannt. Ausstrahlungskörper-Heruka kann sogar von gewöhnlichen Wesen gesehen werden, die einen besonders reinen Geist haben. Wenn wir durch Schulung in der Lage sind spontan zu glauben, dass unser spiritueller Meister eine Ausstrahlung Herukas ist, werden wir Ausstrahlungskörper-Heruka sehen. Heruka, der auf Buddhas Wahrheitskörper oder Dharmakaya zugeschrieben ist, heißt „definitiver Heruka" und ist immer ohne Form, Gestalt und Farbe. Da seine Basis der Zuschreibung, Buddhas Wahrheitskörper, äußerst subtil ist, kann der definitive Heruka nur von Buddhas und nicht von anderen Wesen gesehen werden. Er wird auch „Weisheitswesen Buddha Heruka" genannt. Der definitive Heruka durchdringt das ganze Universum; es gibt keinen einzigen Ort, wo der definitive Heruka abwesend ist.

Buddha lehrte das ausführliche, mittlere und zusammengefasste Wurzel-Tantra von Heruka. Das *Zusammengefasste Wurzel-Tantra* und viele seiner Kommentare, die von indischen buddhistischen tantrischen Gelehrten, einschließlich der großen Yogis Ghantapa und Naropa, verfasst wurden, wurden aus dem Sanskrit ins Tibetische übersetzt. Später verfassten viele tibetische tantrische Gelehrte, zu denen der große Übersetzer Marpa, der Gründer der Kagyü-Tradition, und Je Tsongkhapa, der Gründer der Gelug-Tradition, gehören, Kommentare zur Praxis des Heruka-Tantras. In der gegenwärtigen Epoche verfasste der große Lama Je Phabongkhapa besondere Kommentare zu den Übungen des Heruka-Körper-Mandalas und Vajrayogini. Er verfasste auch viele tiefgründige rituelle

Gebete (oder Sadhanas) und gab ausführliche Unterweisungen darüber. Es ist aufgrund der großen Güte Je Phabongkhapas und seines Herzschülers Kyabje Trijang Rinpoche, dass selbst in diesen Zeiten extremen spirituellen Niedergangs die tiefgründigen Übungen des Heruka-Körper-Mandalas und Vajrayoginis im Osten wie im Westen blühen.

Je Phabongkhapa hatte direkte Visionen von Heruka. Einmal sagte ihm Heruka: „Für sieben Generationen werden die Praktizierenden deiner Anleitungen über Heruka und Vajrayogini das besondere Glück haben, die Realisationen dieser Übungen leicht zu verwirklichen." Immer, wenn ich darüber nachdenke, denke ich: „Wie sind wir vom Glück begünstigt." Es heißt, dass es für Praktizierende anderer Gottheiten wie Guhyasamaja und Yamantaka immer schwieriger wird, deren Segnungen zu empfangen, so wie der allgemeine Grad an Spiritualität abnimmt; mit Heruka und Vajrayogini aber ist das Gegenteil der Fall: Je mehr die Zeiten degenerieren, desto leichter können Praktizierende ihre Segnungen empfangen. Das liegt daran, dass die Menschen dieser Welt eine besondere karmische Verbindung zu Heruka und Vajrayogini haben und die Ausstrahlungen von Heruka und Vajrayogini und ihre Orte – die Reinen Länder Keajras – jeden Ort auf dieser Welt durchdringen.

Der erste Überlieferungslinienhalter dieser Anleitungen über das Heruka-Körper-Mandala ist der große Yogi Ghantapa. Er empfing die Ermächtigung und Unterweisungen des Heruka-Körper-Mandalas direkt von Heruka. Ghantapa lebte tief in einem Wald bei Odivisha (dem heutigen Orissa) in Indien, wo er sich intensiver Meditation über Heruka und Vajrayogini widmete. Da er an einem so abgeschiedenen Ort lebte, war seine Kost sehr kärglich und sein Körper magerte ab. Eines Tages, als der König von Odivisha im Wald jagte, begegnete er zufällig Ghantapa. Als er sah, wie dünn und schwach er war, fragte der König Ghantapa, warum er im Wald bei solch karger Kost lebe. Der König ermunterte Ghantapa, mit ihm zur Stadt zurückzukehren, wo er ihm Nahrung und Obdach geben würde. Ghantapa antwortete, dass er nicht von den Reichtümern eines Königs in Versuchung geführt werden könne den Wald zu verlassen, genau so wenig wie es möglich sei, einen großen Elefanten mit einem dünnen Faden aus dem Wald zu führen. Wütend über Ghantapas Zurückweisung, kehrte der König zu seinem Palast zurück und schwor Rache.

Die Wut des Königs war so groß, dass er einige Frauen aus der Stadt einlud und ihnen von dem arroganten Mönch im Wald erzählte. Er bot jeder großen Reichtum an, die den Mönch verführen und ihn dazu bringen könne, seine Gelübde des Zölibats zu brechen. Eine der Frauen, eine Weinhändlerin, prahlte damit, dass sie dazu imstande sei; und sie ging in den Wald, um nach Ghantapa zu suchen. Als sie ihn schließlich fand, fragte sie ihn, ob sie seine Gehilfin werden könne. Ghantapa hatte keine Gehilfin nötig, aber er erkannte, dass sie aus früheren Leben eine starke Beziehung zueinander hatten, und so gestattete er ihr zu bleiben. Ghantapa gab ihr spirituelle Anleitungen und Ermächtigungen, und sie schulten sich aufrichtig in Meditation. Nach zwölf Jahren erlangten beide die Vereinigung des Nicht-mehr-Lernens, die volle Erleuchtung.

Eines Tages entschlossen sich Ghantapa und die frühere Weinhändlerin, die Leute in der Stadt zu ermutigen, ein größeres Interesse am Dharma zu entwickeln. Deshalb kehrte die Frau zum König zurück und berichtete, dass sie den Mönch verführt habe. Zuerst zweifelte der König an der Wahrheit der Geschichte, doch als sie erklärte, dass sie und Ghantapa nun zwei Kinder hätten, einen Sohn und eine Tochter, war der König über diese Nachricht höchst erfreut und befahl ihr, Ghantapa an einem bestimmten Tag in die Stadt zu bringen. Dann gab er eine öffentliche Bekanntmachung heraus, die Ghantapa erniedrigte, und befahl seinen Untertanen, sich am verabredeten Tag zu versammeln, um den Mönch zu beschimpfen und zu demütigen. An besagtem Tag verließen Ghantapa und die Frau mit ihren Kindern den Wald. Der Sohn war zu Ghantapas Rechten und die Tochter zu seiner Linken. Als sie die Stadt erreichten, torkelte Ghantapa, als wäre er betrunken, und hielt eine Schale in den Händen, in welche die Frau Wein einschenkte. Alle Menschen, die sich versammelt hatten, lachten und verhöhnten ihn und schleuderten ihm Beleidigungen und Beschimpfungen entgegen. „Vor langer Zeit", warfen sie ihm höhnisch vor, „lud dich unser König in die Stadt ein, doch du lehntest die Einladung hochmütig ab. Nun erscheinst du betrunken und mit einer Weinhändlerin. Was für ein schlechtes Beispiel von einem Buddhisten und Mönch du doch bist!" Als sie geendet hatten, schien Ghantapa wütend zu werden und warf die Schale auf den Boden. Die Schale versank in der Erde, zerteilte den Boden und ließ eine Wasserfontäne erscheinen. Ghantapa verwandelte sich augenblicklich in Heruka und die Frau verwandelte sich in Vajrayogini. Der Junge verwandelte sich in einen Vajra, den Ghantapa in seiner rechten Hand hielt, und das Mädchen verwandelte sich in eine Glocke, die er mit seiner linken Hand hielt. Dann umarmten sich Ghantapa und seine Gefährtin und flogen in den Himmel.

Die Menschen waren erstaunt und entwickelten augenblicklich großes Bedauern für ihre Respektlosigkeit. Sie verbeugten sich ehrfürchtig vor Ghantapa und baten ihn und die Ausstrahlung von Vajrayogini zurückzukehren. Ghantapa und seine Gefährtin lehnten jedoch ab; sie sagten aber zu den Menschen, dass sie Bekenntnisse vor Mahakaruna, der Verkörperung von Buddhas großem Mitgefühl, ablegen sollten, wenn ihr Bedauern aufrichtig sei. Aufgrund der starken Reue der Menschen von Odivisha und der Kraft ihrer Gebete entstand aus der Fontäne eine Mahakaruna-Statue. Die Menschen von Odivisha wurden sehr hingebungsvolle Dharma-Praktizierende, und viele von ihnen erlangten Realisationen. Die Mahakaruna-Statue ist auch heute noch zu sehen.

Aufgrund der reinen Heruka- und Vajrayogini-Praxis, die Ghantapa im Wald ausübte, sah Vajrayogini, dass für ihn der richtige Zeitpunkt gekommen war, ihre Segnungen zu erhalten, und so manifestierte sie sich als Weinhändlerin. Durch das Zusammenleben mit ihr erlangte Ghantapa den Zustand der vollen Erleuchtung.

In diesen modernen Zeiten fällt es den Menschen schwer zu glauben, dass Menschen fliegen können, aber solche Dinge waren in vergangenen Zeiten an der Tagesordnung, als die Menschen starke Potentiale für spirituelle Erlangungen hatten. Milarepa, der ein großer Praktizierender von Heruka und Vajrayogini war, erzählte einmal – so wird es in seiner Lebensgeschichte geschildert – einer großen Versammlung seiner Schüler, wie er die Fähigkeit zu fliegen erlangt hatte. Er hatte mittels unterschiedlicher Methoden, einschließlich seiner Tummo-Meditation, die Knoten des Zentralkanals bei seinem Herzen, Nabel und unterhalb seines Nabels gelöst, und deshalb entwickelte er eine sehr besondere körperliche Geschmeidigkeit, die seinen Körper durchdrang. Dadurch wurde sein Körper extrem leicht, wie eine weiche Feder. Zuerst konnte er nur levitieren, aber allmählich war es ihm möglich, sich im Raum zu bewegen, bis er schließlich fähig war, wie ein Adler zu fliegen. Eines Tages flog Milarepa über eine kleine Stadt namens Longda, in deren Umgebung ein Vater und sein Sohn ein Feld pflügten. Zuerst sah der Sohn den fliegenden Milarepa und sagte. „Vater, schau in den Himmel. Dort fliegt ein Mann!" Der Vater schaute genau hin und erkannte Mila-repa, und sagte seinem Sohn: „Dieser Mann heißt Milarepa. Er ist ein schlechter Mensch, der viele Leute mit seiner Schwarzen Magie getötet hat." Der Sohn jedoch hatte tiefe Wertschätzung für das, was er sah, und sagte: „Es gibt nichts Erstaunlicheres als einen Menschen zu sehen, der durch den Himmel fliegt."

Milarepa erlangte den erleuchteten Zustand von Buddha Heruka durch die Praxis des Heruka-Körper-Mandalas und viele seiner Schüler, einschließlich Rechungpa, erlangten das Reine Land von Keajra ohne ihren menschlichen Körper aufzugeben. Wir können dies aus der Liedersammlung, die auf Tibetisch „gur bum" heißt, verstehen. Kurz bevor er beabsichtigte dahinzuscheiden, gab Milarepa seinen versammelten Schülern Ratschläge und sagte schließlich: „Wir werden uns im Reinen Land von Keajra treffen." Die eigentliche Methode, das Reine Land von Keajra zu erreichen, ist qualifizierte Meditation über die Selbsterzeugung von Heruka und Vajrayogini.

Milarepa und sein Wurzel-Guru Marpa und Je Tsongkhapa und sein Herzschüler Khedrubje haben eine besondere Verbindung. Es wird gesagt, dass Marpa eine der früheren Inkarnationen Je Tsongkhapas ist und Milarepa eine der früheren Inkarnationen Khedrubjes. Von daher können wir die große Güte dieser heiligen Wesen verstehen, die den Menschen dieser Welt von Generation zu Generation helfen, indem sie ihren körperlichen Aspekt ändern.

Das Reine Land von Keajra ist das Reine Land Herukas. Es wird manchmal auch „Akanishta" genannt, was „Höchstes" Reines Land bedeutet, und „Reines Dakiniland", was zeigt, dass es auch das Reine Land von Vajrayogini ist. Wenn im Allgemeinen eine gewöhnliche Person Wiedergeburt in irgendeinem der Reinen Länder von Buddha nimmt, ist er oder sie für immer von allen Leiden befreit und wird nie wieder innerhalb Samsaras eine verunreinigte Wiedergeburt annehmen. Deshalb ist die Wiedergeburt in den Reinen Ländern von Buddha wie die Erlangung von Befreiung oder Nirvana. Aus diesem Grund nennt man es „Erleuchtung in einem Augenblick erlangen", wenn eine gewöhnliche Person durch die Praxis der Bewusstseinsübertragung oder Powa in einem Reinen Buddha-Land wiedergeboren wird. Dies hat jedoch nur Ähnlichkeit mit Erleuchtung und ist nicht die eigentliche Erlangung.

Das Reine Land von Keajra ist unter allen Reinen Ländern der Buddhas unerreicht. Lebewesen, die in anderen Reinen Ländern wie Sukhavati oder Tushita verweilen, haben nicht die Gelegenheit, Vollendungsstufen-Tantra zu praktizieren. Weil ihre Körper keine Kanäle, Tropfen und inneres Feuer (Tummo) haben, können sie nicht über den Zentralkanal, Tropfen und inneres Feuer meditieren. Lebewesen, die im Reinen Land von Keajra leben, haben jedoch Körper mit Kanälen, Tropfen und innerem Feuer. Diese haben die Natur von Licht, aber sie funktionieren so wie die Kanäle, Tropfen und inneres Feuer von Menschen. Sie können deshalb über den Zentralkanal, den unzerstörbaren Tropfen und den unzerstörbaren Wind und Geist meditieren, auf diese Weise die Realisationen des sinnklaren Lichts und des reinen illusorischen Körpers verwirklichen und Erleuchtung innerhalb eines einzigen Lebens erlangen. Dies ist das besondere Glück von Lebewesen, die im Reinen Land von Keajra leben. Dies zeigt die besondere Kraft der Anleitungen über die Übungen von Heruka und Vajrayogini. Durch das Praktizieren dieser Anleitungen haben Lebewesen, die im Reinen Land von Keajra verweilen, dieses besondere Glück.

Das ausführliche Sadhana des Heruka-Körper-Mandalas zählt neununddreißig Lehrer der Überlieferungslinie oder „Überlieferungslinien-Gurus" auf, von Ghantapa bis zu Heruka Losang Yeshe, Trijang Rinpoche. Alle diese spirituellen Lehrer und viele ihrer Schüler haben die Verwirklichung des Höchsten Yoga-Tantras durch das Praktizieren des Heruka-Körper-Mandalas und Vajrayogini-Praxis erreicht. Wir sollten deshalb unsere Praxis des Heruka-Körper-Mandalas und von Vajrayogini mit Zuversicht ausüben.

WAS IST DAS HERUKA-KÖRPER-MANDALA?

In diesem Zusammenhang bezieht sich „Körper" auf unseren subtilen Körper – unsere Kanäle und Tropfen; und „Mandala" meint eine Versammlung erleuchteter Gottheiten. Unsere Kanäle und Tropfen werden „subtiler Körper" genannt, weil sie Teile unseres Körpers sind, die nicht leicht zu erkennen sind; und „Mandala" ist die Versammlung erleuchteter Gottheiten. Das Heruka-Körper-Mandala ist die Versammlung des vorgestellten Herukas (wir selbst) mit der Gefährtin Vajravarahi (die die gleiche Person wie Vajrayogini ist) – die Natur unserer gereinigten unzerstörbaren weißen und roten Tropfen – und unseres vorgestellten Gefolges (die Helden und Heldinnen) – die Natur unserer gereinigten Kanäle und Tropfen – im vorgestellten Reinen Land von Keajra. Generell bezieht sich „Mandala" entweder auf ein „tragendes" Mandala, die Welt, die Umgebung und den Palast einer erleuchteten Gottheit meint, oder auf ein „getragenes" Mandala, das die Versammlung der erleuchteten Gottheiten meint.

Der Zweck, über das Heruka-Körper-Mandala zu meditieren, ist, die kraftvollen Segnungen von Heruka Vater und Mutter und seines Gefolges innerhalb unserer Kanäle und Tropfen zu erhalten. Durch diese Segnungen können wir von allen Hindernissen innerhalb unserer Kanäle und Tropfen befreit werden und unsere Meditation über den Zentralkanal, den unzerstörbaren Tropfen und den unzerstörbaren Wind und Geist wird erfolgreich sein. Deshalb werden wir leicht Entwicklung und Fortschritt in den oben erwähnten fünf Stufen der Vollendungsstufe machen und dadurch unser endgültiges Ziel vollenden.

Die Erklärung, die in diesem Buch gegeben wird, wie das Heruka-Körper-Mandala erzeugt und wie darüber meditiert wird, ist einfach, legt aber die eigentliche Essenz dar. Ich habe es für diejenigen vorbereitet, die nicht in der Lage sind, das ausführliche Sadhana des Heruka-Körper-Mandalas zu praktizieren. In dieser Praxis müssen wir die sechsunddreißig Kanäle unseres Körpers visualisieren, die vierundzwanzig Kanäle der vierundzwanzig Stellen unseres Körpers, die vier Kanäle unseres Herzkanalrades und die acht Kanäle unserer acht Sinnestore. Wir visualisieren auch den weißen unzerstörbaren Tropfen und den roten unzerstörbaren Tropfen in unserem Herzen und die vierundzwanzig Tropfen, die in den vierundzwanzig Kanälen der vierundzwanzig Stellen unseres Körpers enthalten sind. Wir müssen dann die kraftvollen Segnungen von Heruka Vater und Mutter und seines Gefolges von Helden und Heldinnen innerhalb dieser Kanäle und Tropfen empfangen.

Die vierundzwanzig Stellen unseres Körpers repräsentieren die vierundzwanzig Orte von Heruka in dieser Welt. Die vierundzwanzig Stellen unseres Körpers sind: (1) der Haaransatz, (2) der Scheitel, (3) das rechte Ohr, (4) der Nacken, (5) das linke Ohr, (6) der Punkt zwischen den Augenbrauen, (7) die beiden Augen, (8) die beiden Schultern, (9) die beiden Armhöhlen, (10) die beiden Brüste, (11) der Nabel, (12) die Nasenspitze, (13) der Mund, (14) der Hals, (15) das Herz, (16) die beiden Hoden, (17) die Spitze des Geschlechtsorgans, (18) der Anus, (19) die beiden Oberschenkel, (20) die beiden Waden, (21) die acht Finger und die acht Zehen, (22) der obere Teil der Füße, (23) die beiden Daumen und beiden großen Zehen und (24) die beiden Knie.

Wenn wir über das Heruka-Körper-Mandala meditieren, meditieren wir über uns selbst als Heruka mit Gefährtin Vajravarahi, umgeben in konzentrischen Kreisen von den vier Yoginis des großen Glückseligkeitsrades, den acht Helden und Heldinnen des Herzrades, den acht Helden und Heldinnen des Rederades, den acht Helden und Heldinnen des Körperrades und den acht Heldinnen des Verpflichtungsrades. Auf diese Weise meditieren wir über die Versammlung von zweiundsechzig erleuchteten Gottheiten. Wir selbst als Heruka und Vajravarahi sind innerhalb der Gottheiten des großen Glückseligkeitsrades enthalten und sind die hauptsächlichen Gottheiten.

Während wir über die Versammlung der zweiundsechzig Gottheiten meditieren, sollten wir glauben, dass wir selbst, Heruka, die Natur unseres unzerstörbaren weißen Tropfens und Vajravarahi die Natur unseres unzerstörbaren roten Tropfens sind. Die vier Yoginis des großen Glückseligkeitsrades sind die Natur unserer gereinigten vier Kanäle der Hauptrichtungen des Herzkanalrades. Die vierundzwanzig Heldinnen des Herz-, Rede- und Körperrades sind die Natur unserer gereinigten vierundzwanzig Kanäle der vierundzwanzig Stellen unseres Körpers. Die vierundzwanzig Helden des Herz-, Rede- und Körperrades sind die Natur unserer gereinigten vierundzwanzig Tropfen, die in den vierundzwanzig Kanälen der vierundzwanzig Stellen unseres Körpers enthalten sind. Die acht Heldinnen des Verpflichtungsrades sind die Natur unserer gereinigten acht Kanäle der acht Sinnestore.

Wenn wir auf diese Weise mit starkem Vertrauen und Überzeugung kontinuierlich jeden Tag über diese Versammlung der zweiundsechzig erleuchteten Gottheiten meditieren, werden wir mit Sicherheit die kraftvollen Segnungen dieser erleuchteten Gottheiten innerhalb unserer Kanäle und Tropfen erhalten, wir werden von Hindernissen der Kanäle und Tropfen frei sein und unsere Meditationen über die Vollendungsstufe werden daher wirkungsvoll sein. Das heißt, dass wir durch diese Meditation das sinnklare Licht, den reinen illusorischen Körper und schließlich Erleuchtung in diesem kurzen Leben erlangen werden.

Viele Praktizierende der Vollendungsstufe erfahren Schwierigkeiten beim Sammeln und Auflösen der inneren Winde in den Zentralkanal durch Meditation, und beim Entwickeln von qualifiziertem klarem Licht und Glückseligkeit. Dies ist so, weil ihre Kanäle und Tropfen nicht richtig funktionieren und sogar körperlicher Schmerz entstehen kann. Indem wir die Meditationen über das Heruka-Körper-Mandala aufrichtig praktizieren, werden wir von all diesen Hindernissen befreit sein. Unter den zweiundsechzig erleuchteten Gottheiten sind Heruka und Vajravarahi die hauptsächlichen und die anderen sind ihr Gefolge. Die vier Yoginis des großen Glückseligkeitsrades sind Dakini, Lama, Khandarohi und Rupini; und ihre Funktion ist, uns spontane große Glückseligkeit zu gewähren. Die acht Helden und Heldinnen des Herzrades sind Khandakapala und Partzandi, Mahakankala und Tzändriakiya, Kankala und Parbhawatiya, Vikatadamshtri und Mahanasa, Suraberi und Biramatiya, Amitabha und Karwariya, Vajrapabha und Lamkeshöriya, Vajradeha und Drumatzaya; und ihre Funktion ist, uns die Verwirklichung von Buddhas heiligem Geist zu gewähren. Die acht Helden und Heldinnen des Rederades sind Ankuraka und Airawatiya, Vajrajatila und Mahabhairawi, Mahavira und Bayubega, Vajrahumkara und Surabhakiya, Subhadra und Shamadevi, Vajrabhadra und Suwatre, Mahabhairawa und Hayakarne, Virupaksha und Khaganane; und ihre Funktion ist, uns die Verwirklichung von Buddhas heiliger Rede zu gewähren. Die acht Helden und Heldinnen des Körperrades sind Mahabala und Tzatrabega, Ratnavajra und Khandarohi, Hayagriva und Shaundini, Akashagarbha und Tzatrawarmini, Shri Heruka und Subira, Pämanarteshvara und Mahabala, Vairochana und Tzatrawartini, Vajrasattva und Mahabire; und ihre Funktion ist, uns die Verwirklichung von Buddhas heiligem Körper zu gewähren. Unser gegenwärtiger Körper, Rede und Geist sind vom Gift der Verblendungen verunreinigt und bilden so die Ursache allen Leides. Wir müssen deshalb Buddhas heiligen Körper, Rede und Geist verwirklichen. Die acht Heldinnen des Verpflichtungsrades sind Kakase, Ulukase, Shönase, Shukarase, Yamadhati, Yamaduti, Yamadangtrini und Yamamatani; und ihre Funktion ist, unsere Hindernisse zu überwinden. Die Helden und Heldinnen der fünf Räder werden so genannt, weil sie siegreich sind über die Feinde der gewöhnlichen Erscheinung und Vorstellungen.

DIE VORBEREITENDEN ÜBUNGEN

Die folgende Erklärung, wie das Heruka-Körper-Mandala zu praktizieren ist, beruht auf den Unterweisungen der mündlichen Ganden-Überlieferungslinie. Sie ist einfach, aber sehr tiefgründig. Diesen Unterweisungen folgend, sollten wir das Heruka-Körper-Mandala in Verbindung mit dem Sadhana oder rituellen Gebet namens *Der Yoga von Buddha Heruka* (siehe Anhang V) praktizieren. Wie dieses Sadhana impliziert, gibt es sechs Stufen, um das Heruka-Körper-Mandala zu praktizieren: 1. Schulung in Zufluchtnahme, 2. Schulung in Entsagung, 3. Schulung in Bodhichitta, 4. Schulung in Guru-Yoga, 5. Schulung in der Erzeugungsstufe des Heruka-Körper-Mandalas und 6. Schulung in der Vollendungsstufe.

Die ersten vier Schulungen sind vorbereitende Übungen und die restlichen zwei sind die eigentliche Praxis des Heruka-Körper-Mandalas. So wie ein Fahrzeug auf seine vier Räder angewiesen ist, so hängt das kostbare Fahrzeug der Praxis des Heruka-Körper-Mandalas von den vier Rädern der Zufluchtnahme, Entsagung, Bodhichitta und des Guru-Yogas ab. Schulung in Zufluchtnahme ist das Tor, durch das wir in den Buddhismus eintreten; Entsagung ist das Tor, durch das wir in den Pfad zur Befreiung eintreten; Bodhichitta ist das Tor, durch das wir in den Pfad zur Erleuchtung eintreten; und Guru-Yoga ist das Tor, durch das die Segnungen aller Buddhas in unseren Geist eintreten. Dies sind die grundlegenden Ursachen, welche die Praxis des Heruka-Körper-Mandalas wirkungsvoll machen.

SCHULUNG IN ZUFLUCHTNAHME

In dieser Schulung sollten wir uns an Folgendes erinnern und darüber nachdenken, wie in Teil Eins erklärt:

Ich möchte mich dauerhaft vor den Leiden dieses und unzähliger künftiger Leben beschützen und davon befreien. Ich kann dies nur erreichen, indem ich Buddhas Segnungen empfange, den Dharma in die Praxis umsetze und Hilfe vom Sangha, den erhabensten spirituellen Freunden, erhalte.

Denken wir auf diese Weise tief nach, fassen wir zuerst einen festen Entschluss und versprechen dann, während unseres ganzen Lebens aufrichtig zu Buddha, Dharma und Sangha Zuflucht zu nehmen. Wir sollten jeden Tag über diesen Entschluss meditieren und unser Versprechen für den Rest unseres Lebens kontinuierlich halten. Als die hauptsächliche Verpflichtung unseres Zufluchtsgelübdes sollten wir Bemühen anwenden, Buddhas Segnungen zu empfangen, den Dharma in die Praxis umzusetzen und Hilfe vom Sangha, unseren reinen spirituellen Freunden einschließlich unseres spirituellen Lehrers, zu erhalten. So nehmen wir Zuflucht zu Buddha, Dharma und Sangha. Dadurch werden wir unser Ziel verwirklichen – beständige Befreiung von allen Leiden dieses und unzähliger künftiger Leben, was der wahre Sinn unseres menschlichen Lebens ist.

Um unser Versprechen, während unseres Lebens Zuflucht zu Buddha, Dharma und Sangha zu nehmen, aufrechtzuerhalten, und damit wir und alle Lebewesen Buddhas Segnungen und Schutz erhalten mögen, rezitieren wir jeden Tag mit starkem Vertrauen das folgende Zufluchtsgebet aus dem Sadhana *Der Yoga von Buddha Heruka*:

Bis wir Erleuchtung erlangen, nehmen ich und alle fühlenden
Wesen
Zuflucht zu Buddha, Dharma und Sangha.

SCHULUNG IN ENTSAGUNG

In dieser Schulung erinnern wir uns und denken darüber nach,
wie wir unerträgliches Leiden in unseren zahllosen künftigen
Leben erfahren werden, wie es in Teil Eins ausführlich erklärt
wurde:

> *Es hat keinen Nutzen, die Leiden künftiger Leben zu verneinen;*
> *wenn sie mich tatsächlich ereilen, ist es zu spät, mich vor ihnen*
> *zu schützen. Deshalb muss ich definitiv jetzt diesen Schutz*
> *vorbereiten, während ich dieses menschliche Leben habe,*
> *das mir die Gelegenheit gibt, mich dauerhaft von den Leiden*
> *meiner unzähligen künftigen Leben zu befreien. Wenn ich kein*
> *Bemühen anwende, um dies zu erreichen, sondern es zulasse,*
> *dass mein Leben sinnentleert wird, dann gibt es keine größere*
> *Täuschung und keine größere Torheit. Ich muss mich jetzt*
> *bemühen, mich dauerhaft von den Leiden meiner unzähligen*
> *künftigen Leben zu befreien.*

Wir meditieren kontinuierlich über diesen Entschluss, bis wir
den spontanen Wunsch entwickeln, uns dauerhaft von den
Leiden unserer zahllosen künftigen Leben zu befreien.

SCHULUNG IN BODHICHITTA

In dieser Schulung sollten wir die Praxis der fünf Stufen der
Schulung in Bodhichitta aufrechterhalten, die in Teil Eins
ausführlich erklärt wurden. Als Schlussfolgerung sollten wir
denken:

Ich sollte nicht mit meiner eigenen Befreiung zufrieden sein; ich muss das Wohl anderer Lebewesen berücksichtigen. Sie alle sind meine Mütter und ertrinken im weiten und tiefen Ozean Samsaras, und erfahren Leben für Leben unerträgliches Leid, ohne Ende. Ich bin nur eine einzelne Person, während andere Lebewesen unzählig sind; das Glück und die Freiheit anderer sind deshalb weitaus wichtiger als mein eigenes. Ich kann es nicht ertragen, dass meine zahllosen Mütter unerträgliches körperliches Leiden und geistigen Schmerz in diesem und unzähligen künftigen Leben erfahren; ich muss sie alle dauerhaft von ihren Leiden befreien und zu diesem Zwecke werde ich großes Bemühen aufbringen, ein erleuchteter Buddha zu werden.

Wir sollten dieses höchste gute Herz von Bodhichitta kontinuierlich Tag und Nacht aufrechterhalten. Alle unsere Meditationen über Erzeugungs- und Vollendungsstufe sollten durch dieses höchste gute Herz motiviert sein, und wir sollten uns immer daran erinnern, dass alle unsere Meditationen über Erzeugungs- und Vollendungsstufe Methoden sind, um unseren Bodhichitta-Wunsch zu erfüllen. Um Bodhichitta zu erzeugen, rezitieren wir aus dem Sadhana:

*Möge ich aufgrund der Tugenden, die ich durch Geben und
    andere Vollkommenheiten ansammle,
Ein Buddha werden zum Wohle aller.*

SCHULUNG IN GURU-YOGA

Der Begriff „Guru" ist ein Sanskrit-Wort, welches „spiritueller Meister" bedeutet. Ein spiritueller Meister kann östlich, westlich, männlich, weiblich, ordiniert oder ein Laie sein. Unser spiritueller Meister ist jeder spirituelle Lehrer, der uns in die korrekten Pfade zur Befreiung und Erleuchtung führt, indem er uns Unterweisungen gibt und ein gutes Beispiel zeigt.

Guru-Yoga ist eine besondere Schulung, sich auf unseren spirituellen Meister zu verlassen. In diesem Zusammenhang bedeutet „Yoga" sich in spirituellen Pfaden zu schulen und keine körperliche Übung. Das Sadhana *Der Yoga von Buddha Heruka* in Anhang V legt den Guru-Yoga von Je Tsongkhapa dar, der untrennbar von unserem Wurzel-Guru, Buddha Shakyamuni und Heruka ist, und der als Guru Sumati Buddha Heruka bekannt ist. In diesem Zusammenhang bezieht sich „Wurzel-Guru" auf unseren spirituellen Meister, von dem wir die Anleitungen, Übertragung und Ermächtigung des Heruka-Körper-Mandalas empfangen haben. Der Name Guru Sumati Buddha Heruka impliziert, dass unser Wurzel-*Guru*, Je Tsongkhapa oder *Sumati Kirti* (Je Tsonkhapas Ordinationsname auf Sanskrit), *Buddha* Shakyamuni und *Heruka* eine Person sind, aber unterschiedliche Aspekte haben. Wir müssen diese Erkenntnis immer bewahren, damit unsere Praxis des Heruka-Körper-Mandalas wirkungsvoll ist. Um jedem einzelnen Lebewesen jeden Tag direkt zu helfen, strahlte der definitive Heruka Buddha Shakyamuni aus, welcher wiederum unseren spirituellen Meister ausstrahlte; sie sind wie ein Schauspieler, der zu verschiedenen Zeiten verschiedene Aspekte zeigt.

Der Zweck dieser Praxis von Guru-Yoga ist:

(1) eine große Ansammlung von Verdiensten oder Glück anzusammeln. Weil uns Verdienste fehlen, ist es schwierig für uns, unsere Wünsche zu erfüllen, und wir erfahren viele Hindernisse, spirituelle Erlangungen zu verwirklichen;

(2) Negativität oder nichttugendhafte Handlungen zu reinigen. Wenn wir die zahllosen Potentiale unserer nichttugendhaften Handlungen reinigen, reinigen wir unseren Geist. Wie oben erwähnt, werden wir durch die Reinigung unseres Geistes volle Erleuchtung erlangen;

(3) die kraftvollen Segnungen aller Buddhas zu empfangen. Wir besitzen den Samen der Realisationen des Höchsten Yoga-Tantras im Allgemeinen und des Heruka-Körper-Mandalas im Besonderen, was Teil unserer Buddha-Natur ist. Ohne jedoch die kraftvollen Segnungen aller Buddhas durch unseren spirituellen Meister, der ihr Stellvertreter ist, zu empfangen, wird der Same der Realisation des Höchsten Yoga-Tantras niemals reifen;

(4) die Erfahrung von großer Glückseligkeit und zu Leerheit zu erzeugen. Diese Praxis ist eine kraftvolle Methode, um unseren Samen der Realisation des Mahamudra-Tantras zur Reife zu bringen.

Durch das Erreichen dieser vier notwendigen Bedingungen können wir leicht Fortschritte in unserer Hauptpraxis dieses Sadhanas, nämlich der Schulung in Erzeugungs- und Vollendungsstufe, machen.

Je Sherab Senge, einer der Herzschüler Je Tsongkhapas, erhielt besondere Anleitungen über den Guru-Yoga Je Tsongkhapas von Je Tsongkhapa selbst. Diese werden „der Guru-Yoga der Segyu-Überlieferungslinie" genannt, der heute unter dem Namen *Herzjuwel*-Guru-Yoga bekannt ist. Die Anleitungen des *Herzjuwel*-Guru-Yogas wurden ursprünglich nur als mündliche Überlieferung gegeben. Später verfasste der große Yogi Palden Sangpo ein Sadhana, das auf dieser mündlichen Überlieferungslinie basiert, und seither wird es öffentlich praktiziert. Der Guru-Yoga des *Herzjuwels* kann entweder gemäß Sutra-Tradition oder gemäß der Tradition des Höchsten Yoga-Tantras praktiziert werden. Das Sadhana *Der Yoga von Buddha Heruka* präsentiert die Praxis des *Herzjuwel*-Guru-Yogas gemäß Höchstem Yoga-Tantra. Diejenigen, welche die Verpflichtung haben *Herzjuwel* zu praktizieren, können Gebete an Dorje Shugden unmittelbar vor den Widmungsversen des *Yoga von Buddha Heruka* anfügen.

Die Praxis dieses Guru-Yogas hat fünf Stufen: 1. Visualisierung und Meditation, 2. die Weisheitswesen einladen, 3. die Praxis der sieben Glieder, 4. besondere Bitten vorbringen und 5. die Erfahrung von großer Glückseligkeit und Leerheit erzeugen.

VISUALISIERUNG UND MEDITATION

Wir rezitieren das Folgende aus dem Sadhana, während wir uns auf seine Bedeutung konzentrieren:

Im Raume vor mir befindet sich Guru Sumati Buddha Heruka – Je Tsongkhapa, der untrennbar von meinem Wurzel-Guru, Buddha Shakyamuni und Heruka ist –, umgeben von allen Buddhas der zehn Richtungen.

Während wir dies visualisieren, denken und überlegen wir:

Je Tsongkhapa erlangte Erleuchtung, um alle Lebewesen durch seine Ausstrahlungen zum befreienden Pfad zu führen. Wer ist seine Ausstrahlung, die mich jetzt zum befreienden Pfad führt? Es ist mit Sicherheit mein spiritueller Meister, von dem ich Anleitungen, Übertragung und Ermächtigung des Heruka-Körper-Mandalas empfangen habe und der ein qualifiziertes Beispiel zeigt.

Indem wir so denken, sollten wir fest glauben, dass unser spiritueller Meister eine Ausstrahlung Je Tsongkhapas ist, und dann meditieren wir einsgerichtet über diese Überzeugung. Wir sollten diese Meditation kontinuierlich praktizieren.

Guru Sumati Buddha Heruka

DIE WEISHEITSWESEN EINLADEN

Wir rezitieren den folgenden Vers aus dem Sadhana, während wir uns auf seine Bedeutung konzentrieren:

Vom Herzen des Beschützers der Hunderte von Gottheiten des
  Freudvollen Landes,
Auf den Gipfel einer Wolke, die einem Berg frischer weißer
  Sahne gleicht,
Allwissender Losang Dragpa, König des Dharmas,
Bitte komme zusammen mit Deinen Söhnen an diesen Ort.

Der „Beschützer der Hunderte von Gottheiten des Freudvollen Landes" bezieht sich auf Buddha Maitreya. Wir glauben, dass das Weisheitswesen Je Tsongkhapa sich zusammen mit seinem Gefolge in die im Raume vor uns visualisierte Versammlung von Guru Sumati Buddha Heruka auflöst und sie nichtdual werden.

Wir rezitieren auch die folgende Bitte aus dem Sadhana:

Im Raume vor mir auf einem Löwenthron, Lotos und Mond
Lächeln die ehrwürdigen Meister voller Entzücken.
O erhabenes Verdienstfeld für meinen Geist von Vertrauen,
Bitte bleibe für hundert Äonen, um die Lehre zu verbreiten.

DIE PRAXIS DER SIEBEN GLIEDER

Mit starkem Vertrauen in unseren spirituellen Meister, Guru Sumati Buddha Heruka, sollten wir jeden Tag aufrichtig die Praxis der sieben Glieder ausüben. Diese sind: 1. Verbeugung, 2. Darbringung, 3. Reinigung, 4. sich erfreuen, 5. das Drehen des Dharma-Rades erbitten, 6. die spirituellen Meister bitten, für eine lange Zeit zu verbleiben, und 7. Widmung. In diesem Zusammenhang ist die Schulung in der Praxis des Heruka-Körper-Mandalas wie der Hauptkörper und die sieben Glieder sind wie die Glieder, die ihn unterstützen. So wie unser Körper in Abhängigkeit von unseren Gliedern funktioniert, hängt die Effizienz unserer Schulung im Heruka-Körper-Mandala von unserer Praxis der sieben Glieder ab.

VERBEUGUNG

Sich vor erleuchteten Wesen zu verbeugen ist eine kraftvolle Methode, negatives Karma, Krankheiten und Hindernisse zu reinigen, und unsere Verdienste, unser Glück und unsere Dharma-Realisationen zu vergrößern. Vorübergehend verbessern Verbeugungen unsere körperliche Gesundheit und letztendlich bewirken sie, dass wir den Formkörper eines Buddhas erlangen. Vertrauen in die heiligen Wesen zu erzeugen ist geistiges Verbeugen, Lobpreisungen an sie zu rezitieren ist sprachliches Verbeugen und ihnen mit unserem Körper Respekt zu erweisen ist körperliches Verbeugen. Wir können körperliche Verbeugungen machen, indem wir respektvoll unseren ganzen Körper auf dem Boden ausstrecken oder indem wir mit unseren Knien, Händen und unserer Stirn respektvoll den Boden berühren oder unsere Hände auf der Höhe unseres Herzens respektvoll zusammenlegen.

Um kraftvolle Verbeugungen vor den heiligen Wesen zu machen, stellen wir uns vor, dass wir aus jeder Pore unseres Körpers einen anderen Körper ausstrahlen und dass wir aus jeder Pore dieser Körper weitere Körper ausstrahlen, bis unsere ausgestrahlten Körper die ganze Welt füllen. Wenn wir dann den folgenden Vers rezitieren, glauben wir fest, dass alle diese zahllosen Körper Verbeugungen vor Guru Sumati Buddha Heruka und allen Buddhas der zehn Richtungen machen:

Dein Geist der Weisheit erkennt das volle Ausmaß der Objekte des Wissens,
Deine gewandte Rede ist das Ohrornament der von Glück Begünstigten,

*Dein prächtiger Körper erstrahlt in der Herrlichkeit des
Ruhmes;
Ich verbeuge mich vor Dir, den zu sehen, zu hören und an den
zu denken so bedeutungsvoll ist.*

Wir sollten diese Verbeugungspraxis jeden Tag ausüben.
Als einen vorbereitenden Führer für unsere eigentliche
Praxis des Heruka-Körper-Mandalas können wir entweder
einhunderttausend Verbeugungen in unserem täglichen Leben
oder im Retreat ansammeln.

DARBRINGUNGEN

Aus der Tiefe unseres Herzens fassen wir den folgenden
Entschluss:

Um alle Lebewesen dauerhaft von Leiden zu befreien
Mache ich ausgezeichnete Darbringungen an das
    höchste heilige Wesen
Guru Sumati Buddha Heruka
Und an alle anderen heiligen Wesen.

Alle Blumen und Früchte, die es gibt,
Und all die verschiedenen Formen von Arzneien;
Alle Juwelen dieser Welt
Und alles reine, erfrischende Wasser;

Berge von Juwelen, Waldhaine
Und stille freudvolle Plätze;
Himmlische Bäume mit Blüten geschmückt
Und Bäume, deren Äste mit köstlichen Früchten
    beladen sind;

Düfte, die aus den himmlischen Bereichen stammen,
Weihrauch, wunscherfüllende Bäume und
    juwelengeschmückte Bäume;

Ernten, die nicht gesät werden müssen,
Und alle Schmuckstücke, die einer Darbringung
    würdig sind;

Seen und Teiche, mit Lotosblumen geschmückt,
Und der schöne Ruf der wilden Gänse;
Alles, was niemandem gehört,
In allen Welten so weit wie der Raum;

Ich halte sie in meinem Geist und bringe sie Euch dar,
Den erhabensten Wesen, den Buddhas und
    Bodhisattvas.
O Mitfühlende, heilige Objekte der Darbringung,
Bitte denkt voller Güte an mich und nehmt meine
    Gaben an.

Auf ewig werde ich alle meine Körper
Den Buddhas und Bodhisattvas darbringen.
Aus Respekt werde ich Euer Diener werden;
Bitte nehmt mich an, o erhabene Helden.

Während wir uns vorstellen alle diese Darbringungen zu
machen, können wir den folgenden kurzen Vers rezitieren:

Freude bringende Wasserdarbringungen, verschieden Blumen,
Süß duftender Weihrauch, Lichter, parfümiertes Wasser und
    noch mehr,
Eine weite Wolke von Gaben, sowohl vorhandene wie
    vorgestellte,
Bringe ich Dir, o höchstes Verdienstfeld dar.

Im Buddhismus ist eine Darbringung all das, was die erleuchteten Wesen entzückt. Unsere hauptsächliche Darbringung ist
unsere Praxis des Mitgefühls, da dieses die erleuchteten Wesen
am meisten erfreut. Deshalb sollte unsere Motivation für das

Ausführen von Darbringungen Mitgefühl für alle Lebewesen sein – unser aufrichtiger Wunsch, alle Lebewesen dauerhaft von Leiden zu befreien.

Zusammengefasst sollten wir alle unsere täglichen Dharma-Übungen als unübertroffene Darbringungen an Guru Sumati Buddha Heruka betrachten – der Synthese unseres spirituellen Meisters, Je Tsongkhapas, Buddha Shakyamunis und Herukas – und an alle anderen erleuchteten Wesen. Auf diese Weise können wir unermessliche Verdienste und Glück ansammeln.

REINIGUNG

Reinigung ist die erhabene Methode, künftiges Leiden zu verhindern und Hindernisse für unsere Dharma-Praxis zu beseitigen, besonders für die Praxis des Heruka-Körper-Mandalas. Sie lässt unsere Handlungen rein werden, so dass wir selbst rein werden. Da unser Körper nicht unser Selbst ist, ist das Reinigen unseres Körpers allein nicht ausreichend; wir müssen unser Selbst durch Reinigungspraxis säubern.

Was ist es, das wir reinigen müssen? Wir müssen unsere nichttugendhaften und unangemessenen Handlungen reinigen. In unseren zahllosen früheren Leben haben wir viele Handlungen begangen, die dazu führten, dass andere Lebewesen Leiden und Probleme erfuhren, und als Resultat dieser nichttugendhaften Handlungen erfahren wir jetzt viele verschiedene Probleme und Leiden. Obwohl die Handlungen selbst geendet haben, verbleibt ihr Potential, Leiden und Probleme entstehen zu lassen, noch immer auf unserem subtilen Bewusstsein und wird dort Leben für Leben verbleiben, bis es reift. Deshalb sind auf unserem Ursprungsbewusstsein unendlich viele negative Potentiale, die die Funktion haben, uns auf falsche Pfade zu führen und uns endlose Leiden erfahren zu lassen.

Das sind ernsthafte Hindernisse für unsere Dharma-Praxis im Allgemeinen und unsere Praxis des Heruka-Körper-Mandalas im Besonderen.

Wir können verstehen, wie unsere nichttugendhaften Potentiale das Haupthindernis unserer Dharma-Praxis sind, indem wir über das Folgende nachdenken:

In unseren früheren Leben haben wir Handlungen ausgeführt, die den heiligen Dharma zurückwiesen, und wir lehnten Wiedergeburt, Karma und die Erlangung der Befreiung und Erleuchtung ab. Als Folge dessen erfahren wir jetzt (1) Schwierigkeiten dabei die Absicht zu entwickeln, Dharma zu praktizieren, (2) Schwierigkeiten dabei an Dharma-Unterweisungen wie etwa Karma zu glauben und (3) Schwierigkeiten dabei Fortschritte in unserer Dharma-Praxis zu machen.

Reinigungspraxis ist sehr einfach. Alles, was wir tun müssen, ist, über die großen Nachteile der nichttugendhaften Handlungen, die wir seit anfangsloser Zeit begangen haben, nachzudenken. Dann bekennen wir mit starkem Bedauern alle diese nichttugendhaften Handlungen sowie Übertretungen unserer Gelübde und Verpflichtungen gegenüber Guru Sumati Buddha Heruka und allen anderen heiligen Wesen, während wir den folgenden Vers rezitieren:

Alle Nichttugenden von Körper, Rede und Geist
Die ich seit anfangsloser Zeit angesammelt habe,
Besonders Übertretungen meiner drei Gelübde,
Mit großer Reue bekenne ich jede einzelne aus tiefem Herzen.

Wir sollten diese Praxis viele Male wiederholen. Am Ende jeder Sitzung fassen wir einen starken Entschluss, keine nichttugendhaften Handlungen mehr zu begehen oder irgendeines der Gelübde und Verpflichtungen zu übertreten.

Als großen vorbereitenden Führer für unsere Praxis des Heruka-Körper-Mandalas können wir einhunderttausend Rezitationen dieses Verses sammeln – uns stark auf seine Bedeutung konzentrierend. Alternativ können wir einhunderttausend Rezitationen des Mantras von Vajrasattva sammeln.

SICH ERFREUEN

Wir sollten lernen, uns an den tugendhaften Handlungen, dem Glück und den guten Eigenschaften anderer zu erfreuen. Normalerweise tun wir das Gegenteil und entwickeln Eifersucht. Eifersucht ist sehr schädlich für Einzelne und für die Gesellschaft. Sie kann in einem Moment unser eigenes und das Glück und die Harmonie anderer zerstören und zu Streit oder sogar Krieg führen. Im täglichen Leben können wir sehen, wie Menschen mit Eifersucht im Hinblick auf Beziehungen, Geschäft, Position und religiöse Sichtweisen reagieren und dabei Leiden für so viele Menschen verursachen. Unsere Eifersuchtsprobleme können ganz einfach dadurch gelöst werden, dass wir anfangen, uns am Glück und der Güte anderer zu erfreuen. Dies können wir selbst dann tun, wenn wir liegen, ausruhen oder unsere alltäglichen Handlungen ausführen.

Mit sehr wenig Bemühen können wir unermessliches Glück ansammeln, ganz einfach, indem wir uns an den ausgezeichneten Taten der Buddhas wie Je Tsongkhapa erfreuen. Wir können dies tun, während wir den folgenden Vers rezitieren und uns dabei fest auf seine Bedeutung konzentrieren:

In dieser degenerierten Zeit hast Du nach großem Wissen und
*   Vollendung gestrebt,*
Durch das Aufgeben der acht weltlichen Belange hast Du
*   Deiner Freiheit und Begabung einen Sinn gegeben.*
O Beschützer, aus der Tiefe meines Herzens
Erfreue ich mich an der gewaltigen Woge Deiner Taten.

Buddha Vajradhara

DAS DREHEN DES DHARMA-RADES ERBITTEN

Wir beginnen diese Praxis, indem wir denken:

Ich habe die Gelegenheit, den heiligen Dharma zu hören, zu
verstehen und zu praktizieren, und deshalb das Glück, den Pfad
zur Erleuchtung zu betreten, auf ihm Fortschritte zu machen
und ihn zu vollenden. Wie wunderbar wäre es, wenn alle
anderen Lebewesen das gleiche Glück genießen könnten!

Aus der Tiefe unseres Herzens bitten wir Guru Sumati
Buddha Heruka wiederholt, zahllose spirituelle Lehrer
auszustrahlen, um den heiligen Dharma zu lehren und alle
Lebewesen zum endgültigen Zustand des Glücks, der Erleuchtung, zu führen, während wir den folgenden Vers rezitieren:

Aus den sich auftürmenden Wolken von Weisheit und
  Mitgefühl
Im Raume Eurer Wahrheitskörper, o ehrwürdige und heilige
  Gurus,
Bitte sendet einen Regen weiten und tiefgründigen Dharmas
  herab,
Angemessen für die Schüler dieser Welt.

DIE SPIRITUELLEN MEISTER BITTEN, FÜR
EINE LANGE ZEIT ZU VERBLEIBEN

In dieser Praxis denken wir:

Wenn die spirituellen Lehrer, die von den heiligen Wesen
ausgestrahlt wurden, für viele Äonen in dieser Welt verbleiben,
werden allmählich alle Lebewesen die Gelegenheit haben,
Dharma zu hören, zu verstehen und zu praktizieren. Auf
diese Weise werden schließlich alle Lebewesen ohne Ausnahme
Erleuchtung erlangen.

Wir richten dann Bitten an Guru Sumati Buddha Heruka, dass seine Ausstrahlungen, die den Dharma lehren, in dieser Welt verbleiben, bis Samsara endet, während wir den folgenden Vers rezitieren:

> *Bitte sende aus Deinem eigentlichen todlosen Körper, aus dem*
> *   sinnklaren Licht geboren,*
> *Bitte zahllose Ausstrahlungen auf die ganze Welt,*
> *Um die mündliche Überlieferungslinie der Ganden-Lehre zu*
> *   verbreiten;*
> *Und mögen sie für eine sehr lange Zeit verbleiben.*

WIDMUNG

Wann immer wir eine tugendhafte Handlung ausführen, sollten wir sie der Erlangung der Erleuchtung und dem Blühen von Buddhas Lehre widmen, was allen Lebewesen nützt. Der große Meister Atisha sagte:

> Widmet Tag und Nacht eure Tugenden und beobachtet ständig euren Geist.

Indem wir unsere tugendhaften Handlungen auf diese Weise widmen, werden ihre Potentiale niemals durch Wut und falsche Sichtweisen zerstört, sondern werden an Stärke zunehmen. Die Praxis der Widmung macht unsere tugendhaften Handlungen sehr wirksam. Wir können diese Praxis ausführen, während wir den folgenden Vers rezitieren:

> *Mögen durch die Tugenden, die ich hier angesammelt habe,*
> *Die Lehre und alle Lebewesen jeden erdenklichen Nutzen*
> *   erhalten.*
> *Möge insbesondere die Essenz der Lehre*
> *Des Ehrwürdigen Losang Dragpa für immer erstrahlen.*

Zusammenfassend gesagt sollten wir, während wir jedes der sieben Glieder praktizieren, Bemühen anwenden, damit die Sonne unseres Vertrauens kontinuierlich auf den Schneeberg unseres spirituellen Meisters – Guru Sumati Buddha Heruka – scheint, und starke Bitten an ihn richten. Dadurch werden die wassergleichen Segnungen aller Buddhas der zehn Richtungen herabfließen, unser sehr subtiler Körper wird eine besondere Kraft empfangen, die ihn in einen erleuchteten Körper umwandelt, und unser sehr subtiler Geist wird eine besondere Kraft empfangen, die ihn in einen erleuchteten Geist umwandelt.

BESONDERE BITTEN VORBRINGEN

Um diese besondere Bitte zu richten, bringen wir zuerst das gesamte Universum, als Reines Land von Buddha betrachtet, Guru Sumati Buddha Heruka und allen Buddhas der zehn Richtungen dar. Diese Darbringung heißt „Mandala-Darbringung". Eine ausführliche Erklärung kann in *Führer ins Dakiniland* gefunden werden. Dann rezitieren wir dreimal das folgende Bittgebet aus dem Sadhana, während wir uns auf seine Bedeutung konzentrieren:

> *O Guru Sumati Buddha Heruka, von jetzt an bis ich*
> *Erleuchtung erlange,*
> *Werde ich keine andere Zuflucht als Dich suchen.*
> *Bitte befriede meine Hindernisse und gewähre mir*
> *Die zwei Erlangungen des Befreiens und Reifens.*
> *Bitte segne mich, damit ich der definitive Heruka werde*
> *Und in diesem Zustand alle Phänomene*
> *Als gereinigt und in Leerheit versammelt erfahre, untrennbar*
> *von großer Glückseligkeit.*

Dieses Gebet hat die gleiche Bedeutung wie das Essenz-Mantra von Heruka. Durch Vollenden der Meditationen der Erzeugungs- und Vollendungsstufe werden wir alle unsere subtilen fehlerhaften Erscheinungen aufgeben; dieses Aufgeben ist die Erlangung des „Befreiens". Und durch das vollständige Reifen unserer Buddha-Natur werden wir uns selbst als wirklicher Buddha und unsere Welt, Vergnügen und Tätigkeiten als diejenigen eines Buddhas erfahren; diese Erfahrung ist die Erlangung des „Reifens". Durch die Verwirklichung dieser zwei Erlangungen werden wir der definitive Heruka, der auf Buddhas Wahrheitskörper oder Dharmakaya zugeschriebene Heruka. Gleichzeitig erfahren wir alle Phänomene als gereinigt, was bedeutet, dass wir die subtile fehlerhafte Erscheinung aller Phänomene gereinigt haben; und wir erfahren alle Phänomene als in Leerheit versammelt, was bedeutet, dass wir realisieren, dass alle Phänomene nichts anderes als Leerheit sind. Diese zwei Erfahrungen von „gereinigt" und „versammelt" implizieren, dass wir die Vereinigung der zwei Wahrheiten direkt und gleichzeitig realisiert haben; diese Realisation ist eigentliche Erleuchtung. Mit diesem Gebet bitten wir Guru Sumati Buddha Heruka, uns all diese Erlangungen zu gewähren.

Als gewöhnliche Wesen haben wir nur einen Körper, den wir benutzen können, und dieser ist in Wirklichkeit Teil der Körper unserer Eltern. Buddhas jedoch besitzen gleichzeitig vier Körper: die zwei Wahrheitskörper, nämlich den Weisheits-Wahrheitskörper und den Natur-Wahrheitskörper, und die zwei Formkörper, nämlich den Freudenkörper und den Ausstrahlungskörper. Buddhas Geist ist der Weisheits-Wahrheitskörper und die Leerheit von Buddhas Geist ist der Natur-Wahrheitskörper; zusammen werden sie „Wahrheitskörper" oder „Dharmakaya" genannt. Buddhas Körper, die Form besitzen, heißen Formkörper. Buddhas subtiler Formkörper heißt Freudenkörper und Buddhas grober Formkörper heißt Ausstrahlungskörper. Der Wahrheitskörper eines

Buddhas ist äußerst subtil und kann deshalb nur von Buddhas und nicht von anderen gesehen werden. Der Freudenkörper eines Buddhas kann von höheren Bodhisattvas gesehen werden und der Ausstrahlungskörper Buddhas kann von gewöhnlichen Wesen gesehen werden, die einen reinen Geist haben.

DIE ERFAHRUNG VON GROSSER GLÜCKSELIGKEIT UND LEERHEIT ERZEUGEN

Nachdem wir dieses besondere Bittgebet aufrichtig und von Herzen dreimal rezitiert haben, denken wir und stellen uns dann vor:

Aufgrund der hier vorgebrachten Bitten lösen sich alle Buddhas der zehn Richtungen in Je Tsongkhapa auf, der untrennbar von meinem Wurzel-Guru ist. Er löst sich in Buddha Shakyamuni in seinem Herzen auf, und Buddha Shakyamuni löst sich in Heruka in seinem Herzen auf. Voller Entzücken tritt Guru Heruka, der von der Natur der Vereinigung von großer Glückseligkeit und Leerheit ist, durch meinen Scheitel in meinen Körper ein und löst sich in meinen Geist in meinem Herzen auf. Weil Heruka, der die Natur der Vereinigung von großer Glückseligeit und Leerheit ist, untrennbar wird mit meinem Geist, erfahre ich spontane große Glückseligkeit und Leerheit. Ich nehme nichts anderes wahr als die Leerheit aller Phänomene, die bloße Abwesenheit aller Phänomene, die ich normalerweise sehe oder wahrnehme. Meine subtile fehlerhafte Erscheinung aller Phänomene, einschließlich der Kanäle und Tropfen meines Körpers, wird gereinigt.

Indem wir diese Überzeugung halten, meditieren wir über die Leerheit aller Phänomene, während wir große Glückseligkeit erfahren.

Buddha Vajradharma

SCHULUNG IN DER ERZEUGUNGSSTUFE DES HERUKA-KÖRPER-MANDALAS

Es gibt fünf Stufen der Schulung in der Erzeugungsstufe des Heruka-Körper-Mandalas, der eigentlichen Selbsterzeugungs-Praxis des Heruka-Körper-Mandalas: 1. Das Heruka-Körper-Mandala erzeugen, 2. Schulung in klarer Erscheinung, 3. Schulung in göttlichem Stolz, 4. Schulung in nichtdualer Erscheinung und Leerheit und 5. Schulung in Mantra-Rezitation.

DAS HERUKA-KÖRPER-MANDALA ERZEUGEN

Während wir über die Leerheit aller Phänomene meditieren und nichts anderes als Leerheit wahrnehmen, denken wir und stellen uns vor:

Im weiten Raum der Leerheit aller Phänomene, der Natur meiner gereinigten fehlerhaften Erscheinung aller Phänomene, – die das Reine Land von Keajra ist – erscheine ich als Buddha Heruka mit einem blaufarbenen Körper, vier Gesichtern und zwölf Armen, die Natur meines gereinigten weißen unzerstörbaren Tropfens. Ich umarme Vajravarahi, die Natur meines gereinigten roten unzerstörbaren Tropfens. Ich bin von den Helden und Heldinnen der fünf Räder umgeben, die die Natur meines gereinigten subtilen Körpers sind, den Kanälen und Tropfen. Ich verweile im Mandala, dem himmlischen Palast, der die Natur meines gereinigten groben Körpers ist. Obwohl ich diese Erscheinung habe, ist sie nichts anderes als die Leerheit aller Phänomene.

Während wir an dieser Stelle (1) große Glückseligkeit und Leerheit erfahren, meditieren wir (2) über die klare Erscheinung des Mandalas und der Gottheiten mit göttlichem Stolz, während wir (3) erkennen, dass die Gottheiten die Natur unserer gereinigten Kanäle und Tropfen sind, unser subtiler Körper, und dass das Mandala die Natur unseres gereinigten groben Körpers ist.

Auf diese Weise schulen wir uns aufrichtig in einer einzelnen Meditation über die Erzeugungsstufe, die diese drei Merkmale besitzt. Das Halten des dritten Merkmals – die Gottheiten als die Natur unseres gereinigten subtilen Körpers und das Mandala als die Natur unseres gereinigten groben Körpers zu erkennen – macht diese Konzentration zu einer eigentlichen Körper-Mandala-Meditation.

SCHULUNG IN KLARER ERSCHEINUNG

Damit unsere Meditation über das Heruka-Körper-Mandala qualifiziert ist, müssen wir uns in klarer Erscheinung schulen. Wir denken und stellen uns eindringlich wie oben vor:

Im weiten Raum der Leerheit aller Phänomene, die Natur meiner gereinigten fehlerhaften Erscheinung aller Phänomene – die das Reine Land von Keajra ist –, erscheine ich als Buddha Heruka mit einem blaufarbenen Körper, vier Gesichtern und zwölf Armen, die Natur meines gereinigten weißen unzerstörbaren Tropfens. Ich umarme Vajravarahi, die Natur meines gereinigten roten unzerstörbaren Tropfens. Ich bin von den Helden und Heldinnen der fünf Räder umgeben, die die Natur meines gereinigten subtilen Körper sind, der Kanäle und Tropfen. Ich verweile im Mandala, dem himmlischen Palast, der die Natur meines gereinigten groben Körpers ist. Obwohl ich diese Erscheinung habe, ist sie nichts anderes als die Leerheit aller Phänomene.

Wir wiederholen diese Kontemplation geistig immer wieder, bis wir das Objekt unserer Meditation klar wahrnehmen – das

Heruka-Körper-Mandala, welches die Versammlung des vorgestellten Herukas (wir selbst) mit Gefährtin Vajravarahi ist, die Natur unseres gereinigten weißen und roten Tropfens, und unseres vorgestellten Gefolges von Helden und Heldinnen, die die Natur unserer gereinigten Kanäle und Tropfen sind, im vorgestellten Reinen Land von Keajra. Wenn wir die Versammlung dieses tragenden Mandalas und der getragenen Gottheiten – das Heruka-Körper-Mandala – wahrnehmen, halten wir es, ohne es zu vergessen, und verweilen darauf einsgerichtet, so lange wie möglich.

Wir sollten diese Meditation immer wieder wiederholen, bis wir unsere Konzentration für eine Minute klar halten können, jedes Mal wenn wir darüber meditieren. Unsere Konzentration, die diese Fähigkeit besitzt, wird „Konzentration des Verweilens des Geistes" genannt. Auf der zweiten Stufe meditieren wir kontinuierlich mit der Konzentration des Verweilens des Geistes über das Heruka-Körper-Mandala, bis wir in der Lage sind, unsere Konzentration für fünf Minuten klar aufrechtzuerhalten, jedes Mal wenn wir darüber meditieren. Unsere Konzentration, die diese Fähigkeit besitzt, wird „Konzentration des kontinuierlichen Verweilens" genannt. Auf der dritten Stufe meditieren wir kontinuierlich mit der Konzentration des kontinuierlichen Verweilens über das Heruka-Körper-Mandala, bis wir in der Lage sind, uns sofort wieder an das Objekt unserer Meditation – das Heruka-Körper-Mandala – zu erinnern, immer wenn wir es während der Meditation verlieren. Unsere Konzentration, die diese Fähigkeit besitzt, wird „Konzentration des Wiederverweilens" genannt. Auf der vierten Stufe meditieren wir kontinuierlich mit der Konzentration des Wiederverweilens über das Heruka-Körper-Mandala, bis wir in der Lage sind, unsere Konzentration klar, ohne Vergessen während der gesamten Meditationssitzung aufrechtzuerhalten, jedes Mal wenn wir darüber meditieren. Unsere Konzentration, die diese Fähigkeit besitzt, wird

„Konzentration des nahen Verweilens" genannt. Auf dieser Stufe haben wir eine sehr stabile und klare Konzentration, die auf das Heruka-Körper-Mandala gerichtet ist.

Dann meditieren wir mit der Konzentration des nahen Verweilens über das Heruka-Körper-Mandala, bis wir schließlich die Konzentration des ruhigen Verweilens erlangen, die auf das Heruka-Körper-Mandala gerichtet ist, was uns eine besondere körperliche und geistige Geschmeidigkeit und Glückseligkeit erfahren lässt. Durch diese auf das Heruka-Körper-Mandala gerichtete Konzentration des ruhigen Verweilens werden wir mit Sicherheit das Reine Land von Keajra in diesem oder in unserem nächsten Leben erreichen.

SCHULUNG IN GÖTTLICHEM STOLZ

Durch das Wahrnehmen unseres vorgestellten Heruka-Körpers und -Geistes entwickeln wir den Gedanken: „Ich bin Heruka"; dieser Gedanke ist göttlicher Stolz. Es ist ein korrekter Gedanke oder Glaube, weil er aus Weisheit entsteht, die eine korrekte Begründung realisiert. Wenn wir im Allgemeinen unsere klare Erscheinung, das Heruka-Körper-Mandala durch die oben erwähnte Konzentration wahrzunehmen, verbessern, erleichtert uns das die Entwicklung und Verstärkung von göttlichem Stolz. Dies ist so, weil klare Erscheinung gewöhnliche Erscheinung vermindert, und dies macht es leichter für uns, den Gedanken: „Ich bin Heruka" zu entwickeln und zu verstärken. Wir können uns allerdings auch in göttlichem Stolz schulen, indem wir über korrekte Begründungen nachdenken, warum es für uns notwendig ist, die Basis der Zuschreibung unseres Selbst von einem verunreinigten Körper und Geist auf den nichtverunreinigten Körper und Geist Herukas zu ändern. Wie wir das tun können, ist bereits im Kapitel *Das Tantra der Erzeugungsstufe* erläutert worden.

SCHULUNG IN NICHTDUALER
ERSCHEINUNG UND LEERHEIT

Dies ist eine sehr tiefgründige Praxis der Erzeugungsstufe. Die in diesem Buch vorgestellte Erklärung basiert auf der mündlichen Ganden-Überlieferungslinie. In Bezug auf den Ausdruck „nichtduale Erscheinung und Leerheit" bezieht sich „Erscheinung" auf das Heruka-Körper-Mandala, das die Versammlung des tragenden Mandalas und der getragenen Gottheiten des Heruka-Körper-Mandalas ist, die Natur unserer gereinigten groben und subtilen Körper; „Leerheit" bezieht sich auf die Leerheit aller Phänomene und „nichtdual" bedeutet, dass das Heruka-Körper-Mandala und Leerheit ein Objekt sind, aber unterschiedliche Namen haben. Wenn wir dieses nichtduale Heruka-Körper-Mandala und Leerheit wahrnehmen und realisieren, haben wir unser Meditationsobjekt gefunden; wir sollten dieses Objekt ohne Vergessen halten und einsgerichtet, so lange wie möglich auf ihm verweilen. Wir sollten diese Meditation aufrichtig und kontinuierlich, ohne Ablenkung praktizieren. Wenn wir dies tun, werden wir zu Beginn Erscheinung (das Heruka-Körper-Mandala), die die konventionelle Wahrheit ist, und Leerheit, die die endgültige Wahrheit ist, gleichzeitig mit unserem groben Geist realisieren. Schließlich werden wir diese beiden Wahrheiten direkt und gleichzeitig mit unserem sehr subtilen Geist realisieren. Unser sehr subtiler Geist, der diese zwei Wahrheiten direkt und gleichzeitig realisiert, ist der Zustand der Erleuchtung.

Wenn wir zu Beginn über das Heruka-Körper-Mandala meditieren, haben wir eine starke Wahrnehmung des Heruka-Körper-Mandalas, das wir normalerweise wahrnehmen. Diese Wahrnehmung ist unsere fehlerhafte Erscheinung des Heruka-Körper-Mandalas. Sie ist fehlerhaft, weil das Heruka-Körper-Mandala, das wir normalerweise wahrnehmen, nicht existiert, auch wenn wir es wahrnehmen. Die starke Wahrnehmung des Heruka-Körper-Mandalas, das wir normalerweise wahrnehmen, stört direkt unser Verständnis, dass das Heruka-Körper-Mandala und die Leerheit aller Phänomene nichtdual sind. Indem wir jedoch mit starker Konzentration über die Leerheit aller Phänomene meditieren, wird die starke Wahrnehmung des Heruka-Körper-Mandalas, das wir normalerweise wahrnehmen, während der Meditation aufhören. Wir werden dann automatisch realisieren, dass das Heruka-Körper-Mandala und die Leerheit aller Phänomene nichtdual sind. Dies kann durch die Analogie von zwei leeren Gläsern veranschaulicht werden. Zu Beginn werden wir die Räume innerhalb der beiden Gläser als unterschiedlich wahrnehmen, doch wenn wir die Gläser zerbrächen, würden wir realisieren, dass die Räume in ihnen nichtdual sind.

Im Sadhana enthüllen die Worte: „Obwohl ich diese Erscheinung habe, ist sie nichts anderes als die Leerheit aller Phänomene" die Schulung in nichtdualer Erscheinung und Leerheit. Verstehen wir klar die Bedeutung der Vereinigung der zwei Wahrheiten (wie in Teil Eins im Kapitel *Schulung in endgültigem Bodhichitta* ausführlich erklärt), dann wird es nicht schwierig sein, die in diesem Abschnitt erklärte Bedeutung von nichtdualer Erscheinung und Leerheit zu verstehen.

DIE EIGENTLICHE MEDITATION ÜBER NICHTDUALE ERSCHEINUNG UND LEERHEIT

Haben wir klare Erscheinung und göttlichen Stolz erreicht, indem wir uns wie oben erklärt darin schulen, dann denken und überlegen wir:

Da alle Phänomene, die ich normalerweise wahrnehme, nicht existieren, existiert auch das Heruka-Körper-Mandala, das ich normalerweise wahrnehme, nicht. Heruka-Körper-Mandala ist ein bloßer Name, was bedeutet, dass es nichts anderes als die Leerheit aller Phänomene ist. Die Leerheit aller Phänomene und

das Heruka-Körper-Mandala sind nichtdual; sie sind nicht zwei
Objekte, sondern ein Objekt mit unterschiedlichen Namen:

Indem wir auf diese Weise denken, meditieren wir über
die Nichtdualität des Heruka-Körper-Mandalas und Leerheit
einsgerichtet mit der Erfahrung von großer Glückseligkeit,
wenn wir die Versammlung des tragenden Mandalas und der
getragenen Gottheiten des Heruka-Körper-Mandalas, die als
bloßer Name existieren, und die Leerheit aller Phänomene als
nichtdual wahrnehmen. Wie oben erwähnt, werden wir zu
Beginn durch die kontinuierliche Praxis dieser Meditation das
Heruka-Körper-Mandala, das die konventionelle Wahrheit ist,
und Leerheit, die die endgültige Wahrheit ist, gleichzeitig mit
unserem groben Geist realisieren. Schließlich werden wir diese
beiden Wahrheiten direkt und gleichzeitig mit unserem sehr
subtilen Geist realisieren. Unser sehr subtiler Geist, der die zwei
Wahrheiten direkt und gleichzeitig realisiert, ist eigentliche
Erleuchtung. Er ist eine Weisheit, die für immer frei ist von
fehlerhafter Erscheinung aller Phänomene; eine solche Weisheit besitzen nur voll erleuchtete Buddhas. Dadurch können
wir verstehen, dass diese Schulung in nichtdualer Erscheinung
und Leerheit eine kraftvolle Methode ist, um Erleuchtung
sehr schnell und leicht zu erlangen. Diese Schulung ist die
eigentliche Essenz-Praxis der Anleitungen der mündlichen
Ganden-Überlieferungslinie. Durch diese Schulung begannen
Gyalwa Ensapa und viele seiner Schüler den Vajrayana-Pfad,
schritten auf ihm fort, vollendeten ihn und erlangten Erleuchtung innerhalb von drei Jahren.

SCHULUNG IN MANTRA-REZITATION

Das Sanskrit-Wort „Mantra" bedeutet Schutz des Geistes.
Indem wir die Mantras von Heruka Vater und Mutter und
ihrem Gefolge mit starkem Vertrauen rezitieren, können

wir uns selbst vor Schaden durch unbelebte Objekte wie
Erdbeben, Fluten, Stürme und Feuer, sowie belebte Objekte
wie Menschen und Nichtmenschen schützen; wir können
Krankheiten, vorzeitigen Tod und andere widrige Umstände
überwinden; wir können unser Glück, unsere Lebensspanne
und besonders unsere inneren Qualitäten von Vertrauen,
korrekter Sicht, korrekter Absicht und anderen spirituellen
Realisationen vermehren; wir werden fähig, unsere Verblendungen wie Wut zu kontrollieren; wir können anderen helfen,
indem wir verschiedene Arten von Handlungen, einschließlich
zornvoller, ausführen; und insbesondere können wir uns selbst
und andere zum höchsten Glück der Erleuchtung führen.

Wir rezitieren die folgenden Mantras als Bitte, dass uns diese
Erlangungen gewährt werden, während wir erkennen und
glauben, dass die Weisheitswesen Heruka Vater und Mutter
und ihr Gefolge untrennbar sind vom vorgestellten Heruka
(wir selbst) und Gefährtin Vajravarahi, und unserem Gefolge
von Helden und Heldinnen.

DAS ESSENZ-MANTRA VON HERUKA

Wir rezitieren das Folgende, während wir uns auf die Bedeutung konzentrieren:

*In meinem Herzen ist das Weisheitswesen Buddha Heruka, der
definitive Heruka.*

O Glorreicher Vajra-Heruka, der Du
Den göttlichen illusorischen Körper und Geist des klaren
*   Lichts genießt,*
Bitte befriede meine Hindernisse und gewähre mir
Die zwei Erlangungen des Befreiens und Reifens.
Bitte segne mich, damit ich der definitive Heruka werde
Und in diesem Zustand alle Phänomene

Als gereinigt und in Leerheit versammelt erfahre, untrennbar
von großer Glückseligkeit.

OM SHRI VAJRA HE HE RU RU KAM HUM HUM PHAT
DAKINI DZALA SHAMBARAM SÖHA

Wir können dieses Mantra einundzwanzigmal, einhundertmal
oder so oft wie wir möchten rezitieren.

DAS DREI-OM-MANTRA VON VAJRAYOGINI

Wir rezitieren das Folgende, während wir uns auf die Bedeutung konzentrieren:

Im Herzen der vorgestellten Vajrayogini (Vajravarahi)
ist das Weisheitswesen Buddha Vajrayogini, die definitive
Vajrayogini.

OM OM OM SARWA BUDDHA DAKINIYE VAJRA
WARNANIYE VAJRA BEROTZANIYE HUM HUM HUM
PHAT PHAT PHAT SÖHA

Wir sollten mindestens so viele Drei-OM-Mantras rezitieren,
wie wir zu rezitieren versprochen haben, als wir die Vajrayo-
gini-Ermächtigung empfingen.

Das „Drei-OM-Mantra" ist die Vereinigung des Essenz- und
nahen Essenz-Mantras von Vajravarahi. Die Bedeutung des
Mantras ist wie folgt. Mit OM OM OM rufen wir Vajrayogini –
die hauptsächliche Gottheit – und ihr Gefolge von Heldinnen
der drei Räder. SARWA BUDDHA DAKINIYE bedeutet, dass
Vajrayogini die Synthese des Geistes aller Buddhas ist, VAJRA
WARNANIYE bedeutet, dass Vajrayogini die Synthese der
Rede aller Buddhas ist und VAJRA BEROTZANIYE bedeutet,
dass Vajrayogini die Synthese der Körper aller Buddhas ist.
Mit HUM HUM HUM bitten wir Vajrayogini und ihr Gefolge,

uns die Erlangungen von Körper, Rede und Geist aller Buddhas zu gewähren. Mit PHAT PHAT PHAT bitten wir sie, unser Haupthindernis zu überwinden – die subtile fehlerhafte Erscheinung unseres Körpers, Rede und Geistes; und SÖHA bedeutet: „Bitte errichte in mir die Grundlage für alle diese Erlangungen".

Wie oben erwähnt, dienen unser gegenwärtiger Körper, Rede und Geist als Basis für alles Leiden, weil sie durch das Gift der Verblendungen verunreinigt sind. Wir müssen daher den heiligen Körper, Rede und Geist eines Buddhas erlangen.

DAS ZUSAMMENGEFASSTE MANTRA DER ZWEIUNDSECHZIG GOTTHEITEN DES HERUKA-KÖRPER-MANDALAS

Wir rezitieren das Folgende, während wir uns auf die Bedeutung konzentrieren:

Im Herzen von jeder der zweiundsechzig Gottheiten ist ihr individuelles Weisheitswesen, ihre eigene definitive Gottheit.

OM HUM BAM RIM RIM LIM LIM, KAM KHAM GAM GHAM NGAM, TSAM TSHAM DZAM DZHAM NYAM, TrAM THrAM DrAM DHrAM NAM, TAM THAM DAM DHAM NAM, PAM PHAM BAM BHAM, YAM RAM LAM WAM, SHAM KAM SAM HAM HUM HUM PHAT

Wir können dieses Mantra siebenmal, einundzwanzigmal, hundertmal oder öfter rezitieren.

Wenn wir dieses Mantra rezitieren, richten wir Bitten an das Weisheitswesen Buddha Heruka mit Vajravarahi und seinem Gefolge von Helden und Heldinnen der fünf Räder, unser Hindernis von subtiler fehlerhafter Erscheinung zu überwinden und uns die Erlangung des äußeren und inneren Dakinilandes zu gewähren. Das äußere Dakiniland ist das

Reine Land von Keajra und das innere Dakiniland ist sinnklares Licht. In dem Moment, in dem unser Geist von subtiler fehlerhafter Erscheinung frei ist, öffnen wir die Tür, durch die wir alle erleuchteten Gottheiten direkt sehen können. Solange unser Geist von subtiler fehlerhafter Erscheinung verschmutzt bleibt, ist diese Tür verschlossen. Die Bedeutung von subtiler fehlerhafter Erscheinung wurde bereits erläutert.

Nach der Mantra-Rezitation schließen wir unsere Praxis des Sadhanas *Der Yoga von Buddha Heruka* ab, indem wir die Widmung und die glücksverheißenden Gebete rezitieren. Diejenigen, die ein Annäherungsretreat des Heruka-Körper-Mandalas ausführen möchten, können dies in Verbindung mit dem Sadhana *Glückselige Reise – Wie ein Annäherungsretreat des Heruka-Körper-Mandalas ausgeübt wird* tun, das in Anhang VI zu finden ist.

SCHULUNG IN VOLLENDUNGSSTUFE

Schulung in Vollendungsstufe ist die Methode, unseren Geist vollständig von subtiler fehlerhafter Erscheinung zu befreien. Wir werden letztendlich Erleuchtung erlangen, indem wir die subtile fehlerhafte Erscheinung aller Phänomene durch unsere Realisation der Vollendungsstufe vollständig aufgeben. Die Entwicklung der Vollendungsstufenrealisation hängt vom Eintreten, Verweilen und Auflösen der inneren Winde in den Zentralkanal durch die Kraft der Meditation ab. Die Objekte dieser Meditationen sind der Zentralkanal, der unzerstörbare Tropfen und der unzerstörbare Wind und Geist. Deshalb bedeutet Schulung in Vollendungsstufe in diesem Zusammenhang Schulung in Meditation über den Zentralkanal, den unzerstörbaren Tropfen und den unzerstörbaren Wind und Geist.

In den Schriften heißt es, Meditation über den Zentralkanal sei wie eine wunscherfüllende Kuh. So wie eine wunscherfüllende Kuh unaufhörlich Milch gibt, so wird uns Meditation über den Zentralkanal in die Lage versetzen, unaufhörlich große Glückseligkeit zu erfahren, und die Meditationen über den unzerstörbaren Tropfen und den unzerstörbaren Wind und Geist werden uns in die Lage versetzen, das voll qualifizierte klare Licht der Glückseligkeit zu erfahren, das die Funktion hat, unseren Geist für immer von subtiler fehlerhafter Erscheinung zu befreien. Eine detaillierte Erklärung der Kanäle, Tropfen und Winde, wie man über den Zentralkanal, den unzerstörbaren Tropfen und den unzerstörbaren Wind und Geist meditiert, und man wie Fortschritte beim Realisieren der fünf Stufen der Vollendungsstufe macht, wurde bereits gegeben.

Die Anleitungen von Vajrayogini

DIE YOGAS DES SCHLAFENS, AUFWACHENS UND ERFAHRENS VON NEKTAR

Vajrayogini ist eine weibliche erleuchtete Gottheit des Höchsten Yoga-Tantras, welche die Manifestation der Weisheit aller Buddhas ist. Ihre Funktion ist es, alle Lebewesen zum Reinen Land von Keajra oder dem Reinen Dakiniland zu führen. Die Anleitungen von Vajrayogini wurden von Buddha im *Wurzel-Tantra von Heruka* gelehrt. Der große Yogi Naropa erhielt die Anleitungen direkt von Vajrayogini und gab sie an Pamtingpa – einen seiner Herzschüler – weiter. Pamtingpa gab diese Anleitungen an den tibetischen Übersetzer Sherab Tseg weiter, und von Sherab Tseg wurden sie in einer ungebrochenen Überlieferungslinie an Je Phabongkhapa und dann an den höchst ehrwürdigen Kyabije Trijang Rinpoche, Halter der Überlieferungslinie, weitergegeben. Von diesem großen Meister habe ich, der Autor dieses Buches, diese kostbaren Anleitungen erhalten.

Höchstes Yoga-Tantra kann in Vater-Tantra und Mutter-Tantra unterteilt werden. Mutter-Tantras enthüllen hauptsächlich die Schulung in klarem Licht, was die Hauptursache für die Erlangung von Buddhas heiligem Geist ist; Vater-Tantras wie Guhyasamaja-Tantra enthüllen

257

Ehrwürdige Vajrayogini

hauptsächlich die Schulung in illusorischem Körper, was die Hauptursache für die Erlangung von Buddhas heiligem Körper ist. Da Vajrayogini-Tantra Mutter-Tantra ist, ist der Hauptkörper der Vajrayogini-Praxis Schulung in klarem Licht. Dieser Hauptkörper hat elf Glieder, welche die „elf Yogas" genannt werden. In diesem Zusammenhang bedeutet „Yoga" Schulung in spirituellen Pfaden. Zum Beispiel wird Schulung in einem spirituellen Pfad in Verbindung mit Schlaf der „Yoga des Schlafens" genannt.

Wenn die elf Yogas in den Schriften aufgezählt werden, ist der erste Yoga der des Schlafens. Dies weist darauf hin, dass wir die Vajrayogini-Praxis mit dem Yoga des Schlafens beginnen sollten. Wie bereits erwähnt ist der Hauptkörper der Vajrayogini-Praxis Schulung in klarem Licht. Klares Licht manifestiert sich ganz natürlich während des Schlafes; wir haben deshalb die Gelegenheit, uns während des Schlafes zu schulen, es zu erkennen. Wenn wir klares Licht erkennen und direkt realisieren, werden wir sinnklares Licht erlangt haben, die Realisation der vierten der fünf Stufen der Vollendungsstufe.

Was ist klares Licht? Es ist der sehr subtile Geist, der sich manifestiert, wenn die inneren Winde in den Zentralkanal eintreten, dort verweilen und sich auflösen. Klares Licht ist das achte Zeichen der Auflösung der inneren Winde im Zentralkanal und nimmt Leerheit wahr. Es gibt drei verschiedene Arten von klarem Licht: (1) das klare Licht des Schlafes, (2) das klare Licht des Todes und (3) die Realisation von klarem Licht.

Während des Schlafes manifestiert sich unser sehr subtiler Geist, weil unsere inneren Winde ganz natürlich in den Zentralkanal eintreten und sich auflösen. Dieser sehr subtile Geist ist das klare Licht des Schlafes. Es nimmt Leerheit wahr, aber wir können das klare Licht selbst oder Leerheit nicht erkennen, weil unser Gedächtnis während des Schlafes nicht funktionieren kann. Während unseres Todes manifestiert sich auf ähnliche Weise unser sehr subtiler Geist, weil unsere inneren Winde in den Zentralkanal eintreten und sich auflösen. Dieser sehr subtile Geist ist das klare Licht des Todes. Es nimmt Leerheit wahr, aber wir können das klare Licht selbst oder Leerheit nicht erkennen, weil unser Gedächtnis während des Todes nicht funktionieren kann.

Wenn wir im Wachzustand fähig sind, dass unsere inneren Winde durch die Kraft der Meditation in den Zentralkanal eintreten, dort verweilen und sich auflösen, erfahren wir eine tiefe Auflösung unserer inneren Winde in den Zentralkanal, und dadurch wird sich unser sehr subtiler Geist manifestieren. Dieser sehr subtile Geist ist die Realisation des klaren Lichtes. Seine Natur ist eine Glückseligkeit, die aus dem Schmelzen der Tropfen innerhalb des Zentralkanals entstanden ist, und seine Funktion ist, fehlerhafte Erscheinung zu verhindern. Er ist auch die Realisation des klaren Lichtes der Glückseligkeit, das die eigentliche Essenz des Höchsten Yoga-Tantras und der eigentliche schnelle Pfad zur Erleuchtung ist.

Abschließend gesagt ist der Hauptkörper der Vajrayogini-Praxis Schulung im klarem Licht der Glückseligkeit. Diese kann unterteilt werden in (1) Schulung in Glückseligkeit und (2) Schulung in klarem Licht. Bevor wir uns in Glückseligkeit schulen, sollten wir wissen, was sie ist. Diese Glückseligkeit ist nicht sexuelle Glückseligkeit; wir müssen uns nicht in sexueller Glückseligkeit schulen, da jeder, selbst Tiere, diese ohne Schulung erfahren kann. Die Glückseligkeit, in der wir uns schulen, ist die Glückseligkeit, die Buddha im Höchsten Yoga-Tantra erklärt. Sie wird „große Glückseligkeit" genannt und besitzt zwei besondere Merkmale: (1) ihre Natur ist eine Glückseligkeit, die aus dem Schmelzen der Tropfen innerhalb des Zentralkanals entsteht, und (2) ihre Funktion ist, subtile fehlerhafte Erscheinung zu verhindern. Gewöhnliche Wesen können diese Glückseligkeit nicht erfahren. Wie zuvor erwähnt entsteht die sexuelle Glückseligkeit gewöhnlicher Wesen aus dem Schmelzen der Tropfen innerhalb des linken Kanals und nicht des Zentralkanals.

Im *Zusammengefassten Heruka-Wurzel-Tantra* sagt Buddha:

Das erhabene Geheimnis großer Glückseligkeit
Entsteht aus dem Schmelzen der Tropfen innerhalb des
    Zentralkanals;
Somit ist es schwer in dieser Welt
Eine Person zu finden, die solche Glückseligkeit
    erfährt.

Solch eine große Glückseligkeit wird nur von jemandem erfahren, der fähig ist die inneren Winde durch die Kraft der Meditation in den Zentralkanal eintreten, dort verweilen und sich auflösen zu lassen. Weil die große Glückseligkeit subtile fehlerhafte Erscheinung verhindert, werden unsere Unwissenheit des Festhaltens am Selbst und alle ablenkenden begrifflichen Gedanken enden, wenn wir diese Glückseligkeit erfahren, und wir erfahren tiefen Frieden, der dem höchsten inneren Frieden von Nirvana, der in Buddhas Sutra-Unterweisungen erklärt wird, überlegen ist.

WIE DER YOGA DES SCHLAFENS
PRAKTIZIERT WIRD

Wir sollten jede Nacht kurz vor dem Einschlafen denken:

Zum Wohle aller Lebewesen
Werde ich der erleuchtete Buddha Vajrayogini werden.
Zu diesem Zweck werde ich die Realisation des klaren Lichtes
    der Glückseligkeit verwirklichen.

Dann erinnern wir uns daran, dass unser Körper, unser Selbst und alle anderen Phänomene, die wir normalerweise wahrnehmen, nicht existieren. Wir versuchen die bloße Abwesenheit aller Phänomene, die wir normalerweise sehen, die Leerheit aller Phänomene, wahrzunehmen und wir meditieren über diese Leerheit. Dann denken wir und stellen uns vor:

Im weiten Raum der Leerheit aller Phänomene – dem Reinen Land von Keajra – erscheine ich als Vajrayogini umgeben von den erleuchteten Heldinnen und Helden. Obwohl ich diese Erscheinung habe, ist sie nichts anderes als die Leerheit aller Phänomene.

Wir meditieren über diese Selbsterzeugung.

Wir sollten uns in dieser tiefgründigen Meditation der Selbsterzeugung schulen, während wir schlafen, aber nicht im Tiefschlaf. Indem wir uns in dieser Praxis in jeder einzelnen Nacht mit fortwährendem Bemühen schulen, wird unser Gedächtnis allmählich während des Schlafes funktionieren. Aufgrund dessen werden wir dann unseren sehr subtilen Geist erkennen oder realisieren können, wenn er sich während des Schlafes manifestiert. Durch weitere Schulung werden wir unseren sehr subtilen Geist direkt realisieren. Wenn dies geschieht, wird sich unser Geist mit der Leerheit aller Phänomene vermischen, wie sich Wasser mit Wasser vermischt. Dadurch wird unsere subtile fehlerhafte Erscheinung schnell und für immer enden und wir werden ein erleuchtetes Wesen, ein Buddha, werden. Wie Buddha sagte: „Erkennst du deinen eigenen Geist, wirst du ein Buddha werden. Du solltest Buddhaschaft nicht anderswo suchen." Im Hinblick auf diese Verwirklichung hat unser Schlaf so viel Sinn.

WIE DER YOGA DES AUFWACHENS
PRAKTIZIERT WIRD

Wir sollten versuchen, den Yoga des Schlafens während der Nacht und den Yoga des Aufwachens während des Tages zu praktizieren. Wir sollten jeden Tag frühmorgens zuerst über die bloße Abwesenheit aller Phänomene, die wir normalerweise sehen oder wahrnehmen, meditieren. Dann denken wir und stellen uns vor:

> *Im weiten Raum der Leerheit aller Phänomene – dem Reinen Land von Keajra – erscheine ich als Vajrayogini umgeben von den erleuchteten Heldinnen und Helden. Obwohl ich diese Erscheinung habe, ist sie nichts anderes als die Leerheit aller Phänomene.*

Wir meditieren über diese Selbsterzeugung.

Wir sollten diese Meditation immer und immer wieder während des Tages wiederholen. Dies ist der Yoga des Aufwachens. Dann üben wir nachts den Yoga des Schlafens. Indem wir den Kreislauf des Yogas des Schlafens und des Aufwachens kontinuierlich praktizieren, werden unsere gewöhnlichen Erscheinungen und Vorstellungen, die Wurzel unseres Leidens, aufhören.

WIE DER YOGA DES ERFAHRENS VON
NEKTAR PRAKTIZIERT WIRD

Immer, wenn wir essen oder trinken, sollten wir zuerst verstehen und denken:

> *Für erleuchtete Wesen sind alle Speisen und Getränke höchster Nektar, der drei Qualitäten besitzt: (1) er ist Medizin-Nektar, der alle Krankheiten heilt, (2) er ist Lebens-Nektar, der den Tod verhindert und (3) er ist Weisheits-Nektar, der Verblendungen überwindet.*

Mit dieser Erkenntnis sollten wir, wann immer wir essen oder trinken, unser Vergnügen an diesen Objekten uns selbst, der selbsterzeugten Vajrayogini, darbringen. Indem wir auf diese Weise praktizieren, können wir unsere tägliche Erfahrung von Essen und Trinken in einen spirituellen Pfad umwandeln, der eine große Ansammlung von Verdiensten oder Glück erschafft. Auf die gleiche Weise sollten wir, wann immer wir es genießen, attraktive Formen oder wunderschöne Dinge zu sehen, wunderschöne Klänge wie Musik oder Lieder zu hören, wunderbare Gerüche zu riechen und Tastobjekte zu berühren, unser Vergnügen an diesen Objekten des Begehrens uns selbst, der selbsterzeugten Vajrayogini, darbringen. So können wir alle unseren täglichen Erfahrungen von Objekten des Begehrens in einen spirituellen Pfad umwandeln, der uns zur Erlangung des erleuchteten Zustands von Vajrayogini führt.

Zusammenfassend sollten wir erkennen, dass wir selbst im weiten Raum der Leerheit aller Phänomene – dem Reinen Land von Keajra – Vajrayogini sind, umgeben von allen Heldinnen und Helden. Wir sollten diese Erkenntnis Tag und Nacht aufrechterhalten, außer wenn wir uns auf allgemeine Pfade konzentrieren, wie Zuflucht nehmen, Schulung in Entsagung und Bodhichitta, und das Ausüben von Reinigungsübungen.

Diese Art und Weise, die Yogas des Schlafens, Aufwachens und Erfahrens von Nektar zu praktizieren, ist einfach, aber sehr tiefgründig. Diese Yogas können auch auf andere Weise praktiziert werden. Eine Erklärung dazu findet sich in *Führer ins Dakiniland*.

DIE VERBLEIBENDEN ACHT YOGAS

Die verbleibenden acht Yogas vom Yoga der Unermesslichen bis zum Yoga der täglichen Handlungen sollten in Verbindung mit dem Sadhana *Der schnelle Pfad zur großen Glückseligkeit*, das von Je Phabongkhapa verfasst wurde (siehe Anhang VII), praktiziert werden. Dieses Sadhana ist sehr gesegnet und kostbar. Eine ausführliche Erklärung darüber, wie jeder Yoga zu praktizieren ist, findet sich in *Führer ins Dakiniland*, aber das Folgende ist eine kurze Erklärung ihrer Essenz.

DER YOGA DER UNERMESSLICHEN

Zuflucht nehmen, Bodhichitta erzeugen und die Meditation und Rezitation von Vajrasattva werden der „Yoga der Unermesslichen" genannt, weil sie Schulungen in spirituellen Pfaden sind, die uns unermesslichen Nutzen in diesem und zahllosen zukünftigen Leben bringen.

Die Meditation und Rezitation von Vajrasattva gibt uns die großartige Gelegenheit, unseren Geist rasch zu reinigen, damit wir schneller Erleuchtung erlangen können. Wie oben erwähnt ist Erleuchtung zu erlangen sehr einfach; alles, was wir tun müssen, ist uns zu bemühen, unseren Geist zu reinigen.

DER YOGA DES GURUS

Um die Segnungen aller Buddhas zu empfangen, visualisieren wir in dieser Praxis des Guru-Yogas unseren Wurzel-Guru im Aspekt von Buddha Vajradharma. Vajradharma, Vajradhara, Vajrasattva und Heruka sind unterschiedliche Aspekte eines erleuchteten Wesens. Die Funktion von Vajradharma ist es, die Segnungen der Rede aller Buddhas zu gewähren. Indem wir diese Segnungen erhalten, wird unsere Rede sehr kraftvoll, wann immer wir Dharma-Unterweisungen erklären. Auf diese Weise können wir die Wünsche zahlloser Lebewesen erfüllen und ihr Geisteskontinuum mit dem Nektar unserer Rede reinigen oder heilen.

Mandala von Vajrayogini

Dieser Guru-Yoga enthüllt eine Praxis, die „Kusali-Tsog-Darbringung" heißt und die gleiche Funktion wie die Praxis des „Chöd" oder des „Durchschneidens" hat. Er enthält auch die Praxis, die Segnungen der vier Ermächtigungen zu empfangen, was uns große Zuversicht geben wird, die Realisationen der Erzeugungs- und Vollendungsstufe zu verwirklichen.

DER YOGA DER SELBSTERZEUGUNG

Dieser Yoga umfasst die Übungen, Tod, Zwischenzustand (Bardo) und Wiedergeburt in den Pfad des Wahrheitskörpers, Freudenkörpers und Ausstrahlungskörpers zu bringen.

In dieser Praxis visualisieren wir das tragende Mandala im Aspekt eines Doppeltetraeders, der die Leerheit aller Phänomene symbolisiert; und die getragenen Gottheiten sind wir selbst, die vorgestellte Vajrayogini und unser Gefolge von Heldinnen.

DER YOGA DER REINIGUNG DER WANDERNDEN

Nachdem wir uns selbst als erleuchteter Buddha Vajrayogini erzeugt haben, stellen wir uns in dieser Praxis vor, dass wir selbst Segnungen gewähren, die alle Lebewesen von Leiden und Negativität befreien und sie in den Zustand von Vajrayogini verwandeln – den Zustand endgültigen Glücks. Es ist eine besondere Praxis des Gebens und Nehmens gemäß Höchstem Yoga-Tantra. Sie bewirkt, dass unser Potential, jedem einzelnen Lebewesen direkt zu helfen, heranreift, und sie erfüllt auch die Verpflichtung, die wir während der Ermächtigung des Höchsten Yoga-Tantras eingegangen sind und bei der wir versprochen haben, allen Lebewesen zu helfen.

DER YOGA DER SEGNUNG DURCH DIE
HELDEN UND HELDINNEN

In dieser Praxis werden unsere Kanäle und Tropfen durch das Meditieren über das Körper-Mandala von Vajrayogini direkt die kraftvollen Segnungen der siebenunddreißig Heldinnen – den weiblichen erleuchteten Gottheiten des Vajrayogini-Körper-Mandalas – und indirekt die kraftvollen Segnungen ihrer Gefährten, den Helden, empfangen. Indem wir ferner alle Heldinnen und Helden (weiblich und männliche erleuchtete Wesen) aus den zehn Richtungen im Aspekt von Vajrayogini einladen und in uns auflösen, werden wir die Segnungen aller Helden und Heldinnen erhalten.

Die Meditation über Vajrayoginis Körper-Mandala ist sehr tiefgründig. Obwohl sie eine Praxis der Erzeugungsstufe ist, hat sie die Funktion, unsere inneren Winde in den Zentral-kanal eintreten, dort verweilen und sich auflösen zu lassen. Je Phabongkhapa pries die Praxis des Vajrayogini-Körper-Mandalas außerordentlich.

DER YOGA DER VERBALEN UND GEISTIGEN
REZITATION

Indem wir uns auf die verbale Rezitation des Vajrayogini-Mantras (das „Drei-OM-Mantra") konzentrieren, können wir die befriedenden, vermehrenden, kontrollierenden und zorn-vollen Erlangungen verwirklichen, die im Abschnitt *Schulung in Mantra-Rezitation* erwähnt werden. In der Praxis der geis-tigen Rezitation werden zwei Vollendungsstufenmeditationen vorgestellt, die beide die eigentliche Essenz der Vajrayogini-Praxis sind. Diese beiden Meditationen werden in *Führer ins Dakiniland* erklärt.

DER YOGA DER UNVORSTELLBARKEIT

Nachdem wir alles vom formlosen Bereich bis zum Nada in Leerheit aufgelöst haben, wie es im Sadhana *Der schnelle Pfad zur großen Glückseligkeit* (siehe Anhang VII) beschrieben wird, stellen wir uns vor, dass wir das klare Licht der Glückseligkeit erfahren, und meditieren mit dieser Erfahrung über die Leerheit aller Phänomene – der bloßen Abwesenheit aller Phänomene, die wir normalerweise wahrnehmen. Diese Meditation ist Schulung in klarem Licht der Glückseligkeit, dem Hauptkörper der Vajrayogini-Praxis. Indem wir diese Meditation kontinuierlich ausüben, werden wir allmählich das sinnklare Licht – die Vereinigung von großer Glückseligkeit und Leerheit – erfahren, was die tatsächliche Unvorstellbarkeit ist. In diesem Zusammenhang bedeutet „Unvorstellbarkeit", dass sie nicht von denjenigen erfahren werden kann, die das sinnklare Licht nicht erlangt haben.

DER YOGA DER TÄGLICHEN HANDLUNGEN

Der Yoga der täglichen Handlungen ist eine Methode, alle unsere täglichen Handlungen wie Essen, Schlafen, Arbeiten und Sprechen in tiefgründige spirituelle Pfade umzuwandeln und somit aus jedem Moment unseres Lebens einen großen Sinn zu ziehen.

Widmung

Möge durch die große Ansammlung von Tugend, die ich durch das Verfassen dieses Buches angesammelt habe, jedes einzelne Lebewesen die Gelegenheit haben, den kostbaren Unterweisungen von Sutra und Tantra zuzuhören und sie zu praktizieren, und dadurch das reine und immerwährende Glück der Erleuchtung zu erfahren.

Anhang I

Befreiendes Gebet

LOBPREISUNG BUDDHA SHAKYAMUNIS

O Gesegneter, Shakyamuni Buddha,
Kostbarer Schatz des Mitgefühls,
Gewährer höchsten inneren Friedens.

Du, der ohne Ausnahme alle Wesen liebt,
Bist die Quelle von Glück und Güte,
Und Du führst uns auf den befreienden Pfad.

Dein Körper ist ein wunscherfüllendes Juwel,
Deine Rede ist höchster, reinigender Nektar
Und Dein Geist ist Zuflucht für alle Lebewesen.

Mit gefalteten Händen wende ich mich an Dich,
Höchster, beständiger Freund,
Aus der Tiefe meines Herzens bitte ich Dich:

Bitte gib mir das Licht Deiner Weisheit,
Um die Dunkelheit meines Geistes zu vertreiben
Und mein Geisteskontinuum zu heilen.

Bitte nähre mich mit Deiner Güte,
Damit auch ich alle Wesen
Mit einem unaufhörlichen Festmahl der Freude
nähren kann.

Möge durch Deine mitfühlende Absicht,
Deine Segnungen und tugendhaften Taten
Und meinen starken Wunsch, mich auf Dich
zu verlassen,

Alles Leiden schnell beendet sein
Und alles Glück und alle Freude erfüllt werden;
Und möge heiliger Dharma für immer blühen.

Kolophon: Dieses Gebet wurde vom Ehrwürdigen Geshe Kelsang
Gyatso verfasst und wird regelmäßig zu Beginn von Sadhanas in den
Zentren des Kadampa-Buddhismus überall auf der Welt rezitiert.

Anhang II

Gebete für die Meditation

KURZE VORBEREITENDE GEBETE
FÜR DIE MEDITATION

Einleitung

Wir alle haben das Potential, Realisationen aller Stufen des Pfades zur Erleuchtung zu erlangen. Diese Potentiale sind wie Samen im Feld unseres Geistes und unsere Meditationspraxis ist wie das Pflegen dieser Samen. Unsere Meditationspraxis wird jedoch nur erfolgreich sein, wenn wir uns gut darauf vorbereiten.

Wenn wir äußere Ernten erzielen wollen, beginnen wir, indem wir sorgfältige Vorbereitungen treffen. Zuerst entfernen wir alles, was ihr Wachstum behindern könnte, wie Steine und Unkraut. Zweitens reichern wir den Boden mit Kompost oder Dünger an, damit er Kraft hat, das Wachstum zu fördern. Drittens sorgen wir für Wärme und Feuchte, damit die Samen sprießen und die Pflanzen wachsen können. Um unsere inneren Ernten der Dharma-Realisationen zu erlangen, müssen wir auf gleiche Weise mit sorgfältigen Vorbereitungen beginnen.

Erstens müssen wir unseren Geist reinigen, um negatives Karma, das wir in der Vergangenheit angesammelt haben, zu beseitigen. Wenn wir dieses Karma nicht reinigen, wird es das Wachstum von Dharma-Realisationen behindern. Zweitens müssen wir unserem Geist die Kraft geben, das Wachstum von Dharma-Realisationen zu unterstützen, indem wir Verdienste ansammeln. Drittens müssen wir die Segnungen der heiligen Wesen erhalten, um das Wachstum von Dharma-Realisationen zu aktivieren und zu bewahren.

Die folgenden Gebete enthalten die Essenz dieser drei Vorbereitungen. Mehr Informationen dazu siehe *Das neue Meditationshandbuch* oder *Freudvoller Weg des Glücks*.

Geshe Kelsang Gyatso
1987

Gebete für die Meditation

Zuflucht nehmen

Bis wir Erleuchtung erlangen, nehmen ich und alle fühlenden
  Wesen
Zuflucht zu Buddha, Dharma und Sangha.

(3x, 7x, 100x usw.)

Bodhichitta erzeugen

Möge ich aufgrund der Tugenden, die ich durch Geben und
  andere Vollkommenheiten ansammle,
Ein Buddha werden zum Wohle aller.   (3x)

Die Vier Unermesslichen erzeugen

Mögen alle glücklich sein.
Mögen alle frei von Leiden sein.
Möge niemand je von Glück getrennt sein.
Mögen alle Gleichmut besitzen, frei von Hass und Anhaftung.

Das Feld für die Ansammlung von Verdiensten
   visualisieren

Im Raume vor mir befindet sich der lebendige Buddha
Shakyamuni, umgeben von allen Buddhas und Bodhisattvas,
gleich dem Vollmond inmitten von Sternen.

Das siebengliedrige Gebet

Mit Körper, Rede und Geist verbeuge ich mich in Demut.
Und bringe Gaben dar, sowohl vorhandene wie vorgestellte.
Ich bekenne meine falschen Taten, begangen seit anfangsloser
    Zeit,
Und erfreue mich an den Tugenden aller.
Bitte bleibt, bis Samsara endet,
Und dreht das Rad des Dharmas für uns.
Ich widme alle Tugenden der großen Erleuchtung.

Die Mandala-Darbringung

Den Boden mit Duftwasser besprengt und mit Blumen
    geschmückt,
Den Großen Berg, vier Länder, Sonne und Mond,
Als Buddha-Land betrachtet bringe ich sie dar,
Mögen sich alle Wesen an solch Reinen Ländern erfreuen.

Ohne Gefühl von Verlust bringe ich die Objekte dar,
Die in mir Anhaftung, Hass und Verwirrung erzeugen,
Meine Freunde, Feinde und Fremde, unsere Körper und
    Vergnügen.
Bitte nehmt dies an und segnet mich, damit ich sofort von den
    drei Giften befreit werde.

IDAM GURU RATNA MANDALAKAM NIRYATAYAMI

Das Gebet der Stufen des Pfades

Der Pfad beginnt mit tiefem Vertrauen
Zum gütigen Lehrer, Quelle alles Guten.
O segne mich, damit ich dies verstehe,
Um ihm mit großer Hingabe zu folgen.

O segne mich, dass ich verstehen möge
Die Seltenheit und Bedeutsamkeit dieses
Menschlichen Lebens mit allen Freiheiten
Und dann Tag und Nacht seinen Sinn erfasse.

Schnell wird mein Körper vergehen und sterben
So wie eine Luftblase im Wasser.
Nach dem Tod reifen die Folgen des Karmas,
So wie der Schatten dem Körper folgt.

Segne mich, dass ich durch diese Gewissheit
Und diese Erinnerung sehr achtsam bin,
Stets schädliche Handlungen vermeide
Und eine Fülle von Tugend ansammle.

Die Vergnügen Samsaras sind täuschend,
Geben keine Zufriedenheit, nur Qualen.
Bitte segne mich, damit ich aufrichtig
Die Glückseligkeit vollkommener Befreiung erstrebe.

O segne mich, dass aus diesem reinen Gedanken
Achtsamkeit und größte Vorsicht entstehen,
So dass die Wurzel der Lehre, die Pratimoksha,
Als meine essentielle Praxis bewahrt sei.

Gleich mir ertrinken all meine gütigen Mütter
Im weiten Ozean Samsaras.
Segne mich, dass ich mich in Bodhichitta schule,
Damit ich sie bald erlösen kann.

Ohne drei Arten moralischer Disziplin
Kann ich jedoch kein Buddha werden.
O segne mich darum bitte mit der Kraft,
Den Bodhisattva-Gelübden zu folgen.

Durch das Überwinden meiner Ablenkungen
Und die Analyse vollkommener Bedeutungen,
Segne mich, die Vereinigung schnell zu erlangen
Von höherem Sehen und ruhigem Verweilen.

Wenn ich durch allgemeine Wege
Zu einem reinen Gefäß werde,
Segne mich, in das höchste Fahrzeug Vajrayana,
Die essentielle Praxis des Glücks, einzutreten.

Die Grundlage der zwei Erlangungen sind
Heilige Gelübde und Verpflichtungen.
Segne mich, dass ich dies klar verstehe
Und sie noch höher schätze als mein Leben.

Durch beständige Praxis in vier Sitzungen,
Wie von den heiligen Lehrern erklärt,
Segne mich, dass ich beide Stufen vollende,
Welche die Essenz der Tantras sind.

Mögen alle, die mich auf dem Pfad führen,
Und meine Gefährten lange leben.
Segne mich, damit ich alle Hindernisse,
Innere und äußere, überwinden kann.

Möge ich stets vollkommene Lehrer finden
Und mich am heiligen Dharma erfreuen,
Alle Ebenen und Pfade schnell vollenden
Und den Zustand Vajradharas erlangen.

Segnungen und Reinigung

Aus den Herzen aller heiligen Wesen fließen Licht- und
Nektarströme herab, gewähren Segnungen und reinigen.

An dieser Stelle beginnen wir mit der eigentlichen Kontemplation
und Meditation. Im Anschluss an die Meditation widmen wir
unsere Verdienste, während wir folgende Gebete rezitieren:

Widmungsgebete

Mögen durch die Tugenden,
Die ich durch die Praxis der Stufen des Pfades angesammelt
    habe,
Alle Lebewesen die Gelegenheit finden,
Auf gleiche Weise zu üben.

Mögen alle Wesen das Glück
Von Menschen und Göttern erfahren
Und schnell Erleuchtung erlangen,
Damit Samsara schließlich endet.

Gebete für die Tugendhafte Tradition

Damit die Tradition Je Tsongkhapas,
Des Königs des Dharmas, erblühe,
Mögen alle Hindernisse überwunden sein,
Und mögen alle vorteilhaften Bedingungen im Überfluss
vorhanden sein.

Durch die zwei Ansammlungen von mir und anderen,
Die während der drei Zeiten zusammengetragen werden,
Möge die Lehre des Eroberers Losang Dragpa
Für immer blühen.

Das neunzeilige *Migtsema*-Gebet

Tsongkhapa, Kronjuwel der Gelehrten vom Lande des
    Schnees,
Du bist Buddha Shakyamuni und Vajradhara, Quelle aller
    Erlangungen,
Avalokiteshvara, Schatz des nichtbeobachtbaren Mitgefühls,
Manjushri, erhabene, makellose Weisheit,
Und Vajrapani, Zerstörer der Scharen von Maras.
O ehrwürdiger Guru-Buddha, Vereinigung aller Drei
    Juwelen,
Mit Körper, Rede und Geist ersuche ich Dich mit Respekt:
Bitte gewähre Deine Segnungen, damit ich und andere zu
    Reife und Befreiung gelangen,
Und gewähre die allgemeinen und höchsten Erlangungen.

(3x)

Kolophon: Diese Gebete wurden vom Ehrwürdigen Geshe Kelsang
Gyatso aus traditionellen Quellen zusammengestellt.

Naropa

Anhang III

Eine Erklärung der Kanäle

Es gibt drei Hauptkanäle: der Zentralkanal, der rechte und der linke Kanal. Der Zentralkanal gleicht dem Stock eines Schirmes, der die Mitte eines jeden Kanalrades durchläuft; und der rechte und der linke Kanal verlaufen beidseitig des Zentralkanals. Der Zentralkanal ist hellblau und hat vier Merkmale: (1) Er ist sehr gerade wie der Stamm einer Plantane; (2) innen ist er von ölig roter Farbe wie reines Blut; (3) er ist sehr klar und durchscheinend wie eine Kerzenflamme, und (4) er ist sehr weich und flexibel wie ein Lotosblütenblatt.

Der Zentralkanal befindet sich genau in der Mitte zwischen der rechten und linken Körperhälfte, liegt aber näher am Rücken als vorne. Unmittelbar vor der Wirbelsäule befindet sich der Lebenskanal, der ziemlich dick ist; und vor diesem befindet sich der Zentralkanal. Wie bereits erwähnt, beginnt er an der Stelle zwischen den Augenbrauen, zieht in einem Bogen zum Scheitel des Kopfes hinauf und geht in einer geraden Linie zur

Spitze des Geschlechtsorgans hinab. Obwohl sein geläufigster Name „Zentralkanal" ist, ist er auch als die „zwei Arten des Aufgebens" bekannt, weil das Sammeln der Winde in diesem Kanal bewirkt, dass die negative Aktivität aufgegeben wird, die mit den Winden des rechten und linken Kanals verbunden ist. Er ist auch als „Geistkanal" und als „Rahu" bekannt.

Auf jeder Seite des Zentralkanals befinden sich ohne jeden Zwischenraum der rechte und der linke Kanal. Der rechte Kanal ist rot und der linke weiß. Der rechte Kanal beginnt vorne am rechten Nasenloch und der linke beginnt vorne am linken Nasenloch. Von dort verlaufen beide in einem Bogen neben dem Zentralkanal zum Scheitel des Kopfes hinauf. Vom Scheitel des Kopfes bis zum Nabel sind diese drei Hauptkanäle gerade und verlaufen nebeneinander. Unterhalb des Nabels biegt der linke Kanal ein wenig nach rechts, trennt sich etwas vom Zentralkanal und verbindet sich wieder mit diesem an der Spitze des Geschlechtsorgans. Dort hat er die Funktion, Sperma, Blut und Urin zu halten und freizugeben. Der rechte Kanal biegt unterhalb des Nabels ein wenig nach links und endet am Anus, wo er die Funktion hat, Kot und so fort zu halten und freizugeben.

Andere Namen für den rechten Kanal sind der „Sonnenkanal", der „Sprachkanal" und der „Kanal des subjektiven Halters". Der letzte Name weist darauf hin, dass die Winde, die durch diesen Kanal fließen, die Erzeugung von Vorstellungen bewirken, die hinsichtlich des Subjekt-Geistes entwickelt werden. Andere Namen für den linken Kanal sind der „Mondkanal", der „Körperkanal" und der „Kanal des gehaltenen Objektes", wobei der letzte Name darauf hinweist, dass die Winde, die durch diesen Kanal fließen, die Erzeugung von Vorstellungen bewirken, die hinsichtlich des Objekts entwickelt werden.

Der rechte und der linke Kanal schlingen sich an verschiedenen Stellen um den Zentralkanal herum und bilden dabei die sogenannten „Kanalknoten". Die vier Stellen, an denen diese Knoten auftreten, sind in aufsteigender Reihenfolge das Nabel-Kanalrad, das Herz-Kanalrad, das Hals-Kanalrad und das Scheitel-Kanalrad. Außer beim Herzen ist an allen diesen Stellen ein zweifacher Knoten, der durch eine einfache Windung des rechten Kanals und durch eine einfache Windung des linken gebildet wird. Während der rechte und der linke Kanal zu diesen Stellen aufsteigen, schlingen sie sich um den Zentralkanal herum, indem sie sich vorne kreuzen und sich dann um ihn winden. Dann gehen sie weiter hinauf bis zur die Höhe des nächsten Knotens. Beim Herzen geschieht das gleiche, außer dass sich hier ein sechsfacher Knoten befindet, der durch drei sich überlappende Windungen von jedem der flankierenden Kanäle gebildet wird.

Die vier Stellen, an denen diese Knoten auftreten, sind vier der sechs Hauptkanalräder. Bei jedem der sechs Hauptkanalräder zweigt eine unterschiedliche Anzahl von Speichen oder Blütenblättern vom Zentralkanal ab, so wie die Rippen eines Schirmes vom zentralen Stock abzuzweigen scheinen. Somit sind am Scheitelkanalrad (das als das „Rad der großen Glückseligkeit" bekannt ist) zweiunddreißig solcher Blütenblätter oder Kanalspeichen, alle von weißer Farbe. Das Zentrum ist dreieckig und die Spitze weist nach vorne. (Dies bezieht sich – von oben gesehen – auf die Form des geschlungenen Knotens, durch den die Speichen austreten.) Diese zweiunddreißig Speichen sind nach unten gebogen wie die Rippen eines aufrecht stehenden Schirmes. Eine Beschreibung hiervon sowie der drei anderen Hauptkanalräder, bei denen Knoten auftreten, findet sich in Tabelle 1.

Tabelle 1: Die vier Haupt-Kanalräder

Ort	Name	Form des Zentrums	Anzahl der Speichen	Farbe	Richtung der Biegung
Scheitel	Rad der großen Glückseligkeit	dreieckig	32	weiß	abwärts
Herz	Freudenrad	rund	16	rot	aufwärts
Hals	Dharma-Rad	rund	18	weiß	abwärts
Nabel	Ausstrahlungsrad	dreieckig	64	rot	aufwärts

Diese vier Kanalräder enthalten insgesamt hundertzwanzig Speichen. Von den verbleibenden zwei größeren Kanalrädern hat das Kanalrad an der geheimen Stelle zweiunddreißig rotfarbene Speichen, die sich abwärts biegen, und das Juwelen-Kanalrad hat acht weiße Speichen, die sich aufwärts biegen. Es sollte zudem beachtet werden, dass gemäß einigen Texten die Speichen am Scheitel, Nabel und an der geheimen Stelle mehrfarbig visualisiert werden können.

Da das Herz-Kanalrad besonders wichtig ist, wird es nun ausführlich beschrieben. Seine acht Speichen oder Blütenblätter sind in den Haupt- und Zwischenrichtungen angeordnet, wobei der Osten vorne ist. In jeder Speiche fließt in erster Linie der tragende Wind eines speziellen Elementes, wie es in Tabelle 2 aufgeführt ist.

Tabelle 2: Die Speichen des Herz-Kanalrades

Richtung	tragender Wind
Ost	des Erdelementes
Nord	des Windelementes
West	des Feuerelementes
Süd	des Wasserelementes
Südost	des Formelementes
Südwest	des Geruchelementes
Nordwest	des Geschmackelementes
Nordost	des Tastelementes

Von jedem dieser acht Blütenblätter oder Kanalspeichen des Herzens zweigen drei Kanäle ab, im Ganzen sind es also vierundzwanzig Kanäle. Das sind die Kanäle der vierundzwanzig Orte. Sie sind in drei Gruppen von je acht Kanälen eingeteilt: die Kanäle des Geistrades, die blau sind und hauptsächlich Winde enthalten; die Kanäle des Rederades, die rot sind und zumeist rote Tropfen enthalten; und die Kanäle des Körperrades, die weiß sind und zumeist weiße Tropfen enthalten. Jeder Kanal geht zu einer unterschiedlichen Stelle im Körper. Dies sind die vierundzwanzig inneren Orte. Wenn wir das ausführliche Sadhana von Heruka praktizieren, visualisieren wir die Gottheiten des Körper-Mandalas an diesen Stellen.

Die äußeren Spitzen der acht Kanäle des Geistrades enden an: (1) dem Haaransatz, (2) dem Scheitel, (3) dem rechten Ohr, (4) dem Nacken, (5) dem linken Ohr, (6) der Braue (der Stelle zwischen den Augenbrauen), (7) den beiden Augen und (8) den zwei Schultern. Diejenigen des Rederades enden an: (9) den zwei Achselhöhlen, (10) den zwei Brüsten, (11) dem Nabel, (12) der Nasenspitze, (13) dem Mund, (14) dem Hals, (15) dem Herzen (dem Bereich in der Mitte zwischen den zwei Brüsten), und (16) den beiden Hoden oder den zwei Seiten der Vagina. Schließlich enden diejenigen des Körperrades an: (17) der Spitze des Geschlechtsorgans, (18) dem Anus, (19) den beiden Oberschenkeln, (20) den beiden Waden, (21) den acht Fingern und acht kleinen Zehen, (22) den oberen Teilen der Füße, (23) den beiden Daumen und den beiden großen Zehen und (24) den beiden Knien.

Jeder dieser vierundzwanzig Kanäle teilt sich in drei Zweige, die sich durch die Hauptelemente – Winde, rote Tropfen und weiße Tropfen – unterscheiden, die durch sie fließen. Jeder dieser zweiundsiebzig Kanäle verzweigt sich dann weiter in tausend, womit es im ganzen zweiundsiebzigtausend Kanäle gibt. Es ist für einen Praktizierenden des Höchsten Yoga-Tantras wichtig, mit der Anordnung der Kanäle vertraut zu sein, weil durch den Gewinn der Kontrolle über die Winde und Tropfen, die durch diese Kanäle fließen, die Vereinigung von spontaner großer Glückseligkeit und Leerheit erreicht wird.

Die Winde im Körper einer gewöhnlichen Person fließen mit Ausnahme des Zentralkanals durch die meisten dieser Kanäle. Weil diese Winde unrein sind, sind die verschiedenen Geistesarten, die sie tragen, ebenfalls unrein, und solange diese Winde weiter durch die peripheren Kanäle fließen, werden sie weiterhin die verschiedenen negativen Vorstellungen tragen, die uns in Samsara gefangen halten. Durch die Kraft der Meditation können diese Winde jedoch in den Zentralkanal gebracht werden, wo sie nicht länger die Entwicklung von groben Vorstellungen dualistischer Erscheinung tragen können. Mit einem von dualistischen Erscheinungen freien Geist sind wir in der Lage, eine direkte Realisation der endgültigen Wahrheit, Leerheit, zu gewinnen.

Den vierundzwanzig inneren Stellen des Körper-Mandalas von Heruka entsprechen die „vierundzwanzig äußeren Orte", die sich an verschiedenen Orten in dieser Welt befinden. Praktizierende mit reinem Karma können diese äußeren Orte von Heruka als Reine Länder sehen. Menschen mit unreinem Karma aber sehen sie bloß als gewöhnliche Orte.

Anhang IV

Eine Erklärung der inneren Winde

Die Definition von Wind ist irgendeines der vier Elemente, das von leichtem Gewicht und in Bewegung ist. Winde können sowohl in äußere und innere als auch in grobe und subtile Winde unterteilt werden. Einen groben äußeren Wind erfahren wir beispielsweise an einem windigen Tag. Einen subtilen äußeren Wind aufzuspüren ist bereits viel schwieriger. Er ist die Kraft, welche die Pflanzen wachsen lässt und sogar in Felsen und Bergen vorkommt. Mit Hilfe der subtilen Winde können Pflanzen das Wasser emporziehen, neue Blätter wachsen lassen und so fort. Solche Winde sind die Lebenskraft der Pflanzen. In einigen tantrischen Texten werden die Winde sogar „Leben" oder „Lebenskraft" genannt. Auch wenn es nicht richtig ist zu sagen, dass Pflanzen in dem Sinne lebendig sind, dass sie mit Bewusstsein verbunden sind, können wir dennoch sagen, dass sie in diesem Sinne lebendig sind.

Innere Winde sind die Winde, welche im Kontinuum einer Person durch die Kanäle des Körpers fließen. Die Hauptfunktion der inneren Winde besteht darin, den Geist zu einem Objekt zu bewegen. Die Funktion des Geistes besteht darin, Objekte zu erfassen, doch ohne einen Wind, der ihm als Träger dient, kann er sich nicht zu seinem Objekt hinbewegen oder eine Verbindung herstellen. Geist wird manchmal mit einer lahmen Person verglichen, welche sehen kann, und Wind mit einer blinden Person, die Beine hat. Nur wenn daher der Geist mit den inneren Winden zusammenarbeitet, kann er funktionieren.

Es gibt viele verschiedene Winde, welche durch die Kanäle des Körpers fließen, aber alle sind in den fünf Ursprungswinden und den fünf Zweigwinden enthalten. Die fünf Ursprungswinde sind: (1) der lebenserhaltende Wind, (2) der abwärts-entleerende Wind, (3) der aufwärts-strömende Wind, (4) der gleichmäßig-verweilende Wind, (5) der durchdringende Wind.

Jeder der fünf Ursprungswinde hat sechs Merkmale, durch die er identifiziert werden kann: (1) seine Farbe, (2) seine mit ihm verbundene Buddha-Familie, (3) ein Element, für das er als Träger dient, (4) sein Hauptsitz oder grundsätzlicher Aufenthaltsort, (5) seine Funktion und (6) seine Richtung (wie er die Nasenlöcher beim Ausatmen verlässt). Diese sind in Tabelle 1 zusammengefasst.

Der lebenserhaltende Wind wird der „Akshobya-Wind" genannt, da er sich, wenn er vollständig gereinigt ist, in die Natur von Akshobya verwandelt. Gegenwärtig ist unser lebenserhaltender Wind gleichsam der Same von Akshobyas Formkörper, aber nicht Akshobya selbst. Die Hauptfunktion des lebenserhaltenden Windes ist das Erhalten des Lebens durch das Aufrechterhalten der Verbindung von Körper und Geist. Je stärker der lebenserhaltende Wind ist, desto länger werden wir leben. Eine andere Funktion dieses Windes besteht darin, das Wasserelement in unserem Körper zu unterstützen und anwachsen zu lassen. Der lebenserhaltende Wind ist von weißer Farbe und seine hauptsächliche Lage ist im Herzen.

Wenn wir ausatmen, verlässt er den Körper durch beide Nasenlöcher und fließt sanft nach unten.

Der abwärts-entleerende Wind ist der Same von Ratnasambhavas Formkörper und steht in Verbindung mit dem Erdelement. Seine Farbe ist gelb. Seine Funktion besteht darin, Urin, Kot, Sperma und Menstruationsblut freizugeben. Seine hauptsächliche Lage ist am Anus und dem Geschlechtsorgan. Wenn wir ausatmen, verlässt er den Körper durch beide Nasenlöcher horizontal und fließt schwerfällig nach vorne.

Der aufwärts-strömende Wind ist der Same von Amitabhas Formkörper und steht in Verbindung mit dem Feuerelement. Er ist von roter Farbe. Seine Funktion besteht darin, das Essen zu schlucken, zu trinken, zu sprechen, zu husten und so fort. Seine hauptsächliche Lage ist am Hals; wenn wir ausatmen, verlässt er den Körper heftig nach oben fließend durch das rechte Nasenloch.

Der gleichmäßig-verweilende Wind ist der Same von Amoghasiddhis Formkörper und steht in Verbindung mit dem Windelement. Seine Farbe ist grünlich-gelb. Seine Funktion besteht darin, das innere Feuer auflodern zu lassen und Essen und Trinken zu verdauen, indem er die Nährstoffe von den Abfallstoffen trennt. Seine hauptsächliche Lage ist am Nabel; wenn wir ausatmen, verlässt er den Körper durch das linke Nasenloch und bewegt sich zwischen der rechten und linken Seite der Spitze des Nasenloches.

Der durchdringende Wind ist der Same von Vairochanas Formkörper und steht in Verbindung mit dem Raumelement. Er ist von hellblauer Farbe, und wie sein Name andeutet, durchdringt er den ganzen Körper, insbesondere die dreihundertsechzig Gelenke. Seine Funktion besteht darin, die Bewegungen des Körpers zu ermöglichen; ohne diesen Wind wären wir so unbeweglich wie ein Stein. Dieser Wind fließt – außer zum Zeitpunkt unseres Todes – nicht durch die Nasenlöcher.

Tabelle 1: Die Ursprungswinde

	lebenserhaltend	*abwärts-entleerend*	*aufwärts-strömend*	*gleichmäßig-verweilend*	*durchdringend*
Farbe	weiß	gelb	rot	grün-gelb	hellblau
Buddha-Familie	Akshobya	Ratnasambhava	Amitabha	Amoghasiddhi	Vairochana
Element	Wasser	Erde	Feuer	Wind	Raum
Sitz	Herz	die zwei unteren Tore: der Anus und das Geschlechtsorgan	Hals	Nabel	die oberen und unteren Teile des Körpers, hauptsächlich die 360 Gelenke
Funktion	Leben unterstützen und aufrechterhalten	Urin, Stuhl, Samenflüssigkeit, Blut etc. zurückhalten und freigeben	sprechen, schlucken, etc.	bewirken, dass das innere Feuer lodert, Essen und Trinken verdauen etc.	den Körper befähigen, zu kommen und zu gehen; Bewegungen, Aufstehen und Setzen ermöglichen
Richtung	aus beiden Nasenlöchern, sanft nach oben	aus beiden Nasenlöchern, horizontal, stark vorwärts	aus dem rechten Nasenloch, heftig nach oben	aus dem linken Nasenloch, sich nach links und rechts vom Rand dieses Nasenlochs aus bewegend	dieser Wind fließt nicht durch die Nasenlöcher, außer zum Zeitpunkt des Todes

Allgemein gesagt fließt in jedem Moment einer der Winde stärker durch die Nasenlöcher als die anderen Winde. Wenn beispielsweise der lebenserhaltende Wind stärker fließt, so fließen die anderen Winde (ausgenommen der durchdringende Wind) sehr sanft. So lange wir unseren Atem nicht sehr sorgfältig beobachten, ist es sehr schwierig, die verschiedenen Bewegungen der vier Winde zu bemerken; aber bei jedem Atemzug fließen sie eindeutig durch unsere Nasenlöcher.

Die fünf Zweigwinde sind: (1) der sich bewegende Wind, (2) der sich intensiv-bewegende Wind, (3) der sich vollkommen-bewegende Wind, (4) der sich stark-bewegende Wind, (5) der sich definitiv-bewegende Wind.

Die fünf Zweigwinde werden so genannt, weil sie vom im Herzen verweilenden lebenserhaltenden Wind abzweigen. Die hauptsächliche Lage dieser Winde ist in den vier Kanalspeichen des Herz-Kanalrades, von wo aus sie durch unsere Kanäle zu den fünf Toren unserer Sinneskräfte fließen. Da ihre Funktion darin besteht, das Sinnesgewahrsein zu entwickeln, werden diese fünf Zweigwinde auch „die fünf Winde der Sinneskräfte" genannt. Die Farbe und Funktion eines jeden Zweigwindes ist in Tabelle 2 zusammengefasst.

Tabelle 2: Die Zweigwinde

Name	Farbe	Funktion
der sich bewegende Wind	rot	das Augengewahrsein befähigen, sich zu visuellen Formen zu bewegen
der sich intensiv-bewegende Wind	blau	das Ohrengewahrsein befähigen, sich zu Klängen zu bewegen
der sich vollkommen-bewegende Wind	gelb	das Nasengewahrsein befähigen, sich zu Gerüchen zu bewegen.
der sich stark-bewegende Wind	weiß	das Zungengewahrsein befähigen, sich zu Geschmäcken zu bewegen
der sich definitiv-bewegende Wind	grün	das Körpergewahrsein befähigen, sich zu Tastobjekten zu bewegen

Der erste Wind, der sich bewegende Wind, fließt vom Herzen durch das Tor der Augen und ermöglicht es dem Augengewahrsein sich zu seinem Objekt, visuellen Formen, hinzubewegen. Ohne den sich bewegenden Wind wäre das Augengewahrsein im Kontakt mit den visuellen Formen kraftlos. Der Grund, weshalb wir während des Schlafens nicht sehen können, besteht darin, dass der sich bewegende Wind sich vom Tor der Augensinneskraft zu seinem eigentlichen Sitz im Herzen zurückgezogen hat.

Der sich intensiv-bewegende Wind fließt vom Herzen zu den Ohren und ermöglicht es dem Ohrengewahrsein, sich zu den Klängen hinzubewegen; der sich vollkommen- bewegende Wind fließt vom Herzen zu den Nasenlöchern und ermöglicht es dem Nasengewahrsein, sich zu den Gerüchen hinzubewegen; der sich stark-bewegende Wind fließt vom Herzen zur Zunge und ermöglicht es dem Zungengewahrsein, sich zu den Geschmäcken hinzubewegen; und der sich definitiv-bewegende Wind fließt vom Herzen durch den ganzen Körper und ermöglicht es dem Körpergewahrsein, sich zu den Tastobjekten hinzubewegen.

Der abwärts-entleerende Wind, der aufwärts-strömende Wind, der gleichmäßig-verweilende Wind, der durchdringende Wind und die fünf Zweigwinde sind allesamt grobe innere Winde. Der lebenserhaltende Wind hat drei Ebenen: grob, subtil und sehr subtil. Die meisten tragenden Winde der begrifflichen Gedanken sind grobe lebenserhaltende Winde; die tragenden Winde des Geistes der weißen Erscheinung, der roten Vermehrung und der schwarzen Naherlangung sind subtile lebenserhaltende Winde; und der tragende Wind des Geistes des klaren Lichtes ist ein sehr subtiler lebenserhaltender Wind.

Der lebenserhaltende Wind ist sehr komplex. Wenn sich ein unreiner lebenserhaltender Wind manifestiert, entwickeln sich negative begriffliche Gedanken; wenn der lebenserhaltende Wind jedoch gereinigt wird, so werden die negativen begrifflichen Gedanken beruhigt. Alle Meditationen benutzen geistiges Gewahrsein; und der tragende Wind des geistigen Gewahrseins ist notwendigerweise ein lebenserhaltender Wind.

Jeder der fünf Winde der Sinneskräfte und der grobe lebenserhaltende Wind haben zwei Teile: ein Wind, der die spezifische Art von Gewahrsein entwickelt, und ein Wind, der das Gewahrsein zu seinem Objekt hinbewegt. Diese zwölf Winde fließen normalerweise durch die rechten und linken Kanäle und sind die hauptsächlichen Objekte, die mittels Vajra-Rezitation gereinigt werden, wie in *Tantrische Ebenen und Pfade* und *Essenz des Vajrayanas* erklärt. Wenn wir deshalb Ablenkungen überwinden wollen, ist es sehr wichtig, diese zwölf Winde in den zentralen Kanal eintreten, verweilen und sich schließlich auflösen zu lassen.

Anhang V

Der Yoga von Buddha Heruka

DAS KURZE SELBSTERZEUGUNGS-SADHANA
DES HERUKA-KÖRPER-MANDALAS
&
ZUSAMMENGEFASSTER YOGA
DER SECHS SITZUNGEN

Tantrische Verpflichtungsobjekte:
innere Darbringung in Kapala, Vajra, Glocke, Damaru, Mala

Einleitung

Diejenigen, welche die Ermächtigung des Heruka-Körper-
Mandalas erhalten haben, aber nicht in der Lage sind, das
ausführliche Sadhana *Essenz des Vajrayanas* zu praktizieren,
können dieses kurze Sadhana praktizieren, das die Essenz der
Heruka-Körper-Mandala-Praxis enthält.

Es ist sehr wichtig unser Verständnis dieser Praxis und
unser Vertrauen in sie durch das aufrichtige Studium ihres
Kommentars zu verbessern, wie er im Kapitel *Die Praxis des
Heruka-Körper-Mandalas* dargelegt wird. Mit dem klaren
Verständnis der Bedeutung und starkem Vertrauen können wir
in den schnellen Pfad zum erleuchteten Zustand von Buddha
Heruka eintreten, auf ihm fortschreiten und ihn vollenden.

Geshe Kelsang Gyatso
April 2010

Je Phabongkhapa

Der Yoga von Buddha Heruka

DIE VORBEREITENDEN ÜBUNGEN

Zuflucht nehmen

Bis wir Erleuchtung erlangen, nehmen ich und alle fühlenden
  Wesen
Zuflucht zu Buddha, Dharma und Sangha. (3x)

Das höchste gute Herz, Bodhichitta, erzeugen

Möge ich aufgrund der Tugenden, die ich durch Geben und
  andere Vollkommenheiten ansammle,
Ein Buddha werden zum Wohle aller. (3x)

Guru-Yoga

VISUALISIERUNG UND MEDITATION

Im Raume vor mir befindet sich Guru Sumati Buddha
Heruka – Je Tsongkhapa, der untrennbar von meinem
Wurzel-Guru, Buddha Shakyamuni und Heruka ist –,
umgeben von allen Buddhas der zehn Richtungen.

DIE WEISHEITSWESEN EINLADEN

Vom Herzen des Beschützers der Hunderte von Gottheiten
    des Freudvollen Landes,
Auf den Gipfel einer Wolke, die einem Berg frischer, weißer
    Sahne gleicht,
Allwissender Losang Dragpa, König des Dharmas,
Bitte komme zusammen mit Deinen Söhnen an diesen Ort.

*An dieser Stelle stellen wir uns vor, dass das Weisheitswesen
Je Tsonkhapa sich zusammen mit seinem Gefolge in die
Versammlung von Guru Sumati Buddha Heruka auflöst und
sie nichtdual werden.*

DIE PRAXIS DER SIEBEN GLIEDER

Im Raume vor mir auf einem Löwenthron, Lotos und Mond
Lächeln die ehrwürdigen Meister voller Entzücken.
O erhabenes Verdienstfeld für meinen Geist von Vertrauen,
Bitte bleibe für hundert Äonen, um die Lehre zu verbreiten.

Dein Geist der Weisheit erkennt das volle Ausmaß der
    Objekte des Wissens,
Deine gewandte Rede ist das Ohrornament der von Glück
    Begünstigten,
Dein prächtiger Körper erstrahlt in der Herrlichkeit des
    Ruhmes;
Ich verbeuge mich vor Dir, den zu sehen, zu hören und an
    den zu denken so bedeutungsvoll ist.

Freude bringende Wasserdarbringungen, verschiedene
    Blumen,
Süß duftender Weihrauch, Lichter, parfümiertes Wasser und
    noch mehr,
Eine weite Wolke von Gaben, sowohl vorhandene wie
    vorgestellte,
Bringe ich Dir, o höchstes Verdienstfeld dar.

Alle Nichttugenden von Körper, Rede und Geist,
Die ich seit anfangsloser Zeit angesammelt habe,
Besonders Übertretungen meiner drei Gelübde,
Mit großer Reue bekenne ich jede einzelne aus tiefem Herzen.

In dieser degenerierten Zeit hast Du nach großem Wissen und
    Vollendung gestrebt.
Durch das Aufgeben der acht weltlichen Belange hast Du
    Deiner Freiheit und Begabung einen Sinn gegeben.
O Beschützer, aus der Tiefe meines Herzens
Erfreue ich mich an der gewaltigen Woge Deiner Taten.

Aus den sich auftürmenden Wolken von Weisheit und
    Mitgefühl
Im Raume Eurer Wahrheitskörper, o ehrwürdige und heilige
    Gurus,
Bitte sendet einen Regen weiten und tiefgründigen Dharmas
    herab,
Angemessen für die Schüler dieser Welt.

Bitte sende aus Deinem eigentlichen todlosen Körper, aus
    dem sinnklaren Licht geboren,
Zahllose Ausstrahlungen auf die ganze Welt,
Um die mündliche Überlieferungslinie der Ganden-Lehre zu
    verbreiten,
Und mögen sie für eine sehr lange Zeit verbleiben.

Mögen durch die Tugenden, die ich hier angesammelt habe,
Die Lehre und alle Lebewesen jeden erdenklichen Nutzen
    erhalten.
Möge insbesondere die Essenz der Lehre
Des Ehrwürdigen Losang Dragpa für immer erstrahlen.

DAS MANDALA DARBRINGEN

Den Boden mit Duftwasser besprengt und mit Blumen
    geschmückt,
Den großen Berg, vier Länder, Sonne und Mond,
Als Buddha-Land betrachtet bringe ich sie dar,
Mögen sich alle Wesen an solch Reinen Ländern erfreuen.

Ohne Gefühl von Verlust bringe ich die Objekte dar,
Die in mir Anhaftung, Hass und Verwirrung erzeugen,
Meine Freunde, Feinde und Fremde, unsere Körper und
    Vergnügen;
Bitte nehmt diese an und segnet mich, damit ich sofort von
    den drei Giften befreit werde.

IDAM GURU RATNA MANDALAKAM NIRYATAYAMI

BESONDERE BITTEN VORBRINGEN

O Guru Sumati Buddha Heruka, von jetzt an bis ich
    Erleuchtung erlange,
Werde ich keine andere Zuflucht als Dich suchen.
Bitte befriede meine Hindernisse und gewähre mir
Die zwei Erlangungen des Befreiens und Reifens.
Bitte segne mich, damit ich der definitive Heruka werde
Und in diesem Zustand alle Phänomene
Als gereinigt und in Leerheit versammelt erfahre, untrennbar
    von großer Glückseligkeit.   (3x)

DIE ERFAHRUNG VON GROSSER GLÜCKSELIGKEIT UND LEER-HEIT ERZEUGEN

Aufgrund meiner hier vorgebrachten Bitten lösen sich alle
Buddhas der zehn Richtungen in Je Tsongkhapa auf, der
untrennbar von meinem Wurzel-Guru ist. Er löst sich in
Buddha Shakyamuni in seinem Herzen auf und Buddha

Shakyamuni löst sich in Heruka in seinem Herzen auf. Voller Entzücken tritt Guru Heruka, der die Natur der Vereinigung von großer Glückseligkeit und Leerheit ist, durch meinen Scheitel in meinen Körper ein und löst sich in meinen Geist in meinem Herzen auf. Weil Heruka, der die Natur der Vereinigung von großer Glückseligkeit und Leerheit ist, untrennbar von meinem Geist wird, erfahre ich spontane große Glückseligkeit und Leerheit. Ich nehme nichts anderes als die Leerheit aller Phänomene wahr, die bloße Abwesenheit aller Phänomene, die ich normalerweise sehe oder wahrnehme. Meine subtile fehlerhafte Erscheinung aller Phänomene, einschließlich der Kanäle, Winde und Tropfen meines Körpers, wird gereinigt.

An dieser Stelle meditieren wir kurz über die Leerheit aller Phänomene, während wir große Glückseligkeit erfahren.

DIE EIGENTLICHE SELBSTERZEUGUNG

Im weiten Raum der Leerheit aller Phänomene, der Natur meiner gereinigten fehlerhaften Erscheinung aller Phänomene – der das Reine Land von Keajra ist –, erscheine ich als Buddha Heruka mit einem blaufarbenen Körper, vier Gesichtern und zwölf Armen, die Natur meines gereinigten weißen unzerstörbaren Tropfens. Ich umarme Vajravarahi, die Natur meines gereinigten roten unzerstörbaren Tropfens. Ich bin von den Helden und Heldinnen der fünf Räder umgeben, die die Natur meines gereinigten subtilen Körpers sind – die Kanäle und Tropfen. Ich verweile im Mandala, dem himmlischen Palast, der die Natur meines gereinigten groben Körpers ist. Obwohl ich diese Erscheinung habe, ist sie nichts anderes als die Leerheit aller Phänomene.

An dieser Stelle meditieren wir, während wir (1) große Glückseligkeit und Leerheit erfahren, (2) mit göttlichem Stolz über die klare Erscheinung das Mandalas und der Gottheiten, während wir (3) erkennen, dass die Gottheiten die Natur unserer gereinigten Kanäle und Tropfen sind, unser subtiler Körper, und dass das Mandala die Natur unseres gereinigten groben Körpers ist.

Auf diese Weise schulen wir uns aufrichtig in einer einzigen Meditation über die Erzeugungsstufe, die diese drei Merkmale besitzt. Das Halten des dritten Merkmals – die Gottheiten als die Natur unseres gereinigten subtilen Körpers und das Mandala als die Natur unseres gereinigten groben Körpers zu erkennen – macht diese Konzentration zu einer eigentlichen Körper-Mandala-Meditation.

Wenn wir Vollendungsstufenmeditation praktizieren möchten, sollten wir uns durch Vorstellung von Heruka mit vier Gesichtern und zwölf Armen zu Heruka mit einem Gesicht und zwei Armen verwandeln. Dann üben wir die Meditationen über den Zentralkanal, den unzerstörbaren Tropfen den unzerstörbaren Wind, Tummo und so fort aus.

Wenn wir uns dann von der Meditation ausruhen müssen, können wir Mantra-Rezitation praktizieren.

Mantras rezitieren

DAS ESSENZ-MANTRA VON HERUKA

In meinem Herzen ist Weisheitswesen Buddha Heruka, definitiver Heruka.

O Glorreicher Vajra-Heruka, der Du
Den göttlichen illusorischen Körper und Geist des klaren
    Lichts genießt,
Bitte befriede meine Hindernisse und gewähre mir

Die zwei Erlangungen des Befreiens und Reifens.
Bitte segne mich, damit ich der definitive Heruka werde
Und in diesem Zustand alle Phänomene
Als gereinigt und in Leerheit versammelt erfahre, untrennbar
von großer Glückseligkeit.

OM SHRI VAJRA HE HE RU RU KAM HUM HUM PHAT DAKINI
DZALA SHAMBARAM SÖHA (21x, 100x, etc.)

DAS DREI-OM-MANTRA VON VAJRAYOGINI

Im Herzen der vorgestellten Vajrayogini (Vajravarahi) ist
Weisheitswesen Buddha Vajrayogini, definitive Vajrayogini.

OM OM OM SARWA BUDDHA DAKINIYE VAJRA WARNANIYE
VAJRA BEROTZANIYE HUM HUM HUM PHAT PHAT PHAT
SÖHA

*Rezitiere das Mantra mindestens so viele Male, wie du es
versprochen hast.*

*Das „Drei-OM-Mantra" ist die Vereinigung des Essenz- und
nahen Essenz-Mantras von Vajravarahi. Die Bedeutung des
Mantras ist wie folgt. Mit OM OM OM rufen wir Vajrayogini
– die hauptsächliche Gottheit – und ihr Gefolge von Heldinnen
der drei Räder. SARWA BUDDHA DAKINIYE bedeutet, dass
Vajrayogini die Synthese des Geistes aller Buddhas ist, VAJRA
WARNANIYE bedeutet, dass Vajrayogini die Synthese der Rede
aller Buddhas ist und VAJRA BEROTZANIYE bedeutet, dass
Vajrayogini die Synthese der Körper aller Buddhas ist. Mit
HUM HUM HUM bitten wir Vajrayogini und ihr Gefolge, uns
die Erlangungen von Körper, Rede und Geist aller Buddhas
zu gewähren. Mit PHAT PHAT PHAT bitten wir sie, unser
Haupthindernis zu überwinden – die subtile fehlerhafte
Erscheinung unseres Körpers, Rede und Geistes; und SÖHA
bedeutet: „Bitte errichte in mir die Grundlage für alle diese
Erlangungen."*

DAS ZUSAMMENGEFASSTE MANTRA DER 62 GOTTHEITEN DES HERUKA-KÖRPER-MANDALAS

Im Herzen jeder der zweiundsechzig Gottheiten ist ihr individuelles Weisheitswesen, ihre eigene definitive Gottheit.

OM HUM BAM RIM RIM LIM LIM, KAM KHAM GAM
GHAM NGAM, TSAM TSHAM DZAM DZHAM NYAM, TrAM
THrAM DrAM DHrAM NAM, TAM THAM DAM DHAM
NAM, PAM PHAM BAM BHAM, YAM RAM LAM WAM,
SHAM KAM SAM HAM HUM HUM PHAT

(7x, 21x, 100x, etc.)

Wenn wir dieses Mantra rezitieren, richten wir Bitten an das Weisheitswesen Buddha Heruka mit Vajravarahi und seinem Gefolge von Helden und Heldinnen der fünf Räder, unser Hindernis von subtiler fehlerhafter Erscheinung zu überwinden und uns die Erlangung des äußeren und inneren Dakinilandes zu gewähren. Das äußere Dakiniland ist das Reine Land von Keajra und das innere Dakiniland ist sinnklares Licht. In dem Moment, in dem unser Geist von subtiler fehlerhafter Erscheinung frei ist, öffnen wir die Tür, durch die wir alle erleuchteten Gottheiten direkt sehen können. Solange unser Geist von subtiler fehlerhafter Erscheinung verschmutzt bleibt, ist diese Tür verschlossen.

Widmung

Möge ich somit dank meiner Tugenden
Aus dem richtigen Ausführen der Darbringungen,
    Lobpreisungen, Rezitationen und Meditationen
Der Erzeugungsstufe des Glorreichen Heruka
Alle Stufen der allgemeinen und außergewöhnlichen Pfade
    vollenden.

Zum Wohle aller Lebewesen
Möge ich Heruka werden;
Und dann jedes Lebewesen
Zum erhabenen Zustand Herukas führen.

Und wenn ich diesen erhabenen Zustand in diesem Leben
  nicht erlange,
Mögen mir zum Zeitpunkt meines Todes der ehrwürdige
  Vater und die ehrwürdige Mutter und ihr Gefolge
  begegnen,
Mit Wolken von atemberaubenden Darbringungen,
  himmlischer Musik
Und vielen ausgezeichneten, glückverheißenden Zeichen.

Dann, am Ende des klaren Lichtes des Todes,
Möge ich zum Reinen Land von Keajra geführt werden,
Dem Bereich der Wissenshalter, die den höchsten Pfad
  praktizieren,
Und möge ich dort rasch diesen tiefgründigen Pfad
  vollenden.

Möge die äußerst tiefgründige Praxis und Unterweisung
  Herukas,
Praktiziert durch Millionen von kraftvollen Yogis, stark
  zunehmen;
Und möge sie für sehr lange Zeit, frei von Degeneration,
Das Haupttor der Befreiung suchenden bleiben.

Mögen die Helden, Dakinis und ihre Gefolge,
Die an den vierundzwanzig erhabenen Stätten dieser Welt
  weilen
Und die die ungehinderte Kraft zur Verwirklichung dieser
  Methode besitzen,
Nie nachlassen, Praktizierenden immer zu helfen.

Glückverheißende Gebete

Möge es die Glückverheißung eines großen Schatzes an
   Segnungen geben,
Die aus den ausgezeichneten Taten aller Wurzel- und
   Überlieferungslinien-Gurus entstehen,
Die die erhabene Erlangung Buddha Herukas erreicht haben,
Indem sie sich auf den ausgezeichneten, geheimen Pfad des
   Königs der Tantras verlassen haben.

Möge es die Glückverheißung der großen ausgezeichneten
   Taten der Drei Juwelen geben –
Des heiligen Buddha-Juwels, des durchdringenden Natur-
   Heruka, definitivem Heruka,
Des endgültigen, großen, geheimen Dharma-Juwels, der
   Schriften und Realisationen des Heruka-Tantras,
Und des erhabenen Sangha-Juwels, der Versammlungen der
   Gottheiten von Herukas Gefolge.

Mögen alle Welten und ihre Wesen Glück, Güte, Ruhm und
   Wohlstand erfahren
Durch all das große Glück
In den kostbaren, himmlischen Palästen, die so weit wie die
   dreitausend Welten sind
Und die mit Ornamenten wie Strahlen von Sonne und Mond
   geschmückt sind.

Gebete für die Tugendhafte Tradition

Damit die Tradition Je Tsongkhapas,
Des Königs des Dharmas, erblühe,
Mögen alle Hindernisse überwunden sein
Und mögen alle vorteilhaften Bedingungen im Überfluss
   vorhanden sein.

Durch die zwei Ansammlungen von mir und anderen,
Die während der drei Zeiten zusammengetragen werden,
Möge die Lehre des Eroberers Losang Dragpa
Für immer blühen.

Das neunzeilige *Migtsema*-Gebet

Tsongkhapa, Kronjuwel der Gelehrten vom Lande des
　　Schnees,
Du bist Buddha Shakyamuni und Vajradhara, Quelle aller
　　Erlangungen,
Avalokiteshvara, Schatz des nichtbeobachtbaren Mitgefühls,
Manjushri, erhabene, makellose Weisheit,
Und Vajrapani, Zerstörer der Scharen von Maras.
O ehrwürdiger Guru-Buddha, Vereinigung aller Drei
　　Juwelen,
Mit Körper, Rede und Geist ersuche ich Dich mit Respekt:
Bitte gewähre Deine Segnungen, damit ich und andere zu
　　Reife und Befreiung gelangen,
Und gewähre die allgemeinen und höchsten Erlangungen.

(3x)

Zusammengefasster Yoga der sechs Sitzungen

Jeder, der eine Ermächtigung des Höchsten Yoga-Tantras empfangen hat, ist verpflichtet den Yoga der sechs Sitzungen zu praktizieren. Wenn wir sehr beschäftigt sind, können wir unsere Verpflichtung der sechs Sitzungen einhalten, indem wir die folgende Praxis jeden Tag sechsmal ausüben. Als Erstes rufen wir uns die neunzehn Verpflichtungen der fünf Buddha-Familien in Erinnerung, die unten aufgelistet sind. Mit dem festen Entschluss diese Verpflichtungen fehlerlos einzuhalten, rezitieren wir den folgenden zusammengefassten Yoga der sechs Sitzungen.

DIE NEUNZEHN VERPFLICHTUNGEN DER FÜNF BUDDHA FAMILIEN

Die sechs Verpflichtungen der Familie Buddha Vairochanas:

(1) Zuflucht nehmen zu Buddha
(2) Zuflucht nehmen zum Dharma
(3) Zuflucht nehmen zum Sangha
(4) Nichttugend unterlassen
(5) Tugend praktizieren
(6) Anderen von Nutzen sein

Die vier Verpflichtungen der Familie Buddha Akshobyas:

(1) Einen Vajra aufbewahren, um uns daran zu erinnern, die Entwicklung der großen Glückseligkeit durch Meditation über den Zentralkanal zu betonen

(2) Eine Glocke aufzubewahren, um uns daran zu erinnern, die Meditation über Leerheit zu betonen

(3) Sich als Gottheit erzeugen, während wir realisieren, dass alle Dinge, die wir normalerweise sehen, nicht existieren

(4) Sich aufrichtig auf den spirituellen Meister verlassen, der uns zur Praxis der Pratimoksha-, Bodhisattva- und tantrischen Gelübde führt

Die vier Verpflichtungen der Familie Buddha Ratnasambhavas:

(1) Materielle Hilfe geben

(2) Dharma geben

(3) Furchtlosigkeit geben

(4) Liebe geben

Die drei Verpflichtungen der Familie Buddha Amitabhas:

(1) Sich auf die Sutra-Unterweisungen verlassen

(2) Sich auf die Unterweisungen der zwei niederen Klassen des Tantras verlassen

(3) Sich auf die Unterweisungen der zwei höheren Klassen des Tantras verlassen

Die zwei Verpflichtungen der Familie Buddha Amoghasiddhis:

(1) Unserem spirituellen Meister Gaben darbringen

(2) Danach streben alle Gelübde rein einzuhalten, die wir abgelegt haben

ZUSAMMENGEFASSTER YOGA DER SECHS SITZUNGEN

Ich nehme Zuflucht zum Guru und den Drei Juwelen.
Vajra und Glocke haltend, erzeuge ich mich als Gottheit und
bringe Gaben dar.
Ich verlasse mich auf die Dharmas von Sutra und Tantra und
unterlasse alle nichttugendhaften Handlungen.
Ich helfe allen Lebewesen durch die Praxis der vier Arten des
Gebens und sammle alle tugendhaften Dharmas an.

*Dieser Vers bezieht sich auf alle neunzehn Verpflichtungen.
Die Worte „Ich nehme Zuflucht zu ... den Drei Juwelen"
beziehen sich auf die ersten drei Verpflichtungen der Familie
Buddha Vairochanas – Zuflucht nehmen zum Buddha, Zuflucht
nehmen zum Dharma und Zuflucht nehmen zum Sangha.
Das Wort „Guru" bezieht sich auf die vierte Verpflichtung
der Familie Buddhas Akshobyas – sich aufrichtig auf unseren
spirituellen Meister zu verlassen.*

*Die Worte „Vajra und Glocke haltend, erzeuge ich mich
als Gottheit" beziehen sich auf die ersten drei Verpflichtungen
der Familie Buddha Akshobyas – einen Vajra aufbewahren,
um uns an die große Glückseligkeit zu erinnern, eine Glocke
aufbewahren, um uns an die Leerheit zu erinnern, und sich
als Gottheit zu erzeugen. Die Worte „und bringe Gaben
dar" beziehen sich auf die erste Verpflichtung der Familie
Buddha Amoghasiddhis – unserem spirituellen Meister Gaben
darzubringen.*

*Die Worte „Ich verlasse mich auf die Dharmas von Sutra
und Tantra" beziehen sich auf die drei Verpflichtungen der
Familie Buddha Amithabas – sich auf die Sutra-Unterweisungen
verlassen, sich auf die Unterweisungen der zwei niederen*

Klassen des Tantras verlassen und sich auf die zwei höheren Klassen des Tantras verlassen. Die Worte „und unterlasse alle nichttugendhaften Handlungen" *beziehen sich auf die vierte Verpflichtung der Familie Budha Vairochanas – Nichttugend unterlassen.*

Die Worte „sammle alle tugendhaften Dharmas an" *beziehen sich auf die fünfte Verpflichtung der Familie Buddha Vairochanas – Tugend zu praktizieren.* Die Worte „ich helfe allen Lebewesen" *beziehen sich auf die sechste Verpflichtung der Familie Buddha Vairochanas – anderen von Nutzen zu sein.* Die Worte „durch die Praxis der vier Arten des Gebens" *beziehen sich auf die vier Verpflichtungen der Familie Buddha Ratnasambhavas – materielle Hilfe geben, Dharma geben, Furchtlosigkeit geben und Liebe geben*

Schließlich bezieht sich der ganze Vers auf die zweite Verpflichtung der Familie Buddha Amoghasiddhis – danach streben, alle Gelübde rein einzuhalten, die wir abgelegt haben.

Weitere Einzelheiten zu den Gelübden und Verpflichtungen des Geheimen Mantras können im Buch Tantrische Ebenen und Pfade *gefunden werden.*

Kolophon: Dieses Sadhana wurde vom Ehrwürdigen Geshe Kelsang Gyatso im Juni 2009 aus traditionellen Quellen zusammengestellt und im April 2010 revidiert.

Anhang VI

Glückselige Reise

WIE MAN EIN ANNÄHERUNGSRETREAT DES
HERUKA-KÖRPER-MANDALAS AUSFÜHRT

Kyabje Trijang Rinpoche

Einleitung

Aufrichtige Praktizierende des Sadhanas *Der Yoga von Buddha Heruka* können ein Annäherungsretreat des Heruka-Körper-Mandalas gemäß den folgenden Anleitungen durchführen. Nachdem du Tormas und andere Darbringungen und Ritualobjekte entweder auf traditionelle oder einfache Weise aufgestellt hast, solltest du am Abend des ersten Tages, an dem das Retreat beginnt, die Praxis von *Der Yoga von Buddha Heruka* von *Zuflucht nehmen* bis und mit *Mantra-Rezitation* ausüben; dann Torma- und Tsog-Darbringungen durchführen wie unten dargelegt. Die Sitzung sollte mit der Rezitation der *Widmung* und den übrigen Gebeten aus dem Sadhana beendet werden.

Wenn du beabsichtigst, jeden Tag vier Retreat-Sitzungen durchzuführen, solltest du am zweiten Tag die ersten drei Sitzungen der Praxis von *Der Yoga von Buddha Heruka* von *Zuflucht nehmen* bis und mit der Rezitation der *Widmung* und der übrigen Gebete ohne irgendeinen Zusatz ausführen. In der vierten oder letzten Sitzung solltest du die Praxis von *Der Yoga von Buddha Heruka* von *Zuflucht nehmen* bis und mit *Mantra-Rezitation* ausführen und dann die *Torma-Darbringung*, wie unten dargelegt, durchführen. Die Sitzung sollte mit der Rezitation der *Widmung* und der übrigen Gebete des Sadhanas beendet werden.

Nachdem du 100.000 Rezitationen des Essenz-Mantras von Heruka, 100.000 Rezitationen des Drei-OM-Mantras von Vajrayogini und 10.000 Rezitationen des zusammengefassten Mantras der zweiundsechzig Gottheiten des Heruka-Körper-Mandalas gesammelt hast, ist es notwendig, eine Feuer-Puja oder Feuerdarbringung durchzuführen. Diese Praxis und ihre Erklärung kann im Buch *Essenz des Vajrayanas* gefunden werden. Auf diese Weise wird dein Annäherungsretrat des Heruka-Körper-Mandalas vollendet. Bis die Feuer-Puja abgeschlossen ist, solltest du mindestens zwei Sitzungen von *Der Yoga von Buddha Heruka* täglich ausführen und Torma-Darbringungen in der letzten Sitzung machen.

Wenn du das Annäherungsretrat des Heruka-Körper-Mandalas abgeschlossen hast, kannst du die Selbsteinweihungs-Praxis des Heruka-Körper-Mandalas ausüben, die im Sadhana *Vereinigung des Nicht-mehr-Lernens* zu finden ist. Es ist äußerst wichtig, dass du dich, wann immer du das Sadhana *Der Yoga von Buddha Heruka* rezitierst, stark auf seine Bedeutung konzentrierst, frei von Ablenkungen und unreiner Motivation. Zwischen den Sitzungen solltest du den Kommentar zu diesem Sadhana, der im Kapitel *Die Praxis des Heruka-Körper-Mandalas* präsentiert ist, sorgfältig lesen.

Geshe Kelsang Gyatso
April 2010

Glückselige Reise

Nachdem die Praxis von Der Yoga von Buddha Heruka *von* Zuflucht nehmen *bis und mit* Mantra-Rezitation *ausgeübt wurde, führe jetzt die* Torma-Darbringung *aus.*

Die innere Darbringung segnen

OM KHANDAROHI HUM HUM PHAT
OM SÖBHAWA SHUDDHA SARWA DHARMA SÖBHAWA
   SHUDDHO HAM
Alles wird Leerheit.

Aus dem Zustand der Leerheit entsteht aus YAM Wind, aus RAM entsteht Feuer, aus ah ein Dreifuß aus drei menschlichen Köpfen. Darauf erscheint aus AH eine weite und ausgedehnte Schädelschale. In ihr entstehen aus OM, KHAM, AM, TRAM, HUM die fünf Nektare; aus LAM, MAM, PAM, TAM, BAM entstehen die fünf Fleischarten, alle durch diese Buchstaben gekennzeichnet. Der Wind bläst, das Feuer lodert, und die Substanzen innerhalb der Schädelschale schmelzen. Darüber entsteht aus HUM ein weißer, umgekehrter Khatanga, der in die Schädelschale hineinfällt und schmilzt, wodurch die Substanzen die Farbe von Quecksilber annehmen. Über ihnen verwandeln sich drei Reihen von Vokalen und Konsonanten, die übereinander stehen, in OM AH HUM. Aus diesen ziehen Lichtstrahlen den Nektar der erhabenen Weisheit aus den Herzen aller Tathagatas, Helden und Yoginis der zehn Richtungen. Wenn dies zugefügt wird, vermehrt sich der Inhalt und wird unermesslich.

OM AH HUM   (3x)

Die äußeren Darbringungen segnen

OM KHANDAROHI HUM HUM PHAT
OM SÖBHAWA SHUDDHA SARWA DHARMA SÖBHAWA
     SHUDDHO HAM
Alles wird Leerheit.

Aus dem Zustand der Leerheit entstehen aus KAM weite und ausgedehnte Schädelschalen, in denen aus HUM Wasser zum Trinken, Wasser zum Baden, Wasser für den Mund, Blumen, Weihrauch, Lichter, Parfüm, Speisen und Musik entstehen. In ihrer Natur Leerheit, haben sie den Aspekt der individuellen Darbringungssubstanzen und dienen den sechs Sinnen als Vergnügungsobjekte, um eine besondere, nichtverunreinigte Glückseligkeit zu gewähren.

OM AHRGHAM AH HUM
OM PADÄM AH HUM
OM ÄNTZAMANAM AH HUM
OM VAJRA PUPE AH HUM
OM VAJRA DHUPE AH HUM
OM VAJRA DIWE AH HUM
OM VAJRA GÄNDHE AH HUM
OM VAJRA NEWIDE AH HUM
OM VAJRA SHAPTA AH HUM

Die Tormas segnen

OM KHANDAROHI HUM HUM PHAT

OM SÖBHAWA SHUDDHA SARWA DHARMA SÖBHAWA
SHUDDHO HAM

Alles wird Leerheit.

Aus dem Zustand der Leerheit entsteht aus YAM Wind, aus
RAM entsteht Feuer, aus AH ein Dreifuß aus drei menschlichen Köpfen. Darauf erscheint aus AH eine weite und
ausgedehnte Schädelschale. In ihr entstehen aus OM, KHAM,
AM, TRAM, HUM die fünf Nektare; aus LAM, MAM, PAM, TAM,
BAM entstehen die fünf Fleischarten, alle durch diese Buchstaben gekennzeichnet. Der Wind bläst, das Feuer lodert, und
die Substanzen innerhalb der Schädelschale schmelzen.
Darüber entsteht aus HUM ein weißer, umgekehrter
Khatanga, der in die Schädelschale hineinfällt und schmilzt,
wodurch die Substanzen die Farbe von Quecksilber
annehmen. Über ihnen verwandeln sich drei Reihen von
Vokalen und Konsonanten, die übereinander stehen, in OM
AH HUM. Aus diesen ziehen Lichtstrahlen den Nektar der
erhabenen Weisheit aus den Herzen aller Tathagatas, Helden
und Yoginis der zehn Richtungen. Wenn dies zugefügt wird,
vermehrt sich der Inhalt und wird unermesslich.

OM AH HUM   (3x)

Die Gäste der Tormas einladen

PHÄM

Lichtstrahlen gehen vom Buchstaben HUM auf dem Sonnen-
sitz in meinem Herzen aus und laden die ganze
Versammlung der Gottheiten Chakrasambaras zusammen
mit seinen weltlichen Gefolgen, wie den Richtungswächtern,
die in den acht Friedhöfen wohnen, in den Raum vor mir ein.

OM AHRGHAM PARTITZA SÖHA
OM PADÄM PARTITZA SÖHA
OM VAJRA PUPE AH HUM SÖHA
OM VAJRA DHUPE AH HUM SÖHA
OM VAJRA DIWE AH HUM SÖHA
OM VAJRA GÄNDHE AH HUM SÖHA
OM VAJRA NEWIDE AH HUM SÖHA
OM VAJRA SHAPTA AH HUM SÖHA

Aus einem weißen HUM in der Zunge aller Gäste erscheint
ein weißer dreizackiger Vajra, durch den sie den Nektar des
Tormas zu sich nehmen, indem sie ihn durch Halme aus
Licht ziehen, die nur so dick wie Gerstenkörner sind.

Den Haupt-Torma darbringen

OM VAJRA AH RA LI HO : DZA HUM BAM HO : VAJRA DAKINI
SAMAYA TÖN TRISHAYA HO (3X)

*Bring mit der ersten Rezitation dem zentralen Vater, mit der
zweiten Rezitation der zentralen Mutter und mit der dritten
Rezitation den vier Yoginis den Torma dar, indem du im
Osten beginnst und die Darbringung im Gegenuhrzeigersinn
ausführst.*

Den Torma den Gottheiten des Herz-, des Rede- und des Körperrades darbringen

OM KARA KARA, KURU KURU, BÄNDHA BÄNDHA, TrASAYA
TrASAYA, KYOMBHAYA KYOMBHAYA, HROM HROM,
HRAH HRAH, PHAIM PHAIM, PHAT PHAT, DAHA DAHA,
PATSA PATSA, BHAKYA BHAKYA, BASA RUDHI ÄNTRA
MALA WALAMBINE, GRIHANA GRIHANA SAPTA PATALA
GATA BHUDZAMGAM SARWAMPA TARDZAYA TARDZAYA,
AKANDYA AKANDYA, HRIM HRIM, GYÖN GYÖN, KYAMA
KYAMA, HAM HAM, HIM HIM, HUM HUM, KILI KILI, SILI SILI,
HILI HILI, DHILI DHILI, HUM HUM PHAT

Den Torma den Gottheiten des Verpflichtungsrades darbringen

OM VAJRA AH RA LI HO : DZA HUM BAM HO : VAJRA DAKINI
SAMAYA TÖN TRISHAYA HO (2x)

Äußere Darbringungen

OM AHRGHAM PARTITZA SÖHA
OM PADÄM PARTITZA SÖHA
OM VAJRA PUPE AH HUM SÖHA
OM VAJRA DHUPE AH HUM SÖHA
OM VAJRA DIWE AH HUM SÖHA
OM VAJRA GÄNDHE AH HUM SÖHA
OM VAJRA NEWIDE AH HUM SÖHA
OM VAJRA SHAPTA AH HUM SÖHA

OM AH VAJRA ADARSHE HUM
OM AH VAJRA WINI HUM
OM AH VAJRA GÄNDHE HUM
OM AH VAJRA RASE HUM
OM AH VAJRA PARSHE HUM
OM AH VAJRA DHARME HUM

Innere Darbringung

OM HUM BAM RIM RIM LIM LIM, KAM KHAM GAM GHAM
NGAM, TSAM TSHAM DZAM DZHAM NYAM, TrAM THrAM
DrAM DHrAM NAM, TAM THAM DAM DHAM NAM, PAM
PHAM BAM BHAM, YAM RAM LAM WAM, SHAM KAM SAM
HAM HUM HUM PHAT OM AH HUM

Geheime und Dasheits-Darbringung

Durch die Vereinigung von Vater und Mutter genießen alle
Haupt- und Gefolgegottheiten die besondere Erfahrung
großer Glückseligkeit und Leerheit.

Die acht Zeilen der Lobpreisung an den Vater

OM Ich verbeuge mich vor dem Gesegneten, dem Herrn der
Helden HUM HUM PHAT

OM Vor Dir, mit einem Glanz gleich dem Feuer des großen
Äons HUM HUM PHAT

OM Vor Dir, mit einem unerschöpflichen Haarknoten HUM
HUM PHAT

OM Vor Dir, mit einem furchteinflößenden Gesicht und
entblößten Reißzähnen HUM HUM PHAT

OM Vor Dir, dessen tausend Arme in gleißendem Licht
erstrahlen HUM HUM PHAT

OM Vor Dir, der eine Axt, eine erhobene Schlinge, einen Speer
und einen Khatanga hält HUM HUM PHAT

OM Vor Dir, der ein Tigerfell trägt HUM HUM PHAT

OM Ich verbeuge mich vor Dir, dessen großartiger, rauch-
farbener Körper Behinderungen vertreibt HUM HUM PHAT

Die acht Zeilen der Lobpreisung an die Mutter

OM Ich verbeuge mich vor Vajravarahi, der Gesegneten
Mutter HUM HUM PHAT

OM Vor der höheren und mächtigen Dame des Wissens,
unbesiegt durch die drei Bereiche HUM HUM PHAT

OM Vor Dir, die Du alle Ängste vor bösen Geistern mit
Deinem großen Vajra zerstörst HUM HUM PHAT

OM Vor Dir mit kontrollierenden Augen, die als der Vajra-Sitz
durch andere unbesiegt bleibt HUM HUM PHAT

OM Vor Dir, deren zornvolle, wilde Form Brahma trocknet
HUM HUM PHAT

OM Vor Dir, die Dämonen in Angst und Schrecken versetzt
und austrocknet und diejenigen in anderen Richtungen
erobert HUM HUM PHAT

OM Vor Dir, die alle erobert, die in uns Dumpfheit, Starrheit
und Verwirrung verursachen HUM HUM PHAT

OM Ich verbeuge mich vor Vajravarahi, der Großen Mutter, der
Dakini-Gefährtin, die jedes Verlangen erfüllt HUM HUM PHAT

Um die Erfüllung von Wünschen bitten

Du, der Du sowohl Anhaftung an Samsara und Alleinigen
Frieden als auch alle Vorstellungen zerstört hast,
Der alle existierenden Dinge im ganzen Raum erblickt;
O Beschützer, der Du starkes Mitgefühl besitzt, möge ich
durch das Wasser Deines Mitgefühls gesegnet sein,
Und mögen mich die Dakinis in ihre liebende Obhut nehmen.

Den Torma den weltlichen Dakas und Dakinis darbringen

Die Richtungswächter, örtlichen Wächter, Nagas und so fort,
die in den acht großen Friedhöfen wohnen, treten augenblicklich in das klare Licht ein und entstehen in der Form der
Gottheiten Herukas im Aspekt von Vater und Mutter. Aus
einem weißen HUM in der Zunge aller Gäste entstehen weiße
dreizackige Vajras, durch die sie die Essenz des Tormas zu
sich nehmen, indem sie sie durch Halme aus Licht ziehen, die
nur so dick wie Gerstenkörner sind.

OM KHA KHA, KHAHI KHAHI, SARWA YAKYA RAKYASA,
BHUTA, TRETA, PISHATSA, UNATA, APAMARA, VAJRA
DAKA, DAKI NÄDAYA, IMAM BALING GRIHANTU, SAMAYA
RAKYANTU, MAMA SARWA SIDDHI METRA YATZANTU,
YATIPAM, YATETAM, BHUTZATA, PIWATA, DZITRATA
MATI TRAMATA, MAMA SARWA KATAYA, SADSUKHAM
BISHUDAYE, SAHAYEKA BHAWANTU, HUM HUM PHAT PHAT
SÖHA (2x)

*Bring mit der ersten Rezitation den Gästen der Hauptrichtungen
und mit der zweiten den Gästen der Zwischenrichtungen den
Torma dar.*

Äußere Darbringungen

OM AHRGHAM PARTITZA SÖHA
OM PADÄM PARTITZA SÖHA
OM VAJRA PUPE AH HUM SÖHA
OM VAJRA DHUPE AH HUM SÖHA
OM VAJRA DIWE AH HUM SÖHA
OM VAJRA GÄNDHE AH HUM SÖHA
OM VAJRA NEWIDE AH HUM SÖHA
OM VAJRA SHAPTA AH HUM SÖHA

Innere Darbringung

Zum Munde der Richtungswächter, örtlichen Wächter, Nagas
usw., OM AH HUM

Bitten

Ihr, die ganze Versammlung der Götter,
Die ganze Versammlung der Nagas,
Die ganze Versammlung der Schadengeber,
Die ganze Versammlung der Kannibalen,
Die ganze Versammlung der bösen Geister,
Die ganze Versammlung der hungrigen Geister,
Die ganze Versammlung der Fleischesser,
Die ganze Versammlung der Verrücktmacher,
Die ganze Versammlung der Vergesslichmacher,
Die ganze Versammlung der Dakas,
Die ganze Versammlung der weiblichen Geister,
Ihr alle, ohne Ausnahme,
Bitte kommt hierher und hört mich an.
O Glorreiche Begleiter, so schnell wie Gedanken,
Die Schwüre und Herzverpflichtungen abgelegt haben,
Die Lehre zu bewachen und Lebewesen zu helfen,
Die die Böswilligen unterwerfen und die dunklen Kräfte
    zerstören,

Mit furchteinflößenden Formen und unerschöpflichem Zorn,
Die den Handlungen der Yogis Resultate gewähren
Und die unvorstellbare Kräfte und Segnungen besitzen.
Vor Euch, acht Arten von Gästen, verbeuge ich mich.

Ich bitte Euch alle zusammen mit Euren Gefährten und
    Gefährtinnen, Kindern und Dienern,
Mir das Glück aller Erlangungen zu gewähren.
Mögen ich und andere Praktizierende
Gute Gesundheit, langes Leben, Kraft,
Ehre, Ruhm, Glück
Und ausgiebige Vergnügen haben.
Bitte gewährt mir die Erlangungen
Der befriedenden, vermehrenden, kontrollierenden und
    zornvollen Handlungen.
O Wächter, steht mir allzeit bei.
Vernichtet vorzeitigen Tod, Krankheit,
Schaden durch Geister und Hindernisse.
Beseitigt schlechte Träume,
Böse Vorzeichen und schlechte Handlungen.

Möge es Glück in der Welt geben, mögen die Jahre gut sein,
Möge sich die Ernte verbessern und möge der Dharma
    blühen.
Möge alles Gute und Glück entstehen,
Und mögen alle Wünsche erfüllt sein.

*An dieser Stelle kannst du, wenn du es wünschst, die Tsog-
Darbringung machen. Diese beginnt auf Seite 332.*

Reinigung aller Fehler, die während dieser Praxis begangen wurden, mit dem Hundertbuchstaben-Mantra Herukas

OM VAJRA HERUKA SAMAYA, MANU PALAYA, HERUKA TENO PATITA, DRIDHO ME BHAWA, SUTO KAYO ME BHAWA, SUPO KAYO ME BHAWA, ANURAKTO ME BHAWA, SARWA SIDDHI ME PRAYATZA, SARWA KARMA SUTZA ME, TZITAM SHRIYAM KURU HUM, HA HA HA HA HO BHAGAWÄN, VAJRA HERUKA MA ME MUNTZA, HERUKA BHAWA, MAHA SAMAYA SATTÖ AH HUM PHAT

OM YOGA SHUDDHA SARWA DHARMA YOGA SHUDDHO HAM

VAJRA MU

Die weltlichen Wesen kehren zu ihren eigenen Stätten zurück, und die Gottheiten der Vor-uns-Erzeugung lösen sich in mich auf.

Auflösung und Erzeugung der Handlungsgottheiten

Die Friedhöfe und der Schutzkreis lösen sich in den himmlischen Palast auf. Der himmlische Palast löst sich in die Gottheiten des Verpflichtungsrades auf. Diese lösen sich in die Gottheiten des Körperrades auf. Diese lösen sich in die Gottheiten des Rederades auf. Diese lösen sich in die Gottheiten des Herzrades auf. Diese lösen sich in die vier Yoginis des großen Glückseligkeitsrades auf. Diese lösen sich in mich auf, die zentrale Gottheit Vater und Mutter, die Natur des roten und weißen unzerstörbaren Tropfens. Auch ich, die Hauptgottheit Vater und Mutter, schmelze zu Licht und löse mich in den Buchstaben HUM, dessen Natur die Leerheit des Dharmakayas ist, in meinem Herzen auf.

Aus dem Zustand der Leerheit entsteht unsere Welt als Herukas Reines Land, Keajra. Ich und alle fühlenden Wesen entstehen als der Gesegnete Heruka mit einem blaufarbenen

Körper, einem Gesicht und zwei Armen, Vajravarahi umarmend.

Die Sitzung sollte mit der Rezitation der Widmung *und den übrigen Gebeten aus dem Sadhana* Der Yoga von Buddha Heruka *beendet werden.*

DIE TSOG-DARBRINGUNG AN DAS HERUKA-KÖRPER-MANDALA

Die äußeren und inneren Darbringungen, die Umgebung und die Wesen und Substanzen der Tsog-Darbringung segnen

OM AH HUM (3x)

In ihrer Natur erhabene Weisheit, im Aspekt der inneren Darbringung und der individuellen Darbringungssubstanzen, die den sechs Sinnen als Vergnügungsobjekte dienen, um eine besondere erhabene Weisheit von Glückseligkeit und Leerheit zu erzeugen, bedecken unfassbare Wolken von äußeren, inneren und geheimen Darbringungen, Verpflichtungssubstanzen und attraktiven Gaben den ganzen Boden und füllen den gesamten Raum.

EH MA HO Große Manifestation der erhabenen Weisheit.
Alle Bereiche sind Vajra-Bereiche,
Und alle Orte sind große Vajra-Paläste,
Versehen mit weiten Wolken der Darbringungen
    Samantabhadras,
Einem Überfluss an allen begehrten Vergnügen.
Alle Wesen sind wirkliche Helden und Heldinnen.
Alles ist makellos rein,
Ohne auch nur den Namen fehlerhafter, unreiner
    Erscheinung.

HUM Alle Ausschmückungen werden im Zustand des Wahrheitskörpers vollständig befriedet. Der Wind bläst und das Feuer lodert. Darüber, auf einem Dreifuß aus drei Menschenköpfen, AH innerhalb einer qualifizierten Schädelschale, OM die individuellen Substanzen lodern. Über diesen stehen OM AH HUM, in ihren leuchtenden Farben erstrahlend. Durch den Wind, der bläst, und das Feuer, das lodert, schmelzen die

Substanzen. Kochend wirbeln sie in einer großen Dampf-
wolke. Zahllose Lichtstrahlen gehen von den drei Buchstaben
in die zehn Richtungen aus und laden die drei Vajras
zusammen mit Nektaren ein. Diese lösen sich getrennt in die
drei Buchstaben auf. Zu Nektar schmelzend, vermengen sie
sich mit der Mischung. Gereinigt, umgewandelt und
vermehrt,
EH MA HO Sie werden ein strahlender Ozean großartiger
Freuden.

OM AH HUM (3x)

Die Gäste der Tsog-Darbringung einladen

PHÄM
Aus dem heiligen Palast des Dharmakayas,
Großer Meister, Halter der erhabenen Überlieferung des
    Vajrayanas,
Der unsere Hoffnungen auf alle Erlangungen erfüllt,
O Versammlung der Wurzel- und Überlieferungslinien-
    Gurus, bitte kommt an diesen Ort.

Aus den vierundzwanzig heiligen Stätten auf der ganzen
    Welt,
O Glorreicher Heruka, dessen Natur das Mitgefühl aller
    Buddhas ist,
Und alle Helden und Heldinnen dieser Orte,
Bitte kommt hierher, um die Erlangungen zu gewähren, nach
    denen wir uns sehnen.

Aus den reinen und unreinen Ländern der zehn Richtungen,
O Versammlung der Yidams, Buddhas, Bodhisattvas und
    Dharma-Beschützer
Und alle Wesen Samsaras und Nirvanas,
Bitte kommt hierher als Gäste dieser Tsog-Darbringung.

OM GURU VAJRADHARA CHAKRASAMBARA SÄMANDALA
DEWA SARWA BUDDHA BODHISATTÖ SAPARIWARA EH HAYE
HI VAJRA SAMAYA DZA DZA

PÄMA KAMALAYE TÖN

Die Tsog-Darbringung ausführen

HO Diesen Ozean von Tsog-Darbringungen aus nichtverun-
reinigtem Nektar,
Durch Konzentration, Mantra und Mudra gesegnet,
Bringe ich dar, um meinen gütigen Wurzel-Guru, Guru
Sumati Buddha Heruka, zu erfreuen.
OM AH HUM
Entzückt durch den Genuss dieser prachtvollen Objekte des
Begehrens.
EH MA HO
Bitte segnet mich, damit ich das äußere und innere Dakini-
land erlange.

HO Diesen Ozean von Tsog-Darbringungen aus nichtverun-
reinigtem Nektar,
Durch Konzentration, Mantra und Mudra gesegnet,
Bringe ich dar, um die vier Yoginis des großen Glückselig-
keitsrades zu erfreuen.
OM AH HUM
Entzückt durch den Genuss dieser prachtvollen Objekte des
Begehrens.
EH MA HO
Bitte segnet mich, damit ich spontane große Glückseligkeit
erlange.

HO Diesen Ozean von Tsog-Darbringungen aus nichtverun-
reinigtem Nektar,
Durch Konzentration, Mantra und Mudra gesegnet,
Bringe ich dar, um die Helden und Heldinnen des Vajra-
Geistes zu erfreuen.

OM AH HUM
Entzückt durch den Genuss dieser prachtvollen Objekte des
Begehrens.
EH MA HO
Bitte segnet mich, damit ich mit den Boten der Vajra-Geist-
Familie Freude erfahren kann.

HO Diesen Ozean von Tsog-Darbringungen aus nichtverun-
reinigtem Nektar,
Durch Konzentration, Mantra und Mudra gesegnet,
Bringe ich dar, um die Helden und Heldinnen der Vajra-Rede
zu erfreuen.
OM AH HUM
Entzückt durch den Genuss dieser prachtvollen Objekte des
Begehrens.
EH MA HO
Bitte segnet mich, damit ich mit den Boten der Vajra-Rede-
Familie Freude erfahren kann.

HO Diesen Ozean von Tsog-Darbringungen aus nichtverun-
reinigtem Nektar,
Durch Konzentration, Mantra und Mudra gesegnet,
Bringe ich dar, um die Helden und Heldinnen des Vajra-
Körpers zu erfreuen.
OM AH HUM
Entzückt durch den Genuss dieser prachtvollen Objekte des
Begehrens.
EH MA HO
Bitte segnet mich, damit ich mit den Boten der Vajra-Körper-
Familie Freude erfahren kann.

HO Diesen Ozean von Tsog-Darbringungen aus nichtverunreinigtem Nektar,
Durch Konzentration, Mantra und Mudra gesegnet,
Bringe ich dar, um die Gottheiten des Verpflichtungsrades zu
erfreuen.

OM AH HUM
Entzückt durch den Genuss dieser prachtvollen Objekte des
Begehrens.
EH MA HO
Bitte segnet mich, damit ich alle Hindernisse befriede.

HO Diesen Ozean von Tsog-Darbringungen aus nichtverun-
reinigtem Nektar,
Durch Konzentration, Mantra und Mudra gesegnet,
Bringe ich dar, um alle anderen Yidams, Buddhas, Bodhi-
sattvas und Dharma-Beschützer zu erfreuen.
OM AH HUM
Entzückt durch den Genuss dieser prachtvollen Objekte des
Begehrens.
EH MA HO
Bitte segnet mich, damit ich alle Realisationen von Sutra und
Tantra erlange.

HO Diesen Ozean von Tsog-Darbringungen aus nichtverun-
reinigtem Nektar,
Durch Konzentration, Mantra und Mudra gesegnet,
Bringe ich dar, um die Versammlung der fühlenden Mutter-
wesen zu erfreuen.
OM AH HUM
Entzückt durch den Genuss dieser prachtvollen Objekte des
Begehrens.
EH MA HO
Mögen Leiden und fehlerhafte Erscheinung befriedet sein.

Äußere Darbringungen

OM AHRGHAM PARTITZA SÖHA
OM PADÄM PARTITZA SÖHA
OM VAJRA PUPE AH HUM SÖHA
OM VAJRA DHUPE AH HUM SÖHA

OM VAJRA DIWE AH HUM SÖHA
OM VAJRA GÄNDHE AH HUM SÖHA
OM VAJRA NEWIDE AH HUM SÖHA
OM VAJRA SHAPTA AH HUM SÖHA

Innere Darbringung

OM HUM BAM RIM RIM LIM LIM, KAM KHAM GAM GHAM
NGAM, TSAM TSHAM DZAM DZHAM NYAM, TrAM THrAM
DrAM DHrAM NAM, TAM THAM DAM DHAM NAM, PAM
PHAM BAM BHAM, YAM RAM LAM WAM, SHAM KAM SAM
HAM HUM HUM PHAT OM AH HUM

Geheime und Dasheits-Darbringung

Durch die Vereinigung von Vater und Mutter genießen alle
Haupt- und Gefolgegottheiten die besondere Erfahrung
großer Glückseligkeit und Leerheit.

Die acht Zeilen der Lobpreisung an den Vater

OM Ich verbeuge mich vor dem Gesegneten, dem Herrn der
  Helden HUM HUM PHAT
OM Vor Dir, mit einem Glanz gleich dem Feuer des großen
  Äons HUM HUM PHAT
OM Vor Dir, mit einem unerschöpflichen Haarknoten HUM
  HUM PHAT
OM Vor Dir, mit einem furchteinflößenden Gesicht und
  entblößten Reißzähnen HUM HUM PHAT
OM Vor Dir, dessen tausend Arme in gleißendem Licht
  erstrahlen HUM HUM PHAT
OM Vor Dir, der eine Axt, eine erhobene Schlinge, einen Speer
  und einen Khatanga hält HUM HUM PHAT
OM Vor Dir, der ein Tigerfell trägt HUM HUM PHAT
OM Ich verbeuge mich vor Dir, dessen großartiger, rauchfar-
  bener Körper Behinderungen vertreibt HUM HUM PHAT

Die acht Zeilen der Lobpreisung an die Mutter

OM Ich verbeuge mich vor Vajravarahi, der Gesegneten
   Mutter HUM HUM PHAT
OM Vor der höheren und mächtigen Dame des Wissens,
   unbesiegt durch die drei Bereiche HUM HUM PHAT
OM Vor Dir, die Du alle Ängste vor bösen Geistern mit
   Deinem großen Vajra zerstörst HUM HUM PHAT
OM Vor Dir mit kontrollierenden Augen, die als der Vajra-Sitz
   durch andere unbesiegt bleibt HUM HUM PHAT
OM Vor Dir, deren zornvolle, wilde Form Brahma trocknet
   HUM HUM PHAT
OM Vor Dir, die Dämonen in Angst und Schrecken versetzt
   und austrocknet und diejenigen in anderen Richtungen
   erobert HUM HUM PHAT
OM Vor Dir, die alle erobert, die in uns Dumpfheit, Starrheit
   und Verwirrung verursachen HUM HUM PHAT
OM Ich verbeuge mich vor Vajravarahi, der Großen Mutter, der
   Dakini-Gefährtin, die jedes Verlangen erfüllt HUM HUM PHAT

Die Tsog-Darbringung an den Vajra-Meister ausführen

EH MA HO Großer Kreis von Tsog!
O großer Held, wir verstehen,
Dass Du durch das Befolgen des Pfades der Sugatas der drei
   Zeiten
Die Quelle aller Erlangungen bist.
Alle begrifflichen Geisteszustände aufgebend,
Bitte erfreue Dich immerwährend an diesem Kreis von Tsog.
AH LA LA HO

Die Antwort des Meisters

OM Mit einer Natur, untrennbar von den drei Vajras,
   Erzeuge ich mich als Guru-Gottheit.

AH Diesen Nektar nichtverunreinigter, erhabener Weisheit
und Glückseligkeit,
HUM Ohne mich von Bodhichitta zu trennen,
Nehme ich zu mir, um die Gottheiten, die in meinem Körper
wohnen, zu erfreuen.
AH HO MAHA SUKHA

Lied der Frühlingskönigin

HUM All Ihr Tathagatas,
Helden, Yoginis,
Dakas und Dakinis,
Euch allen trage ich meine Bitte vor:
O Heruka, der sich an der großen Glückseligkeit erfreut,
Du übst die Vereinigung der spontanen Glückseligkeit aus,
Indem Du Dich der Dame widmest, die durch Glückseligkeit
berauscht ist,
Und Dich gemäß den Ritualen vergnügst.
AH LA LA, LA LA HO, AH I AH AH RA LI HO
Möge die Versammlung der makellosen Dakinis
Mit Liebe und Zuneigung blicken und alle Taten erfüllen.

HUM All Ihr Tathagatas,
Helden, Yoginis,
Dakas und Dakinis,
Euch allen trage ich meine Bitte vor:
Mit einem Geist, der vollkommen durch große Glückseligkeit
erregt ist,
Und einem Körper in einem Tanz ständiger Bewegung
Bringe ich den Scharen von Dakinis die große Glückseligkeit
dar,
Die durch den Genuss des Lotos der Mudra entsteht.
AH LA LA, LA LA HO, AH I AH AH RA LI HO
Möge die Versammlung der makellosen Dakinis
Mit Liebe und Zuneigung blicken und alle Taten erfüllen.

HUM All Ihr Tathagatas,
Helden, Yoginis,
Dakas und Dakinis,
Euch allen trage ich meine Bitte vor:
Ihr, die auf eine wunderschöne und friedvolle Weise tanzt,
O glückseliger Beschützer und Scharen von Dakinis,
Bitte kommt in den Raum vor mir und gewährt mir Eure
 Segnungen
Und die spontane große Glückseligkeit.
AH LA LA, LA LA HO, AH I AH AH RA LI HO
Möge die Versammlung der makellosen Dakinis
Mit Liebe und Zuneigung blicken und alle Taten erfüllen.

HUM All Ihr Tathagatas,
Helden, Yoginis,
Dakas und Dakinis,
Euch allen trage ich meine Bitte vor:
Ihr, die die Eigenschaft der Befreiung der großen
 Glückseligkeit besitzt,
Sagt nicht, dass die Erlösung in einer Lebensspanne
Durch verschiedene asketische Übungen nach Aufgabe der
 großen Glückseligkeit erlangt werden kann,
Sondern, dass die große Glückseligkeit im Zentrum des
 erhabenen Lotos residiert.
AH LA LA, LA LA HO, AH I AH AH RA LI HO
Möge die Versammlung der makellosen Dakinis
Mit Liebe und Zuneigung blicken und alle Taten erfüllen.

HUM All Ihr Tathagatas,
Helden, Yoginis,
Dakas und Dakinis,
Euch allen trage ich meine Bitte vor:
Wie ein Lotos, der aus der Mitte eines Sumpfes entsteht,
Ist diese Methode, obwohl sie aus Anhaftung geboren wurde,
 unbefleckt durch die Fehler der Anhaftung.

O erhabene Dakini, durch die Glückseligkeit Deines Lotos
Bitte bringe mir schnell Befreiung aus den Fesseln Samsaras.
AH LA LA, LA LA HO, AH I AH AH RA LI HO
Möge die Versammlung der makellosen Dakinis
Mit Liebe und Zuneigung blicken und alle Taten erfüllen.

HUM All Ihr Tathagatas,
Helden, Yoginis,
Dakas und Dakinis,
Euch allen trage ich meine Bitte vor:
Genauso wie die Essenz des Honigs in der Honigquelle
Von Bienenschwärmen aus allen Richtungen getrunken wird,
So bringe bitte durch Deinen weiten Lotos mit sechs
    Eigenschaften
Befriedigung mit dem Geschmack der großen Glückseligkeit.
AH LA LA, LA LA HO, AH I AH AH RA LI HO
Möge die Versammlung der makellosen Dakinis
Mit Liebe und Zuneigung blicken und alle Taten erfüllen.

Die verbliebene Tsog-Darbringung segnen

HUM Unreine, falsche Erscheinungen sind in Leerheit
    gereinigt,
AH Großer Nektar, der aus erhabener Weisheit vollendet
    wurde,
OM Er wird ein weiter Ozean begehrter Vergnügen.
OM AH HUM (3x)

Die verbliebene Tsog-Darbringung den Geistern geben

HO Diesen Ozean von verbliebener Tsog-Darbringung aus
    nichtverunreinigtem Nektar,
Durch Konzentration, Mantra und Mudra gesegnet,
Bringe ich dar, um die Versammlung der schwurgebundenen
    Wächter zu erfreuen,
OM AH HUM

Entzückt durch den Genuss dieser prachtvollen Objekte des
  Begehrens,
EH MA HO
Bitte führt vollkommene Handlungen aus, um Praktizieren-
den zu helfen.

Schicke den Rest der Tsog-Darbringung an die Geister hinaus.

HO
O Gäste des Restes zusammen mit Euren Gefolgen,
Bitte genießt diesen Ozean verbliebener Tsog-Gaben.
Mögen diejenigen, die die kostbare Lehre verbreiten,
Die Halter der Lehre, ihre Gönner und andere
Und insbesondere ich selbst und andere Praktizierende
Gute Gesundheit, langes Leben, Kraft,
Ehre, Ruhm, Glück
Und ausgiebige Vergnügen haben.
Bitte gewährt mir die Erlangungen
Der befriedenden, vermehrenden, kontrollierenden und
  zornvollen Handlungen.
Ihr, die Ihr durch Schwur gebunden seid, bitte beschützt mich
Und helft mir, alle Erlangungen zu vollenden.
Vernichtet vorzeitigen Tod und Krankheit,
Schaden durch Geister und Hindernisse.
Beseitigt schlechte Träume,
Böse Vorzeichen und schlechte Handlungen.

Möge es Glück in der Welt geben, mögen die Jahre gut sein,
Möge sich die Ernte verbessern und möge der Dharma
  blühen.
Möge alles Gute und Glück entstehen,
Und mögen alle Wünsche erfüllt sein.

Möge ich durch die Kraft dieses reichlichen Gebens
Ein Buddha werden zum Wohl der Lebewesen,
Und möge ich durch meine Freigebigkeit
Alle befreien, die durch frühere Buddhas nicht befreit
wurden.

Kolophon: Dieses Sadhana wurde vom Ehrwürdigen Geshe Kelsang Gyatso aus traditionellen Quellen zusammengestellt, April 2010

Anhang VII

Der schnelle Pfad zur großen Glückseligkeit

VAJRAYOGINI SELBSTERZEUGUNGS-SADHANA

von Je Phabongkhapa

Einleitung

Die Anleitungen zur Höchsten Yoga-Tantra-Praxis der Ehrwürdigen Vajrayogini wurden von Buddha Vajradhara im siebenundvierzigsten und achtundvierzigsten Kapitel des *Zusammengefassten Wurzel-Tantras* von Heruka gelehrt. Diese besondere Überlieferungslinie von Anleitungen, die Narokhachö-Linie, wurde direkt von Vajrayogini an Naropa und von ihm in einer ungebrochenen Linie von verwirklichten Praktizierenden an die heutigen Lehrern weitergegeben.

Nachdem Buddha Vajradharma die Praxis gelehrt hatte, ließ er die Mandalas von Heruka und Vajrayogini an den vierundzwanzig glückverheißenden Orten dieser Welt stehen. Somit sind auch heute noch zahllose Manifestationen von Vajrayogini in dieser Welt. Sie helfen aufrichtig Praktizierenden Realisationen zu gewinnen, indem sie ihr Geisteskontinuum segnen.

Die Praxis von Vajrayogini ist in vielerlei Hinsicht bestens für die heutige Zeit geeignet. Wenn wir uns aufrichtig mit einem guten Herzen und einem Geist von Vertrauen auf diese Praxis verlassen, ist es mit Sicherheit möglich, volle Erleuchtung zu erlangen. Aber um Ergebnisse dieser Art zu erzielen, müssen wir das ausführliche Sadhana regelmäßig praktizieren.

Das vorliegende Sadhana *Der schnelle Pfad zur großen Glückseligkeit* wurde vom großen Lama Phabongkha Rinpoche verfasst. Im Vergleich zu anderen Sadhanas ist es nicht sehr lang, doch es enthält alle wesentlichen Übungen des Geheimen Mantras. Um das Sadhana erfolgreich praktizieren zu können, sollten wir zuerst eine Ermächtigung von Vajrayogini erhalten und dann authentische Anweisungen zur Praxis studieren, wie diejenigen, die im Kommentar *Führer ins Dakiniland* zu finden sind. Dieses Sadhana ist sowohl für unsere regelmäßige tägliche Praxis als auch für Retreats geeignet; wir können es allein oder in der Gruppe praktizieren.

Geshe Kelsang Gyatso
1985

Der schnelle Pfad zur großen Glückseligkeit

DER YOGA DER UNERMESSLICHEN

Zuflucht nehmen

Im Raume vor mir erscheinen Guru Chakrasambara Vater und Mutter, umgeben von der Versammlung der Wurzel- und Liniengurus, Yidams, Drei Juwelen, Gefolge und Beschützer.

Stell dir vor, dass du gemeinsam mit allen fühlenden Wesen Zuflucht nimmst, und rezitiere dreimal:

Von jetzt an bis wir die Essenz der Erleuchtung erlangen,
  nehmen ich und alle fühlenden Wesen, die Wandernden so
  weit wie der Raum,
Zuflucht zu den glorreichen, heiligen Gurus,
Zuflucht zu den vollkommenen Buddhas, den Gesegneten,
Zuflucht zu den heiligen Dharmas,
Zuflucht zu den höheren Sanghas. (3x)

Bodhichitta erzeugen

Erzeuge Bodhichitta und die vier Unermesslichen, während du dreimal rezitierst:

Wenn ich den Zustand eines vollkommenen Buddhas erlangt habe, werde ich alle fühlenden Wesen aus dem Ozean der Leiden Samsaras befreien und zur Glückseligkeit der vollen Erleuchtung führen. Deshalb werde ich die Stufen von Vajrayoginis Pfad praktizieren. (3x)

Segnungen empfangen

Rezitiere jetzt mit gefalteten Händen:

Ich verbeuge mich und nehme Zuflucht zu den Gurus und Drei Kostbaren Juwelen. Bitte segnet mein Geistes kontinuum.

Aufgrund dieser Rezitation:

Die Zufluchtsobjekte vor mir schmelzen in die Form weißer, roter und dunkelblauer Lichtstrahlen. Diese lösen sich in mich auf, und ich empfange ihre Segnungen von Körper, Rede und Geist.

Augenblickliche Selbsterzeugung

Augenblicklich werde ich die Ehrwürdige Vajrayogini.

Die innere Darbringung segnen

Reinige die innere Darbringung entweder mit dem Mantra, das aus den vier Mündern stammt, oder wie folgt:

OM KHANDAROHI HUM HUM PHAT
OM SÖBHAWA SHUDDHA SARWA DHARMA SÖBHAWA
   SHUDDHO HAM
Alles wird Leerheit.

Aus dem Zustand der Leerheit entsteht aus YAM Wind, aus RAM entsteht Feuer, aus AH ein Dreifuß aus drei menschlichen Köpfen. Darauf erscheint aus AH eine weite und ausgedehnte Schädelschale. In ihr entstehen aus OM, KHAM, AM, TRAM, HUM die fünf Nektare; aus LAM, MAM, PAM, TAM, BAM entstehen die fünf Fleischarten, alle durch diese Buchstaben gekennzeichnet. Der Wind bläst, das Feuer lodert und die Substanzen innerhalb der Schädelschale schmelzen. Darüber entsteht aus HUM ein weißer, umgekehrter Khatanga, der in die Schädelschale hineinfällt und schmilzt, wodurch die Substanzen die Farbe von Quecksilber annehmen. Über ihnen verwandeln sich drei Reihen von Vokalen und Konsonanten, die übereinander stehen, in OM AH HUM. Aus diesen ziehen Lichtstrahlen den Nektar der erhabenen Weisheit aus den Herzen aller Tathagatas, Helden und Yoginis der zehn Richtungen. Wenn dies zugefügt wird, vermehrt sich der Inhalt und wird unermesslich.

OM AH HUM   (3x)

Die äußeren Darbringungen segnen

Segne jetzt die zwei Wässer, Blumen, Weihrauch, Lichter, Parfüm, Speisen und Musik.

OM KHANDAROHI HUM HUM PHAT
OM SÖBHAWA SHUDDHA SARWA DHARMA SÖBHAWA
  SHUDDHO HAM
Alles wird Leerheit.

Aus dem Zustand der Leerheit entstehen aus KAM Schädelschalengefäße, in denen aus HUM Darbringungssubstanzen entstehen. In ihrer Natur Leerheit, haben sie den Aspekt der individuellen Darbringungssubstanzen und dienen den sechs Sinnen als Vergnügungsobjekte, um eine besondere, nichtverunreinigte Glückseligkeit zu gewähren.

OM AHRGHAM AH HUM
OM PADÄM AH HUM
OM VAJRA PUPE AH HUM
OM VAJRA DHUPE AH HUM
OM VAJRA DIWE AH HUM
OM VAJRA GÄNDHE AH HUM
OM VAJRA NEWIDE AH HUM
OM VAJRA SHAPTA AH HUM

Meditation und Rezitation des Vajrasattva

Auf meinem Scheitel, auf Lotos und Mondsitz, sitzen Vajrasattva Vater und Mutter in Umarmung. Sie haben weiß
farbene Körper, ein Gesicht und zwei Hände, halten Vajra
und Glocke und gekrümmtes Messer und Schädelschale. Der
Vater ist mit sechs Mudras geschmückt, die Mutter mit fünf.
Sie sitzen in der Vajra und Lotoshaltung. Auf einem Mond in
seinem Herzen befindet sich ein HUM, umgeben vom Mantrakranz. Davon strömt weißer Nektar herab, der alle
Krankheiten, Geister, Negativität und Hindernisse reinigt.

OM VAJRA HERUKA SAMAYA, MANU PALAYA, HERUKA TENO
PATITA, DRIDHO ME BHAWA, SUTO KAYO ME BHAWA, SUPO
KAYO ME BHAWA, ANURAKTO ME BHAWA, SARWA SIDDHI
ME PRAYATZA, SARWA KARMA SUTZA ME, TZITAM SHRIYAM
KURU HUM, HA HA HA HA HO BHAGAWÄN, VAJRA HERUKA
MA ME MUNTZA, HERUKA BHAWA, MAHA SAMAYA SATTÖ
AH HUM PHAT

*Rezitiere das Mantra einundzwanzigmal, und stell dir dann
vor:*

Vajrasattva Vater und Mutter lösen sich in mich auf und
meine drei Tore werden untrennbar von Körper, Rede und
Geist Vajrasattvas.

DER YOGA DES GURUS

Visualisierung

Im Raume vor mir entsteht aus der Erscheinung der erhabenen Weisheit nichtdualer Reinheit und Klarheit ein
himmlischer Palast, quadratisch mit vier Toren, Ornamenten
und Torbogen, vollendet mit allen wesentlichen Merkmalen.
In der Mitte, auf einem juwelenbesetzten Thron, von acht
großen Löwen getragen, auf einem Sitz aus einem mehrfar-
bigen Lotos, Sonne und Mond sitzt mein gütiger
Wurzel-Guru im Aspekt Buddha Vajradharmas. Er hat einen
rotfarbenen Körper, ein Gesicht und zwei Hände, die bei
seinem Herzen gekreuzt sind und einen Vajra und eine
Glocke halten. Sein Haar ist auf dem Scheitel zu einem
Knoten zusammengebunden und er sitzt mit gekreuzten
Beinen in der Vajra-Haltung. Er nimmt die Form eines Sech-
zehnjährigen in der Blüte seiner Jugend an, geschmückt mit
Seidengewändern und allen Schmuckstücken aus Knochen
und Juwelen.

Vor ihm beginnend und im Gegenuhrzeigersinn um ihn
herum, befinden sich alle Überlieferungslinien-Gurus von
Buddha Vajradhara bis zu meinem Wurzel-Guru. Sie sind im
Aspekt des Helden Vajradharma mit rotfarbenem Körper,
einem Gesicht und zwei Händen. Ihre rechten Hände spielen
Damarus, die vom Klang der Glückseligkeit und Leerheit
widerhallen. Ihre linken Hände halten bei ihren Herzen mit
Nektar gefüllte Schädelschalen und ihre linken Ellbogen
halten Khatangas. Sie sitzen mit gekreuzten Beinen in der
Vajra-Haltung. In der Blüte ihrer Jugend, sind sie mit sechs
Knochenschmuckstücken geschmückt.

Das Oberhaupt und sein ganzes Gefolge haben an der Stirn
ein OM, am Hals ein AH und am Herzen ein HUM. Vom HUM
bei ihren Herzen gehen Lichtstrahlen aus und laden die

Gurus, Yidams, Scharen von Mandala-Gottheiten und die Versammlung der Buddhas, Bodhisattvas, Helden, Dakinis, Dharmapalas und Beschützer aus ihren natürlichen Bereichen ein.

OM VAJRA SAMADZA DZA HUM BAM HO
Jeder wird zur Natur, die die Synthese aller Zufluchtsobjekte ist.

Verbeugung

Rezitiere mit gefalteten Händen:

Vajra-Halter, mein juwelengleicher Guru,
Durch dessen Güte ich in einem Augenblick
Den Zustand großer Glückseligkeit erlangen kann,
Zu Deinen Lotosfüßen verbeuge ich mich in Demut.

Äußere Darbringungen

OM AHRGHAM PARTITZA SÖHA
OM PADÄM PARTITZA SÖHA
OM VAJRA PUPE AH HUM SÖHA
OM VAJRA DHUPE AH HUM SÖHA
OM VAJRA DIWE AH HUM SÖHA
OM VAJRA GÄNDHE AH HUM SÖHA
OM VAJRA NEWIDE AH HUM SÖHA
OM VAJRA SHAPTA AH HUM SÖHA

OM AH VAJRA ADARSHE HUM
OM AH VAJRA WINI HUM
OM AH VAJRA GÄNDHE HUM
OM AH VAJRA RASE HUM
OM AH VAJRA PARSHE HUM
OM AH VAJRA DHARME HUM

Innere Darbringung

OM GURU VAJRA DHARMA SAPARIWARA OM AH HUM

Geheime Darbringung

Stell dir vor, dass zahllose Wissensgöttinnen wie Pemachän aus deinem Herzen ausstrahlen und die Form Vajrayoginis annehmen. Guru Vater und Mutter umarmen sich und erfahren nichtverunreinigte Glückseligkeit.

Und ich bringe äußerst attraktive, illusorische Mudras dar,
Scharen von Boten, aus Stätten, aus Mantras und auf spontane
    Weise geboren,
Mit anmutigen Körpern, gewandt in den vierundsechzig
    Künsten der Liebe
Und in der Pracht jugendlicher Schönheit.

Dasheits-Darbringung

Erinnere dich daran, dass die drei Kreise der Darbringung untrennbare Glückseligkeit und Leerheit sind.

Ich bringe Euch den höchsten, endgültigen Bodhichitta dar,
Eine große, erhabene Weisheit spontaner Glückseligkeit, frei
    von Hindernissen,
Untrennbar von der Natur aller Phänomene, der Sphäre der
    Freiheit von Ausschmückung,
Mühelos und jenseits von Worten, Gedanken und Ausdruck.

Unsere spirituelle Praxis darbringen

Ich nehme Zuflucht zu den Drei Juwelen
Und bekenne jede einzelne negative Handlung.
Ich erfreue mich an den Tugenden aller Wesen
Und verspreche, die Erleuchtung eines Buddhas zu
    vollenden.

Bis ich erleuchtet bin, nehme ich Zuflucht
Zu Buddha, Dharma und der Erhabenen Versammlung,
Und um meine Ziele und die Ziele anderer zu erfüllen,
Werde ich den Erleuchtungsgeist erzeugen.

Wenn ich den Geist der erhabenen Erleuchtung erzeugt habe,
Werde ich alle fühlenden Wesen einladen, meine Gäste zu
    sein,
Und die freudebringende, höchste Praxis der Erleuchtung
    ausführen.
Möge ich Buddhaschaft erlangen, um Lebewesen zu helfen.

Kusali Tsog-Darbringung

Mein eigener Geist, die mächtige Dame des Dakinilandes,
nur so groß wie ein Daumen, verlässt durch meinen Scheitel
den Körper und tritt meinem Wurzel-Guru gegenüber. Noch
einmal kehre ich zurück und trenne den Schädel von meinem
alten Körper und setze ihn auf einen spontan erschienenen
Dreifuß aus drei Menschenköpfen. Ich zerhacke den Rest
meines Fleisches, Blutes und meiner Knochen und fülle ihn
hinein. Mit weit geöffneten Augen und starrem Blick reinige,
verwandle und vermehre ich ihn in einen Ozean von Nektar.
OM AH HUM HA HO HRIH   (3x)

Unzählige Darbringungsgöttinnen, die Schädelschalen
halten, strömen von meinem Herzen aus. Mit den Schädelschalen schöpfen sie Nektar und bringen ihn den Gästen dar,
die ihn durch ihre Zungen, Halme aus Vajra-Licht, ziehen
und einnehmen.

Ich bringe diesen Nektar der Verpflichtungssubstanz
Meinem Wurzel-Guru, der Natur der vier [Buddha-] Körper,
    dar;
Mögest Du Dich erfreuen.
OM AH HUM   (7x)

Ich bringe diesen Nektar der Verpflichtungssubstanz
Den Gurus der Überlieferungslinie, Quelle der Erlangungen,
   dar;
Möget Ihr Euch erfreuen.
OM AH HUM

Ich bringe diesen Nektar der Verpflichtungssubstanz
Der Versammlung der Gurus, Yidams, Drei Juwelen und
   Beschützer dar;
Möget Ihr Euch erfreuen.
OM AH HUM

Ich bringe diesen Nektar der Verpflichtungssubstanz
Den Wächtern, die in den hiesigen Orten und den Regionen
   wohnen, dar;
Möget ihr mir beistehen.
OM AH HUM

Ich bringe diesen Nektar der Verpflichtungssubstanz
Allen fühlenden Wesen in den sechs Bereichen und im
   Zwischenzustand dar;
Möget ihr befreit sein.
OM AH HUM

Durch diese Darbringung sind alle Gäste von nicht-
   verunreinigter Glückseligkeit gesättigt,
Und alle fühlenden Wesen erlangen den Wahrheitskörper,
   frei von Behinderungen.
Die drei Kreise der Darbringung haben die Natur nichtdualer
   Glückseligkeit und Leerheit,
Jenseits von Worten, Gedanken und Ausdruck.

Das Mandala darbringen

OM VAJRA BHUMI AH HUM
Großer und mächtiger, goldener Grund,
OM VAJRA REKHE AH HUM
Am Rande um den äußeren Ring steht der eiserne Zaun.
In der Mitte der Berg Meru, König aller Berge,
Rund um diesen liegen vier Kontinente:
Im Osten Purvavideha, im Süden Jambudipa,
Im Westen Aparagodaniya, im Norden Uttarakuru.
Jeder hat zwei Subkontinente:
Deha und Videha, Tsamara und Abatsamara,
Satha und Uttaramantrina, Kurava und Kaurava.
Der Berg aus Juwelen, der wunscherfüllende Baum,
Die wunscherfüllende Kuh und die ungesäte Ernte;
Das kostbare Rad, das kostbare Juwel,
Die kostbare Königin, der kostbare Minister,
Der kostbare Elefant, das kostbare, erhabene Pferd,
Der kostbare General und die große Schatzvase;
Die Göttin der Schönheit, die Göttin der Girlanden,
Die Göttin der Musik, die Göttin des Tanzes,
Die Göttin der Blumen, die Göttin des Weihrauches,
Die Göttin des Lichts, die Göttin des Duftes;
Die Sonne, der Mond, der kostbare Schirm,
Das Siegesbanner in allen Richtungen,
In der Mitte alle Schätze der Götter und Menschen,
Eine erlesene Ansammlung, in der nichts fehlt.
All dies bringe ich Dir, meinem gütigen Wurzel-Guru, und
    den Gurus der Überlieferungslinie dar,
All Euch heiligen und glorreichen Gurus.
Bitte nehmt es aus Mitgefühl für die Wandernden an,
Und nachdem Ihr es angenommen habt, gewährt uns bitte
    Eure Segnungen.

O Schatz des Mitgefühls, meine Zuflucht, mein Beschützer,
Dir bringe ich den Berg, Kontinente, Kostbarkeiten,
  Schatzvase, Sonne und Mond dar,
Entstanden aus meinen Anhäufungen, Quellen und
  Elementen
Als Aspekte der erhabenen Weisheit spontaner Glückseligkeit
  und Leerheit.

Ohne Gefühl von Verlust bringe ich die Objekte dar,
Die in mir Anhaftung, Hass und Verwirrung erzeugen,
Meine Freunde, Feinde und Fremde, unsere Körper und
  Vergnügen.
Bitte nehmt dies an und segnet mich, damit ich sofort von den
  drei Giften befreit werde.

IDAM GURU RATNA MANDALAKAM NIRYATAYAMI

Bitten an die Gurus der Überlieferungslinie

Vajradharma, Herr der Familie des Ozeans der Eroberer,
Vajrayogini, erhabene Mutter der Eroberer,
Naropa, mächtiger Sohn der Eroberer,
Ich ersuche Euch, bitte gewährt die spontan geborene,
  erhabene Weisheit.

Pamtingpa, Halter der Erklärungen der großen Geheimnisse
  für Schüler,
Sherab Tseg, Du bist ein Schatz aller kostbaren Geheimnisse,
Malgyur Lotsawa, Herr des Ozeans des Geheimen Mantras,
Ich ersuche Euch, bitte gewährt die spontan geborene,
  erhabene Weisheit.

Großer Sakya Lama, Du bist der mächtige Vajradhara,
Ehrwürdiger Sönam Tsemo, erhabener Vajra-Sohn,
Dragpa Gyaltsen, Kronjuwel der Vajra-Halter,
Ich ersuche Euch, bitte gewährt die spontan geborene,
  erhabene Weisheit.

Großer Sakya Pandita, Meister der Gelehrten vom Lande des
Schnees,
Drogön Chogyäl Pagpa, Kronjuwel aller Wesen der drei
Ebenen,
Shangtön Chöje, Halter der Sakya Lehre,
Ich ersuche Euch, bitte gewährt die spontan geborene,
erhabene Weisheit.

Nasa Dragpugpa, mächtiger Vollendeter,
Sönam Gyaltsen, Navigator der Gelehrten und höchst
Vollendeten,
Yarlungpa, Herr der geflüsterten Überlieferungslinie der
Familie der Vollendeten,
Ich ersuche Euch, bitte gewährt die spontan geborene,
erhabene Weisheit.

Gyalwa Chog, Zuflucht und Beschützer aller Wandernden,
sowohl meiner als auch anderer,
Jamyang Namka, Du bist ein großes Wesen,
Lodrö Gyaltsen, großes Wesen und Herr des Dharmas
Ich ersuche Euch, bitte gewährt die spontan geborene,
erhabene Weisheit.

Jetsun Doringpa, Deine Güte ist unvergleichlich,
Tenzin Losäl, Du hast gemäß den Worten [des Gurus]
praktiziert,
Kyentse, Erklärer der großen, geheimen Überlieferung der
Worte,
Ich ersuche Euch, bitte gewährt die spontan geborene,
erhabene Weisheit.

Labsum Gyaltsen, Halter der Mantra-Familien,
Glorreicher Wangchug Rabtän, alles durchdringender Herr
der hundert Familien,
Jetsun Kangyurpa, Oberhaupt der Familien,
Ich ersuche Euch, bitte gewährt die spontan geborene,
erhabene Weisheit.

Shaluwa, alles durchdringender Herr des Ozeans der
  Mandalas,
Kyenrabje, Oberhaupt aller Mandalas,
Morchenpa, Herr des Kreises der Mandalas,
Ich ersuche Euch, bitte gewährt die spontan geborene,
  erhabene Weisheit.

Näsarpa, Navigator des Ozeans der geflüsterten
  Überlieferungslinien,
Losäl Phüntsog, Herr der geflüsterten Überlieferungslinien,
Tenzin Trinlay, Gelehrter, der die geflüsterte
  Überlieferungslinie gefördert hat,
Ich ersuche Euch, bitte gewährt die spontan geborene,
  erhabene Weisheit.

Kangyurpa, alles durchdringender Herr, der die Ganden
  Lehre wahrt,
Ganden Dargyay, Freund der Wandernden in degenerierten
  Zeiten,
Dharmabhadra, Halter der Ganden-Tradition,
Ich ersuche Euch, bitte gewährt die spontan geborene
  erhabene Weisheit.

Losang Chöpel, Herr der Sutras und Tantras,
Du hast die Essenz der Pfade aller Sutras und Tantras
  vollendet,
Jigme Wangpo, Gelehrter, der die Sutras und Tantras
  förderte,
Ich ersuche Euch, bitte gewährt die spontan geborene
  erhabene Weisheit.

Dechen Nyingpo, Du besitzt die Segnungen Naropas,
Um die Essenz der ausgezeichneten, reifenden und
  befreienden Pfade der Naro-Dakini
Gemäß Naropa perfekt zu erklären,
Ich ersuche Dich, bitte gewähre die spontan geborene,
  erhabene Weisheit.

Losang Yeshe, Vajradhara,
Du bist eine Schatzkammer der Unterweisungen über die
    reifenden und befreienden [Pfade] der Vajra-Königin,
Den höchsten, schnellen Pfad, den Vajra-Zustand zu erlangen,
Ich ersuche Dich, bitte gewähre die spontan geborene,
    erhabene Weisheit.

Kelsang Gyatso, Du hast all die tiefgründigen, essentiellen
    und erhabenen Zustände vollendet,
Du bist die mitfühlende Zuflucht und der Beschützer aller
    fühlenden Mutterwesen,
Du enthüllst den richtigen Pfad.
Ich ersuche Dich, bitte gewähre die spontan geborene,
    erhabene Weisheit.

Mein gütiger Wurzel-Guru, Vajradharma,
Du bist die Verkörperung aller Eroberer,
Der die Segnungen der Rede aller Buddhas gewährt.
Ich ersuche Dich, bitte gewähre die spontan geborene,
    erhabene Weisheit.

Bitte segnet mich, damit ich durch die Kraft der Meditation
Über den Dakini-Yoga der tiefgründigen Erzeugungsstufe
Und den Yoga des Zentralkanals der Vollendungsstufe
Die erhabene Weisheit der spontanen großen Glückseligkeit
    erzeugen möge und den erleuchteten Dakini-Zustand
    erlange.

Die Segnungen der vier Ermächtigungen empfangen

Ich bitte Dich, o Guru, Vereinigung aller Zufluchtsobjekte,
Bitte gewähre mir Deine Segnungen,
Bitte gewähre mir die vier Ermächtigungen vollständig
Und gewähre mir, bitte, den Zustand der vier Körper.   (3x)

Stell dir aufgrund deiner Bitten Folgendes vor:

Weiße Lichtstrahlen und Nektare strömen vom OM an der
Stirn meines Gurus aus.
Sie lösen sich in meine Stirn auf und reinigen die Negativität
und die Behinderungen meines Körpers.
Ich erhalte die Vasenermächtigung, und die Segnungen des
Körpers meines Gurus treten in meinen Körper ein.

Rote Lichtstrahlen und Nektare strömen vom AH am Hals
meines Gurus aus.
Sie lösen sich in meinen Hals auf und reinigen die Negativität
und die Behinderungen meiner Rede.
Ich erhalte die geheime Ermächtigung, und die Segnungen
der Rede meines Gurus treten in meine Rede ein.

Blaue Lichtstrahlen und Nektare strömen vom HUM beim
Herzen meines Gurus aus.
Sie lösen sich in mein Herz auf und reinigen die Negativität
und die Behinderungen meines Geistes.
Ich erhalte die Ermächtigung der Weisheits-Mudra, und die
Segnungen des Geistes meines Gurus treten in meinen
Geist ein.

Weiße, rote und blaue Lichtstrahlen und Nektare strömen
von den drei Buchstaben an den drei Stellen meines Gurus
aus.
Sie lösen sich in meine drei Stellen auf und reinigen die
Negativität und die Behinderungen meines Körpers,
meiner Rede und meines Geistes.
Ich erhalte die vierte Ermächtigung, die kostbare
Wortermächtigung, und die Segnungen von Körper, Rede
und Geist meines Gurus treten in meinen Körper, meine
Rede und meinen Geist ein.

Kurze Bitte

Mein kostbarer Guru, die Essenz aller Buddhas der drei
Zeiten, ich ersuche Dich, bitte segne mein Geisteskontinuum.

(3x)

Die Gurus aufnehmen

Auf diese Bitte hin lösen sich die Überlieferungslinien-Gurus
in meinen Wurzel-Guru in der Mitte auf. Auch mein Wurzel-
Guru schmilzt aus Zuneigung zu mir in die Form roten
Lichtes und tritt durch meinen Scheitel ein. Er mischt sich
untrennbar mit meinem Geist im Aspekt eines roten Buchstabens BAM in meinem Herzen.

DER YOGA DER SELBSTERZEUGUNG

Den Tod in den Pfad des Wahrheitskörpers bringen

Dieser Buchstabe BAM wird größer und dehnt sich bis ans
Ende des Raumes aus, wodurch alle Welten und deren
Wesen zur Natur von Glückseligkeit und Leerheit werden.
Dann zieht er sich langsam von den Rändern her wieder
zusammen und wird zu einem winzig kleinen Buchstaben
BAM, der sich von unten her stufenweise in das Nada auflöst.
Dann verschwindet sogar das Nada und wird der Wahrheits-
körper untrennbarer Glückseligkeit und Leerheit.
OM SHUNYATA GYANA VAJRA SÖBHAWA ÄMAKO HAM

Den Zwischenzustand in den Pfad des Freudenkörpers bringen

Aus dem Zustand der Leerheit, in dem sich alle Erscheinungen so versammelt haben, erscheint ein roter Buchstabe
BAM, senkrecht im Raum stehend, in seiner Essenz ein
Aspekt meines eigenen Geistes, die erhabene Weisheit nichtdualer Glückseligkeit und Leerheit.

Die Wiedergeburt in den Pfad des Ausstrahlungskörpers bringen

Aus dem Zustand der Leerheit entsteht aus EH EH eine rote Phänomenenquelle, ein Doppeltetraeder. Darin entsteht aus AH ein weißes Mond-Mandala mit einem rötlichen Schimmer. Darauf steht im Gegenuhrzeigersinn das Mantra OM OM OM SARWA BUDDHA DAKINIYE VAJRA WARNANIYE VAJRA BEROTZANIYE HUM HUM HUM PHAT PHAT PHAT SÖHA. Ich, der Buchstabe BAM im Raum, sehe den Mond, und mit der Motivation, in seinem Zentrum wiedergeboren zu werden, trete ich ins Zentrum des Mondes ein.

Lichtstrahlen gehen vom Mond, vom Buchstaben BAM und vom Mantrakranz aus und verwandeln alle Welten und Wesen Samsaras und Nirvanas in die Natur der Ehrwürdigen Vajrayogini. Sie sammeln sich wieder und lösen sich in den Buchstaben BAM und den Mantrakranz auf, die sich vollständig in das getragene und tragende Mandala verwandeln, vollkommen und auf einmal.

Kontrollierende Meditation über das Mandala und die Wesen darin

Außerdem gibt es den Vajra-Grund, Zaun, Zelt und Baldachin, umgeben von einem Meer lodernder, fünffarbiger Feuer, die im Gegenuhrzeigersinn wirbeln. Darin ist der Kreis der acht großen Friedhöfe, der Grimmige usw. In dessen Mitte befindet sich eine rote Phänomenenquelle, ein Doppeltetraeder, die Grundfläche nach oben und die Spitze nach unten gerichtet. Außer der vorderen und hinteren sind alle anderen vier Ecken mit einem rosaroten Glückseligkeitswirbel geschmückt, der sich im Gegenuhrzeigersinn dreht. Innerhalb der Phänomenenquelle in der Mitte eines achtblättrigen, vielfarbigen Lotos ist ein Sonnen-Mandala. Darauf erscheine ich in der Form der Ehrwürdigen Vajrayogini. Mein ausgestrecktes rechtes Bein tritt auf die Brust der roten Kalarati. Mein angewinkeltes linkes Bein tritt auf den Kopf des schwarzen Bhairawa, der nach hinten gebeugt ist. Ich habe einen rotfarbenen Körper, strahlend wie der Schein des Äonenfeuers. Ich habe ein Gesicht, zwei Hände und drei Augen, die in die Richtung des Reinen Landes der Dakinis schauen. Meine rechte Hand, ausgestreckt und nach unten zeigend, hält ein gekrümmtes Messer, das mit einem Vajra geschmückt ist. Meine Linke hält eine Schädelschale empor, mit Blut gefüllt, aus der ich mit nach oben gerichtetem Mund trinke. Auf meiner linken Schulter ruht ein Khatanga, geschmückt mit einem Vajra. Daran hängen Damaru, Glocke und dreifaches Banner. Mein schwarzes, glatt herabfallendes Haar bedeckt meinen Rücken bis zur Taille. Ich bin in der Blüte meiner Jugend, meine begehrenden Brüste sind voll, und ich zeige die Art und Weise, wie Glückseligkeit erzeugt wird. Mein Haupt ist mit fünf Menschenschädeln geschmückt, und ich trage eine Halskette aus fünfzig Menschenschädeln. Nackt, mit fünf Mudras geschmückt, stehe ich in der Mitte eines lodernden Feuers erhabener Weisheit.

DER YOGA DER REINIGUNG DER WANDERNDEN

In meinem Herzen innerhalb einer roten Phänomenen quelle, einem Doppeltetraeder, befindet sich ein Mond-Mandala. In dessen Mitte ist ein Buchstabe BAM, umgeben von einem Mantrakranz. Davon gehen Lichtstrahlen aus, die durch die Poren meiner Haut austreten. Sie berühren alle fühlenden Wesen der sechs Bereiche und reinigen ihre Negativität und ihre Behinderungen sowie deren Prägungen und verwandeln sie alle in die Form Vajrayoginis.

DER YOGA DER SEGNUNG DURCH DIE HELDEN UND HELDINNEN

Meditation über das Körper-Mandala

In meinem Herzen in der Mitte einer Phänomenenquelle und eines Mondsitzes ist ein Buchstabe BAM, der die Natur der vier Elemente hat. Durch Aufspaltung verwandelt er sich in die vier Buchstaben YA, RA, LA, WA, die die Samen der vier Elemente sind. Sie haben die Natur der Blütenblätter der vier Richtungen des Herzkanals, wie des Begehrenden. Von links beginnend, verwandeln sie sich in Lama, Khandarohi, Rupini und Dakini. In der Mitte verwandeln sich Mondsichel, Tropfen und Nada des Buchstabens BAM, dessen Natur die Vereinigung meiner sehr subtilen roten und weißen Tropfen ist, in die Ehrwürdige Vajrayogini.

Außerhalb davon befinden sich der Reihe nach die Kanäle, wie der Unveränderliche, der vierundzwanzig Stellen des Körpers, wie Haaransatz und Scheitel, und die vierundzwanzig Elemente, aus denen die Nägel, Zähne usw. stammen. Diese Kanäle und Elemente, die von Natur aus untrennbar sind, werden zur Natur der vierundzwanzig Buchstaben des Mantras OM OM OM und so fort, die von Osten her im Gegenuhrzeigersinn angeordnet sind. Diese verwandeln sich in die acht Heldinnen der Herzfamilie: Patzandi, Tzändriakiya, Parbhawatiya, Mahanasa, Biramatiya, Karwariya, Lamkeshöriya und Drumatzaya; die acht Heldinnen der Sprachfamilie: Airawatiya, Mahabhairawi, Bayubega, Surabhakiya, Shamadewi, Suwatre, Hayakarna und Khaganana; und die acht Heldinnen der Körperfamilie: Tzatrabega, Khandarohi, Shaundini, Tzatrawarmini, Subira, Mahabala, Tzatrawartini und Mahabire. Das sind die eigentlichen Yoginis, die untrennbar von den Helden der vierundzwanzig äußeren Stätten, wie Puliramalaya, sind. Die Kanäle und Elemente der acht Tore wie des Mundes, die von Natur aus untrennbar von den acht Buchstaben HUM HUM und so fort sind, verwandeln sich in Kakase, Ulukase, Shönase, Shukarase, Yamadhathi, Yamaduti, Yamadangtrini und Yamamatani. Sie alle haben die Körperform der Ehrwürdigen Dame, vollständig mit allen Schmuckstücken und Einzelheiten versehen.

Die Weisheitswesen aufnehmen und die drei Boten mischen

Führe die lodernde Mudra aus und rezitiere:

PHÄM
Lichtstrahlen gehen vom Buchstaben BAM bei meinem Herzen aus. Sie treten zwischen meinen Augenbrauen hinaus und gehen in die zehn Richtungen. Sie laden alle Tathagatas, Helden und Yoginis der zehn Richtungen im Aspekt Vajrayoginis ein.

DZA HUM BAM HO

Die Weisheitswesen werden gerufen, lösen sich auf, verbleiben und freuen sich sehr. Rezitiere jetzt mit der Mudra des Lotosdrehens, gefolgt von der Mudra des Umarmens:

OM YOGA SHUDDHA SARWA DHARMA YOGA SHUDDHO HAM
Ich bin die Natur des Yogas der vollkommenen Reinheit aller Phänomene.

Denke über göttlichen Stolz nach.

Die Rüstung anlegen

An Stellen in meinem Körper entstehen Mond Mandalas. Darauf befinden sich bei meinem Nabel rot OM BAM , Vajravarahi; bei meinem Herzen blau HAM YOM, Yamani; bei

meinem Hals weiß HRIM MOM, Mohani; bei meiner Stirn gelb
HRIM HRIM, Sachalani; bei meinem Scheitel grün HUM HUM,
Samtrasani; bei allen meinen Gliedern rauchfarben PHAT
PHAT, Essenz der Chandika.

Die Ermächtigung gewähren und den Scheitel schmücken

PHÄM

Lichtstrahlen gehen vom Buchstaben BAM in meinem Herzen
aus und laden die Ermächtigungsgottheiten ein, das getragene und tragende Mandala des Glorreichen Chakrasambara.

O all ihr Tathagatas, bitte gewährt die Ermächtigung.

Auf diese Bitte hin vertreiben die acht Göttinnen der Tore
Hindernisse, die Helden rezitieren glückverheißende Verse,
die Heldinnen singen Vajra-Lieder und die Rupavajras und
so fort bringen Gaben dar. Das Oberhaupt beschließt, die
Ermächtigung zu gewähren. Die vier Mütter zusammen mit
Varahi halten juwelenbesetzte Vasen, die mit den fünf
Nektaren gefüllt sind, und verleihen die Ermächtigung durch
meinen Scheitel.

„So wie alle Tathagatas die Waschung gewährten
Im Moment der Geburt [Buddhas],
Auf die gleiche Weise gewähren wir jetzt die Waschung
Mit dem reinen Wasser der Götter.

OM SARWA TATHAGATA ABHIKEKATA SAMAYA SHRIYE HUM

Dies sagend gewähren sie die Ermächtigung. Mein ganzer
Körper wird gefüllt, jeder Makel wird gereinigt, und das
überschüssige Wasser, das auf meinem Scheitel verbleibt,
verwandelt sich in Vairochana-Heruka zusammen mit der
Mutter, die meinen Scheitel schmücken.

Darbringungen an die Selbsterzeugung

Wenn du die Selbsterzeugung in Verbindung mit der Selbsteinweihung machst, ist es an dieser Stelle notwendig, die äußeren Darbringungen zu segnen.

Darbringungsgöttinnen strömen von meinem Herzen aus und bringen Gaben dar.

Äußere Darbringungen

OM AHRGHAM PARTITZA SÖHA
OM PADÄM PARTITZA SÖHA
OM VAJRA PUPE AH HUM SÖHA
OM VAJRA DHUPE AH HUM SÖHA
OM VAJRA DIWE AH HUM SÖHA
OM VAJRA GÄNDHE AH HUM SÖHA
OM VAJRA NEWIDE AH HUM SÖHA
OM VAJRA SHAPTA AH HUM SÖHA

OM AH VAJRA ADARSHE HUM
OM AH VAJRA WINI HUM
OM AH VAJRA GÄNDHE HUM
OM AH VAJRA RASE HUM
OM AH VAJRA PARSHE HUM
OM AH VAJRA DHARME HUM

Innere Darbringung

OM OM OM SARWA BUDDHA DAKINIYE VAJRA WARNANIYE VAJRA BEROTZANIYE HUM HUM HUM PHAT PHAT PHAT SÖHA OM AH HUM

Geheime und Dasheits-Darbringungen

Um die Geheime und Dasheits-Darbringungen auszuführen, stell dir entweder vor:

Ich, Vajrayogini, stehe in Vereinigung mit Chakrasambara, der sich aus meinem Khatanga verwandelt hat, und erzeuge spontane Glückseligkeit und Leerheit.

Oder stell dir vor, dass du dich als Vajrayogini in Heruka verwandelst und so, mit göttlichem Stolz, die Geheim- und Dasheits-Darbringung ausführst:

Mit der Klarheit Vajrayoginis gebe ich meine Brüste auf und entwickle einen Penis. An der vollkommenen Stelle in der Mitte meiner Vagina verwandeln sich die zwei Wände in die zwei glockenähnlichen Hoden und das Staubgefäß in den Penis. So nehme ich die Form des großen Freuden-Herukas zusammen mit der Geheimen Mutter Vajrayogini an, deren Natur die Synthese aller Dakinis ist.

Aus der Sphäre der Nichtbeobachtbarkeit der geheimen Stelle des Vaters entsteht aus einem weißen HUM ein weißer, fünfzackiger Vajra. Aus einem roten BÄ entsteht ein rotes Juwel, dessen Spitze mit einem gelben BÄ markiert ist.

Aus der Sphäre der Nichtbeobachtbarkeit der geheimen Stelle der Mutter entsteht aus AH ein roter Lotos mit drei Blütenblättern, und aus einem weißen DÄ entsteht ein weißes Staubgefäß, welches weißen Bodhichitta symbolisiert und dessen Spitze mit einem gelben DÄ markiert ist.

OM SHRI MAHA SUKHA VAJRA HE HE RU RU KAM AH HUM HUM PHAT SÖHA

Durch die Versenkung von Vater und Mutter in Vereinigung schmilzt der Bodhichitta. Wenn er von meinem Scheitel meinen Hals erreicht, [erfahre ich] Freude. Wenn er von meinem Hals das Herz erreicht, [erfahre ich] höchste Freude. Wenn er von meinem Herzen meinen Nabel erreicht, [erfahre ich] außerordentliche Freude. Wenn er von meinem Nabel die Spitze meines Juwels erreicht, erzeuge ich eine spontane erhabene Weisheit, wodurch ich in der Konzentration untrennbarer Glückseligkeit und Leerheit versunken bleibe. Durch diese Glückseligkeit, die untrennbar mit Leerheit verbunden ist, in einsgerichteter Versenkung über die Dasheit verweilend, die das Fehlen von inhärenter Existenz der drei Kreise der Darbringung ist, erfreue ich mich an den Geheim- und Dasheits-Darbringungen.

Stell dir dann vor:

Einmal mehr werde ich die Ehrwürdige Vajrayogini.

Die acht Zeilen der Lobpreisung an die Mutter

OM NAMO BHAGAWATI VAJRA VARAHI BAM HUM HUM PHAT

OM NAMO ARYA APARADZITE TRE LOKYA MATI BIYE SHÖRI
HUM HUM PHAT

OM NAMA SARWA BUTA BHAYA WAHI MAHA VAJRE HUM
HUM PHAT

OM NAMO VAJRA SANI ADZITE APARADZITE WASHAM
KARANITRA HUM HUM PHAT

OM NAMO BHRAMANI SHOKANI ROKANI KROTE KARALENI
HUM HUM PHAT

OM NAMA DRASANI MARANI PRABHE DANI PARADZAYE
HUM HUM PHAT

OM NAMO BIDZAYE DZAMBHANI TAMBHANI MOHANI HUM
HUM PHAT

OM NAMO VAJRA VARAHI MAHA YOGINI KAME SHÖRI
KHAGE HUM HUM PHAT

DER YOGA DER VERBALEN UND
GEISTIGEN REZITATION

Verbale Rezitation

In meinem Herzen innerhalb einer roten Phänomenenquelle, einem Doppeltetraeder, im Zentrum eines Mond-Mandalas steht der Buchstabe BAM, umringt von einem rotfarbenen Mantrakranz, dessen Buchstaben im Gegenuhrzeigersinn angeordnet sind. Davon gehen unzählige rote Lichtstrahlen aus. Sie reinigen die Negativität und die Behinderungen aller fühlenden Wesen und bringen allen Buddhas Gaben dar. Die ganze Kraft und Stärke ihrer Segnungen wird in der Form roter Lichtstrahlen beschworen, die sich in den Buchstaben BAM und den Mantrakranz auflösen und mein Geisteskontinuum segnen.

OM OM OM SARWA BUDDHA DAKINIYE VAJRA WARNANIYE VAJRA BEROTZANIYE HUM HUM HUM PHAT PHAT PHAT SÖHA

Rezitiere das Mantra mindestens so viele Male, wie du es versprochen hast.

Geistige Rezitation

(1) Sitze in der siebenfachen Haltung und führe die Phänomenenquelle, den Mond und die Mantrabuchstaben vom Herzen hinunter zur geheimen Stelle, wenn du Glückseligkeit erzeugen möchtest, oder zum Nabel, wenn du einen nichtbegrifflichen Geist erzeugen möchtest, und umschließe sie mit den Winden. Mach nur drei, fünf oder sieben Rezitationen, so, als ob du den Mantrakranz lesen würdest, der im Gegenuhrzeigersinn in einem Kreis steht. Dann richte deinen Geist, während du den Atem anhältst, auf die rosaroten Freudenwirbel, die sich in den vier seitlichen Ecken im

Gegenuhrzeigersinn drehen, und besonders auf das Nada des BAM in der Mitte, das kurz vor dem Aufflammen ist.

(2) Der rote Freudenwirbel an der oberen Spitze und der weiße Freudenwirbel an der unteren Spitze des Zentralkanals, beide nur von der Größe eines Gerstenkorns, bewegen sich zum Herzen, während sie sich rasend schnell im Gegenuhrzeigersinn drehen. Im Herzen vermischen sie sich und lösen sich allmählich in Leerheit auf. Richte deinen Geist in Versenkung auf Glückseligkeit und Leerheit.

DER YOGA DER UNVORSTELLBARKEIT

Vom Buchstaben BAM und dem Mantrakranz in meinem Herzen gehen Lichtstrahlen aus und durchdringen alle drei Bereiche. Der formlose Bereich löst sich im Aspekt blauer Lichtstrahlen in den oberen Teil meines Körpers auf. Der Formbereich löst sich im Aspekt roter Lichtstrahlen in den mittleren Teil meines Körpers auf. Der Begierdebereich löst sich im Aspekt weißer Lichtstrahlen in den unteren Teil meines Körpers auf. Dann werde ich meinerseits allmählich von unten und oben zu Licht und löse mich in die Phänomenenquelle auf. Diese löst sich in den Mond auf. Der löst sich in die zweiunddreißig Yoginis auf. Sie lösen sich in die vier Yoginis auf, und diese lösen sich in die zentrale Dame des Körper-Mandalas auf. Daraufhin wird die zentrale Dame ihrerseits allmählich von unten und oben zu Licht und löst sich in die Phänomenenquelle auf. Die löst sich in den Mond auf. Der löst sich in den Mantrakranz auf. Der löst sich in den Buchstaben BAM auf. Der löst sich in den Kopf des BAM auf. Der löst sich in die Mondsichel auf. Die löst sich in den Tropfen auf. Der löst sich in das Nada auf, und dies, immer kleiner werdend, löst sich in klares Licht-Leerheit auf.

DER YOGA DER TÄGLICHEN HANDLUNGEN

Aus dem Zustand der Leerheit werde ich augenblicklich die Ehrwürdige Vajrayogini. An Stellen in meinem Körper entstehen Mond-Mandalas. Darauf befinden sich bei meinem Nabel rot OM BAM, Vajravarahi; bei meinem Herzen blau HAM YOM, Yamani; bei meinem Hals weiß HRIM MOM, Mohani; bei meiner Stirn gelb HRIM HRIM, Sachalani; bei meinem Scheitel grün HUM HUM, Samtrasani; bei allen meinen Gliedern rauchfarben PHAT PHAT, Essenz der Chandika.

Um die Haupt- und Nebenrichtungen zu schützen, rezitiere zweimal:

OM SUMBHANI SUMBHA HUM HUM PHAT
OM GRIHANA GRIHANA HUM HUM PHAT
OM GRIHANA PAYA GRIHANA PAYA HUM HUM PHAT
OM ANAYA HO BHAGAWÄN VAJRA HUM HUM PHAT

Der Yoga der Tormas

Stell die Darbringungen und Tormas in der traditionellen Weise auf, und reinige sie anschließend wie folgt:

OM KHANDAROHI HUM HUM PHAT
OM SÖBHAWA SHUDDHA SARWA DHARMA SÖBHAWA
   SHUDDHO HAM
Alles wird Leerheit.

Aus dem Zustand der Leerheit entstehen aus KAM Schädel-schalengefäße, in denen aus HUM Darbringungssubstanzen entstehen. In ihrer Natur Leerheit, haben sie den Aspekt der individuellen Darbringungssubstanzen und dienen den sechs Sinnen als Vergnügungsobjekte, um eine besondere, nichtver-unreinigte Glückseligkeit zu gewähren.

OM ARGHAM AH HUM
OM PADÄM AH HUM
OM VAJRA PUPE AH HUM
OM VAJRA DHUPE AH HUM
OM VAJRA DIWE AH HUM
OM VAJRA GÄNDHE AH HUM
OM VAJRA NEWIDE AH HUM
OM VAJRA SHAPTA AH HUM

Die Tormas segnen

OM KHANDAROHI HUM HUM PHAT
OM SÖBHAWA SHUDDHA SARWA DHARMA SÖBHAWA
SHUDDHO HAM
Alles wird Leerheit.

Aus dem Zustand der Leerheit entsteht aus YAM Wind, aus RAM entsteht Feuer, aus AH ein Dreifuß aus drei menschlichen Köpfen. Darauf erscheint aus AH eine weite und ausgedehnte Schädelschale. In ihr entstehen aus OM, KHAM, AM, TRAM, HUM die fünf Nektare; aus LAM, MAM, PAM, TAM, BAM entstehen die fünf Fleischarten, alle durch diese Buchstaben gekennzeichnet. Der Wind bläst, das Feuer lodert und die Substanzen innerhalb der Schädelschale schmelzen. Darüber entsteht aus HUM ein weißer, umgekehrter Khatanga, der in die Schädelschale hineinfällt und schmilzt, wodurch die Substanzen die Farbe von Quecksilber annehmen. Über ihnen verwandeln sich drei Reihen von Vokalen und Konsonanten, die übereinander stehen, in OM AH HUM. Aus diesen ziehen Lichtstrahlen den Nektar der erhabenen Weisheit aus den Herzen aller Tathagatas, Helden und Yoginis der zehn Richtungen. Wenn dies zugefügt wird, vermehrt sich der Inhalt und wird unermesslich.
OM AH HUM   (3x)

Die Gäste des Tormas einladen

PHÄM

Lichtstrahlen strömen vom Buchstaben BAM in meinem
Herzen aus und laden die Ehrwürdige Vajrayogini ein,
umgeben von der Versammlung der Gurus, Yidams,
Buddhas, Bodhisattvas, Helden, Dakinis, Dharma- und weltlichen Beschützer, von Akanishta in den Raum vor mir zu
kommen. Aus einem HUM in der Zunge aller Gäste erscheint
ein dreizackiger Vajra, durch den sie die Essenz der Tormas
zu sich nehmen, indem sie sie durch Halme aus Licht ziehen,
die nur so dick wie Gerstenkörner sind.

Den Haupttorma darbringen

*Bring den Torma dar, während du drei- oder siebenmal
rezitierst:*

OM VAJRA AH RA LI HO: DZA HUM BAM HO: VAJRA DAKINI
SAMAYA TÖN TRISHAYA HO

Den Torma den weltlichen Dakinis darbringen

Bring den Torma dar, während du zweimal rezitierst:

OM KHA KHA, KHAHI KHAHI, SARWA YAKYA RAKYASA,
BHUTA, TRETA, PISHATSA, UNATA, APAMARA, VAJRA
DAKA, DAKI NÄDAYA, IMAM BALING GRIHANTU, SAMAYA
RAKYANTU, MAMA SARWA SIDDHI METRA YATZANTU,
YATIPAM, YATETAM, BHUDZATA, PIWATA, DZITRATA
MATI TRAMATA, MAMA SARWA KATAYA, SÄDSUKHAM
BISHUDHAYE, SAHAYEKA BHAWÄNTU, HUM HUM PHAT
PHAT SÖHA

Äußere Darbringungen

OM VAJRA YOGINI SAPARIWARA AHRGHAM, PADÄM, PUPE,
DHUPE, ALOKE, GÄNDHE, NEWIDE, SHAPTA AH HUM

Innere Darbringung

OM VAJRA YOGINI SAPARIWARA OM AH HUM

Lobpreisung

O Glorreiche Vajrayogini,
Chakravatin Dakini-Königin,
Die Du fünf Weisheiten und drei Körper hast,
Vor Dir, Retterin aller, verbeuge ich mich.

Vor den vielen Vajradakinis,
Die als Damen weltlicher Handlungen
Unsere Fesseln der vorgefassten Meinungen durchschneiden,
Vor all Euch Damen verbeuge ich mich.

Gebet, um das schöne Gesicht von Vajrayogini zu sehen

Glückseligkeit und Leerheit der unendlichen Eroberer, die
    wie in einem Schauspiel
Als so viele verschiedene Visionen in Samsara und Nirvana
    erscheinen;
Unter all diesen bist Du jetzt die schöne, mächtige Dame des
    Dakinilandes.
Ich denke von Herzen an Dich, bitte sorge für mich mit
    Deiner spielerischen Umarmung.

Du bist die spontan geborene Mutter der Eroberer im Lande
    Akanishta,
Du bist die feldgeborenen Dakinis der vierundzwanzig
    Stätten,
Du bist die Handlungs-Mudras, die die ganze Erde bedecken,
O ehrwürdige Dame, Du bist meine, des Yogis höchste
    Zuflucht.

Du, die Du die Manifestation der Leerheit des Geistes selbst
  bist,
Bist das eigentliche BAM, die Sphäre des EH, in der Stadt des
  Vajras.
Im Land der Illusion zeigst Du Dich als furchterregende
  Kannibalin
Und als lächelnde, feurige, schöne, junge Frau.

Aber wie sehr ich auch gesucht habe, o edle Dame,
Ich konnte keine Gewissheit finden, ob Du wirklich existierst,
Dann kam die Jugend meines Geistes, erschöpft durch seine
  Ausschmückungen,
In der Waldhütte zur Ruhe, die jenseits jeden Ausdrucks liegt.

Wie wunderbar, bitte entstehe aus der Sphäre des
  Dharmakayas,
Und sorge für mich durch die Wahrheit dessen, was
  geschrieben steht
Im glorreichen Heruka, dem König der Tantras,
Dass Erlangungen durch die Rezitation des erhabenen nahen
  Essenz-Mantras der Vajra-Königin entstehen.

Im einsamen Wald von Odivisha
Sorgtest Du für Vajra Ghantapa, den mächtigen Siddha,
Mit der Glückseligkeit Deines Kusses und Deiner Umarmung,
  und er konnte die erhabene Umarmung genießen;
O bitte sorge für mich auf die gleiche Weise.

So wie der ehrwürdige Kusali direkt
Von einer Insel im Ganges zur Sphäre des Raumes geführt
  wurde
Und so wie Du für den glorreichen Naropa sorgtest,
Bitte führe auch mich zur Stadt der freudvollen Dakini.

Möge ich durch die Kraft des Mitgefühls meiner erhabenen
Wurzel- und Überlieferungslinien-Gurus
Den besonders tiefgründigen und schnellen Pfad des
endgültigen, geheimen großen Tantras
Und meine, des Yogis reine höhere Absicht,
Dein lächelndes Antlitz, o freudvolle Dakini-Dame, bald
erblicken.

Die Erfüllung von Wünschen erbitten

O Ehrwürdige Vajrayogini, bitte führe mich und alle
fühlenden Wesen zum Reinen Land der Dakinis. Bitte
gewähre uns jede einzelne weltliche und überweltliche Erlangung. (3x)

*Wenn du eine Tsog-Darbringung machen möchtest, solltest
du sie an dieser Stelle einfügen. Die Tsog-Darbringung ist auf
Seite 389.*

Den Torma den allgemeinen Dharma-Beschützern darbringen

OM AH HUM HA HO HRIH (3x)

HUM
Aus Deinem reinen Palast der großen Glückseligkeit in
Akanishta,
Große, machtvolle Ausstrahlung aus Vairochanas Herzen,
Dorje Gur, Herr aller Beschützer der Lehre,
O Glorreicher Mahakala, bitte komme hierher und nimm
diese Darbringung und diesen Torma ein.

Aus Yongdui Tsäl und dem Palast Yamas
Sowie von der höchsten Stätte der Devikoti in Jambudipa,
Namdrü Remati, Herrin des Begierdebereiches,
O Palden Lhamo, bitte komme hierher und nimm diese
Darbringung und diesen Torma ein.

Aus dem Mandala der Bhaga-Sphäre von Erscheinung und
  Existenz,
Mutter Yingchugma, Herrin über ganz Samsara und Nirvana,
Oberhaupt der Dakinis und Dämonen, wilde, weibliche
  Beschützerin der Mantras,
O große Mutter Ralchigma, bitte komme hierher und nimm
  diese Darbringung und diesen Torma ein.

Aus Silwa Tsäl und Haha Göpa,
Aus Singaling und vom Ti Se Schneeberg
Und aus Darlungnä und Kaui Dragdzong,
O Zhingkyong Wangpo, bitte komme hierher und nimm
  diese Darbringung und diesen Torma ein.

Aus den acht Friedhöfen und Risul im Süden,
Von Bodhgaya und dem glorreichen Samyä
Sowie aus Nalatse und dem glorreichen Sakya,
O Lägön Pomo, bitte komme hierher und nimm diese
  Darbringung und diesen Torma ein.

Aus den Friedhöfen von Marutse im Nordosten,
Aus den roten, steinigen Hügeln von Bangso in Indien
Und aus den erhabenen Stätten von Darlung Dagram und so
  fort,
O Yakya Chamdräl, bitte komme hierher und nimm diese
  Darbringung und diesen Torma ein.

Besonders von Odiyana, dem Land der Dakinis,
Und aus Eurem natürlichen Bereich,
Vollständig umgeben von weltlichen und überweltlichen
  Dakinis,
O Vater-Mutter Herr der Friedhöfe, bitte kommt hierher und
  nehmt diese Darbringung und diesen Torma ein.

Aus den erhabenen Orten, wie Tushita, Keajra und so fort,
Großer Beschützer der Lehre des zweiten Eroberers,
Dorje Shugdän, fünf Linien, zusammen mit Eurem Gefolge,
Bitte kommt hierher und nehmt diese Darbringung und
diesen Torma ein.

Ich bitte Euch, ich bringe Euch Gaben dar, o Scharen von
Beschützern der Lehre des Eroberers,
Ich besänftige Euch und verlasse mich auf Euch, o große
Beschützer der Worte des Gurus,
Ich rufe nach Euch und flehe Euch an, o Scharen von
Vernichtern der Störenfriede der Yogis,
Bitte kommt schnell hierher und nehmt diese Darbringungen
und diesen Torma ein.

Ich bringe einen Torma dar, geschmückt mit rotem Fleisch
und Blut.
Ich biete alkoholische Getränke, Medizinnektare und Blut an.
Ich bringe den Klang von großen Trommeln,
Schenkelknochentrompeten und Zimbeln dar.
Ich bringe große, schwarzseidene Fahnen dar, die sich wie
Wolken aufbauschen.

Ich bringe atemberaubende Attraktionen dar, vergleichbar
mit dem Raum.
Ich bringe laute Gesänge dar, die kraftvoll und melodisch
sind.
Ich bringe einen Ozean äußerer, innerer und geheimer
Verpflichtungssubstanzen dar.
Ich bringe das Spiel der erhabenen Weisheit untrennbarer
Glückseligkeit und Leerheit dar.

Möget Ihr die kostbare Lehre Buddhas beschützen.
Möget Ihr den Ruhm der Drei Juwelen vermehren.
Möget Ihr die Taten der glorreichen Gurus fördern,
Und möget Ihr alle Bitten erfüllen, die ich vorbringe.

Nachsicht erbitten

Rezitiere jetzt das Hundertbuchstaben-Mantra Herukas:

OM VAJRA HERUKA SAMAYA, MANU PALAYA, HERUKA TENO
PATITA, DRIDHO ME BHAWA, SUTO KAYO ME BHAWA, SUPO
KAYO ME BHAWA, ANURAKTO ME BHAWA, SARWA SIDDHI
ME PRAYATZA, SARWA KARMA SUTZA ME, TZITAM SHRIYAM
KURU HUM, HA HA HA HA HO BHAGAWÄN, VAJRA HERUKA
MA ME MUNTZA, HERUKA BHAWA, MAHA SAMAYA SATTÖ
AH HUM PHAT

Erbitte Nachsicht durch die folgende Rezitation:

Welche Fehler ich auch immer begangen habe
Durch Nichtfinden, Nichtverstehen
Oder mangelndes Können,
Bitte, o Beschützer, sei geduldig mit allen.

OM VAJRA MU Die Weisheitswesen, die Gäste des Tormas,
lösen sich in mich auf, und die weltlichen Wesen kehren zu
ihren eigenen Stätten zurück.

Widmungsgebete

Dank dieser Tugend möge ich schnell
Die wirkliche Dakini vollenden
Und dann jedes Lebewesen
Ohne Ausnahme auf diese Ebene führen.

Mögen die Beschützer, Helden, Heldinnen und deren mehr,
Die Blumen, Sonnenschirme und Siegesbanner tragen
Und die liebliche Musik der Zimbeln und so fort darbringen,
Mich zur Todeszeit zum Land der Dakinis führen.

Durch die Wahrheit der gültigen Göttinnen,
Ihre gültigen Verpflichtungen
Und die im höchsten Maße gültigen Worte, die sie gesprochen
  haben,
Mögen [meine Tugenden] die Ursache dafür sein, dass die
  Göttinnen für mich sorgen.

Ausführliche Widmung

Wenn du Zeit hast und möchtest, kannst du abschließend diese
Gebete rezitieren, die von Tsarpa Dorjechang verfasst wurden:

Im großen Schiff der Freiheit und Ausstattung,
Unter dem weißen Segel der Achtsamkeit für Vergänglichkeit
Und durch den günstigen Wind des Annehmens
    und Aufgebens der Handlungen und Wirkungen
    vorangetrieben,
Möge ich aus dem furchtbaren Ozean Samsaras befreit
    werden.

Indem ich mich auf das Kronjuwel der untrüglichen
    Zufluchtsobjekte verlasse,
Mir das große Ziel der Wandernden, meiner Mütter, zu
    Herzen nehme
Und meine Unreinheiten und Fehler mit dem Nektar
    Vajrasattvas reinige,
Mögen sich die mitfühlenden, ehrwürdigen Gurus um mich
    kümmern.

Die schöne Mutter der Eroberer ist die äußere Yogini,
Der Buchstabe BAM ist die höchste innere Vajra-Königin,
Die Klarheit und Leerheit des Geistes selbst ist die geheime
    Dakini-Mutter;
Möge ich mich am Spiel erfreuen, die Eigennatur aller zu
    sehen.

Die weltliche Umgebung ist der himmlische Palast des
    Buchstabens EH,
Und seine Bewohner, die fühlenden Wesen, sind die Yoginis
    des Buchstabens BAM;
Durch die Konzentration der großen Glückseligkeit ihrer
    Vereinigung
Möge jegliche entstehende Erscheinung reine Erscheinung
    sein.

Möge ich somit durch die Yogas, [so viele wie] die
   Richtungen und der Mond,
Von der korallenfarbenen Dame der Freude,
Mit offenem, zinnoberrotem Haar und orangen, blitzenden
   Augen,
Schließlich direkt zur Stadt der Wissenshalter geführt
   werden.

Wenn ich an einem Ort der Leichen mit Sindhura und einem
   Langali-Stamm praktiziert habe
Und durch das Land gewandert bin,
Möge mich die schöne Dame, zu der sich der Wirbel an
   meiner Stirn überträgt,
Zum Land der Dakinis führen.

Wenn die innere Varahi die Ranken von Erkenner und
   Erkenntnis zerstört hat,
Und die tanzende Dame, die in meinem erhabenen
   Zentralkanal residiert,
Durch das Tor Brahmas in die Sphäre des Wolkenpfades
   hinausgetreten ist,
Möge sie den Helden, den Trinker von Blut, umarmen und
   sich mit ihm vergnügen.

Möge mein Geisteskontinuum durch den Yoga der
   Vereinigung [der zwei Winde]
In einsgerichteter Meditation über den winzigen Samen der
   fünf Winde beim Lotos meines Nabels
Von höchster Glückseligkeit durch die köstlichen Tropfen
   gesättigt sein,
Die die Kanäle meines Körper-Geistes durchdringen.

Wenn durch das lachende und lächelnde Spiel der schönen
   Dame
Des lodernden, leichten Tummos innerhalb meines
   Zentralkanals

Der jugendliche Buchstabe HAM vollständig weich geworden ist,
Möge ich die Ebene der großen Glückseligkeit der
Vereinigung erlangen.

Wenn das rotschwarze RAM, das in der Mitte der drei Kanäle
bei meinem Nabel residiert,
Durch meine oberen und unteren Winde zum Aufflammen
gebracht worden ist
Und sein reinigendes Feuer die zweiundsiebzigtausend
unreinen Elemente weggebrannt hat,
Möge mein Zentralkanal vollständig mit reinen Tropfen
gefüllt sein.

Wenn der fünffarbige Tropfen zwischen meinen
Augenbrauen zu meinem Scheitel gewandert ist
Und der von ihm stammende Strom der Mondflüssigkeit
Das Staubgefäß meines geheimen Lotos erreicht hat,
Möge ich von den vier Freuden des Absteigens und
Aufsteigens gesättigt sein.

Wenn alle stabilen und sich bewegenden Phänomene, mein
Körper und so fort,
Von den vom Tropfen ausströmenden fünffarbigen
Lichtstrahlen getroffen wurden
Und sich dadurch in eine Vielzahl strahlender, klarer
Regenbogen verwandelt haben,
Möge ich einmal mehr in den natürlichen Bereich, die Sphäre
von Glückseligkeit und Leerheit, eintreten.

Wenn die Yogini meines eigenen Geistes, die Vereinigung
jenseits des Intellektes,
Der ursprüngliche Zustand unbeschreibbarer Leerheit und
Klarheit,
Die ursprüngliche Natur, frei von Entstehen, Enden und
Verweilen,
Ihr eigenes Wesen erkennt, möge ich für immer genährt sein.

Wenn sich meine Kanäle, Winde und Tropfen in die Sphäre
des EVAM aufgelöst haben
Und der Geist selbst die Herrlichkeit des Wahrheitskörpers
großer Glückseligkeit erlangt hat,
Möge ich für diese Wandernden, so unermesslich wie der
Raum, sorgen,
Mit unerschöpflichen Manifestationen zahlloser Formkörper.

Mögen durch die Segnungen der Eroberer und ihrer
wundervollen Söhne,
Die Wahrheit der untrüglichen, abhängigen Beziehung
Und die Kraft und Stärke meiner reinen, höheren Absicht
Alle Teile meiner aufrichtigen Gebete erfüllt sein.

Glückverheißende Gebete

Möge es die Glücksverheißung des schnellen Erlangens der
Segnungen
Der Scharen glorreicher, heiliger Gurus geben,
Vajradharas, Pandit Naropas und so fort,
Der glorreichen Herren aller Tugend und Vorzüglichkeit.

Möge es die Glücksverheißung des Dakini-Wahrheitskörpers
geben,
Der Vollkommenheit der Weisheit, der erhabenen Mutter der
Eroberer,
Des natürlichen Klaren Lichts, von Anfang an frei von
Ausschmückung,
Der Dame, die alle Dinge, stabile und sich bewegende,
ausstrahlt und sammelt.

Möge es die Glücksverheißung des spontan geborenen,
vollkommenen Freudenkörpers geben,
Eines Körpers, strahlend und schön, im Glanz der
Herrlichkeit der Haupt und Nebenmerkmale,
Einer Rede, die das erhabene Fahrzeug mit sechzig Melodien
verkündet,

Und eines Geistes nichtbegrifflicher Glückseligkeit und
Klarheit, der die fünf erhabenen Weisheiten besitzt.

Möge es die Glücksverheißung des aus den Stätten geborenen
Ausstrahlungskörpers geben,
Damen, die mit verschiedenen Formkörpern, an
verschiedenen Orten,
Mit verschiedenen Mitteln die Ziele verschiedener zu
Zähmender erfüllen,
In Einklang mit ihren verschiedenen Wünschen.

Möge es die Glücksverheißung der mantra-geborenen
höchsten Dakini geben,
Einer ehrwürdigen Dame von rubinähnlicher Farbe,
Mit einem lächelnden, zornvollen Wesen, einem Gesicht
und zwei Händen, die ein gekrümmtes Messer und eine
Schädelschale halten,
Und zwei Beinen in angewinkelter und ausgestreckter
Haltung.

Möge es die Glücksverheißung Deiner zahllosen Millionen
von Ausstrahlungen
Und der Scharen der zweiundsiebzigtausend [Dakinis] geben,
Die alle Hindernisse der Praktizierenden ausmerzen
Und alle ersehnten Erlangungen gewähren.

DIE TSOG-DARBRINGUNG

Den Tsog segnen

OM KHANDAROHI HUM HUM PHAT
OM SÖBHAWA SHUDDHA SARWA DHARMA SÖBHAWA
SHUDDHO HAM
Alles wird Leerheit.

Aus dem Zustand der Leerheit entsteht aus AH eine weite
und ausgedehnte Schädelschale, darin verschmelzen die fünf
Fleischarten, die fünf Nektare und die fünf erhabenen Weisheiten, und es entsteht ein weiter Ozean des Nektars
erhabener Weisheit.

OM AH HUM HA HO HRIH   (3x)

*Stell dir vor, dass es zu einem unerschöpflichen Ozean von
Weisheitsnektar wird.*

Medizinnektare darbringen

Ich bringe diesen erhabenen Nektar dar,
Der gewöhnliche Objekte weit transzendiert;
Die höchste Verpflichtung aller Eroberer
Und die Grundlage aller Erlangungen.

Möget Ihr Euch an der großen Glückseligkeit,
Des unübertroffenen Bodhichittas erfreuen,
Gereinigt von jedem Makel der Behinderungen
Und vollständig frei von allen Vorstellungen

Die Tsog-Darbringung ausführen

HO Diesen Ozean von Tsog-Darbringungen aus
   nichtverunreinigtem Nektar,
Durch Konzentration, Mantra und Mudra gesegnet,

Bringe ich dar, um die Versammlung der Wurzel- und
  Überlieferungslinien-Gurus zu erfreuen,
OM AH HUM
Entzückt durch den Genuss dieser prachtvollen Objekte des
  Begehrens,
EH MA HO
Bitte gewährt einen großen Regen an Segnungen.

HO Diesen Ozean von Tsog-Darbringungen aus
  nichtverunreinigtem Nektar,
Durch Konzentration, Mantra und Mudra gesegnet,
Bringe ich dar, um die göttliche Versammlung der mächtigen
  Dakinis zu erfreuen.
OM AH HUM
Entzückt durch den Genuss dieser prachtvollen Objekte des
  Begehrens,
EH MA HO
Bitte gewährt die Dakini-Erlangung.

HO Diesen Ozean von Tsog-Darbringungen aus
  nichtverunreinigtem Nektar,
Durch Konzentration, Mantra und Mudra gesegnet,
Bringe ich dar, um die göttliche Versammlung der Yidams
  und ihrer Gefolge zu erfreuen.
OM AH HUM
Entzückt durch den Genuss dieser prachtvollen Objekte des
  Begehrens,
EH MA HO
Bitte gewährt einen großen Regen an Erlangungen.

HO Diesen Ozean von Tsog-Darbringungen aus
  nichtverunreinigtem Nektar,
Durch Konzentration, Mantra und Mudra gesegnet,
Bringe ich dar, um die Versammlung der Drei Kostbaren
  Juwelen zu erfreuen.

OM AH HUM
Entzückt durch den Genuss dieser prachtvollen Objekte des
    Begehrens,
EH MA HO
Bitte gewährt einen großen Regen heiligen Dharmas.

HO Diesen Ozean von Tsog-Darbringungen aus
    nichtverunreinigtem Nektar,
Durch Konzentration, Mantra und Mudra gesegnet,
Bringe ich dar, um die Versammlung der Dakinis und
    Dharma-Beschützer zu erfreuen.
OM AH HUM
Entzückt durch den Genuss dieser prachtvollen Objekte des
    Begehrens,
EH MA HO
Bitte gewährt einen großen Regen tugendhafter Taten.

HO Diesen Ozean von Tsog-Darbringungen aus
    nichtverunreinigtem Nektar,
Durch Konzentration, Mantra und Mudra gesegnet,
Bringe ich dar, um die Versammlung der fühlenden
    Mutterwesen zu erfreuen.
OM AH HUM
Entzückt durch den Genuss dieser prachtvollen Objekte des
    Begehrens,
EH MA HO
Mögen Leiden und falsche Erscheinungen überwunden sein.

Äußere Darbringungen

OM VAJRA YOGINI SAPARIWARA AHRGHAM, PADÄM, PUPE,
    DHUPE, ALOKE, GÄNDHE, NEWIDE, SHAPTA AH HUM

Innere Darbringung

OM VAJRA YOGINI SAPARIWARA OM AH HUM

Die acht Zeilen der Lobpreisung an die Mutter

OM Ich verbeuge mich vor Vajravarahi, der Gesegneten
   Mutter HUM HUM PHAT
OM Vor der höheren und mächtigen Dame des Wissens,
   unbesiegt durch die drei Bereiche HUM HUM PHAT
OM Vor Dir, die Du alle Ängste vor bösen Geistern mit
   Deinem großen Vajra zerstörst HUM HUM PHAT
OM Vor Dir mit kontrollierenden Augen, die als der Vajra-Sitz
   durch andere unbesiegt bleibt HUM HUM PHAT
OM Vor Dir, deren zornvolle, wilde Form Brahma trocknet
   HUM HUM PHAT
OM Vor Dir, die Dämonen in Angst und Schrecken versetzt
   und austrocknet und diejenigen in anderen Richtungen
   erobert HUM HUM PHAT
OM Vor Dir, die alle erobert, die in uns Dumpfheit, Starrheit
   und Verwirrung verursachen HUM HUM PHAT
OM Ich verbeuge mich vor Vajravarahi, der Großen Mutter, der
   Dakini-Gefährtin, die jedes Verlangen erfüllt HUM HUM PHAT

Die Tsog-Darbringung an den Vajra-Meister

Vajra-Halter, bitte höre mir zu,
Diese, meine besondere Tsog-Darbringung
Bringe ich Dir mit einem Geist von Vertrauen dar,
Bitte nimm sie zu Dir, wie es Dir gefällt.

EH MA, großer Frieden.
Diese große, lodernde Tsog-Darbringung verbrennt alle
   Verblendungen
Und führt auf diese Weise zu großer Glückseligkeit.

AH HO Alles ist große Glückseligkeit.
AH HO MAHA SUKHA HO

Diesbezüglich werden alle Phänomene als rein gesehen,
Daran sollte die Versammlung keine Zweifel haben.
Da Brahmanen, Ausgestoßene, Schweine und Hunde
Von einer Natur sind, bitte genießt.

Der Dharma der Sugatas ist von unschätzbarem Wert,
Frei vom Makel der Anhaftung und so fort,
Das Aufgeben von Erkenner und Erkenntnis,
Ich verbeuge mich respektvoll vor der Dasheit.
AH HO MAHA SUKHA HO

Lied der Frühlingskönigin

HUM All Ihr Tathagatas,
Helden, Yoginis,
Dakas und Dakinis,
Euch allen trage ich meine Bitte vor:
O Heruka, der sich an der großen Glückseligkeit erfreut,
Du übst die Vereinigung der spontanen Glückseligkeit aus,
Indem Du Dich der Dame widmest, die durch Glückseligkeit
     berauscht ist,
Und Dich gemäß den Ritualen vergnügst.
AH LA LA, LA LA HO, AH I AH AH RA LI HO
Möge die Versammlung der makellosen Dakinis
Mit Liebe und Zuneigung blicken und alle Taten erfüllen.

HUM All Ihr Tathagatas,
Helden, Yoginis,
Dakas und Dakinis,
Euch allen trage ich meine Bitte vor:
Mit einem Geist, der vollkommen durch große Glückseligkeit
     erregt ist,
Und einem Körper in einem Tanz ständiger Bewegung
Bringe ich den Scharen von Dakinis die große Glückseligkeit
     dar,
Die durch den Genuss des Lotos der Mudra entsteht.

AH LA LA, LA LA HO, AH I AH AH RA LI HO
Möge die Versammlung der makellosen Dakinis
Mit Liebe und Zuneigung blicken und alle Taten erfüllen.

HUM All Ihr Tathagatas,
Helden, Yoginis,
Dakas und Dakinis,
Euch allen trage ich meine Bitte vor:
Ihr, die auf eine wunderschöne und friedvolle Weise tanzt,
O glückseliger Beschützer und Scharen von Dakinis,
Bitte kommt in den Raum vor mir und gewährt mir Eure
    Segnungen
Und die spontane große Glückseligkeit.
AH LA LA, LA LA HO, AH I AH AH RA LI HO
Möge die Versammlung der makellosen Dakinis
Mit Liebe und Zuneigung blicken und alle Taten erfüllen.

HUM All Ihr Tathagatas,
Helden, Yoginis,
Dakas und Dakinis,
Euch allen trage ich meine Bitte vor:
Ihr, die die Eigenschaft der Befreiung der großen
    Glückseligkeit besitzt,
Sagt nicht, dass die Erlösung in einer Lebensspanne
Durch verschiedene asketische Übungen nach Aufgabe der
    großen Glückseligkeit erlangt werden kann,
Sondern dass die große Glückseligkeit im Zentrum des
    erhabenen Lotos residiert.
AH LA LA, LA LA HO, AH I AH AH RA LI HO
Möge die Versammlung der makellosen Dakinis
Mit Liebe und Zuneigung blicken und alle Taten erfüllen.

HUM All Ihr Tathagatas,
Helden, Yoginis,
Dakas und Dakinis,

Euch allen trage ich meine Bitte vor:
Wie ein Lotos, der aus der Mitte eines Sumpfes entsteht,
Ist diese Methode, obwohl sie aus Anhaftung geboren wurde,
   unbefleckt durch die Fehler der Anhaftung.
O erhabene Dakini, durch die Glückseligkeit Deines Lotos
Bitte bringe mir schnell Befreiung aus den Fesseln Samsaras.
AH LA LA, LA LA HO, AH I AH AH RA LI HO
Möge die Versammlung der makellosen Dakinis
Mit Liebe und Zuneigung blicken und alle Taten erfüllen.

HUM All Ihr Tathagatas,
Helden, Yoginis,
Dakas und Dakinis,
Euch allen trage ich meine Bitte vor:
Genauso wie die Essenz des Honigs in der Honigquelle
Von Bienenschwärmen aus allen Richtungen getrunken wird,
So bringe bitte durch Deinen weiten Lotos mit sechs
   Eigenschaften
Befriedigung mit dem Geschmack der großen Glückseligkeit.
AH LA LA, LA LA HO, AH I AH AH RA LI HO
Möge die Versammlung der makellosen Dakinis
Mit Liebe und Zuneigung blicken und alle Taten erfüllen.

Die Darbringung an die Geister segnen

OM KHANDAROHI HUM HUM PHAT
OM SÖBHAWA SHUDDHA SARWA DHARMA SÖBHAWA
   SHUDDHO HAM
Alles wird Leerheit.

Aus dem Zustand der Leerheit entsteht aus AH
eine weite und ausgedehnte Schädelschale, darin schmelzen
die fünf Fleischarten, die fünf Nektare und die fünf erhabenen Weisheiten, und es entsteht ein weiter Ozean des
Nektars erhabener Weisheit.
OM AH HUM HA HO HRIH   (3x)

Die eigentliche Darbringung an die Geister

PHÄM

UTSIKTRA BALINGTA BHAKYÄSI SÖHA

HO Diesen Ozean von verbliebener Tsog-Darbringung aus
nichtverunreinigtem Nektar,
Durch Konzentration, Mantra und Mudra gesegnet,
Bringe ich dar, um die Versammlung der schwurgebundenen
Wächter zu erfreuen,
OM AH HUM
Entzückt durch den Genuss dieser prachtvollen Objekte des
Begehrens,
EH MA HO
Bitte führt vollkommene Handlungen aus, um
Praktizierenden zu helfen.

*Schick die verbliebene Tsog-Darbringung für die Geister hinaus,
während die Instrumente gespielt werden.*

Mögen ich und andere Praktizierende
Gute Gesundheit, langes Leben, Kraft,
Ehre, Ruhm, Glück
Und ausgiebige Vergnügen haben.
Bitte gewährt mir die Erlangungen
Der befriedenden, vermehrenden, kontrollierenden und
zornvollen Handlungen.
Ihr, die Ihr durch Schwur gebunden seid, bitte beschützt mich
Und helft mir, alle Erlangungen zu vollenden.
Vernichtet vorzeitigen Tod und Krankheit,
Schaden durch Geister und Hindernisse.
Beseitigt schlechte Träume,
Böse Vorzeichen und schlechte Handlungen.

Möge es Glück in der Welt geben, mögen die Jahre gut sein,
Möge sich die Ernte verbessern und möge der Dharma
blühen.

Möge alles Gute und Glück entstehen,
Und mögen alle Wünsche erfüllt sein.

Möge ich durch die Kraft dieses reichlichen Gebens
Ein Buddha werden zum Wohle der Lebewesen,
Und möge ich durch meine Freigebigkeit
Alle befreien, die durch frühere Buddhas nicht befreit
wurden.

Gebete für die tugendhafte Tradition

Damit die Tradition Je Tsongkhapas,
Des Königs des Dharmas, erblühe,
Mögen alle Hindernisse überwunden sein,
Und mögen alle vorteilhaften Bedingungen im Überfluss
vorhanden sein.

Durch die zwei Ansammlungen von mir und anderen,
Die während der drei Zeiten zusammengetragen werden,
Möge die Lehre des Eroberers Losang Dragpa
Für immer blühen.

Das neunzeilige *Migtsema*-Gebet

Tsongkhapa, Kronjuwel der Gelehrten vom Lande des
    Schnees,
Du bist Buddha Shakyamuni und Vajradhara, Quelle aller
    Erlangungen,
Avalokiteshvara, Schatz des nichtbeobachtbaren Mitgefühls,
Manjushri, erhabene, makellose Weisheit,
Und Vajrapani, Zerstörer der Scharen von Maras.
O ehrwürdiger Guru-Buddha, Vereinigung aller Drei
    Juwelen,
Mit Körper, Rede und Geist ersuche ich Dich mit Respekt:
Bitte gewähre Deine Segnungen, damit ich und andere zu
    Reife und Befreiung gelangen,
Und gewähre die allgemeinen und höchsten Erlangungen.

(3x)

Kolophon: Dieses Sadhana wurde unter der mitfühlenden Leitung des Ehrwürdigen Geshe Kelsang Gyatso Rinpoche übersetzt. Der Bittvers an Geshe Kelsang Gyatso Rinpoche im *Gebet an die Überlieferungslinien-Gurus* wurde auf Bitte seiner vertrauensvollen Schüler vom glorreichen Dharma-Beschützer Duldzin Dorje Shugden verfasst. Der Bittvers an Dorje Shugden im Rahmen der *Torma-Darbringung an die allgemeinen Dharma-Beschützer* wurde vom Ehrwürdigen Geshe Kelsang Gyatso verfasst und dem Sadhana auf Bitte seiner vertrauensvollen Schüler hinzugefügt.

Anhang VIII

Das Nada
(Bitte beachten, dass das Nada in der Größe einer kleinen
Erbse visualisiert werden sollte)

Glossar

Absicht Ein geistiger Faktor, der die Funktion hat, seinen primären Geist zum Objekt zu bewegen. Seine Funktion ist es, den Geist mit tugendhaften, nichttugendhaften und neutralen Objekten zu beschäftigen. Alle körperlichen und verbalen Handlungen werden durch den geistigen Faktor Absicht eingeleitet. Siehe *Den Geist verstehen*.

Achtsamkeit Ein geistiger Faktor, dessen Funktion es ist, das Objekt, das der primäre Geist realisiert, nicht zu vergessen. Siehe *Den Geist verstehen*, *Sinnvoll zu betrachten* und *Das klare Licht der Glückseligkeit*.

Akshobya Die Manifestation der Anhäufung des Bewusstseins aller Buddhas. Er hat einen blaufarbenen Körper.

Allgemeines Bild Das erscheinende Objekt eines begrifflichen Geistes. Ein allgemeines oder geistiges Bild gleicht einer Widerspiegelung dieses Objektes. Ein begrifflicher Geist versteht sein Objekt durch die Erscheinung eines allgemeinen Bildes dieses Objektes, nicht indem er es direkt sieht. Siehe *Herz der Weisheit* und *Den Geist verstehen*.

Amitabha Die Manifestation der Anhäufung der Unterscheidung aller Buddhas. Er hat einen rotfarbenen Körper. Siehe *Acht Schritte zum Glück*.

Amoghasiddhi Die Manifestation der Anhäufung der zusammensetzenden Faktoren aller Buddhas. Er hat einen grünfarbenen Körper.

Anfangslose Zeit Nach der buddhistischen Weltsicht gibt es keinen Anfang des Geistes und somit keinen Anfang der Zeit. Deshalb haben alle Lebewesen zahllose frühere Wiedergeburten angenommen.

Anhaftung Ein verblendeter geistiger Faktor, der ein verunreinigtes Objekt beobachtet, es als Ursache von Glück ansieht und es haben will. Siehe *Freudvoller Weg des Glücks* und *Den Geist verstehen.*

Anhäufung Im Allgemeinen sind alle funktionierenden Sachen Anhäufungen, weil sie eine Anhäufung ihrer Teile sind. Insbesondere hat eine Person des Begierde- oder Formbereichs fünf Anhäufungen: die Anhäufungen von Form, Gefühl, Unterscheidung, zusammensetzenden Faktoren und Bewusstsein. Einem Wesen des formlosen Bereiches fehlt die Anhäufung von Form, es hat aber die anderen vier. Die Formanhäufung einer Person ist ihr Körper. Die verbleibenden vier Anhäufungen sind Aspekte ihres Geistes. Vgl. *Zusammensetzende Faktoren.* Siehe *Herz der Weisheit.*

Arya Tara/Tara Ein weiblicher Buddha, der eine Manifestation der endgültigen Weisheit aller Buddhas ist. „Arya" bedeutet „höhere" und „Tara" bedeutet „Retterin". Sie ist ein Weisheits-Buddha, und da sie die Manifestation des vollständig gereinigten Windelementes aller Buddhas ist, kann uns Tara sehr schnell helfen.

Aryadeva Indischer buddhistischer Gelehrter und Meditationsmeister des 3. Jh. n. Chr. Er war ein Schüler Nagarjunas.

Aufmerksamkeit Ein geistiger Faktor, der die Funktion hat, den Geist auf ein bestimmtes Merkmal eines Objektes zu richten. Siehe *Den Geist verstehen.*

Bardo Vgl. *Zwischenzustand.*

Basis der Zuschreibung Alle Phänomene werden auf ihre Teile zugeschrieben. Deshalb ist jeder einzelne Teil oder die gesamte Ansammlung der Teile jedes Phänomens seine Basis der Zuschreibung. Ein Phänomen wird vom Geist in Abhängigkeit der Basis der Zuschreibung zugeschrieben, die diesem Geist erscheint. Siehe *Herz der Weisheit* und *Ozean von Nektar.*

Begierdebereich Der Bereich der Höllenwesen, hungrigen Geister, Tiere, Menschen, Halbgötter und Götter, die die fünf Objekte der Begierde genießen.

Behinderungen zur Befreiung Behinderungen, die die Erlangung der Befreiung verhindern. Alle Verblendungen, wie Unwissenheit, Anhaftung und Wut, sowie ihre Samen sind Behinderungen zur Befreiung. Sie werden auch „Verblendungsbehinderungen" genannt.

Behinderungen zur Erleuchtung Die Prägungen der Verblendungen, die eine gleichzeitige und direkte Realisation aller Phänomene verhindern. Sie werden auch „Behinderungen zur Allwissenheit genannt". Nur Buddhas haben diese Behinderungen überwunden.

Beispielklares Licht Ein Geist des klaren Lichts, der Leerheit mittels eines allgemeinen Bildes realisiert. Siehe *Das klare Licht der Glückseligkeit* und *Tantrische Ebenen und Pfade.*

Bestätigendes negatives Phänomen Vgl. *Negatives Phänomen.*

Bewusstsein Die sechs Bewusstseinsarten oder primären Geistesarten sind das Augenbewusstsein, das Ohrenbewusstsein, das Nasenbewusstsein, das Zungenbewusstsein, das Körperbewusstsein und das geistige Bewusstsein. Siehe *Den Geist verstehen.*

Bewusstseinsübertragung „Powa" auf Tibetisch. Eine Praxis zur Übertragung des Bewusstseins in ein Reines Land zum Zeitpunkt des Todes. Siehe *Sinnvoll leben, freudvoll sterben* und *Große Schatzkammer der Verdienste.*

Bloße Erscheinung Alle Phänomene sind bloße Erscheinung, weil sie vom Geist in Abhängigkeit einer geeigneten Basis der Zuschreibung, die dem Geist erscheint, zugeschrieben werden. Das Wort „bloß" schließt jede Möglichkeit inhärenter Existenz aus. Siehe *Ozean von Nektar.*

Bodh Gaya Der Ort, wo Buddha zeigte, wie Erleuchtung erlangt wird; nahe der modernen Stadt Gaya im nordindischen Staat Bihar.

Brahma Ein weltlicher Gott, der im ersten Formbereich verweilt. Siehe *Ozean von Nektar.*

Dakiniland Das Reine Land von Heruka und Vajrayogini. „Keajra" in Sanskrit und „Dagpa Khachö" auf Tibetisch. Siehe *Führer ins Dakiniland.*

Dakinis Weibliche tantrische Buddhas und die Frauen, die das sinnklare Licht realisiert haben. Dakas sind die männliche Entsprechung. Siehe *Führer ins Dakiniland.*

Damaru Eine kleine Handtrommel, die bei tantrischen Ritualen verwendet wird. Das Spiel des Damarus symbolisiert das Sammeln der äußeren Dakinis in unseren Körper und die Manifestation der inneren Dakini (des klaren Licht-Geistes) innerhalb unseres Geistes durch das Lodern des inneren Feuers. Es wird auch als Musikdarbringung an die Buddhas verwendet.

Darbringung Das, was die heiligen Wesen erfreut.

Dharma-Beschützer Eine Manifestation eines Buddhas oder Bodhisattvas, dessen Hauptfunktion das Beseitigen von Hindernissen und das Ansammeln aller notwendigen Bedingungen für reine Dharma-Praktizierende ist. Auf Sanskrit auch „Dharmapala" genannt. Siehe *Herzjuwel*.

Dorje Shugden Ein Dharma-Beschützer, der eine Ausstrahlung des Weisheits-Buddhas Manjushri ist. Seine Hauptfunktion besteht darin, innere und äußere Hindernisse abzuwenden, die Praktizierende daran hindern spirituelle Realisationen zu gewinnen, und all notwendigen Bedingungen für ihre spirituelle Entwicklung zu arrangieren. Siehe *Herzjuwel*.

Dromtönpa (1004 – 1064 n. Chr.) Atishas engster Schüler. Siehe *Freudvoller Weg des Glücks*.

Elemente, vier Erde, Wasser, Feuer und Wind. Diese Elemente sind nicht das Gleiche wie die Erde eines Feldes, das Wasser eines Flusses usw. Vielmehr sind die Elemente Erde, Wasser, Feuer und Wind im weitesten Sinne jeweils die Eigenschaften von Festigkeit, flüssigem Zustand, Hitze und Bewegung.

Eroberer-Buddha Ein Buddha wird „Eroberer" genannt, weil er oder sie alle Behinderungen zur Erlangung von Befreiung und Erleuchtung, oder Maras, erobert hat. Vgl. auch *Mara*.

Falsches Gewahrsein Ein Erkenner, der in Bezug auf sein Objekt des Befassens oder des Festhaltens fehlerhaft ist. Siehe *Den Geist verstehen*.

Formanhäufung Beinhaltet alle Objekte der fünf Sinnesgewahrseinsarten – alle Farben und Formen (visuelle Form), Klänge, Gerüche, Geschmäcke und Tastobjekte. Die Formanhäufung einer Person ist ihr Körper.

Formbereich Die Umgebung der Götter, die Form besitzen und die den Göttern des Begierdebereichs überlegen sind. Er wird so bezeichnet, weil die Götter, die ihn bewohnen, subtile Form besitzen. Siehe *Ozean von Nektar*.

Funktionierende Sache Ein Phänomen, das in einem Moment erschaffen wird und zerfällt. Gleichbedeutend mit unbeständiges Phänomen, Sache und Erzeugnis.

Ghantapa Ein großer indischer Mahasiddha und Überlieferungs-linien-Guru der Übungen des Höchsten Yoga-Tantras von Heruka und Vajrayogini. Siehe *Führer ins Dakiniland.*

Gefühl Ein geistiger Faktor, der die Funktion hat, angenehme, unangenehme oder neutrale Objekte zu erfahren. Siehe *Den Geist verstehen.*

Geisteskontinuum Das Kontinuum des Geistes einer Person, das keinen Anfang und kein Ende hat.

Geistiger Faktor Ein Erkenner, der hauptsächlich ein bestimmtes Merkmal eines Objektes festhält. Es gibt einundfünfzig spezifische geistige Faktoren. Jeder Moment von Geist besteht aus einem primären Geist und unterschiedlichen geistigen Faktoren. Vgl. *Primärer Geist.* Siehe *Den Geist verstehen.*

Geistiges Bild Vgl. *Allgemeines Bild.*

Gelübde Ein tugendhafter Entschluss, bestimmte Fehler aufzu-geben, der in Verbindung mit einem traditionellen Ritual erzeugt wird. Die drei Gruppen von Gelübden sind die Pratimoksha-Gelübde der individuellen Befreiung, die Bodhisattva-Gelübde und die Gelübde des Geheimen Mantras oder tantrischen Gelübde. Siehe *Das Bodhisattva-Gelübde* und *Tantrische Ebenen und Pfade.*

Gelug Die von Je Tsongkhapa begründete Tradition. Der Name „Gelug" bedeutet „Tugendhafte Tradition". Ein Gelugpa ist ein Praktizierender, der dieser Tradition folgt. Manchmal bezieht man sich auf Gelugpas als „neue Kadampas". Siehe *Herzjuwel.*

Geshe Ein Titel, der vollendeten buddhistischen Gelehrten von den Kadampa-Klöstern verliehen wird. Eine Abkürzung, die aus dem Tibetischen „ge wai she nyen" hergeleitet wird, was wörtlich „tugendhafter Freund" bedeutet.

Geshe Chekhawa (1102-1176 n. Chr.) Ein großer Kadampa-Bodhi-sattva, der den Text *Geistesschulung in sieben Punkten verfasste.* Er verbreitete das Studium und die Praxis der Geistesschulung in ganz Tibet. Siehe *Allumfassendes Mitgefühl.*

Gewissenhaftigkeit Ein geistiger Faktor, der in Abhängigkeit von Bemühen Tugendhaftes schätzt und den Geist vor Verblendung und Nichttugend schützt. Siehe *Sinnvoll zu betrachten* und *Den Geist verstehen.*

Götter Wesen des Götterbereichs, des höchsten der sechs Bereiche Samsaras. Es gibt viele verschiedene Arten von Göttern. Einige sind Begierdebereichsgötter, während andere Götter des Form- oder formlosen Bereichs sind. Siehe *Freudvoller Weg des Glücks.*

Gottheit „Yidam" auf Tibetisch. Ein tantrisches erleuchtetes Wesen.

Gungtang Gungtang Könchog Tenpai Dronme (1762-1823 n. Chr.), ein Gelug-Gelehrter und Meditierender, berühmt für seine spirituellen Gedichte und philosophischen Schriften.

Guru Sanskrit-Wort für „spiritueller Meister".

Halbgott Ein Wesen des Halbgötterbereiches, dem zweithöchsten der sechs Bereiche Samsaras. Halbgötter sind den Göttern ähnlich, aber ihre Körper, Besitztümer und Umgebungen sind ihnen unterlegen. Siehe *Freudvoller Weg des Glücks.*

Handlungs-Mudra Gefährtin des Höchsten Yoga-Tantras, die bei der Erzeugung großer Glückseligkeit hilft. Siehe *Das klare Licht der Glückseligkeit* und *Tantrische Ebenen und Pfade.*

Helden und Heldinnen Ein Held ist eine männliche tantrische Gottheit, die Methode verkörpert. Eine Heldin ist eine weibliche tantrische Gottheit, die Weisheit verkörpert. Siehe *Führer ins Dakiniland.*

Herr des Todes Obwohl der Mara oder Dämon des unkontrollierten Todes kein fühlendes Wesen ist, ist er als der Herr des Todes oder „Yama" personifiziert. Der Herr des Todes wird auf dem Diagramm des Lebensrades gezeigt, wie er das Rad mit Klauen und Zähnen umklammert. Siehe *Freudvoller Weg des Glücks.*

Hevajra Eine Hauptgottheit des Mutter-Tantras. Siehe *Große Schatzkammer der Verdienste.*

Hinayana Sanskrit-Begriff für „Kleines Fahrzeug". Das Ziel des Hinayana ist, nur sich selbst durch vollständiges Aufgeben der Verblendungen von Leiden zu befreien. Siehe *Freudvoller Weg des Glücks.*

Hirtengleicher Bodhichitta Der Wunsch, alle Lebewesen zur Buddhaschaft zu führen, in der Art wie ein Hirte seine Schafe in Sicherheit bringt. So wie Hirten sich zuerst um alle Bedürfnisse ihrer Herde kümmern und als letztes auf ihre Bedürfnisse achten, so wollen einige Bodhisattvas zuerst alle Lebewesen zur Buddhaschaft führen und dann als letztes Erleuchtung für sich selbst erlangen. Siehe *Freudvoller Weg des Glücks.*

Höheres Wesen „Arya" in Sanskrit. Jemand, der eine direkte oder nichtbegriffliche Realisation der Leerheit besitzt. Es gibt Hinayana-Höhere und Mahayana-Höhere.

Hungrige Geister Wesen des Bereiches der hungrigen Geister, des zweitniedrigsten der sechs Bereiche Samsaras. Siehe *Freudvoller Weg des Glücks.*

Indra Ein weltlicher Gott. Siehe *Herz der Weisheit.*

Inneres Feuer „Tummo" auf Tibetisch. Eine innere Hitze, die sich in der Mitte des Nabel-Kanalrades befindet. Siehe *Das klare Licht der Glückseligkeit.*

Intellektuell gebildete Verblendungen Verblendungen, die als Ergebnis davon entstehen, sich auf unrichtige Begründungen oder fehlerhafte Lehrsätze zu verlassen. Siehe *Den Geist verstehen.*

Je Phabongkhapa (1878-1941 n. Chr.) Ein großer tibetischer Lama, der eine Ausstrahlung Herukas war. Phabongkhapa Rinpoche war der Halter vieler Überlieferungslinien von Sutra und Geheimem Mantra. Er war der Wurzel-Guru von Kyabje Trijang Dorjechang (Kyabje Trijang Rinpoche).

Je Tsongkhapa (1357-1419 n. Chr.) Eine Ausstrahlung des Weisheits-Buddha Manjushri, dessen Erscheinen als Mönch und Halter der reinen Sicht und reinen Taten im Tibet des vierzehnten Jahrhunderts von Buddha prophezeit wurde. Er verbreitete einen sehr reinen Buddhadharma in ganz Tibet und zeigte, wie man die Übungen von Sutra und Tantra miteinander verbindet und wie man reinen Dharma in degenerierten Zeiten praktiziert. Seine Tradition wurde später als „Gelug-" oder „Ganden-Tradition" bekannt. Siehe *Herzjuwel* und *Große Schatzkammer der Verdienste.*

Kapala Eine Schädelschale, die in tantrischer Meditation benutzt oder visualisiert wird und die die untrennbare Vereinigung von großer Glückseligkeit und Leerheit symbolisiert.

Kloster Nalanda Ein großer Sitz buddhistischer Gelehrtheit und Praxis im alten Indien.

Kontakt Ein geistiger Faktor, der die Funktion hat, sein Objekt als angenehm, unangenehm oder neutral wahrzunehmen. Siehe *Den Geist verstehen.*

Konzentration Ein geistiger Faktor, der seinen primären Geist einsgerichtet auf seinem Objekt ruhen lässt. Siehe *Freudvoller Weg des Glücks, Den Geist verstehen* und *Sinnvoll zu betrachten.*

Kyabje Trijang Rinpoche (1901-1981 n. Chr.) Ein besonderer tibetischer Lama des zwanzigsten Jahrhunderts, der eine Ausstrahlung von Buddha Shakyamuni, Heruka, Atisha, Amitabha und Je Tsongkhapa war. Auch als „Trijang Dorjechang" und „Losang Yeshe" bekannt.

Lebewesen Gleichbedeutend mit „fühlendes Wesen" (tib. sem chän). Jedes Wesen, das einen von Verblendungen oder deren Prägungen verunreinigten Geist besitzt. Sowohl „fühlendes Wesen" als auch „Lebewesen" sind Begriffe, um Wesen, deren Geist von der einen oder anderen Behinderung verunreinigt ist, von Buddhas zu unterscheiden, deren Geist völlig frei von diesen Behinderungen ist.

Losang Dragpa (Skrt. Sumati Kirti) Der Ordinationsname von Je Tsongkhapa. Siehe *Große Schatzkammer der Verdienste.*

Mahamudra Sanskrit-Begriff, der wörtlich „großes Siegel" bedeutet. Gemäß Sutra bezieht es sich auf die tiefgründige Sicht der Leerheit. Da Leerheit die Natur aller Phänomene ist, wird sie ein „Siegel" genannt, und da uns eine direkte Realisation der Leerheit befähigt, das große Ziel zu erreichen – die vollständige Befreiung von den Leiden Samsaras – wird sie auch „groß" genannt. Gemäß Tantra oder Vajrayana ist das große Siegel die Vereinigung von spontaner großer Glückseligkeit und Leerheit. Siehe *Mahamudra-Tantra, Große Schatzkammer der Verdienste* und *Das klare Licht der Glückseligkeit.*

Mahayana Sanskrit-Begriff für „Großes Fahrzeug", den spirituellen Pfad zur großen Erleuchtung. Das Mahayana-Ziel ist es, Buddhaschaft zum Wohl aller fühlenden Wesen zu erlangen, indem alle Verblendungen und deren Prägungen vollständig aufgegeben werden. Siehe *Freudvoller Weg des Glücks* und *Sinnvoll zu betrachten.*

Maitreya Die Verkörperung der liebenden Güte aller Buddhas. Zur Zeit Buddha Shakyamunis manifestierte er sich als ein Bodhisattva-Schüler, um Buddhas Schülern zu zeigen, wie man ein vollkommener Mahayana-Schüler ist. In der Zukunft wird er sich als der fünfte Gründer-Buddha manifestieren.

Mala Ein Gebetsperlenkette zum Zählen von Gebeten oder Mantras bei der Rezitation, für gewöhnlich mit einhundertacht Perlen. Siehe *Führer ins Dakiniland*.

Mandala-Darbringung Eine Darbringung des ganzen Universums, das als Reines Land visualisiert wird und dessen Bewohner als reine Wesen visualisiert werden. Siehe *Führer ins Dakiniland* und *Große Schatzkammer der Verdienste*.

Mara Sanskrit für „Dämon". Bezieht sich auf alles, was die Erlangung der Befreiung oder Erleuchtung behindert. Es gibt vier Hauptarten von Dämonen: den Dämon der Verblendungen, den Dämon der verunreinigten Anhäufungen, den Dämon des unkontrollierten Todes und die Devaputra-Dämonen. Nur die Letzteren sind eigentliche fühlende Wesen. Der wichtigste Devaputra-Dämon ist der zornvolle Ishvara, der höchste der Götter des Begierdebereiches. Er bewohnt das „Land des Kontrollierens der Ausstrahlungen". Buddha wird „Eroberer" genannt, weil er alle vier Arten von Dämonen erobert oder besiegt hat. Siehe *Herz der Weisheit*.

Marpa (1012-1096 n. Chr.) Marpa Lotsawa („Marpa, der Übersetzer") war Laie und ein großer tantrischer Yogi, sowie der spirituelle Meister Milarepas. Siehe *Freudvoller Weg des Glücks*.

Meditation Ein Geist, der sich auf ein tugendhaftes Objekt konzentriert, und eine geistige Handlung, die die Hauptursache für geistigen Frieden ist. Es gibt zwei Arten von Meditation: analytische Meditation und verweilende Meditation. Wenn wir unsere Vorstellungskraft, Achtsamkeit und Begründungen verwenden, um unser Meditationsobjekt zu finden, so ist dies analytische Meditation. Wenn wir unser Objekt finden und es einsgerichtet halten, so ist dies verweilende Meditation. Es gibt verschiedene Arten von Objekten. Einige, wie Unbeständigkeit oder Leerheit, sind Objekte, die vom Geist festgehalten werden. Andere, wie Liebe, Mitgefühl oder Entsagung, sind eigentliche Geisteszustände. Wir führen die analytische Meditation aus, bis das spezielle Objekt, das wir suchen, unserem Geist klar erscheint oder bis der besondere

Geisteszustand, den wir erzeugen möchten, entsteht. Dieses Objekt oder dieser Geisteszustand ist unser Objekt für die verweilende Meditation. Siehe *Das neue Meditationshandbuch*.

Meditationspause Vgl. *Nachfolgende Erlangung*.

Milarepa (1040-1123 n. Chr.) Ein großer tibetischer buddhistischer Meditierender und Schüler von Marpa, der für seine wunderschönen Lieder der Realisation berühmt ist.

Nachfolgende Erlangung Die Zeit zwischen den Meditationssitzungen. Auch „Meditationspause" genannt. Siehe *Freudvoller Weg des Glücks*.

Nagarjuna Ein großer indischer buddhistischer Gelehrter und Meditationsmeister, der das Mahayana im ersten Jahrhundert nach Christus wiederbelebte, indem er die Unterweisungen über die *Sutras der Vollkommenheit der Weisheit* zu Tage förderte. Siehe *Ozean von Nektar*.

Naropa (1016-1100 n. Chr.) Ein indischer Mahasiddha und Linien-Guru in der Höchsten Yoga-Tantra-Praxis von Vajrayogini. Siehe *Führer ins Dakiniland*.

Negatives Phänomen Ein Objekt, das dadurch realisiert wird, dass der Geist explizit ein verneintes Objekt beseitigt. Es gibt zwei Arten von negativen Phänomenen: bestätigende Verneinungen und nichtbestätigende Verneinungen. Eine bestätigende Verneinung ist ein negatives Phänomen, das durch einen Geist realisiert wird, der sein verneintes Objekt beseitigt, währenddessen er ein anderes Phänomen realisiert. Eine nichtbestätigende Verneinung ist ein negatives Phänomen, das durch einen Geist realisiert wird, der lediglich sein verneintes Objekt beseitigt, ohne ein anderes Phänomen zu realisieren. Siehe *Ozean von Nektar*.

Nichtbestätigendes negatives Phänomen Vgl. *Negatives Phänomen*.

Objekt der Verneinung Ein Objekt, das explizit durch einen Geist verneint wird, der ein negatives Phänomen realisiert. In der Meditation über Leerheit, das Fehlen von inhärenter Existenz, bezieht es sich auf inhärente Existenz. Auch als „verneintes Objekt" bekannt.

Phabongkha Rinpoche Vgl. *Je Phabongkhapa*.

Prägung(en) Es gibt zwei Arten von Prägungen: Prägungen von Handlungen und Prägungen von Verblendungen. Jede Handlung, die wir ausführen, hinterlässt eine Prägung im Geisteskontinuum, und diese Prägungen sind karmische Potentiale, die dazu führen, in der Zukunft bestimmte Auswirkungen zu erfahren. Die Prägungen der Verblendungen bleiben zurück, selbst nachdem die eigentlichen Verblendungen aufgegeben worden sind, wie etwa Knoblauchgeruch in einem Gefäß zurückbleibt, nachdem der Knoblauch entfernt wurde. Die Prägungen der Verblendungen sind Behinderungen zur Allwissenheit und werden nur von Buddhas vollständig aufgegeben.

Pratimoksha-Gelübde „Pratimoksha" ist der Sanskrit-Begriff für „individuelle Befreiung". Daher ist ein Pratimoksha-Gelübde ein Gelübde, das in erster Linie durch den Wunsch motiviert ist, persönliche Befreiung zu erlangen. Es gibt acht Arten von Pratimoksha-Gelübden. Siehe *Das Bodhisattva-Gelübde*.

Primärer Geist Ein Erkenner, der hauptsächlich die bloße Wesenheit eines Objektes festhält. Bewusstsein ist ein Synonym. Es gibt sechs Arten von primärem Geist: Augenbewusstsein, Ohrenbewusstsein, Nasenbewusstsein, Zungenbewusstsein, Körperbewusstsein und geistiges Bewusstsein. Jeder Moment des Geistes besteht aus einem primären Geist und verschiedenen geistigen Faktoren. Ein primärer Geist und seine begleitenden geistigen Faktoren sind dieselbe Wesenheit, haben aber unterschiedliche Funktionen. Siehe *Den Geist verstehen*.

Rad des Dharmas Eine Sammlung von Buddhas Unterweisungen. Der Dharma wird mit dem kostbaren Rad verglichen, einem der Güter eines legendären Chakravatin-Königs. Dieses Rad konnte den König in sehr kurzer Zeit über große Distanzen hinweg transportieren, und es wurde gesagt, dass dort, wo das kostbare Rad weilte, der König regierte. Ganz ähnlich wurde gesagt, dass Buddha das „Rad des Dharmas drehte", als er den Pfad zur Erleuchtung enthüllte, weil verblendete Geisteszustände unter Kontrolle gebracht werden, wo auch immer diese Lehre gegenwärtig ist.

Ratnasambhava Die Manifestation der Anhäufung von Gefühl aller Buddhas. Er hat einen gelbfarbenen Körper.

Realisation Eine stabile und nichtfehlerhafte Erfahrung eines tugendhaften Objektes, die uns unmittelbar vor Leiden schützt.

Reines Land Eine reine Umgebung, in der es keine wahren Leiden gibt. Es gibt viele Reine Länder. Tushita zum Beispiel ist das Reine Land von Buddha Maitreya, Sukhavati das Reine Land von Buddha Amitabha und Dakiniland (oder Keajra) das Reine Land von Buddha Vajrayogini und Buddha Heruka. Siehe *Sinnvoll leben – freudvoll sterben.*

Ruhiges Verweilen Eine Konzentration, die die besondere Glückseligkeit der körperlichen und geistigen Geschmeidigkeit besitzt und die durch die Vollendung der neun Ebenen des geistigen Verweilens erlangt wird. Siehe *Freudvoller Weg des Glücks* und *Sinnvoll zu betrachten.*

Sadhana Ein rituelles Gebet, das eine besondere Methode für das Erlangen spiritueller Realisationen ist und das für gewöhnlich mit einer tantrischen Gottheit verbunden ist.

Saraha Einer der ersten Mahasiddhas und der Lehrer Nagarjunas. Siehe *Essenz des Vajrayanas.*

Schlussfolgernder Erkenner Ein vollkommen verlässlicher Erkenner, dessen Objekt in direkter Abhängigkeit von einer schlüssigen Begründung realisiert wird. Siehe *Den Geist verstehen.*

Segnungen Die Umwandlung unseres Geistes von einem negativen zu einem positiven Zustand, von einem unglücklichen zu einem glücklichen Zustand oder von einem Zustand der Schwäche zu einem Zustand der Stärke, durch die Inspiration von heiligen Wesen, wie unserem spirituellen Meister, den Buddhas und Bodhisattvas.

Shantideva (687-763 n. Chr.) Großer indischer buddhistischer Gelehrter und Meditationsmeister. Er verfasste den *Leitfaden für die Lebensweise eines Bodhisattvas.* Siehe *Sinnvoll zu betrachten* und *Leitfaden für die Lebensweise eines Bodhisattvas.*

Sich veränderndes Leiden Für samsarische Wesen ist jede Erfahrung von Glück oder Freude, die aus samsarischen Vergnügen entsteht, sich veränderndes Leiden, weil alle diese Erfahrungen verunreinigt sind und die Natur von Leiden haben. Siehe *Freudvoller Weg des Glücks.*

Sinnklares Licht Ein Geist des klaren Lichtes, der Leerheit direkt, ohne allgemeines Bild realisiert. Synonym für inneres Dakiniland. Siehe *Das klare Licht der Glückseligkeit* und *Mahamudra-Tantra.*

Stupa Eine symbolische Darstellung von Buddhas Geist.

Sutra Die Lehren Buddhas, die alle praktizieren können, ohne dass dafür eine Ermächtigung notwendig ist. Sie beinhalten Buddhas Unterweisungen der drei Drehungen des Dharma-Rades.

Sutras der Vollkommenheit der Weisheit Die Sutras der zweiten Drehung des Dharma-Rades, in denen Buddha seine letzendliche Sicht der endgültigen Natur aller Phänomene offenbarte – die Leerheit von inhärenter Existenz. Siehe *Herz der Weisheit* und *Ozean von Nektar*.

Torma-Darbringung Eine besondere Speise-Darbringung, die gemäß den Ritualen von Sutra oder Tantra ausgeführt wird. Siehe *Essenz des Vajrayanas* und *Führer ins Dakiniland*.

Tsog-Darbringung Eine Darbringung, die von einer Versammlung von Helden und Heldinnen gemacht wird. Siehe *Essenz des Vajrayanas* und *Führer ins Dakiniland*.

Überlieferungslinie Eine Linie einer Anleitung, die von spirituellem Meister zu Schüler weitergegeben worden ist, wobei jeder spirituelle Meister der Linie persönliche Erfahrungen der Anleitung gewann, ehe er sie weitergab.

Unterscheidung Ein geistiger Faktor, der die Funktion hat, das außergewöhnliche Zeichen eines Objektes festzuhalten. Siehe *Den Geist verstehen*.

Vaibhashika Die niederere der zwei Schulen der Hinayana-Lehrsätze. Diese Schule akzeptiert keine Selbsterkenner und behauptet, dass äußere Objekte wahrhaft existieren. Siehe *Sinnvoll zu betrachten* und *Ozean von Nektar*.

Vairochana Die Manifestation der Anhäufung von Form aller Buddhas. Er hat einen weißfarbenen Körper.

Vajra und Glocke Ein Vajra ist ein Ritualgegenstand, der große Glückseligkeit symbolisiert und einem Szepter ähnelt. Eine Glocke ist eine Ritual-Handglocke, die Leerheit symbolisiert. Siehe *Führer ins Dakiniland* und *Tantrische Ebenen und Pfade*.

Vajradhara Der Gründer des Vajrayana oder Tantra. Er erscheint nur hoch realisierten Bodhisattvas direkt, denen er tantrische Unterweisungen gibt. Um anderen Lebewesen mit weniger Verdiensten zu helfen, manifestierte er sich in der sichtbareren Form von Buddha Shakyamuni. Ferner sagte er, dass er in degenerierten Zeiten in gewöhnlicher Form als ein spiritueller Meister erscheinen würde. Siehe *Große Schatzkammer der Verdienste*.

Vajradharma Die Manifestation der Rede aller Buddhas. Abgesehen von seinem roten Körper sieht er genauso aus wie Eroberer Vajradhara. Es gibt drei Arten, wie wir ihn visualisieren können: in seinem äußeren Aspekt als Held Vajradharma, in seinem inneren Aspekt als Buddha Vajradharma oder in seinem geheimen Aspekt als Buddha Vajradhara mit Gefährtin. Siehe *Führer ins Dakiniland*.

Vajrasattva Buddha Vajrasattva ist die Anhäufung des Bewusstseins aller Buddhas, die im Aspekt einer weißfarbenen Gottheit erscheint, um insbesondere die Negativität von fühlenden Wesen zu reinigen. Er ist von der gleichen Natur wie Buddha Vajradhara und unterscheidet sich nur im Aspekt. Die Praxis der Meditation und Rezitation des Vajrasattva ist eine sehr kraftvolle Methode, unseren unreinen Geist und unsere unreinen Handlungen zu reinigen. Siehe *Führer ins Dakiniland*.

Verblendung Ein geistiger Faktor, der aus unangemessener Aufmerksamkeit entsteht und der die Funktion hat, den Geist unfriedlich und unkontrolliert zu machen. Es gibt drei Hauptverblendungen: Unwissenheit, begehrende Anhaftung und Wut. Aus diesen entstehen alle anderen Verblendungen wie Neid, Stolz und verblendeter Zweifel. Vgl. *Intellektuell gebildete Verblendungen*. Siehe *Freudvoller Weg des Glücks* und *Den Geist verstehen*.

Verdienst Das Glück, das durch tugendhafte Handlungen erschaffen wird. Es ist die potentielle Kraft, unsere guten Eigenschaften zu mehren und Glück zu erzeugen.

Verdienstfeld Dies bezieht sich im Allgemeinen auf die Drei Juwelen. Genauso wie äußere Samen in einem Ackerfeld wachsen, so wachsen die inneren Samen, die durch tugendhafte Handlungen erzeugt werden, in Abhängigkeit vom Buddha-Juwel, Dharma-Juwel und Sangha-Juwel heran. Auch „Feld für die Ansammlung von Verdiensten" genannt.

Verpflichtungen Versprechen und Vorsätze, die abgelegt werden, wenn man bestimmte spirituelle Übungen ausführt.

Versenkung der Beendigung Eine nichtverunreinigte Weisheit, die eingerichtet auf Leerheit gerichtet ist, in Abhängigkeit von der eigentlichen Versenkung des „Gipfels von Samsara". Siehe *Ozean von Nektar.*

Vertrauen Ein von Natur aus tugendhafter Geist, der in erster Linie die Funktion hat, der Wahrnehmung von Fehlern im beobachteten Objekt entgegenzuwirken. Es gibt drei Arten von Vertrauen: glaubendes Vertrauen, bewunderndes Vertrauen und wünschendes Vertrauen. Siehe *Verwandle dein Leben, Freudvoller Weg des Glücks* und *Den Geist verstehen.*

Verunreinigte Anhäufung Jede der Anhäufungen von Form, Gefühl, Unterscheidung, zusammensetzenden Faktoren und Bewusstsein eines samsarischen Wesens. Vgl. *Anhäufung.* Siehe *Herz der Weisheit.*

Vinaya Die moralische Disziplin der Pratimoksha und im Besonderen die moralische Disziplin des ordinierten Sanghas.

Wachsamkeit Ein geistiger Faktor, der eine Art von Weisheit ist. Er untersucht unsere Handlungen von Körper, Rede und Geist und weiß, ob sich Fehler entwickeln oder nicht. Siehe *Den Geist verstehen* und *Sinnvoll zu betrachten.*

Wandernder Ein Wesen in Samsara, das von einer unkontrollierten Wiedergeburt zur nächsten wandert. Vgl. *Lebewesen.*

Weisheit Ein tugendhafter, intelligenter Geist, der seinen primären Geist dessen Objekt gründlich realisieren lässt. Eine Weisheit ist ein spiritueller Pfad, der dazu dient, unseren Geist von Verblendungen oder ihren Prägungen zu befreien. Ein Beispiel von Weisheit ist die korrekte Sicht der Leerheit. Siehe *Herz der Weisheit, Ozean von Nektar* und *Den Geist verstehen.*

Weisheitswesen Ein eigentlicher Buddha, insbesondere einer, der eingeladen wird, um sich mit einem visualisierten Verpflichtungswesen zu vereinen.

Yidam Vgl. *Gottheit.*

Yoga Ein Begriff, der für verschiedene spirituelle Übungen verwendet wird, die das Aufrechterhalten einer besonderen Sicht mit sich bringen, wie zum Beispiel Guru-Yoga und die Yogas des Essens, Schlafens und Aufwachens. „Yoga" bezieht sich auch auf „Vereinigung", wie zum Beispiel die Vereinigung von ruhigem Verweilen und höherem Sehen. Siehe *Führer ins Dakiniland.*

Yogi/Yogini Sanskrit-Begriffe, die sich gewöhnlich auf einen männlichen oder weiblichen Meditierenden beziehen, der die Vereinigung von ruhigem Verweilen und höherem Sehen erlangt hat.

Zugeschriebenes Objekt Ein Objekt, das in Abhängigkeit seiner Basis der Zuschreibung zugeschrieben wird. Siehe *Herz der Weisheit* und *Ozean von Nektar*.

Zusammensetzende Faktoren Die Anhäufung von zusammensetzenden Faktoren enthält alle geistigen Faktoren, außer Gefühl und Unterscheidung, sowie nichtassoziierte zusammengesetzte Phänomene. Siehe *Herz der Weisheit* und *Den Geist verstehen*.

Zuschreibung, bloße Gemäß der höchsten Schule buddhistischer Philosophie, der Madhyamika-Prasangika Schule, werden alle Phänomene – in Abhängigkeit von ihrer Basis der Zuschreibung – bloß durch Vorstellung zugeschrieben. Deshalb sind sie bloße Zuschreibung und existieren nicht im Geringsten aus sich selbst heraus. Siehe *Verwandle dein Leben, Herz der Weisheit* und *Ozean von Nektar*.

Zwischenzustand Auf Tibetisch „Bardo". Der Zustand zwischen Tod und Wiedergeburt. Er fängt in dem Augenblick an, in dem das Bewusstsein den Körper verlässt, und hört in dem Augenblick auf, in dem der Geist in den Körper des nächsten Lebens eintritt. Siehe *Freudvoller Weg des Glücks* und *Das klare Licht der Glückseligkeit*.

Bibliografie

Geshe Kelsang Gyatso ist ein hoch angesehener Meditations-meister und Gelehrter der buddhistischen Mahayana-Tradition, die von Je Tsongkhapa gegründet wurde. Seit er im Jahre 1977 in den Westen kam, hat er unermüdlich dafür gearbeitet, reinen Buddhadharma auf der ganzen Welt zu etablieren. Während dieser Zeit hat er ausführliche Unterweisungen über die wichtigsten Schriften des Mahayana gegeben. Diese Unterweisungen sind zum größten Teil bereits in Englisch und anderen Sprachen veröffentlicht worden und bilden eine umfassende Darstellung der essentiellen Übungen aus Sutra und Tantra des Mahayana-Buddhismus. In deutscher Sprache sind erschienen:

BÜCHER

Folgende Titel von Geshe Kelsang werden alle vom Tharpa-Verlag veröffentlicht:

Acht Schritte zum Glück Der buddhistische Weg der
    liebenden Güte. (2001)
Allumfassendes Mitgefühl Inspirierende Lösungen für
    schwierige Zeiten. (2. Aufl. 2006)
Einführung in den Buddhismus Eine Erklärung der
    buddhistischen Lebensweise. (4. Aufl. 2009)
Freudvoller Weg des Glücks Der vollständige buddhistische
    Pfad zur Erleuchtung. (3. Aufl. 2009)

Führer ins Dakiniland Die Praxis des Höchsten Yoga-Tantras von Vajrayogini. (2005)

Den Geist verstehen Eine Erklärung der Natur und der Funktionen des Geistes. (1997)

Herz der Weisheit Die essentiellen Weisheitslehren Buddhas. (1997)

Herzjuwel Die essentiellen Übungen des Kadampa-Buddhismus. (1996)

Das klare Licht der Glückseligkeit Ein tantrisches Meditationshandbuch. (2004)

Leitfaden für die Lebensweise eines Bodhisattvas Wie man ein Leben von großer Bedeutung und Altruismus genießt. (Eine Übersetzung von Shantidevas lyrischem Meisterwerk) (2003)

Mahamudra-Tantra Der erhabene Herzjuwel-Nektar (2006)

Das neue Meditationshandbuch Meditationen, die zu einem glücklichen und sinnvollen Leben führen. (2005)

Sinnvoll zu betrachten Die Lebensweise eines Bodhisattvas. (2000)

Verwandle dein Leben Eine glückselige Reise. (2. Aufl. 2005)

Wie wir unsere Probleme lösen Die Vier Edlen Wahrheiten. (2005)

SADHANAS UND ANDERE HEFTE

Geshe Kelsang beaufsichtigt auch die Übersetzung einer Reihe wichtiger Sadhanas. In deutscher Sprache sind erschienen:

Avalokiteshvara-Sadhana Gebete und Bitten an den Buddha des Mitgefühls.

Befreiung von Leid Gebete und Bitten an die einundzwanzig Taras.

Dakini-Yoga Der Guru-Yoga in sechs Sitzungen in Verbindung mit der Selbsterzeugung als Vajrayogini.

Darbringung an den spirituellen Meister (Lama Chöpa) Eine besondere Guru-Yoga-Praxis der Tradition Je Tsongkhapas.

Essenz des Glücks Gebete der sechs vorbereitenden Übungen für die Meditation über die Stufen des Pfades zur Erleuchtung.

Essenz des Vajrayanas Das Sadhana des Heruka-Körper-Mandalas nach dem System von Mahasiddha Ghantapa.

Fest der großen Glückseligkeit Vajrayogini-Selbsteinweihungs- Sadhana.

Gebete für die Meditation Kurze vorbereitende Gebete für die Meditation.

Große Befreiung der Mutter Vorbereitende Gebete für die Mahamudra-Meditation in Verbindung mit der Vajrayogini-Praxis.

Große Befreiung des Vaters Vorbereitende Gebete für die Mahamudra-Meditation in Verbindung mit der Heruka-Praxis.

Große Mitfühlende Mutter Das Sadhana von Arya Tara.

Ein Handbuch zur täglichen Praxis der Bodhisattva-Gelübde und der tantrischen Gelübde

Die Große Mutter Eine Methode, Behinderungen und Hindernisse durch die Rezitation des *Sutra der Essenz der Weisheit (Herz-Sutra)* zu überwinden.

Herzjuwel Der Guru-Yoga von Je Tsongkhapa in Verbindung mit dem zusammengefassten Sadhana seines Dharma-Beschützers.

Die Kadampa-Lebensweise Essentielle Übungen des Kadampa-Buddhismus.

Klangvolle Trommel siegreich in allen Richtungen Das ausführliche Erfüllungs- und Wiederherstellungsritual des Dharma-Beschützers, des großen Königs Dorje Shugden, in Verbindung mit Mahakala, Kalarupa, Kalindewi und anderen Dharma- Beschützern.

Meditation und Rezitation des Vajrasattva

Medizin-Buddha-Gebet Eine Methode, anderen zu helfen.

Medizin-Buddha-Sadhana Eine Methode, die Erlangungen von Medizin-Buddha zu erreichen.

Der Pfad zum reinen Land Powa Schulung – die Übertragung des Bewusstseins.

Powa-Zeremonie Bewusstseinsübertragung für Verstorbene.

Ein reines Leben Die Praxis der acht Mahayana-Grundsätze.

Schatzkammer der Weisheit Das Sadhana des Ehrwürdigen Manjushri.

Der schnelle Pfad zur Großen Glückseligkeit Vajrayogini-Selbsterzeugungs-Sadhana.

Tropfen des essentiellen Nektars Eine besondere Fasten- und Reinigungspraxis in Verbindung mit dem Elfgesichtigen Avalokiteshvara.

Tiefempfundene Gebete Trauerfeier für Beerdigungen und Kremationen

Vajra-Held-Yoga Eine kurze essentielle Praxis der Selbsterzeugung des Heruka-Körper-Mandalas und Zusammengefasster Yoga der sechs Sitzungen.

Wunscherfüllendes Juwel Der Guru-Yoga von Je Tsongkhapa in Verbindung mit dem Sadhana seines Dharma-Beschützers.

Der Yoga der Weißen Tara, des Buddhas des langen Lebens

Der Yoga des tausendarmigen Avalokiteshvara Selbsterzeugungs-Sadhana.

Der Yoga von Buddha Amitayus Eine besondere Methode, Lebenszeit, Weisheit und Verdienste zu vergrößern.

Der Yoga von Buddha Maitreya Selbsterzeugungs-Sadhana

Der Yoga der Großen Mutter Prajnaparamita Selbsterzeugungs-Sadhana.

Der Yoga von Buddha Vajrapani Selbsterzeugungs-Sadhana.

Zusammenfassung von Essenz des Vajrayanas Zusammenfassung des Sadhanas für die Selbsterzeugung des Heruka-Körper-Mandalas.

Um eine Verlagsveröffentlichung zu bestellen oder sich einen Katalog zuschicken zu lassen, besuchen Sie bitte www.tharpa.com/de oder setzen Sie sich mit dem für Sie nächsten Tharpa-Büro in Verbindung. (Eine Liste finden Sie auf Seite 427.)

Die Studienprogramme des
Kadampa-Buddhismus

Der Kadampa-Buddhismus ist eine Schule des Mahayana-Buddhismus. Er wurde vom großen indischen buddhistischen Meister Atisha (982-1054 n. Chr.) ins Leben gerufen. Seine Anhänger heißen Kadampas: „Ka" bedeutet Wort und bezieht sich auf die Unterweisungen Buddhas. „Dam" bezieht sich auf die besonderen Lamrim-Unterweisungen, die als die Stufen des Pfades zur Erleuchtung bekannt sind. Kadampa-Buddhisten integrieren das Wissen aller Unterweisungen Buddhas in ihre Lamrim-Praxis, und, indem sie dieses Wissen in ihrem Alltag anwenden, benutzen sie alle Unterweisungen Buddhas als praktische Methoden, um die täglichen Handlungen in den Pfad zur Erleuchtung umzuwandeln. Die großen Kadampa-Lehrer sind nicht nur als große Gelehrte, sondern auch als spirituell Praktizierende von außerordentlicher Reinheit und Aufrichtigkeit bekannt.

Die Überlieferungslinien dieser Lehren – die mündliche Überlieferung sowie die Segnungen – wurden jeweils von Lehrer an Schüler weitergegeben und fanden in weiten Teilen Asiens Verbreitung; heutzutage fassen sie auch in vielen Ländern der westlichen Welt Fuß. Die Lehre Buddhas – der Dharma – wird mit einem Rad verglichen, das sich von einem Land zum anderen bewegt, in Übereinstimmung mit den sich verändernden Bedingungen und den karmischen

Neigungen der Menschen. Die äußere Präsentationsform des Buddhismus mag sich je nach Kultur und Gesellschaft ändern; die Authentizität aber wird durch die Weiterführung der ungebrochenen Überlieferungslinie von realisierten Praktizierenden sichergestellt.

Der angesehene buddhistische Meister, der Ehrwürdige Geshe Kelsang Gyatso, hat den Kadampa-Buddhismus im Jahre 1977 im Westen eingeführt. Seit dieser Zeit arbeitet er unermüdlich daran, den Kadampa- Buddhismus auf der ganzen Welt zu verbreiten, indem er ausführliche Unterweisungen gibt, tiefgründige Texte zum Kadampa-Buddhismus verfasst und die Neue Kadampa-Tradition – International Kadampa Buddhist Union (NKT-IKBU) – gründete, die bis heute weltweit über 1.200 Kadampa-Zentren und Gruppen umfasst. Jedes Zentrum bietet Studienprogramme zur buddhistischen Psychologie und Philosophie und Anleitungen zur Meditation, sowie Retreats (Meditationen in Zurückgezogenheit) für Praktizierende aller Stufen an. Der Schwerpunkt liegt in der Integration der Lehre Buddhas in den Alltag, damit wir unsere Probleme lösen und immerwährenden Frieden und Glück in der Welt verbreiten können.

Der Kadampa-Buddhismus der NKT-IKBU ist eine vollständig unabhängige buddhistische Tradition und hat keine politische Zugehörigkeit. Er ist ein Zusammenschluss von buddhistischen Zentren und Praktizierenden, die ihre Inspiration und Führung von den Vorbildern und Unterweisungen der alten Meister des Kadampa-Buddhismus herleiten, wie es von Geshe Kelsang Gyatso gelehrt wird. Es gibt drei Gründe, die dafür sprechen, dass wir die Lehre Buddhas studieren und praktizieren müssen: um unsere Weisheit zu entwickeln, um unser Mitgefühl zu fördern und um einen friedvollen Geisteszustand zu bewahren. Wenn wir nicht danach streben, unsere Weisheit zu entwickeln, wird uns die endgültige Wahrheit – die wahre Natur der Wirklichkeit – immer verschlossen bleiben. Obwohl wir uns Glück wünschen, bringt uns unsere

Unwissenheit dazu, nichttugendhafte Handlungen auszuführen, die die Hauptursache all unserer Leiden sind. Wenn wir unser Mitgefühl nicht fördern, zerstört unsere eigensüchtige Motivation die Harmonie und die guten Beziehungen zu anderen Lebewesen. Wir finden keinen Frieden und haben keine Chance, reines Glück zu finden. Ohne inneren Frieden ist äußerer Friede nicht möglich. Wenn wir keinen friedvollen Geisteszustand bewahren, sind wir nicht glücklich, selbst unter den besten Bedingungen. Wenn andererseits unser Geist friedvoll ist, sind wir glücklich, auch wenn die äußeren Bedingungen unangenehm sind. Deshalb ist die Entwicklung dieser Qualitäten von größter Wichtigkeit für unser tägliches Glück.

Geshe Kelsang Gyatso oder „Geshe-la", wie er liebevoll von seinen Schülern genannt wird, hat drei besondere spirituelle Programme für das systematische Studium und die Praxis des Kadampa-Buddhismus zusammengestellt. Diese Programme sind besonders gut für den modernen Lebensstil geeignet. Es sind dies das Allgemeine Programm (AP), das Grundlagenprogramm (GP) und das Lehrerausbildungsprogramm (LAP).

ALLGEMEINES PROGRAMM

Das Allgemeine Programm vermittelt eine grundlegende Einführung in die buddhistische Sicht, Meditation und Praxis. Es ist besonders für Anfänger geeignet, umfasst aber auch fortgeschrittene Unterweisungen und Übungen aus Sutra und Tantra.

GRUNDLAGENPROGRAMM

Das Grundlagenprogramm bietet die Möglichkeit, unser Verständnis und unsere Erfahrung des Buddhismus durch das systematische Studium von sechs Texten zu vertiefen:

1. *Freudvoller Weg des Glücks* – ein Kommentar zu Atishas Lamrim-Unterweisungen, die Stufen des Pfades zur Erleuchtung.

2. *Allumfassendes Mitgefühl* – ein Kommentar zu Bodhisattva Chekhawas *Geistesschulung in sieben Punkten.*

3. *Acht Schritte zum Glück* – ein Kommentar zu Bodhisattva Langri Tangpas *Acht Verse der Geistesschulung.*

4. *Herz der Weisheit* – ein Kommentar zum *Herz-Sutra.*

5. *Sinnvoll zu betrachten* – ein Kommentar zu Shantidevas *Leitfaden für die Lebensweise eines Bodhisattvas.*

6. *Den Geist versteh*en – eine ausführliche Erklärung des Geistes, die auf den Werken der buddhistischen Gelehrten Dharmakirti und Dignaga basiert.

Das Studium und die Praxis dieser Texte bringen uns viele Vorteile:

(1) *Freudvoller Weg des Glücks* – Wir erlangen die Fähigkeit, alle Unterweisungen Buddhas, sowohl Sutra als auch Tantra, in die Praxis umzusetzen. Wir können leicht Fortschritte erzielen und die Stufen des Pfades zum höchsten Glück der Erleuchtung vollenden. Von einem praktischen Standpunkt aus betrachtet, ist Lamrim der Hauptteil der Lehre Buddhas, ähnlich einem Stamm, und die anderen Unterweisungen gleichen Zweigen.

(2) und (3) *Allumfassendes Mitgefühl* und *Acht Schritte zum Glück* – Wir erlangen die Fähigkeit, alle Unterweisungen Buddhas in unser Leben zu integrieren und alle unsere Probleme zu lösen.

(4) *Herz der Weisheit* – Wir erlangen eine Realisation der endgültigen Natur der Wirklichkeit. Durch diese Realisation können

wir die Unwissenheit des Festhaltens am Selbst beseitigen, die die Wurzel all unseres Leidens ist.

(5) *Sinnvoll zu betrachten* – Wir verwandeln unsere täglichen Aktivitäten in die Lebensweise eines Bodhisattvas. Damit wird jeder Moment unseres Lebens bedeutungsvoll.

(6) *Den Geist verstehen* – Wir verstehen die Beziehung zwischen unserem Geist und den äußeren Objekten. Wenn wir verstehen, dass die Objekte von unserem subjektiven Geist abhängen, können wir die Art und Weise, wie uns Objekte erscheinen, verändern, indem wir unseren Geist verändern. Allmählich erlangen wir die Fähigkeit, unseren Geist zu kontrollieren und auf diese Weise alle unsere Probleme zu lösen.

LEHRERAUSBILDUNGSPROGRAMM

Das Lehrerausbildungsprogramm ist für diejenigen bestimmt, die sich zu authentischen Dharma-Lehrern ausbilden lassen wollen. In Ergänzung zum Studium von vierzehn Texten aus Sutra und Tantra – die oben erwähnten sechs Texte sind darin enthalten – werden an die Schülerinnen und Schüler gewisse Anforderungen bezüglich Verhalten und Lebensweise gestellt, und zudem müssen sie eine bestimmte Anzahl von Meditations-Retreats absolvieren.

Alle Zentren des Kadampa-Buddhismus sind der Öffentlichkeit zugänglich. Jedes Jahr finden mehrere Festivals in vielen Ländern der Welt, einschließlich England, Deutschland und der Schweiz statt, darunter zwei in England, wo sich Menschen aus der ganzen Welt treffen, um besondere Unterweisungen und Ermächtigungen zu empfangen und um einen spirituellen Urlaub zu verbringen. Besuchen Sie ein Zentrum – Sie sind jederzeit willkommen!

Für weitere Informationen wenden Sie sich bitte an:

Deutschsprachiger Raum:

Kadampa-Meditationszentrum Deutschland
Sommerswalde 8
D-16727 Oberkrämer
Tel.: +49 (0) 33055 220 533
Fax: +49 (0) 33055 207 992
E-Mail: mail@nkt-kmc-germany.org
Webseiten: www.nkt-kmc-germany.org
www.kadampa.org/de

Kadampa-Meditationszentrum Schweiz
Mirabellenstrasse 1
CH-8048 Zürich
Tel.: +41 (0) 44 461 33 88
Fax: +41 (0) 44 461 36 88
E-Mail: info@nkt-kmc-switzerland.org
Webseite: www.nkt-kmc-switzerland.org

International:

NKT – IKBU Central Office
Conishead Priory
Ulverston
Cumbria, LA12 9QQ
England
Tel./Fax: +44 (0) 1229 588 533
E-Mail: info@kadampa.org
Webseite: www.kadampa.org

Tharpa-Büros weltweit

Tharpa-Bücher werden gegenwärtig auf Englisch, Deutsch, Französisch, Italienisch, Portugiesisch, Spanisch, Chinesisch und Japanisch veröffentlicht. Die meisten Sprachausgaben können über jedes der aufgelisteten Tharpa-Büros bezogen werden.

Deutschland
Tharpa-Verlag
Sommerswalde 8
16727 Oberkrämer
GERMANY
Tel: +49 (0)33055 222135
Fax: +49 (0) 33055 207992
www.tharpa.com/de/
info.de@tharpa.com

Schweiz
Tharpa-Verlag
Mirabellenstrasse 1
8048 Zürich
SCHWEIZ
Tel.: +41 44 401 02 20
Fax: +41 44 461 36 88
www.tharpa.com/ch/
info.ch@tharpa.com

Australien
Tharpa Publications Australia
25 McCarthy Road (PO Box 63)
Monbulk Vic 3793
AUSTRALIA
Tel.: +61 (3) 9752-0377
www.tharpa.com/au/
info.au@tharpa.com

Brasilien
Editorial Tharpa Brasil
Rua Fradique Coutinho 710
Vila Madalena
05416-011 São Paulo – SP
BRAZIL
Tel./Fax: +55 (11) 3812 7509
www.budismo.org.br
info.br@tharpa.com

Frankreich
Éditions Tharpa
Château de Segrais
72220 Saint-Mars-d'Outillé
FRANCE
Tel.: +33 (0)2 43 87 71 02
Fax: +33 (0)2 43 87 71 02
www.tharpa.com/fr/
info.fr@tharpa.com

Großbritannien
Tharpa Publications UK
Conishead Priory
Ulverston
Cumbria, LA12 9QQ
UNITED KINGDOM
Tel.: +44 (0)1229-588599
Fax.: +44 (0)1229-483919
www.tharpa.com/uk/
info.uk@tharpa.com

Hong Kong
Tharpa Asia
Flat H, 4th Floor, Bo Wah
Mansion
54 Queen's Road East
Wanchai
HONG KONG
Tel.: +852 25205137
Fax: +852 25072208
www.tharpa.com/hk-cht/
info.hk@tharpa.com

Japan
Tharpa Japan
#501 Dai 5 Nakamura Kosan Biru,
Shinmachi 1-29-16, Nishi-ku
Osaka, 550-0013
JAPAN
Tel: +81 665 327632
www.tharpa.com/jp/
info.jp@tharpa.com

Kanada
Éditions Tharpa Canada
631 rue Crawford
Toronto ON M6G 3K1
CANADA
Tel.: +1 416-762-8710
Fax: +1 416-762-2267
www.tharpa.com/ca-fr/
info.ca@tharpa.com

USA
Tharpa Publications USA
47 Sweeney Road
Glen Spey NY 12737
USA
Tel.: +1 845-856-5102
Toll-free: 888-741-3475
Fax: +1 845-856-2110
www.tharpa.com/us/
info.us@tharpa.com

Spanien
Editorial Tharpa España
Camino Fuente del Perro s/n
29120 Alhaurín El Grande
(Málaga)
ESPAGNE
Tel.: +34 952 596808
Fax: +34 952 490175
www.tharpa.com/es/
info.es@tharpa.com

Südafrika
C/O Mahasiddha Kadampa
Buddhist Centre
2 Hollings Road, Malvern,
Durban 4093,
REP. OF SOUTH AFRICA
Tel.: +27 31 464 0984
www.tharpa.com/za/
info.za@tharpa.com

Index

A

F

U

V

Leseempfehlungen

Wenn Ihnen dieses Buch gefallen hat und Sie mehr über buddhistisches Denken und Praxis herausfinden möchten, sind hier einige andere Bücher von Geshe Kelsang Gyatso empfohlen, die Sie vielleicht lesen möchten. Sie sind alle beim Tharpa-Verlag erhältlich.

EINFÜHRUNG IN DEN BUDDHISMUS
Eine Erklärung der buddhistischen Lebensweise

Eine ideale Anleitung für alle, die an Buddhismus und Meditation interessiert sind. Dieses Buch stellt die zentralen Prinzipien dar, auf denen die buddhistische Lebensweise beruht, wie Meditation und Karma: als Werkzeuge, um Qualitäten wie inneren Frieden, Liebe und Geduld zu entwickeln.

„Eine auf brillante Weise klare und prägnante Einführung in dieses weitläufige Thema. Höchst empfehlenswert." Yoga & Health Magazine

VERWANDLE DEIN LEBEN
Eine glückselige Reise

Wenn wir den praktischen Ratschlägen folgen, die in diesem Buch enthalten sind, können wir unseren Geist und unser Leben verwandeln; wir können unser menschliches Potential ausschöpfen und immerwährenden Frieden und ewiges Glück finden.

„Wir alle genießen grenzenlose Möglichkeiten für Glück und Erfüllung; dieses Buch kann uns helfen, sie zu erlangen ... ein Werk von tiefer spiritueller Einsicht." The Napra Review

DAS NEUE MEDITATIONSHANDBUCH
Ein praktischer Leitfaden für die buddhistische Meditation

Dieser populäre und praktische Leitfaden erlaubt uns, den inneren Frieden und die Leichtigkeit des Geistes, die durch Meditation entstehen, für uns selbst zu entwickeln. Der Autor erklärt Schritt für Schritt 21 Meditationen, die zu immer positiveren Geisteszuständen führen und die zusammen den ganzen buddhistischen Pfad zur Erleuchtung bilden.

„Dieser Leitfaden bietet eine knappe und inspirierende Übersicht der Vielfalt dar, wie Buddhismus auf Situationen und Handlungen des Alltags angewandt werden kann." Spirituality and Health

WIE WIR UNSERE PROBLEME LÖSEN
Die Vier Edlen Wahrheiten

Dieses Buch zeigt, wie Buddhas populäre Unterweisung über die Vier Edlen Wahrheiten uns helfen kann, grundlegende menschlicher Probleme wie Unzufriedenheit und Wut zu lösen, und es bietet eine tiefgründige Erhellung unserer menschlichen Erfahrung und unseres Potentials für tiefen inneren Frieden an.

„Dieses Buch gibt geistigen Frieden in dieser aufgewühlten Zeit." Publishing News

„Geshe Kelsang Gyatso hat eine einzigartige Gabe, Schwierigkeiten des Alltags anzusprechen." Booklist

MAHAMUDRA-TANTRA
Der erhabene Herzjuwel-Nektar

Tantra ist sehr populär, aber wenige verstehen seine wirkliche Bedeutung. Dieses Buch erklärt, wie wir die erhabene Vereinigung von Glückseligkeit und Leerheit, bekannt als Mahamudra, erlangen können, die die eigentliche Essenz buddhistischer tantrischer Meditation ist.

„Dieses Buch stellt alles so klar dar, dass ich es sowohl als ausgezeichnete Einführung in die buddhistische Praxis empfehlen würde, als auch für denjenigen, die danach streben, die Schulung zu vollenden." Amazon Rezentent, Madrid, Spanien

Alle unsere Artikel oder einen Katalog können Sie bestellen
unter:

Tharpa-Verlag Deutschland
Sommerswalde 8
D-16727 Oberkrämer

Tel. +49-33055-222 135, Fax +49-33055-207 992
E-Mail: info.de@tharpa.com

oder

Tharpa-Verlag Schweiz
Mirabellenstraße 1
CH-8048 Zürich

Tel. +41-44-401 02 20, Fax +41-44-461 3688
E-Mail: info.ch@tharpa.com